LA FEMME AU TEM

Madame Christiane Desroches N... avoir été nommée membre de l'I... Orientale du Caire, a gravi au musée du Louvre tous les échelons de sa carrière, qu'elle acheva comme Inspecteur Général des Musées, Chef du Département des Antiquités Egyptiennes au musée du Louvre. Elle a aussi été professeur à l'Ecole du Louvre, où elle enseigna successivement l'épigraphie, puis l'archéologie égyptienne. Elle est également la première femme à avoir reçu la Médaille d'Or du C.N.R.S. (Centre National de la Recherche Scientifique).

Par son enseignement, ses écrits — son livre sur Toutankhamon a été traduit dans vingt-deux pays —, par son acharnement à sauvegarder les temples de Nubie, Christiane Desroches Noblecourt a contribué à faire connaître l'Egypte au grand public. Elle poursuit actuellement des recherches dans la Vallée des Reines, dont elle a entrepris la rénovation, grâce à un mécénat.

Cette Egypte qui nous fascine avec ses pharaons légendaires, ses sarcophages d'or et ses pyramides s'est-elle faite *avec* ou *sans* les femmes ? *Avec*, répond Christiane Desroches Noblecourt au terme d'un impressionnant travail de recherche et de décryptage.
Dans la société civile, la femme est l'égale de l'homme; comme lui, elle peut faire des études; elle peut hériter, tester, léguer. Au sein du couple, les décisions se prennent à deux.
Dans le domaine royal, la Grande Epouse transmet le sang et l'héritage pharaonique; elle seconde et conseille le roi. Consécration ultime : une femme sur le trône; c'est l'extraordinaire histoire de la reine Hatshepsout, pharaonne pacifique, énergique, éclairée; le récit de l'expédition qu'elle organise à Pount pour y chercher des arbres à encens, des résines, des aromates, en échange de quelques verroteries, est stupéfiant d'audace et d'ingéniosité.
D'autres femmes participent au pouvoir : celles du Grand Harem du pharaon qui vont jusqu'à ourdir des complots; les vierges souveraines de Thèbes, Epouses du dieu, qui évincent les grands prêtres pour prendre le pouvoir religieux, concurrent du pouvoir royal.
Quant au monde divin qui imprègne toute la vie quotidienne, il est largement dominé par Isis, la magicienne, le modèle de l'épouse et de la mère dont le poète dit : « Tu as rendu le pouvoir des femmes égal à celui des hommes. »
Rempli d'anecdotes inattendues, d'histoires parfois cocasses, de faits divers, d'intrigues, et de légendes cosmiques, *La Femme au temps des Pharaons* donne une vision nouvelle et plus familière d'une époque dont on n'avait jusqu'alors que l'image impériale et grandiose.

CHRISTIANE DESROCHES NOBLECOURT
*Inspecteur général honoraire
des musées de France*

La Femme au temps des Pharaons

STOCK / LAURENCE PERNOUD

Iconographie : Diane HARLÉ.
Cartes : reproduction interdite.
© Éditions Stock, 1986.

*A
Germaine Ford de Maria,
Grande Dame des temps modernes,
dont le mécénat éclairé permet la rénovation
de la Vallée des Reines consacrée à
de Grandes Dames du temps des Pharaons.*

Carte n° 1

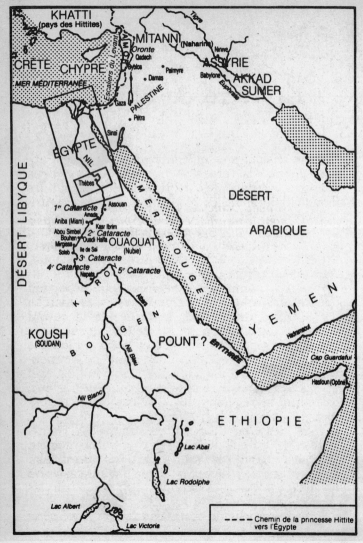

La Terre de Pharaon

Entre chaînes arabique et libyque, l'Egypte, l'antique *Kémi*, « la Terre noire », naquit des alluvions déposées pendant des milliers de siècles par les inondations annuelles résultant des pluies d'Afrique centrale. Si le Nil blanc issu du déversement des Grands Lacs, Victoria et Albert principalement, et le Nil bleu, alimenté par l'Atbara d'Ethiopie, avaient cessé de couler, la « Terre noire » serait, sous le soleil implacable, redevenue désert.

Pour les premiers sédentaires, tout dépendait donc d'une volonté suprême régissant la marche de l'Univers, maintenant la vie de « tout ce qui existe », l'organisant entre les vingt-quatre sections diurnes et nocturnes du soleil et la succession des années – de 365 jours un quart chacune – renouvelées par l'arrivée de la crue : une horloge qui ne s'arrêtait jamais et un gigantesque et infaillible calendrier se répétant avec une incroyable exactitude !

Hors des deux bandes constituant la Haute-Egypte, et le Delta de Basse-Egypte plus largement cultivable, point de salut ! Cette extraordinaire oasis est limitée à l'est et à l'ouest par des sables où la vie, sans cesse entretenue, est située sur les « Lèvres du fleuve ».

Preuve formelle du divin, assurément, que cette

force créatrice, constamment en mouvement, dont il ne fallait ni modifier l'équilibre ni entraver la progression! Ainsi les Egyptiens, profondément enracinés dans leur sol, vécurent-ils, plus que d'autres, avec la certitude quasiment inébranlable que tout était le don de Dieu et qu'il importait de s'intégrer dans le rythme ainsi créé, en acceptant son destin, son environnement, mais en exploitant au maximum les ressources mises en eux et autour d'eux par le Créateur. Les deux sexes, par essence complémentaires, jouaient chacun son rôle, étant, l'un et l'autre, également respectables.

A chaque inondation, un cycle reprenait, et c'était le perpétuel recommencement : trois saisons de quatre mois chacune apportaient successivement l'espoir devant le fleuve gonflé qui se répandait sur toute l'Egypte, puis l'allégresse due à l'abondance des récoltes, et de nouveau l'anxiété au regard du dessèchement progressif. Le retour de la crue était, ainsi, garant de la survie de la nature et espoir, également, en l'immortalité.

Année après année, ce miracle de l'éternel retour se produisait pour ce pays sous un soleil bienfaisant, dans une luminosité incomparable. Ce phénomène d'une régularité étonnante a constamment marqué les habitants du pays. Croyances, coutumes, modes de vie se sont perpétués dans toutes les classes de la société, tant il allait de soi de respecter une tradition ancestrale à laquelle on devait obéir pour ne pas provoquer une « rupture d'équilibre » de l'ordre établi et dont tout dépendait « depuis le temps du Dieu ». A tel point que, de nos jours encore, et surtout en province et dans les campagnes les plus reculées d'Egypte, on retrouve le souvenir vivace de tous les traits qui ont marqué l'antique civilisation des pharaons.

A travers millénaires, invasions, conflits, occupations que la « Terre noire » a su en définitive absorber, l'Egyptien n'a, au vrai, guère transformé son attitude fondamentale. Même si, au moins à deux reprises, les lieux de culte furent transformés, l'approche du divin demeure quoi qu'il en soit inébranlable.

Sans doute la connaissance profonde de la vie égyptienne, acquise durant des années auprès des fellahs, dans les campagnes ou le *Gebel* désertique sur les chantiers de fouilles, puis chez les citadins de toutes les classes de la société, m'a-t-elle grandement aidée à mieux aborder et comprendre la mentalité des antiques riverains du Nil, puisque si la forme a pu, apparemment, changer, l'ancestral fonds demeure. Combien de fois, en voyant vivre les paysannes de Haute-Egypte, ou en conversant avec des dames des plus anciennes familles, ai-je mieux saisi le sens des attitudes et des coutumes que les dessins et reliefs des temples et des tombeaux laissaient mal percevoir, ou des expressions que les vieux textes ne me permettaient pas d'appréhender directement.

Il m'a semblé même possible de comprendre ce cycle éternel dans lequel était intégrée, à son tour, l'existence de la femme égyptienne, la mère que l'on respecte avant tout, la femme sujette à une stricte loi morale, mais dotée d'une grande liberté d'expression – sa capacité juridique entière, son étonnante indépendance financière, l'impact de sa personnalité dans la vie familiale et la gestion des biens communs et de ses biens propres. Sans parler de ses droits à régner sur le pays. Sa féminité est éclatante et recherchée. Certes, son idéal est dans le libre mariage et la maternité : il n'est, en tout cas, aucunement question d'un matriarcat. Les membres du couple se partagent les responsabilités naturelles qui conviennent et dans ce cadre défini, la vie aux multiples faces s'engage, les anecdotes surgissent, les intrigues apparaissent, l'adultère, qui doit être sévèrement puni, rencontre des aménagements, et les servantes gourmandent leurs maîtresses; des prêtresses ont pu faillir à la fidélité conjugale et des reines ont même parfois conspiré contre leur souverain. Et lorsque le hasard nous en a conservé les vestiges, des destins exceptionnels resurgissent pour témoigner des dons éminents de ces Egyptiennes à la si étonnante modernité dès l'époque où nos ancêtres gîtaient encore dans les cavernes.

Carte n° 2

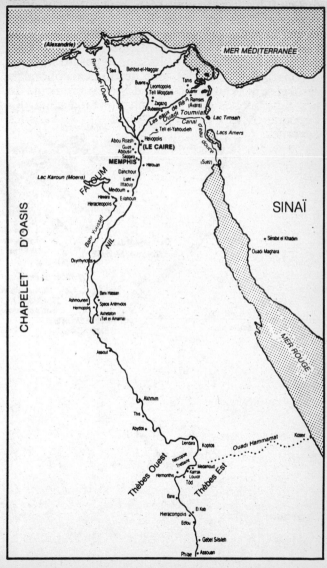

Carte n° 3

Les deux rives du Nil à la hauteur de Thèbes

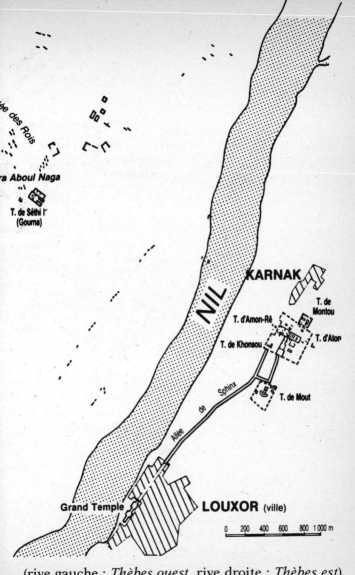

(rive gauche : *Thèbes ouest*, rive droite : *Thèbes est*).

I

La femme
dans le monde divin

« Ô Isis...
C'est toi la Maîtresse de la terre,
Tu as rendu le pouvoir des femmes
égal à celui des hommes. »

La féminité divine

LE DÉMIURGE ET SES DIFFÉRENTS ASPECTS

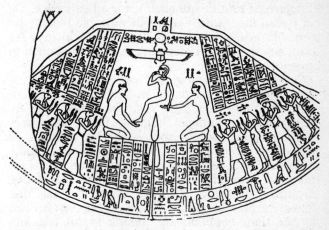

Cosmogonie hermopolitaine : les mâles et les femelles du chaos primordial créent le soleil.

Les nombreux textes mythologiques et religieux de l'Ancienne Égypte font apparaître une croyance générale en la notion, à l'origine des temps, d'un « proto-démiurge » régnant sur le chaos primordial, lorsque « *le ciel n'avait pas pris naissance, lorsque la terre n'avait pas pris naissance, alors que les hommes n'avaient pas pris naissance, lorsque les dieux n'avaient pas été enfantés et que [même] la mort n'avait pas pris naissance*[1] ».

Plusieurs collèges de prêtres implantés dans les régions essentielles, Héliopolis, Memphis, Hermopolis, pour ne citer que les principales, enseignaient une cosmogonie qui leur était propre. Il existait donc plusieurs versions de la Genèse, mais toutes se fondaient sur un concept unique et commun : l'existence du Chaos primordial, incommensurable « soupe primitive », où subsistaient dans l'eau tous germes en attente. Cette eau était le Noun, père des dieux, plongé dans les ténèbres, l'ancêtre de tout ce qui allait venir à l'existence. De cet océan inorganisé – mais inépuisable réserve de toutes forces –, le « un unique », issu du mystère total, a surgi « de lui-même, sans avoir été conçu ni engendré ».

Ces diverses cosmogonies commentent la création du monde à partir de leur notion particulière du divin : une des plus abstraites était celle de Memphis sur laquelle régnait Ptah. Une très « scientifique » fut présentée par les collèges de prêtres hermopolitains, la plus « humaine » émane de la théologie héliopolitaine. D'où, pour cet « un unique » suivant les régions, d'innombrables noms, la plupart du temps d'aspect masculin. Mais une déesse comme la grande Neïth de Saïs avait droit de cité dans cette illustre théorie et fut toujours considérée comme étant à l'origine de la création. En fait, symbolisant en lui les principes mêmes fondamentaux, le mâle et la femelle, le démiurge était hermaphrodite et matérialisait les « *Pères et les Mères qui étaient avec lui, lorsqu'il était dans le Noun*[2] », avant l'aube universelle.

Ce besoin de retrouver le principe féminin dans l'action divine est essentiel pour l'habitant de la « Terre noire » *(Kemet).* Aussi, lorsque chaque province, chaque ville, dès l'époque historique, revendiquera son démiurge local, ce dernier se verra très vite attribuer une déesse « parèdre » ayant mis au monde un enfant divin : ce sera la Triade, si typiquement égyptienne.

LES COUPLES CRÉATEURS D'HERMOPOLIS

Ce sont les couples créateurs de la lumière réunis en un seul corps, mais comptant quatre éléments mâles et quatre éléments femelles, sans lesquels, on le constate dès lors, rien ne pourra être créé. On peut y différencier les deux composantes de l'eau initiale : Noun et Naunet, celles de l'infinité spatiale Héhou et Héhet, et des ténèbres Kék (ou) et Kéket, en quatrième place, Amon et Amonet, les entités cachées (parfois remplacées par Niaou et Niaout, formant le vide). Cette Ogdoade[3], composée d'éléments essentiellement complémentaires, fit apparaître, par sa volonté, la lumière qui sortit du lotus sur le tertre issu du « Grand Etang » d'Hermopolis[4].

LA SYNTHÈSE HÉLIOPOLITAINE

Le plus répandu des thèmes relatifs à la création est celui commandé par le démiurge Atoum, maître de toute une famille divine, forte de neuf entités complémentaires, dont les acteurs, pour les Egyptiens, représentent, toutes choses égales par ailleurs, les prototypes du monde de Pharaon et de celui des hommes. Cette Ennéade divine, dont le sommet est le Soleil (Atoum) qui créa les premiers êtres différenciés mâles et femelles, soit en se masturbant, soit en les matérialisant par son crachat, soit encore en prononçant leur nom. Elle comporte neuf formes. Au premier plan, Shou, l'atmosphère lumineuse, l'air et la lumière. C'est le souffle du démiurge, la force dynamique de l'univers, mais dès lors il est complété par sa jumelle, Tefnout, que l'on pourrait peut-être identifier à l'humidité.

Ce couple divin, Shou et Tefnout, poursuivant alors le processus de la création, mettra au monde à son tour le dieu-terre Geb, maître des minéraux et des plantes, accompagné de sa parèdre Nout, le Ciel qui enfantera[5] les autres dieux. Ce seront Osiris et Isis, Seth et Nephtys, formant les deux couples de la célèbre légende osirienne dont il sera question plus loin, et enfin Horus le Grand.

Ainsi voit-on, au simple énoncé des mythes cosmogoniques les plus connus, combien le monde du divin est commenté par des images accessibles à l'entendement de l'Egyptien et fondées sur la complémentarité des deux sexes. On retrouvera la notion du féminin, essentiel à l'équilibre cosmique et à ses avatars, dans la quasi-totalité des mythes et légendes religieuses que nous exposerons ici brièvement[6].

Dans les sphères divines, l'élément féminin, bien loin d'être passif, va donc être l'associé, le partenaire, le protecteur souvent, le fauteur de troubles parfois, aimable ou, s'il le fallait, agressif ou encore truculent, étant toujours la bonne mère et aussi parfois provoquant la joie des dieux.

LA « DESTRUCTION DES HOMMES[7] »

Une entité féminine complexe joue un rôle primordial dans ce mythe dont plusieurs récits nous sont, par bribes, parvenus. C'est en fait la version égyptienne du Déluge. Après la création, Rê[8], le soleil, maître de l'univers, régna fort longtemps sur les dieux et sur les hommes. Cependant, il en vint à vieillir, ce qui n'échappa point aux habitants de la terre qui le jalousaient : « *Ses os étaient [devenus] d'argent, ses membres d'or et ses cheveux de lapis-lazuli véritable.* » Aussi commencèrent-ils à fomenter des troubles contre lui. La réaction de Rê fut sage, mais ferme : « " *Appelle-moi*, dit-il à l'un de ses servants, *mon œil, Shou et Tefnout, Geb et Nout, ainsi que les pères et les mères qui étaient avec moi, lorsque j'étais dans les eaux du Noun, ainsi que le dieu Noun* [...] *Tu les feras venir doucement, de façon que les hommes ne les voient pas, sinon leur cœur prendrait la fuite. Tu viendras au palais avec ces dieux, pour qu'ils [m'] exposent leur point de vue* " [...] *On amena ces dieux et ils se jetèrent par terre devant Sa Majesté* » (on croirait vraiment lire une relation de la vie à la cour de Pharaon). Alors les dieux s'exprimèrent ainsi : « *Parle-nous, que nous t'entendions.* » S'adressant au plus vénérable, Noun, Rê lui dit : « *Toi le dieu le plus ancien dont je suis issu, et vous, ancêtres divins, voyez, les hommes qui sont nés de mon œil, ils ourdissent quelque chose contre moi. Dites-moi ce que vous feriez contre cela; je ne voudrais pas les tuer avant d'avoir entendu ce que vous en direz.* » (La Majesté de Noun dit :) « *Mon fils, Rê, toi, le dieu qui es plus grand que son père et ses créateurs! Reste assis sur ton trône; la crainte que tu inspires est déjà grande si ton œil se dirige contre les conspirateurs.* » L'effet fut immédiat : les rebelles terrorisés à la vue de l'Œil redoutable s'enfuirent dans le désert. Mais les dieux conseillèrent à Rê d'envoyer son Œil sur terre à leur poursuite. Cet Œil qui n'était autre que la déesse Hathor « *s'en revint après avoir tué les hommes dans le désert* » et se complut certainement à la vision de leur sang, telle une bête féroce. Elle se présenta devant Rê qui l'accueillit par des formules de bienvenue. « *Cette déesse répondit : "Par ta vie, j'ai été puissante parmi les hommes, cela réjouit mon cœur."* »

A la réflexion et craignant qu'il ne restât plus un seul humain, Rê s'empressa alors de détourner la fureur d'Hathor. « *" Faites-moi venir à la hâte des messagers rapides, qui courent comme une ombre." Ces messagers lui furent amenés sur-le-champ et la Majesté de ce dieu leur dit : " Courez à Eléphantine et rapportez-moi une grande quantité de didi"*, plante qui donne une couleur rouge, laquelle fut moulue et mélangée à de la bière faite avec de l'orge. « *Ce fut comme du sang humain. On fit 7 000 cruches de bière, et la Majesté du roi Rê vint avec les dieux pour examiner cette bière. Lorsque l'aube apparue durant laquelle cette déesse voulait tuer les hommes, il dit : " Je protégerai les hommes contre elle [...] apportez [la bière] donc à l'endroit où elle veut tuer les hommes! "* » La déesse arriva, se mira dans la bière, la goûta, puis elle s'en abreuva avec une telle ardeur qu'elle en devint complètement inconsciente.

Après ce geste de clémence où le démiurge avait presque joué à l'apprenti sorcier avec une déesse qui devint patronne de l'ivresse, le vieux Rê, lassé de l'ingratitude du genre humain, décida de se retirer du gouvernement du Monde. Il mit le dieu Thot à sa place – *alors naquit la lune* – et il

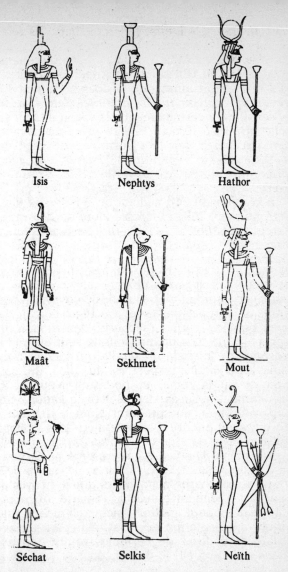

demanda à sa fille Nout, qui avait pris la forme de la vache céleste, de la charger sur son dos pour le soulever jusqu'au ciel. Durant ce voyage, Nout fut prise de vertige, parce qu'elle regarda la terre, si bien que Rê, pour la secourir, demanda à Shou, son père, de la soutenir (sous le ventre de la bête cosmique) : c'est là un mythe qui tendait à expliquer les positions respectives du soleil, du ciel, de l'air et de la terre, et pourquoi Nout et Geb, étroitement enlacés depuis leur création, furent séparés. Shou, en soulevant Nout, exhaussa tout ce qui avait été créé, chaque dieu dans sa barque. Elle en fit le compte et les transforma en étoiles[9]. Ainsi, même le soleil est représenté naviguant sur le dos de Nout. Le soir, il est avalé par la déesse, traverse son corps pendant les douze heures de la nuit, en attendant qu'elle le remette au monde à l'aube de chaque matin. Voici expliquée la magnifique représentation de Nout, occupant en nudité totale le plafond de certaines tombes royales[10]. Dans son cercueil, le défunt, devenu un « Osiris » par la momification, est considéré comme son fils. Elle lui redonnera la vie solaire lorsqu'elle enfantera le Soleil, pour répondre à sa supplique : « *Je suis ta mère Nout, je m'étends au-dessus de toi, en ce mien nom de ciel. Etant entré dans ma bouche, tu sors entre mes cuisses, comme Rê.* »

LE MYTHE DE LA DÉESSE LOINTAINE

L'élaboration d'un mythe a toujours eu pour but d'expliquer ou de commenter un phénomène qui a marqué l'humanité et même qui se répète inéluctablement. C'est, sans aucun doute, à ce souci que répond au premier chef la geste osirienne à laquelle Isis est essentiellement attachée. Mais, avant de nous pencher sur le prototype de la compagne fidèle et attentive, de la veuve éplorée mais active, et de la mère protectrice, il faut citer la légende de l'Œil du Soleil, qui n'est qu'une des formes de la déesse Hathor, aux aspects changeants : la Vache dorée, la Lionne enragée, la Demeure d'Horus, comme son nom l'indique, tantôt épouse, tantôt mère, mais avant tout déesse de l'amour, que les Egyptiens imploraient, afin qu'elle procure « *un foyer à la vierge et un époux à la veuve* ». La danse, la musique sont faites pour accueillir dans la joie cette amante idéale, en étroit rapport avec Rê, le maître universel; elle sait même chasser sa tristesse en provoquant son hilarité par le spectacle de sa nudité qu'elle dévoile brusquement devant lui. Mais cette Dame du Sycomore du Sud est aussi associée à la mort, passage vers l'éternité : elle réside alors dans la Montagne de l'Occident pour y jouer un rôle essentiel[11].

L'œil de Rê : la « Lointaine »

L'œil de Rê illustre, par un récit aux multiples versions, le mythe cosmique de l'Eternel Retour. Il fut un temps où le maître universel fut privé de son œil (*oudjat*, nom féminin : « ce qui est complet »). Chargés d'aller le quérir, Shou et Tefnout furent si longs à retrouver cette *oudjat* fugitive, qu'impatient, Rê lui trouva un remplaçant. La colère de l'œil vagabond fut digne des fureurs d'Hathor, et Rê, pour l'apaiser, le mit à son front. Il devint, sous la forme du cobra féminin *iâret*, l'uræus, le symbole de la puissance et de la protection. C'est, paraît-il, à partir de ce moment que le dieu Shou, le souffle divin, fut appelé Onouris[12], c'est-à-dire « *Celui qui ramène la Lointaine* ».

La version la plus complète et la plus attrayante du mythe, d'origine certainement très ancienne (comme le nom d'Onouris lui-même), peut être reconstituée[13]. C'est l'histoire de l'Œil parti dans le Sud lointain après avoir quitté, dans un moment de colère, le luxueux palais de son père, situé au nord de l'Egypte. Cet œil a pris la forme de la déesse Hathor : la mythologie égyptienne offre maints exemples de ces métamorphoses. Certains récits présentent aussi l'œil de Rê sous la forme de la déesse Tefnout. Plus le temps s'éternise dans l'attente de son retour, plus la tristesse gagne le Palais et le pays tout entier. Cependant, cette déesse s'était transformée en une lionne ravageuse, crachant le feu des yeux et de la gueule, et menant la vie d'un fauve « en rut »[14] ». Le démiurge dépêcha Shou et Thot, qui prirent l'aspect de deux singes pour aborder l'irascible, laquelle menaça de mort Thot le messager. Cet avocat infatigable ne ménagea pas son imagination pour apaiser la déesse, tout en s'efforçant de la convaincre de regagner la patrie au meilleur climat et où les vivres et le vin lui seraient dispensés. Pour sauver sa vie en danger, Thot usa d'arguments psychologiques tendant à lui faire comprendre qu'elle commettrait une faute impardonnable en tuant un être faible, auquel un jour elle pourrait devoir la vie. Pour appuyer ses dires, il lui raconta la fable du lion et du rat, parvenue jusqu'à nous à travers une longue tradition finalement recueillie par La Fontaine. Provisoirement calmée et attendrie jusqu'à en pleurer « *comme pluie torrentielle* », la lionne reprend un accès de fureur : « *Sa crinière était enflammée, son dos avait la couleur du sang, son visage brillait comme le soleil, son œil flambait [...] et le désert fut obscurci de poussière, alors qu'elle battait le sol de sa queue.* »

D'autres fables, débitées en guise d'arguments, la ramenèrent au calme, si bien que Thot put lui faire regagner l'Egypte et, dans le but de l'apaiser définitivement, il la précipita dans les eaux de la première cataracte. Elle s'affirma dès lors en Egypte sous l'aspect d'une chatte que Thot sauva alors du serpent Apophis, lui prouvant ainsi

« *qu'on a toujours besoin d'un plus petit que soi* ». C'est la chatte de Bastet, patronne de la famille, protectrice du foyer. Les « retrouvailles » du Père divin et de sa fille se firent à Philae, où la partie orientale (solaire) de l'île a été consacrée à la réapparition d'Hathor et aux monuments qui le célèbrent. Ces cérémonies coïncidaient avec le moment où l'on fêtait la renaissance d'Osiris en la personne du jeune Horus[15]. Ce retour mythologique de la Lointaine peut alors être interprété comme celui de l'inondation du Nil qui, en Egypte, sanctionnait le Nouvel An et ramenait la joie dans le pays pour la prospérité de tous. Cette assimilation à une déesse de ce principe nourricier et protecteur est un hommage considérable et exceptionnel rendu au rôle reconnu de la femme, richesse du pays, source de bonheur, Isis, pour tout dire, laquelle sous forme d'Hathor conduit même à l'extase par l'ivresse dont les fêtes coïncidaient avec le temps des vendanges et le moment du retour massif des eaux du Nil, gonflé par les pluies africaines.

Les différents aspects d'Hathor

Grande déesse vénérée dans son magnifique temple de Dendara, elle est authentifiée comme antique mère des dieux en tant que vache céleste, les ayant enfantés et allaités, telle Isis. C'est à ce titre que l'on placera les défunts sous sa protection, pour qu'elle les fasse renaître à la vie éternelle. Mais elle est aussi Hathor, la grande maîtresse de l'amour, que les Grecs identifièrent à leur Aphrodite. Parmi toutes les fêtes célébrées en son honneur, il faut signaler celle du mois égyptien d'Epiphi, consacrant la « *Bonne Réunion* » avec son époux Horus. Elle remontait alors le fleuve en grand équipage jusqu'au temple d'Edfou où leur rencontre provoquait la liesse populaire. Les emblèmes les plus célèbres de cette déesse des femmes étaient le fameux « *Collier ménat* » et les non moins illustres *sistres*, souvent tenus par son fils, le petit dieu Ihy[16].

Cette déesse était donc traitée comme participant à l'action du Démiurge, et c'est à cet aspect essentiel que l'on prêtait le don de l'éros qui provoque l'attrait entre les êtres et assure la continuité de la vie. Aussi, la fête du *Siège de la Première Fête*, celle du Nouvel An, était-elle célébrée avec une solennité exceptionnelle, puisque commençant la veille du premier mois de Thot, mois du début de l'année qui coïncidait avec le retour de l'inondation, déferlant des entrailles du continent où s'était enfuie la Lointaine. A cette occasion l'étincelle divine allait réanimer l'idole de la déesse abritée dans le temple, pour lui conférer au cours de toute une année cette irradiation céleste et matérialiser sa présence dans le sanctuaire.

En grande procession les prêtres allaient quérir dans le « trésor du temple » la statue d'un oiseau à tête féminine en or (ou bronze doré) de 0,52 mètre de haut (la coudée royale égyptienne) appelée *ba* ou *baï*[17]. Puis la statue était placée dans un petit naos et portée par huit prêtres. Le cortège faisait station en différents endroits du temple; on imposait diverses couronnes rappelant les multiples aspects de sa puissance, dans une salle appelée l'*ouabet*. Finalement, le défilé était dirigé par un prêtre symbolisant l'Inondation, versant devant lui l'eau sainte et nouvelle, et suivi par celui qui représentait Pharaon, encensant le naos en se retournant vers lui. Venaient alors des porteurs d'enseignes et une théorie de figurants religieux. Arrivé sur la terrasse du temple, le cortège faisait route vers un kiosque – encore visible actuellement – où le naos était déposé. Lorsque le soleil surgissait à l'horizon, à son lever, son premier rayon venait frapper le visage du *baï* d'Hathor à l'intérieur du naos dont on avait ouvert les rideaux : la force, le potentiel, l'irradiation divine réanimaient alors l'effigie et rendaient effective la présence de la déesse, la Dorée. Simultanément la musique devait marquer cet instant crucial qui, avec le chant des prêtres, annonçait la grande nouvelle. La création allait poursuivre son œuvre, l'allégresse se répandait sur le pays. C'est là une des rares cérémonies religieuses – véritable Mystère cosmique – dont on peut évoquer le déroulement général : le temple de Dendara nous en livre des représentations, notamment la grande procession à la montée et à la descente de l'escalier, le kiosque sur la terrasse et, enfin, les inscriptions explicatives.

J'ai eu la possibilité, il y a quelques années, de faire entrer dans les collections du Louvre un bronze figurant l'oiseau *baï* d'Hathor (sans doute anciennement doré) dont on imagine qu'il reçut l'illumination de la lumière divine, témoin du retour en Egypte de la Lointaine (la statuette est exposée au fond de la galerie Henri IV du département des antiquités égyptiennes).

C'est aussi à Dendara, comme à Philae et dans d'autres sanctuaires gréco-romains, que l'on peut voir les *mammisis*, petites chapelles annexées aux temples et réservées aux formes féminines du divin et dans lesquelles la déesse remettait chaque année au monde le Dieu fils, au moment de la confirmation du pouvoir royal, constituant chaque fois pour le souverain et par la déesse une nouvelle naissance.

Tous les temples où se confondaient les divers aspects – ou avatars – de la Lointaine étaient dotés de piliers ou de colonnes engagées, dominés par des chapiteaux appelés par les égyptologues, hathoriques[18]. Durant les dernières dynasties[19] ce chapiteau présenta sur chacun de ses côtés le visage humain de la déesse Hathor, vu de face – ce qui, dans le relief, est seulement trouvé sur ce motif architectural. L'origine mythologique de la déesse et très probablement sa forme première sont simplement rappelées par des oreilles de vache. Ces quatre visages font allusion, sans aucun doute, aux aspects essentiels sous lesquels elle peut se manifester. Perdue dans les déserts de Haute-Nubie[20], c'est la lionne vengeresse, l'Œil du Soleil souvent courroucé : Sekhmet qui défend Pharaon, mais qui pouvait aussi répandre la peste pendant les derniers jours de l'année[21]. C'est aussi Hathor, l'éros, l'amour, l'aimée des femmes apportant en Egypte le renouveau après la mort – disparition apparente –, l'espoir, le fondement de tout avenir. C'est ensuite Bastet, la chatte protectrice amène du foyer[22]. Enfin Ouadjet, forme renouvelée d'Isis, la belle jouvencelle, tout éclatante de jeunesse[23].

Les plus beaux hymnes à la déesse Hathor sont sans conteste ceux que l'on trouve dans le petit temple érigé dans la partie orientale de l'île de Philae, en l'honneur du retour de la Lointaine en Egypte. En voici quelques passages[24].

« *Que ton visage est beau,*
Lorsque tu apparais en gloire,
Lorsque tu es joyeuse,
Hathor, vénérable Dame de Senmen (l'île de Biggeh).

Ton père Rê exulte quand tu te lèves.
Ton frère Shou rend hommage à ta face.
Thot, puissant en breuvage enivrant t'appelle, ô puissante.
La Grande Ennéade est dans le plaisir et l'allégresse.

Les babouins sont devant ta face et dansent pour Ta Majesté.
Les Hitys (d'autres singes) frappent le tambourin pour ton ka.
Les êtres chantent pour toi des hymnes
Et te font des adorations.
[...]
Les hommes et les femmes te prient de leur donner l'amour.
Les vierges pour toi ouvrent les festivités et te donnent leur esprit.
Tu es Dame de la louange, maîtresse de la danse, Grande d'Amour, maîtresse des femmes et des filles nubiles.
Tu es Dame de l'ivresse, aux fêtes nombreuses,
Dame de l'oliban, maîtresse de tresser-la-couronne,
Dame de la gaieté, Dame de l'exultation,
A la Majesté de laquelle on fait de la musique.
Pilier djed féminin vénérable, baï felle, Dame de Bougen (Soudan),
Tu es la Dame du Sistre-sekhem, maîtresse de la Ménat et du Sistre-sesechet,
Vers le ka de laquelle on élève l'ouncheb (en rapport avec le retour de l'année).
Tu es Dame de la danse, maîtresse des chants et de la danse-au-luth,
Dont la face brille, chaque jour, qui ignore le chagrin.
Puisses-tu présenter ton beau visage
Au roi de Haute et de Basse-Egypte, Seigneur du Double Pays. »

D'AUTRES PRINCIPES FÉMININS

D'autres concepts divins ont emprunté à la femme leur support matériel; citons seulement la science du document et de l'archivage, apparaissant sous la forme de Séchat, maîtresse des bibliothèques, jeune femme vêtue d'une peau de félin et ayant toujours à la main le calame, roseau pour écrire ; ou encore cette exceptionnelle divinité, également fille de Rê, Maât, entité intellectuelle, sans famille, à la tête dominée par la plume d'autruche, symbole de l'équilibre cosmique, de justice, du bien-fondé de toute action, qui assure la juste marche du monde ; elle traduit ainsi le programme d'équité dont Pharaon doit répondre devant son dieu. Rayonnante dans sa pureté à laquelle nul ne doit porter atteinte, sa statuette accroupie apparaît portée au cou du vizir et du juge.

ISIS ET SA GLOIRE

Ses sanctuaires

De tous les aspects féminins du divin, Isis se manifeste aux yeux de nos contemporains comme la déesse par excellence, la plus connue, l'image de l'Egypte même, admirable compagne d'Osiris qui sut le seconder, puis perpétuer le culte de cet époux vaincu par le mal et défendre son héritier avant qu'il ne devienne adulte : son propre culte se répandit dans tout le bassin de la Méditerranée à l'époque romaine, des temples officiels furent édifiés à sa gloire, mais ce succès populaire remonte aux derniers temps pharaoniques, ceux pendant lesquels apparaissent également sur les bords du Nil quelques sanctuaires enfin dédiés à la déesse sur le sol d'Egypte : citons d'abord le petit temple dédié par Psousennès et Amènèmopè au début de la troisième période intermédiaire à l'est de la pyramide de Khéops, à Guizé. Puis, à l'aube de l'époque gréco-romaine, le sanctuaire de Behbet el-Haggar dont les ruines évoquent encore la prestigieuse beauté des reliefs. Il ne faut pas davantage oublier le sanctuaire de la Naissance d'Isis, à Dendara, où était célébrée « *la nuit de l'enfant dans son berceau, sous forme d'une femme noire et rose, douée de vie, douce d'amour* »; mais surtout, bien entendu, l'ensemble prestigieux érigé sur l'île de Philae, qui est unique en son genre.

La magicienne

Par un phénomène inattendu, l'entité divine la plus accessible au commun des Egyptiens, en raison de son action dans la légende à laquelle elle est intimement liée – le prototype de la femme égyptienne veillant sur son foyer, en tant qu'épouse, en tant que mère –, n'a pas, depuis les époques les plus reculées, occupé une place de choix dans tous les édifices divins, et apparemment dans toutes les demeures. Les allusions retrouvées à son propos dans les textes religieux les plus anciens[25] permettent cependant de croire à l'extrême antiquité du mythe auquel sa personnalité est rattachée : le mythe osirien. Mais sans doute est-ce en raison même du secret auquel était voué le déroulement des Grands Mystères, que le silence devait être gardé et n'être révélé qu'aux initiés. L'interrogation des témoignages dispersés[26] permet de reconstituer en partie l'histoire du couple le plus illustre et le plus ancien parmi tous les Egyptiens[27]. Isis est considérée comme la magicienne par excellence. N'avait-elle pas, usant de procédés qu'on a pu reprocher parfois au comportement féminin, obtenu du vieux démiurge qu'il lui livre les secrets de sa force ? Le stratagème était pervers : elle mit un serpent, modelé de la terre mouillée par la salive de Rê, sur le chemin du dieu déjà affaibli. Ce dernier fut naturellement agressé puis mordu et « *le venin s'empara de son corps, comme le Nil s'empare de son pays* ». On constata alors qu'Isis était la seule à pouvoir guérir le dieu, mais elle fit savoir que ce serait à la condition qu'il lui livrât son vrai nom. Pris de souffrances intolérables, le vieux démiurge finit par céder, et la connaissance du nom révélé conféra à la déesse le pouvoir de Rê.

Sitôt qu'Isis fut introduite dans la légende d'Osiris, elle perdit en partie son caractère lointain et spécifique pour se rapprocher encore davantage de l'humanité. On la voit alors souvent avec sa sœur Nephtys, dans leur costume particulier des deuillantes, à la tête et au pied des momies, pleurer et protéger le défunt considéré comme un Osiris. C'est uniquement aux époques tardives qu'apparaissent les figurations du prototype de la mère entre toutes les mères, allaitant l'enfant Horus, assise sur son trône et le tenant dans son bras gauche[28].

Quoi qu'il en soit, il faut se rappeler qu'Isis représente non seulement ce que l'on a défini comme la maternité « biologique », mais aussi la maternité « fait social ». Elle n'a pas été confondue avec Hathor, elle incarne simplement, dans ce cas, un des aspects différents – assorti de son rôle propre – d'une seule et même personne.

Isis dans le cycle osirien

Les difficultés avaient surgi dès le commencement des temps. On sait que, pour le cycle mythologique d'Héliopolis, Atoum, le démiurge, avait créé le premier couple, Shou et Tefnout : ainsi « *fut-il Un, puis il devint Trois*[29]. A son tour, le premier couple donna la vie à Geb et Nout, Terre et Ciel, étroitement enlacés. Le Maître de l'Univers leur interdit tout rapport sexuel et lorsqu'il apprit que Nout était enceinte, surtout s'agissant de quintuplés, il ordonna à Shou de séparer ces amants fougueux et décréta que Nout ne pourrait mettre au monde aucun enfant pendant aucun jour de l'année. C'est alors que Thot intervint en faveur de ces illustres précurseurs d'Adam et d'Eve! Pour permettre à l'infortunée Nout d'être délivrée, il dota l'année de *cinq jours supplémentaires*, que plus tard les Grecs appelèrent *épagomènes*. C'est ainsi que naquirent Osiris, Seth, Isis, Nephtys et Horus le Grand. Osiris, qui avait succédé à son père comme roi de la Terre annoncé aux hommes par une voix céleste, enseigna avec l'aide d'Isis, son épouse et sœur (car *elle était sa protection et tenait les ennemis à l'écart*), l'agriculture à l'humanité. Isis coupa les gerbes et pétrit la farine; Osiris pressa les grappes et but la première coupe de vin. Il lui donna des lois et lui montra comment honorer les dieux. Confiant la responsabilité de la gestion du pays à Isis (on la voit, ainsi, préfigurant l'action de certaines reines mères pendant que le responsable guerroie), Osiris parcourut le pays pour gagner l'adhésion de tous, par la musique et sans combat[30]. Tout ne devait cependant pas être aussi limpide au cours de cette vie exemplaire, car Osiris semble s'être momentanément et secrètement (par « mégarde », dit un texte!) épris de Nephtys, l'épouse de Seth le stérile[31]. Elle en conçut Anubis qu'elle abandonna, par crainte de son époux. Ce fut alors la bonne Isis – conduite par des chiens – qui le retrouva et l'éleva : il devint son gardien et son compagnon, mais fut affecté aux ténèbres et les morts lui furent confiés. La jalousie de Seth en fut peut-être encore augmentée. Il se mit à conspirer avec soixante-douze conjurés, qui l'aidèrent à recevoir Osiris à son retour de voyage dans un fastueux banquet au cours duquel aurait lieu une compétition. Il s'agissait de savoir qui, parmi tous les invités, tiendrait exactement dans un coffre très précieux, au préalable préparé aux dimensions du dieu : ce coffre était promis à qui gagnerait. En vain, chacun s'y essaya, car le coffre était trop grand, jusqu'au moment où, à son tour, Osiris s'y étant introduit, les conspirateurs se précipitèrent pour le fermer par le couvercle qu'ils clouèrent. Puis, dans un lieu appelé Nedit, ils jetèrent le coffre au Nil.

La quête d'Isis

Recherchant son époux disparu, Isis, à partir du récit d'enfants qui avaient assisté à l'opération, comprit dans quelle direction elle devait entreprendre son enquête qui finit par la mener jusqu'à Byblos, les « Escaliers du Levant ». Echoué contre un pin, le corps d'Osiris communiqua sa vitalité à l'arbre, lequel grandit démesurément jusqu'à l'englober complètement. La taille exceptionnelle de l'arbre fut remarquée par le roi, Malcandre, au point qu'il en fit une colonne pour soutenir le toit de son palais. Nouvelle épreuve pour Isis qui décida alors d'user de son pouvoir magique. Sachant que des servantes royales se rendaient à une source puiser de l'eau, elle se transforma en misérable femme, attira leur attention, les flatta en tressant savamment « à l'égyptienne » leurs cheveux et leur insuffla la divine haleine aux rares senteurs, dont elle avait la possession. La reine, curieuse de connaître l'auteur de ces prodiges, la fit venir au palais et c'est ainsi qu'Isis devint la nourrice de l'enfant royal. Magicienne avant tout, elle se contentait de le nourrir avec son doigt. La nuit, elle mettait le feu à son enveloppe charnelle, pendant que, se transformant en hirondelle, elle volait en se lamentant autour de la colonne. La reine la surprit et, voyant son héritier entouré de flammes, poussa un cri strident... ce qui fit perdre à l'enfant son immortalité. Isis se nomma alors, la colonne lui fut remise et elle put récupérer le coffre. Ici, s'inscrit un épisode, sans doute une allusion à l'attitude si effrayante des pleureuses en Egypte et à leurs vociférations propres à frapper de stupeur : Isis se précipita sur le cercueil et ses hurlements de douleur furent si impressionnants que le fils aîné du roi en mourut!

Puis elle retourna en Egypte avec le fils cadet de Malcandre qui l'aida à transporter le coffre. Arrivée dans son pays, se croyant seule, elle ouvrit le cercueil et posa son visage sur celui d'Osiris pour l'embrasser tout en pleurant. Surprise par le jeune prince, la colère anima son regard au point qu'elle l'en foudroya. Puis elle enfouit le coffre dans les marécages de Chemmis, à l'endroit où elle devait élever son fils.

Les rites funéraires

Une variante assez tardive du récit ajoute que Seth, découvrant, au cours d'une chasse au clair de lune, le lieu de la cachette, vint dérober le corps pour le couper en quatorze ou seize morceaux et les dispersa dans le fleuve. Une nouvelle quête allait commencer pour Isis; une version de sa légende rapporte qu'elle prit alors une barque pour repérer tous les morceaux. Un conteur plus réfléchi relate qu'elle se changea, à nouveau, en oiselle, pour mieux apercevoir, de plus haut, les parties du corps. Puis elle les enterra à chaque endroit où elle les avait découverts : telle est l'explication du nombre élevé des tombeaux d'Osiris en Egypte.

Mais il semble bien que tout ceci n'était que manœuvre, afin, par ce subterfuge, de dérouter son implacable ennemi. En fait, ayant rassemblé tous les morceaux retrouvés, elle en fit, avec l'aide de Nephtys et d'Anubis, la première momie. Tout avait été récupéré, sauf un morceau : le phallus qui avait été avalé par un poisson oxyrhynque (le mormyre). Passé dans le royaume des morts, Osiris fut alors enseveli au son des *Lamentations d'Isis et de Nephtys* :

Dit par Isis :
« *Viens vers ta demeure, viens à ta demeure,*
Toi qui n'as plus d'ennemis,
Ô bel adolescent, viens à ta demeure pour que tu
me voies.
Je suis ta sœur que tu aimes,
Ne te sépare pas de moi, bel adolescent.
Viens à ta demeure,
Je ne te vois pas [et pourtant]
Mon cœur aspire à te rejoindre
Et mes yeux te réclament.
[...]
Cela est merveilleux de te contempler.
[...]
Viens à celle qui t'aime, qui t'aime, ô Ounen-
Nèfer,
Viens auprès de ta sœur,
Viens auprès de ta femme,
Toi dont le cœur a cessé de battre!
Viens vers la maîtresse de ta maison.
Je suis ta sœur, de la même mère,
Ne t'éloigne pas de moi...

Les dieux et les hommes ont tourné leur visage
vers toi
Et tous te pleurent ensemble, car ils me voient.
Je t'appelle et je pleure si fort

Qu'on l'entend dans le ciel
Mais tu n'entends pas ma voix ?
Je suis la sœur que tu aimais sur terre,
Tu n'aimais aucune [autre] femme
En dehors de moi, ô mon frère, ô mon frère[32] ! »

Le texte de ces fameuses lamentations se poursuivait et constituait le dialogue entre les deux sœurs pleureuses, entrecoupé de quelques refrains chantés par d'autres pleureuses. On y retrouve, dans la douleur, des accents qui l'apparentent à une sorte de chant d'amour, et lorsque l'on aborde les strophes récitées par Nephtys, le ton change : ce n'est plus celui de l'épouse, c'est celui de l'amante :

« *Reviens en cette heure, mon maître, toi qui es parti,*
Afin de faire ce qu'il te plaît, sous les arbres.
Tu as éloigné mon cœur de moi de milliers de mille.
Avec toi seul, je désire faire ce que j'aime !

Si tu vas au pays d'éternité, je t'accompagne,
J'ai peur que mon époux ne me tue.
Y eut-il roi qui, en son temps, fit ainsi ?
Je suis venue pour l'amour de toi.
Tu délivres mon corps de ton amour[33]. »

A lire ce dernier chant, il semble que l'on puisse entrevoir le rappel de l'idylle survenue entre Osiris et Nephtys. Le fait que les paroles soient ouvertement prononcées devant Isis indiquerait-il que, près de l'unique « maîtresse de maison », la présence d'une « concubine » favorite était acceptée ? Dans le monde des souverains la chose était claire ; elle paraît aussi assez évidente, comme on le verra, en ce qui concerne le monde des « seigneurs ».

La naissance d'Horus

En momifiant Osiris et en l'enterrant, suivant un rituel toujours respecté par la suite, *Isis venait d'inventer le remède qui donne l'immortalité.* Cependant, il restait encore un miracle à accomplir pour assurer la succession du défunt triplement mort, si l'on peut dire, aux yeux des Egyptiens, puisqu'il n'avait pas laissé d'héritiers, qu'il était trépassé et que, de surcroît, le poisson oxyrhynque avait englouti sa virilité. La magicienne alors transformée à nouveau en oiselle battit l'air avec ses ailes et ranima son frère-époux. Mais « *c'est une chose à garder bien cachée!* (lit-on dans le « *Livre des Respirations* ») *qu'il ne soit pas permis qu'un homme ou qu'une femme la divulgue à haute voix!* ». Puis, grâce à sa magique puissance, elle lui rendit quelques instants son membre disparu et descendit en planant doucement sur le corps d'Osiris qui, revirilisé par cette action, la féconda. Toujours selon la légende, Isis, dans les marais de Chemmis, prépara la naissance de leur fils et mit au monde l'enfant Horus, pour la protection duquel elle recommença la lutte contre les attaques du Malin, le dieu Seth, que Plutarque appela le Typhon.

Devenu adulte, Horus, avec l'aide d'Isis, toujours si acharnée à faire valoir les droits du fils d'Osiris, brigua contre son oncle, devant le tribunal du Maître éternel Atoum, l'héritage de son père. La lutte infernale et sans cesse renouvelée allait reprendre, mais pouvait-on perdre espoir, si l'on songe à ce que l'on reconnaissait à la « divine mère » :

« *Son cœur était plus habile que ceux d'un million d'hommes,*

Elle était plus éminente qu'un million de dieux,
Elle était plus perspicace qu'un million de nobles morts.
Il n'y a rien qu'elle ne sût dans le ciel et sur la terre[34] ! »

Les tribulations d'Horus et de Seth

Cependant, le ton du conte populaire où les tribulations d'Horus devenu adulte, fils d'Isis et d'Osiris, et de Seth ont été relatées, abandonne la noblesse des termes de cette citation. C'est dans un langage assez vert parfois que les multiples épisodes nous sont contés : nous nous bornerons à évoquer seulement ceux où la déesse entre en action : on y retrouve le comportement de la magicienne faite femme, aux nombreux artifices qui rendaient la déesse d'autant plus puissante, et munie de moyens multiples et redoutables.

Ces *Tribulations d'Horus et de Seth* illustrent la lenteur démesurée des procédures; en effet, dans la vie rien n'est simple et, dépeints à l'image de l'homme, les dieux ne peuvent être traités en personnages manichéens. Seth prétend, pour capter l'héritage de sa victime, son défunt père, qu'Horus n'est pas le fils d'Osiris. Nous allons, pratiquement, assister à un procès en « recherche de paternité » d'un fils né après la mort de son géniteur. Le tribunal appelé à juger et à trancher la question fut composé de tous les dieux d'Egypte qui siégèrent pendant quatre-vingts ans, tant la question fut compliquée, en raison surtout du fait que le Grand Horus, Horakhty, devint partisan de Seth. La lutte fut cruelle, les opposants en vinrent aux mains jusqu'à même émasculer Seth et rendre aveugle le jeune Horus. A un certain moment, le tribunal, ne sachant plus quelle décision prendre, s'adresse à la puissante Neïth de Saïs : son verdict est nettement exprimé : « *Confiez la dignité d'Osiris à son fils et ne commettez pas une grande injustice, sinon je deviendrai furieuse et le ciel s'écroulera sur la terre.* » Mais elle ajoutait qu'en compensation Seth devait recevoir Anat et Astarté, les deux filles étrangères de Rê[35]. D'où surgit un nouveau différend entre les dieux. Rê lui-même en fut prostré et c'est au cours de cet épisode que sa fille Hathor, pour le dérider, lui dévoila sa nudité. Thot, pourtant, continuait à plaider en clamant : « *Donnera-t-on la charge au frère de la mère, alors qu'un fils selon la chair est vivante?* » Devant la mauvaise foi du Maître de l'Univers Rê, Isis, courroucée, prononça ce serment : « *Aussi vrai que ma mère Neïth vit, et aussi vrai que Ptah-Tenen, haut de plumes, est vivant, on placera ainsi ces paroles devant Atoum, le grand qui est à Héliopolis et aussi devant Khépri, qui réside en sa barque!* »

La mère protectrice

Les manœuvres d'intimidation de Seth furent à ce point efficaces qu'il fut répondu favorablement à sa demande d'éloigner alors Isis du procès. C'était vraiment méconnaître le pouvoir et l'imagination de la déesse-femme. Horakhty décida, afin de satisfaire Seth, que le tribunal se déplacerait dans l'« île du Milieu » dont le passeur ne devrait, naturellement, faire traverser aucune femme. Il fallut donc qu'Isis se transformât en une pauvre vieille toute courbée – mais elle portait au doigt un anneau d'or – pour s'approcher du nocher et lui dire : « *Je viens vers toi avec un pot de farine pour un petit gars qui garde le bétail dans l'île depuis cinq jours et qui a faim.* » A la réponse négative du passeur, elle lui offrit un pain, puis enfin son anneau d'or qui fut le meilleur argument pour le fléchir. Arrivée dans l'île et reconnue par Seth, Isis se changea en une jeune femme à l'irrésistible beauté et, se fondant sur l'absence évidente de psychologie de son interlocuteur, elle s'efforça de le « prendre au filet » : « *Mon grand seigneur, se plaignit-elle, j'ai été la femme d'un gardien de troupeau, je lui avais donné un fils. Mon mari est mort et mon garçon garde le bétail de son père. Mais un étranger est venu et s'est assis dans mon étable; il s'est ainsi adressé à mon fils : " Je te frapperai et je te prendrai le bétail de ton père et je te jetterai dehors. " Alors je voudrais que tu sois, pour lui, un protecteur.* » Seth, ne saisissant pas la provocation, répondit : « *Donnera-t-on le bétail à l'étranger, alors que le fils de l'homme est encore vivant ?* »

Cette phrase provoqua la métamorphose immédiate d'Isis en un oiseau qui alla se percher au sommet d'un acacia et lui déclara qu'il venait lui-même de se juger : « *Honte à toi! Ta propre bouche l'a prononcé et ta propre habileté t'a jugé toi-même. Que veux-tu de plus ?* » Cet incident, rapporté au président du tribunal fit condamner Seth, auquel Rê, lui-même, déclara : « *Oui, c'est toi-même qui t'es jugé.* » Mais ce démon obtint cependant un nouveau sursis... pour complément d'information!

La seconde partie du conte présente les deux antagonistes encore en lutte cruelle, transformés en deux hippopotames : Isis, toujours aux côtés de son fils. Des blessures atteignent les combattants si bien qu'Isis, prise de pitié, soulagea la douleur de Seth, ce qui plongea Horus dans la fureur de l'hippopotame dont il avait pris l'aspect, à telle enseigne qu'il en arriva à trancher la tête de sa mère. Fort heureusement, Thot la remplaça par une tête de vache (d'où l'aspect d'Isis-Hathor). De péripétie en péripétie, Horus, puni, fut aveuglé par Seth (le châtiment par cécité était très connu dans la haute Antiquité), mais Hathor lui rendit ses yeux. Puis Seth fut émasculé, les incidents truculents, grossiers parfois, se succédèrent pendant presque un siècle, jusqu'à ce qu'en définitive le tribunal décidât ce par quoi il aurait dû commencer : en référer à Osiris lui-même. La réponse d'Osiris parvint sous la forme d'une lettre qui fut lue aux juges du tribunal par Thot : « *"Tout ce qu'il dit est parfaitement juste, lui, le maître des aliments"*, *dirent-ils.* » Isis fut alors chargée d'amener Seth ligoté pour qu'il lui soit reproché de ne pas avoir accepté les décisions de ce Conseil suprême. Seth se soumit alors enfin, et abandonna ses visées sur l'héritage au trône d'Osiris. Horus fut investi de la succession : c'est le triomphe définitif d'Isis.

Le royaume d'Isis

La geste d'Osiris, on le voit, est absolument complémentaire de l'action d'Isis, sans laquelle le mystère de la résurrection ne pouvait s'accomplir, ni l'héritage du père être remis en toute équité à son fils. Un tel programme, promis aux yeux d'une humanité qui aspirait à ne pas douter d'un bonheur sécurisant, se devait de connaître une popularité exceptionnelle : c'est ce qu'il advint. Progressivement, durant les dernières dynasties égyptiennes, la gloire de toutes les expressions divines s'estompa pour être supplantée par la vénération, de plus en plus marquée chez les Egyptiens de toutes les classes, envers la Grande Isis, pivot de la société et en laquelle tous les espoirs étaient mis. Des temples lui furent élevés, les Grecs et les Romains l'adoptèrent, ses adorateurs proliférèrent,

si bien qu'elle draina, en tant qu'Isis-Hathor, ou Isis-Sothis, l'attention des mystiques et des dévots. De Philae à Alexandrie, de Pompeï à toute l'Europe du Sud, les mystères isiaques se répandirent, la mère par excellence fut évoquée sous l'image reproduite en milliers d'exemplaires de la femme tenant sur ses genoux l'enfant Horus, l'*Isis lactans* des Romains... des Pannoniens et des Gaulois, ou encore l'*Isis pharia* d'Alexandrie, patronne des navigateurs. La barque sur laquelle la grande déesse, symbole de la femme veillant à la perpétuation de la race, passait le fleuve tous les dix jours pour verser la libation de lait sur les autels funéraires d'Osiris dans l'île de Biggeh face à Philae au lieu-dit de l'*Abaton*, cette barque fut dotée d'un mât et d'une voile et descendit le Nil pour gagner Alexandrie. Là, on peut retrouver l'Isis du Phare, l'*Isis pharia*, tenant un gouvernail ou une ancre marine, telle que les Vierges-à-l'ancre méridionales nous la révèlent encore : la Vierge du Suquet, sur les hauts de Cannes par exemple. Parfois, même, le mât du bateau est remplacé par la silhouette de la déesse à l'incommensurable pitié, à la profonde sollicitude, car elle a connu toutes les douleurs, toutes les épreuves.

De navigation en navigation, elle retint l'attention des Nautes de Lutèce, si bien que la nacelle à la voile gonflée de la plus internationale des déesses de l'Antiquité, de l'épouse et de la mère exemplaire, subsiste encore de nos jours en un symbole millénaire dans les armes de la Ville de Paris !

Au moment où le culte d'Isis supplanta tous les autres, apparaissent les hymnes consacrés à la déesse. On peut relever dans ces véritables et interminables litanies les éloges suivants :

« [...]
Déesse aux jeux multiples,
Honneur du sexe féminin.
[...]
Amante qui fais régner la douceur dans les assemblées,
[...] Ennemie de la haine [...]
[...] Tu règnes dans le Sublime et l'Infini.
Tu triomphes aisément des tyrans par tes fidèles conseils.
[...] C'est toi qui, seule, as ramené ton frère, qui as bien gouverné la barque, et lui as donné une sépulture digne de lui.
[...] Tu veux que les femmes (en âge de procréer) viennent à l'ancre avec les hommes.
Tous les vieillards te font des sacrifices.
[...] »

Et surtout, comme sanctionnant l'œuvre de la déesse :

« *C'est toi la Maîtresse de la terre* [...]
Tu as rendu le pouvoir des femmes égal à celui des hommes [36] *!* »

II

La femme dans la royauté

1
La reine et son contexte

LE RÔLE ÉMINENT DE LA REINE

A considérer la place tenue par les évocations féminines de la divinité dans les différents mythes égyptiens, on peut déjà être assuré du rôle éminent que l'on attendait de la femme placée aux côtés de Pharaon. Il s'agit naturellement de la Reine par excellence : la Grande Epouse Royale, celle qui doit mettre au monde les héritiers du trône. Bien d'autres, on le verra, complètent le charmant empire féminin sur lequel règne le roi d'Egypte, mais avant tout, il doit être question ici des femmes « de la couronne ».

Dès la Ire dynastie, on peut constater, soit au nombre des tombes des Dames du Palais[1], soit surtout, par ce qui subsiste de l'apparat des sépultures de ces reines[2], le rôle particulièrement important joué par la souveraine dont, tout au long de l'histoire de l'Egypte, la position s'est maintenue et même, sans doute, amplifiée. On a reconnu comme un fait indiscutable que l'hérédité était assumée par la reine : elle « véhiculait la divine substance à l'enfant royal ». Ce concept impliquerait donc qu'elle soit elle-même fille d'un pharaon; alors, par son union avec un prétendant au trône, non héritier direct, elle pouvait ainsi transmettre le sang royal solaire aux enfants du nouveau souverain. Les droits de la mère, fille royale, étaient donc primordiaux, ce qui fut même confirmé il y a plus de deux mille ans par l'historien Manéthon, lequel rappelait que les rois de la IIe dynastie avaient établi la pleine légitimité de la femme à occuper le trône. Un spécialiste du droit pharaonique, Théodoridès, estime même que cette loi écrite devait réellement exister sous l'Ancien Empire.

L'INCESTE ROYAL

Entre frères et sœurs

L'application « idéale » ou « application type » du principe précédent était évidemment le mariage consanguin royal entre le frère et la sœur du même lit que Pharaon : c'était matérialiser à la lettre ce qui avait été prêté au comportement des dieux, surtout si l'on se penche sur la mythologie héliopolitaine (à Hermopolis, les éléments initiaux mâles et femelles de l'Ogdoade ne sont pas réellement des couples déjà formés, mais dérivent plutôt des principes divins « bisexués »). Référons-nous plutôt à Shou et Tefnout, Geb et Nout et surtout au couple composé d'Osiris et d'Isis.

Tout au long de son histoire, et seulement lorsqu'il s'agissait de la Couronne – institution sacrée qu'il importait de maintenir –, la famille royale restait, dans ses grandes lignes et lorsque cela était possible, fidèle à cette coutume sauvegardant l'héritage pharaonique et divin : il paraît quasiment certain, par exemple, qu'à la IVe dynastie, Didoufri avait épousé sa sœur Hétephérès II à la blonde chevelure factice; quant au libérateur de l'Egypte, Ahmosis, il déclare sur sa stèle d'Abydos que lui-même et sa sœur-épouse Ahmès-Néfertari sont les enfants d'une même mère et d'un même père, Ahhotep et Sékénènrê Taô.

Pour avoir étroitement appliqué cette loi, l'Egypte gréco-romaine a fourni avec les unions des derniers Ptolémées et notamment des sept Cléopâtres, des exemples de dégénérescence très caractérisée.

Sans doute suffisait-il pour investir son conjoint du pouvoir pharaonique que la fille du roi épousât son demi-frère ainsi que le fit Hatshepsout, ou même un parent plus éloigné de la famille royale, telle Hétephérès qui, par son mariage avec Snéfrou, lui ouvrit le chemin vers le trône. Mais il convient de constater que la règle souffre tout au long de l'histoire de l'Egypte des exceptions connues, sans tenir compte, bien entendu, des nombreux cas encore ignorés.

N'apprend-on pas, en effet, qu'à la VIe dynastie, le pharaon Pépi Ier avait épousé deux sœurs, ou demi-sœurs, toutes deux appelées Méryrê-Ankhénès, simples filles d'un notable de la ville d'Abydos, Khouy[3] ? Faut-il aussi dévoiler que si au début de la XVIIIe dynastie Ahmosis s'honore d'être le fils d'une fille et d'un fils royal, il précise aussi que leur commune grand-mère était la dame Tétishéri, devenue reine ? Or, les vestiges de la sépulture de cette dernière[4] révèlent qu'elle était très probablement d'extraction assez modeste ! L'histoire de l'Egypte nous enseigne ainsi bien des exceptions à la prétendue règle. On suppose souvent que le général Horemheb put facilement s'emparer du pouvoir – à la fin de l'hérésie amarnienne – car son acte avait été légitimé par sa seconde union avec la princesse Moutnédjèmet, très probablement la sœur de Néfertiti. S'il s'agit réellement de la sœur de la fameuse reine de Tell el-Amarna, faut-il encore être assuré que Néfertiti était elle-même une princesse royale avant d'épouser Aménophis IV : jusqu'à ce jour, nous ne savons absolument rien de précis sur les ancêtres et la famille immédiate de la « plus célèbre des Egyptiennes ».

On pourrait tirer des conclusions analogues de l'origine des fondateurs de la XIX⁰ dynastie, celle des Ramessides, dont on connaît l'identité des Grandes Epouses. Les deux premiers pharaons Ramsès et Séthi avaient été, l'un et l'autre, de hauts fonctionnaires, en définitive nommés vizirs par Horemheb, lequel disparaissait sans héritiers. Ils montèrent successivement sur le trône accompagnés de leurs femmes respectives Sat-Rê et Touy, la seconde et sans doute aussi la première issues de familles de militaires et de dames de la société associées au culte d'Amon. Où se trouvait donc, à l'origine de cette *gens*, le sang royal ?

Un exemple typique – et le plus éclatant – fut certes le mariage de Tiyi et d'Aménophis III. Ce dernier ne se contenta pas seulement d'investir son élue du plus haut titre de la cour, celui de Grande Epouse Royale, mais en une réelle provocation il imposa *urbi et orbi* ce choix qu'il entendait bien ne pas voir contesté, en émettant une série de gros scarabées historiques[5], au verso desquels il annonçait son hymen avec cette roturière, Tiyi, fille d'un prêtre et d'une prêtresse de la ville d'Akhmim, en Haute-Egypte. Ils s'appelaient Thouya et Youya et étaient probablement originaires de Basse-Nubie.

Entre pères et filles

Sans doute alors faut-il chercher par quel truchement le pur sang divin était transmis – puisque l'inceste entre frères et sœurs royaux ne pouvait être permanent. Dans le cercle royal, un autre inceste, effectif – mais aussi certainement rituel –, entre père et fille a été constaté. Si nos sources étaient plus complètes, nous aurions vraisemblablement à souligner des exemples tirés de la plus Haute Epoque, qui authentifieraient la légende tardive des amours de Mykérinos et de sa propre filles[6]. Au Moyen Empire, la preuve existe pour le pharaon Amenemhat III dont on sait qu'il épousa sa fille, la princesse Néférouptah[7].

Les cas les plus probants apparaissent au Nouvel Empire, certainement parce que la documentation relative à cette époque a été beaucoup plus amplement conservée. Ainsi, Aménophis III, si proche pourtant de la rayonnante Tiyi, la Pompadour de la XVIIIe dynastie, devint-il l'époux de sa fille Sat-Amon, dont il fit sa seconde Grande Epouse Royale. Il semble ne pas s'en être tenu à cette seule héritière; il épousa également une seconde fille, Isis, et très probablement d'autres sœurs de cette dernière.

Les plus illustres de ces « pères-époux » sont les trois Pharaons vedettes du Nouvel Empire : Aménophis IV, Ramsès II et Ramsès III. En ce qui concerne le premier cité, au moins trois de ses filles furent « honorées » des attentions affectives, si rituelles, de ce souverain. Ce sont les trois premières : Méryt-Aton, l'aînée, dont il eut une fille[8]; Maket-Aton, ensuite, la deuxième, semble être morte en couches; et la troisième, Ankhsenpa-Iten, laquelle lui donna une héritière[9], avant de devenir, après le décès de son père, l'épouse[10] de Toutankhamon. Les raisons de telles unions ne sont pas, jusqu'à présent, très évidentes; le roi cherchait-il à engendrer un héritier, après les six filles que lui avait données Néfertiti et devait-il, dans ce but, rester fidèle à la lignée de sa Grande Epouse ? Cela est moins que certain.

Quoi qu'il en soit, nul ne pourra supposer que tel était le mobile du deuxième Ramsès – le Soleil de l'Egypte –, aux fils innombrables, lorsqu'il contracta mariage avec les aînées d'Isis-Nofret et

Nofrétari, deux Grandes Epouses Royales[11], et plusieurs autres encore, sans oublier une des dernières-nées : Henout-mi-Rê[12]. Il fit mieux encore, puisque ce roi à la longévité certaine et au règne de soixante-sept années donna, lui aussi, suivant l'exemple d'Aménophis IV, un enfant à sa fille aînée. Il s'agit d'une princesse, encore anonyme, et qui figure dans la tombe de Bentanta, comme fille... et petite-fille du roi! (Cf. p. 81.) Quels mobiles incitaient ces souverains entourés des plus belles femmes d'Egypte et du monde connu à cette époque à s'unir à leurs filles?

Ces impératifs, semble-t-il, sont certainement, et avant tout, rituels, dans le contexte de la société divine qui constituait la permanente démonstration de l'essence supraterrestre du roi, car, en premier lieu, Pharaon, c'est le démiurge incarné, c'est Atoum, parfois aussi Rê; et son épouse, c'est Mout, Isis, Hathor, mais aussi Tefnout, sa fille-épouse... et sa « main ». On aborde alors la version la plus réaliste de la création où la compagne du Rê finit par être appelée *Nèbet-Hétepet* (on pourrait traduire par : la « maîtresse de la satisfaction »), après qu'elle eut pris l'aspect de *Iousaâs*, celle qui révèle le dynamisme du créateur et dont le nom évoque l'image la plus réaliste de l'éveil de la verge divine. Iousaâs signifie : « elle marche, elle croît ».

Tefnout, que l'on retrouve dans le mythe de la déesse lointaine, fille et œil de Rê, terrifiante et apaisante à la fois, est aussi la déesse Maât; elle perpétue la vigueur du dieu, nécessaire à la vie de l'Egypte et que Pharaon représente sur terre. Ainsi, descendant lui-même d'un souverain, ou issu d'une souche moins aulique, Pharaon détient-il un potentiel divin, lequel, sitôt sur le trône, est affirmé, entretenu, renouvelé par les rites de la plus haute portée. Et cette puissance supraterrestre, il la doit, en définitive, à sa mère, fille royale, lointaine descendante d'un prince, ou noble mortelle, *mais qui a connu la théogamie.* Autrement dit, la couche de cette dernière, le jour de son hymen, a été visitée par le dieu se substituant à Pharaon. Ainsi donc, le souverain, *par sa mère*, élue du dieu, sera-t-il, quoi qu'il en soit, l'héritier du démiurge. Les rares vestiges des temples de la Haute Epoque ne nous ont rien conservé de ce rite essentiel, dont, en revanche, nous possédons des représentations pour les pharaons du Nouvel Empire, à Deir el-Bahari pour la reine Ahmosé, mère d'Hatshepsout, à Louxor, pour Moutemouia, mère d'Aménophis III, et enfin dans les ruines du Ramesseum pour Touy, mère de Ramsès II. Mais si l'on se reporte au papyrus Westcar, dont le texte relate des événements remontant à l'Ancien Empire, on découvrira dans l'un de ses contes merveilleux l'histoire de la femme d'un prêtre de Rê « visitée » par ce démiurge, lequel lui permit ainsi de mettre au monde les trois premiers rois qui allaient gouverner la Ve dynastie :

« *Un de ces jours-là, il arriva que Rêddjedet éprouva les douleurs [de l'enfantement] et son accouchement était laborieux. Alors la Majesté de Rê, Seigneur de Sakhébou, dit à Isis, Nephtys, Meskhénet, Hékèt et Khnoum : " Allez donc et délivrez Rêddjedet des trois enfants qui sont dans son sein et qui exerceront cette fonction bienfaisante dans ce pays entier. Ils construiront vos temples, ils approvisionneront vos autels, ils feront prospérer vos tables à libations, ils accroîtront vos offrandes. " Ces déesses partirent après s'être transformées en danseuses-musiciennes. Khnoum les accompagnait portant [leur] bagage. Elles arrivèrent à la maison de Raouser [...] il leur dit : " Mesdames, voyez, c'est la dame de céans qui est dans les douleurs et son accouche-*

ment est laborieux.'' Alors elles dirent : '' Permets-nous de la voir, car nous savons faire un accouchement[13]. '' »

Après avoir mis au monde trois enfants « *longs d'une coudée, aux membres incrustés d'or et portant un diadème de lapis-lazuli* », les déesses accoucheuses s'en vinrent retrouver Rê, le géniteur, en lui demandant de faire un prodige pour les enfants et elles fabriquèrent trois diadèmes royaux.

Peut-être les pharaons, parmi ceux dont les épouses n'étaient pas d'origine royale, entendaient-ils transmettre à leurs filles un peu de cette irradiation sacrée qui en avait fait des dieux incarnés. Divinisés sur terre (c'est le cas d'Aménophis III, d'Aménophis IV et de Ramsès II), ils transformaient leurs filles en souveraines « à part entière » par cette théogamie au second degré, et leurs héritiers – ou héritières – pouvaient ainsi transmettre le sang divin.

Enfin, sous Ramsès III, les filles du Souverain jouèrent peut-être rituellement le rôle de « mains divines » pendant les fêtes jubilaires[14].

LE MARIAGE DE PHARAON

Rien ne permet d'affirmer que les Grandes Epouses Royales aient pu être des princesses étrangères. En revanche, très tôt dans l'histoire, des princesses étrangères ont dû devenir des épouses secondaires des rois. Il semble qu'à la Ve dynastie Sahourê reçut à la cour une princesse venue de la lointaine Byblos. En revanche, au Moyen Empire, des filles de pharaons pouvaient se marier avec des princes de Byblos. A la fin de la domination hyksos la princesse Hérit, mariée à l'envahisseur Apophis, paraît avoir été une ancêtre d'Aménophis Ier.

Les souverains de la XVIIIe dynastie comptèrent des Orientales de noble origine dans leur harem, telles les trois princesses syriennes du temps de Thoutmosis III qui furent enterrées ensemble, au sud de la Vallée des Reines, ou encore les princesses du Mitanni[15] envoyées à la cour de Pharaon. On se souvient avec quelle difficulté Thoutmosis IV put organiser son mariage avec la fille du prince du Mitanni[16], le roi Artatama (c'était à l'époque où l'alliance entre les deux souverains leur permettait de lutter en commun contre leur ennemi d'alors, le Hittite).

Le fils de Thoutmosis IV, Aménophis III, en l'an 10 de son règne, contracta également une union avec la fille de Shuttarna II du Naharina. Une émission de scarabées célèbre la princesse Giloukipa, arrivant en Egypte escortée de trois cent dix-sept dames et servantes. Mais on ne trouve aucune trace d'elle en tant que Grande Epouse et sur le scarabée émis pour ce mariage, la reine Tiyi, accompagnée de la mention de ses parents, est toujours à l'honneur. Une seconde princesse de la même famille, Tadoukhepa, arriva au palais peu de temps après la mort d'Aménophis III et fut alors incorporée au harem d'Aménophis IV. Il avait encore durant son règne épousé une fille du prince d'Arzawa nommée Tarkhundaradou. Avant qu'elle ne quitte son pays d'origine pour gagner l'Egypte, l'huile parfumée avait été versée sur sa tête, en signe d'engagement avec Pharaon. On sait encore que le harem d'Aménophis IV avait aussi reçu une princesse babylonienne fille de Bournabouriash II, et que ce dernier se plaignit amèrement que l'Egypte n'avait envoyé que cinq chars comme escorte pour la fiancée !

En fait, la seule étrangère devenue assurément

Grande Epouse Royale fut, pour des raisons diplomatiques exceptionnelles, la fille de Hattoushilish, roi des Hittites, « rebaptisée » dès sa rencontre avec Ramsès II, et sitôt arrivée à la frontière de l'Egypte : *Maât-Hor-Néférou-Rê,* « Celle qui voit Horus, force créatrice de Rê ». Ramsès épousa encore, peu de temps après une sœur de sa reine hittite, munie d'une dot quasiment aussi importante que celle de son aînée. A propos de la première princesse, la « stèle du Mariage », gravée sur le mur extérieur sud du grand temple d'Abou Simbel, par ordre de Ramsès, nous a conservé la seule évocation figurée d'une cérémonie de mariage pharaonique en Egypte. La stèle est effectivement dominée par un tableau, composé de l'image de Pharaon, assis sous un dais, entouré de Seth – le patron de sa dynastie – et de Ptah-Tenen – celui qui préside à l'aube de tout renouvellement. Devant lui, s'avancent, mains levées en signe de vénération, la princesse hittite suivie de son père Hattoushilish, dans la même attitude et coiffé de l'ancêtre du bonnet phrygien. C'est l'arrivée au palais de la nouvelle épouse escortée, semble-t-il, de son père qui, si l'on fait crédit à la représentation, l'aurait accompagnée jusqu'en Egypte[17].

Préliminaire ou conclusion de l'événement, on peut imaginer que le dais est situé dans la salle d'honneur du palais : la nouvelle Grande Epouse Royale va sans doute y être introduite. Cependant, aucun autre détail ne peut être avancé pour compléter la scène. Quoi qu'il en soit, la réception préparée pour la nouvelle épousée devait être grandiose. Naturellement Ramsès II avait aussi reçu, dans ses harems, de nombreuses princesses babyloniennes ou nord-syriennes.

Après la fin du Nouvel Empire, le choix des Grandes Epouses devint, semble-t-il, moins strict, en raison de l'origine en partie étrangère des occupants du trône. Siptah ne fut-il pas mis au monde par la reine Soutailja de souche asiatique? A l'inverse certains mariages diplomatiques continuaient parfois à être contractés entre une princesse égyptienne et un souverain étranger. C'est ainsi que Salomon dut probablement épouser une fille de Siamon, dernier souverain de la XXIe dynastie : elle lui apporta en dot la ville – déjà si convoitée – de Gaza.

LA MÈRE ROYALE

Régente dès l'Ancien Empire

Celle-ci jouait un rôle extrêmement important, à côté de son fils. D'abord, elle exerçait une influence certaine durant sa jeunesse, puis, si l'héritier royal devenait orphelin, elle assumait une régence de fait, rôle sporadique, suivant les cas, et en aucune manière institutionnalisé. C'est ce qui se produisit du temps de la reine Méryrê-Ankhénès, veuve de Pépi Ier qui mourut durant la tendre enfance de son fils [18].

Aussi les pharaons, donnant l'exemple aux plus humbles de leurs sujets, témoignèrent-ils du plus grand égard pour leur mère. Après leur décès, elles étaient inhumées dans des sépultures aménagées suivant les rites et leur mobilier funéraire qui constituait les éléments de leur viatique était de la plus grande importance. A en juger par ce qui subsistait des meubles et bijoux de Hétephérès, épouse de Snéfrou et mère de Khéops, enfouis au fond d'un puits à l'est de la pyramide de l'héritier royal, on mesure les attentions dont son fils l'avaient entourée : massifs fauteuils plaqués d'or, lit montrant les mêmes recherches d'ébénisterie, la chaise à porteurs plaquée de bandeaux d'ébène incrustés d'hiéroglyphes d'or de la noble douairière, le baldaquin de sa chambre à coucher et le coffre qui contenait ses éléments, ses coffres et ses bracelets d'argent décorés d'ailes de papillons incrustées de pierres semi-précieuses, enfin, parmi ses objets de toilette, ses rasoirs d'or.

Les mères des libérateurs

Un pareil hommage fut aussi rendu à sa mère par Ahmosis, le libérateur de l'Egypte après l'occupation hyksos, lorsque la douairière, la grande Ahhotep, mourut, à un âge très avancé, peut-être plus de quatre-vingts ans. Cette souveraine, veuve du roi Sékénènrê Taô II, tué sur le champ de bataille, dut sans doute affronter des instants très difficiles au décès de son époux, puis à celui, peu de temps après, de son premier fils Kamosé, lorsqu'elle assuma la régence de son second héritier, Ahmosis, alors en bas âge. Plus tard encore, elle le remplaça en métropole, lorsqu'il s'en fut gerroyer et, en définitive, libérer l'Egypte, jusqu'au moins l'an 15 du règne. Ahmosis fit ériger à Karnak une grande stèle dans laquelle on saisit à quel point cette mère royale exemplaire sut assurer la continuité de la dynastie par son action auprès des diverses couches de la population et affermir ainsi la stabilité de la Couronne. Elle put convaincre les opposants, après avoir unifié la majeure partie du pays. Les avis des égyptologues divergent sur un seul point à ce sujet : cette mère royale énergique, diplomate et organisée, a-t-elle été jusqu'à rallier les soldats d'Egypte et mettre un arrêt à une rébellion[19]? Il serait permis, pourtant, d'en être convaincu à lire les éloges consacrés par Ahmosis à sa mère pour exhorter tous ses sujets à lui rendre hommage :

« *Louez la dame du pays, la souveraine des rives des régions lointaines,*
Dont le nom est élevé sur tous les pays montagneux,
Qui prend les décisions à l'égard du peuple,
Epouse du roi, sœur d'un souverain, vie, santé, force!
Fille de roi, vénérable mère du roi,
Qui est au courant des affaires, qui unit l'Egypte.
Elle a rassemblé ses notables dont elle a assuré la cohésion;
Elle a ramené ses fugitifs, elle a regroupé ses dissidents;
Elle a pacifié la Haute-Egypte, elle a repoussé ses rebelles;
L'épouse du roi, Ahhotep, en vie[20]! »

Cette régente, à l'action si déterminante lorsque le destin la contraignit inopinément à prendre successivement la relève de trois pharaons fut, sans doute, la première femme à recevoir une décoration militaire[21]. Ahmosis avait dû trouver équitable et normal d'accompagner la dépouille de sa remarquable mère de certains souvenirs qui rappelaient par exemple sa légendaire vaillance : les grandes mouches d'or, connues pour constituer une décoration militaire, et une petite dague ornée d'une scène animale symbolisant le départ des Hyksos chassés par les armées victorieuses.

Ainsi, à l'origine de la XVIIIe dynastie, se trouvent des femmes exceptionnelles : Tétishéri, la première d'entre elles, reçut également les louanges de son petit-fils Ahmosis[22], lorsque ce dernier eut intronisé Ahmès-Néfertari comme Grande Epouse Royale. Dès que son trop jeune âge fut passé, et suivant la coutume protocolaire[23],

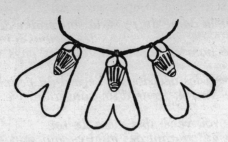

Ahmès-Néfertari devint à son tour, très probablement, la première dame du Palais et prit tout naturellement la place qu'Ahhotep avait occupée [24]. A cette époque, il semble que son fils Aménophis n'aurait eu que dix ans environ. Sans doute alors exerça-t-elle, comme les glorieuses précédentes reines, une régence auprès de cet enfant. De plus, on la retrouve aux côtés de son fils, Aménophis Ier, figurée à maintes reprises, et même au-delà du trépas, car l'un et l'autre étaient vénérés comme le couple divinisé, patron des ouvriers de la nécropole royale.

Parmi les autres mères royales à la forte personnalité au sujet desquelles nous disposons d'indications valables, Tiyi, à la XVIIIe dynastie, et Touy, à la XIXe, se détachent avec un relief certain.

Tiyi, mère d'Aménophis IV

La reine Tiyi [25], Egyptienne d'origine non royale, a joué comme mère aux côtés de son fils Aménophis IV un rôle très important. La majorité des auteurs s'accorde à lui reconnaître une responsabilité [26] dans la réforme religieuse attribuée à son fils. Aucun écrit, en fait, ne nous révèle la pensée de la reine mère; cependant, la faiblesse physique apparente d'Aménophis III survenue assez tôt durant le règne, semble-t-il, l'importance vraisemblable de la reine mère auprès de son fils, qu'elle avait, à plusieurs reprises, visité seule, dans la nouvelle capitale, à en croire les décors des tombes amarniennes, nous permettent de souscrire à une telle hypothèse. Aménophis IV-Akhénaton lui consacra un temple, dans la nouvelle cité du Globe – elle y possédait aussi un palais dont l'intendant, Houy, s'est fait enterrer dans la nouvelle capitale. Les reliefs de cette sépulture nous éclairent sur la réelle position de la reine mère vis-à-vis de celle de son fils et de sa bru Néfertiti, au regard du dogme. Tout laisse croire qu'elle comprenait et encourageait, si ce n'est peut-être inspirait la nécessité de simplifier et aussi d'éclairer l'expression d'une religion alourdie d'innombrables « gloses », commentant de multiples formes divines.

Le fait même que la nouvelle capitale, Malgatta de nos jours, face à Thèbes où la reine mère séjournait souvent au début du règne, portait le nom du dieu de l'hérésie, Aton, indique à quel point elle pouvait être favorable à la réforme. En effet, cette ville avait été appelée : *La Ville de Neb-Maât-Rê est la Splendeur d'Aton* (Neb-Maât-Rê est le nom de couronnement d'Aménophis III). De surcroît le bateau royal, circulant sur le grand lac de plaisance, avait été baptisé : *Splendeur d'Aton*.

Mais il paraît probable que cette femme éminemment intelligente et sensible dut s'efforcer de mettre un frein à certaines « outrances » du réformateur, qui risquaient d'encourager les réactions propres à l'anéantissement de son œuvre. On pourrait en trouver la démonstration dans la tombe de Houy où deux scènes, uniques en leur genre, évoquent le banquet que le couple Akhénaton-Néfertiti offre à Tiyi – et à Tiyi seule, son époux non présent à ses côtés. Les figurations sont d'une

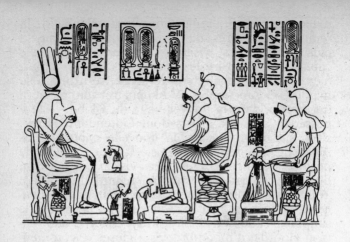

nouveauté réelle, quasiment provocantes, par le style naturellement, mais aussi par la manière de décrire les sujets. On reconnaît deux étapes des agapes; d'abord celle où les souverains s'abreuvent : tout comme son fils et sa bru, la reine Tiyi va élever une coupe à ses lèvres, la scène est conforme au protocole d'avant la réforme religieuse; Tiyi s'y soumet volontiers, en acceptant que l'environnement soit toutefois rénové, ainsi les petites filles royales sont de la fête et, par leur seule présence, introduisent une notion d'intimité dans la représentation d'une scène officielle au palais. Le style artistique aussi a changé. L'image de Tiyi est rendue suivant le nouveau canon. Mais, dans la séquence suivante, les membres du couple « réformateur » mordent à belles dents des pièces de viande – de même deux de leurs filles, à leurs pieds, les imitent, en portant à leur bouche des petits canards rôtis. La Grande Mère Tiyi assiste au repas, et le partage aussi certainement, mais elle n'a pas été jusqu'à accepter de se laisser portraitu-

rer dans cet acte de communion alimentaire. Elle n'approche aucune nourriture de ses lèvres : elle se contente de lever la main. Brisant tous les « tabous » religieux, son fils a osé provoquer les antiques règles saintes. Tiyi approuve, acquise à l'ensemble de la réforme : sage et craignant probablement un avenir périlleux, la mère royale n'aura pas voulu choquer en rompant avec certaines attitudes et coutumes venues du fond des âges.

Touy, mère de Ramsès II

Quant à Touy – ou plutôt de son vivant *Mout-Touy*, et même familièrement *Mouty* –, mère de Ramsès II, sa place auprès de son fils[27] paraît avoir été très éminente. Ne figure-t-elle pas, par deux fois, sur la façade du grand temple d'Abou Simbel, aux côtés de la femme préférée du grand roi et des enfants de ses deux premiers lits officiels ? Elle entra certainement dans le jeu de son fils qui consista en une reprise voilée et très habile de la réforme religieuse appelée « amarnienne » : Ramsès, en effet, ne se contenta plus de se présenter comme étant seulement issu du dieu, mais affirma ouvertement sa divinité terrestre. Aussi, sa mère n'avait pas seulement été visitée par le dieu Amon durant la célèbre scène de « théogamie[28] »; en accolant, au nom de naissance de sa mère, durant son vivant, celui de la déesse Mout, Ramsès rapprochait encore plus cette dernière de la nature divine, en la confondant avec l'épouse céleste d'Amon. La tombe qu'il lui consacra dans la Vallée des Reines était imposante. Cependant, quittant le domaine terrestre pour aborder le divin, Ramsès ne pouvait risquer de tromper la divinité : dans la tombe, il rendit à sa mère sa réelle identité terrestre. Partout où les murs de l'hypogée sont conservés, la mère n'est plus appelée que Touy, le nom de la déesse qui lui était associé a disparu.

Durant le règne de son fils, il ne serait pas étonnant que cette mère royale ait veillé, comme Ahhotep, l'illustre aïeule du Nouvel Empire, au bien-être du pays alors que Ramsès poursuivait, pendant les presque vingt premières années du gouvernement royal, la pacification du Moyen-Orient. Aussi n'est-on pas surpris de retrouver son nom, sous l'aspect de *Teje*, un peu avant l'an 22 du règne, dans la correspondance officielle échangée entre le palais de Ramsès et celui du roi hittite Hattoushilish. Touy écrivit également à la reine hittite Poudoukhépa pour se féliciter de l'heureux traité de paix qui allait être conclu entre les deux pays et annonça même, à ses correspondants de la lointaine Anatolie, des cadeaux d'orfèvrerie et d'étoffes tissées sous sa royale surveillance dans le harem de la province du Fayoum.

2
La Grande Épouse Royale

LE RÔLE MONARCHIQUE
DE LA GRANDE ÉPOUSE ROYALE

Princesse royale pour suivre la loi, ou simple noble faisant ainsi face à un état de fait, associée à la création d'une nouvelle dynastie, ou bien encore élue d'un prince qui l'avait choisie entre toutes, celle qui devenait la Grande Epouse Royale auprès de Pharaon semble avoir occupé sur le trône d'Egypte une place de première importance, et fut toujours mêlée à l'origine divine de son époux. Seule l'absence de témoignages pour les deux premiers grands empires (l'Ancien et le Moyen Empire) ne nous permet pas d'affirmer catégoriquement ce propos pour ces deux périodes de l'histoire égyptienne. Cependant, certains auteurs suggèrent de reconnaître dans la personne de reines de la première dynastie, telles Merneïth et Neïthhotep, puis plus tard, au sujet de Hétephérès, épouse du créateur de la IVe dynastie, Snéfrou, les premières conseillères du trône.

Les héritiers de la couronne doivent être fils de la Grande Epouse Royale – s'ils ne sont que fils du roi, issu d'une femme secondaire, il leur faut alors, pour renforcer leur « potentiel surnaturel », épouser leur demi-sœur, fille du vrai couple pharaonique. S'il en est autrement, il est alors nécessaire d'avoir recours à des subterfuges classiques auxquels les prêtres se prêtent assez volontiers, par exemple : reconnaissance et authentification du prince héritier par l'oracle du dieu pendant une procession dans le temple d'Amon (ce fut le cas pour Thoutmosis III). La fréquence de telles pratiques conduisit sans doute, en partie, à la violente réaction d'Aménophis IV.

Les filles royales jouaient donc un très grand rôle; ainsi, une des filles de Khéops, Hétephérès II, épousa Didoufri et parut avoir légitimé, de la sorte, l'accession au pouvoir d'un prince puîné, considéré comme usurpateur; la nièce et belle-fille de Khéops, Mérèsankh III, devint Grande Epouse de Khéphren. D'autres filles royales cadettes pouvaient épouser de hauts fonctionnaires.

Il n'est qu'à contempler le magnifique groupe en schiste, grandeur nature[1], représentant Mykérinos et son épouse, Kamérèrnèbti II, côte à côte, d'exacte même grandeur, dirigeant leur regard vers l'infini, pour avoir confirmation de la stricte égalité entre les deux personnages, jouant chacun leur rôle. Au reste, les rares vestiges de temples de l'Ancien et du Moyen Empire nous montrent la Grande Epouse du roi, figurée aux côtés du souverain. Elle est, semble-t-il, associée au culte beaucoup plus en reine, complément dynastique de Pharaon, qu'en officiante, c'est-à-dire en prêtresse.

Par ailleurs, la monumentalité et la qualité de certaines statues de reines du Moyen Empire prouvent que les Grandes Epouses de Pharaon, à cette époque, n'avaient rien perdu de leur importance ni du rôle qui leur était imparti.

L'action des Grandes Epouses Royales était d'abord de conseil auprès du roi, ce qui les préparait à acquérir une grande expérience, nécessaire pour devenir éventuellement en tant que reine mère, régente ou tutrice.

Les Dames Royales patriotes

Ainsi est apparue très vite, à la création du Nouvel Empire, la Grande Epouse Royale Ahhotep, que les circonstances amenèrent à jouer un rôle politique au premier chef, reconnu et admiré par son propre fils Ahmosis. Dans des conditions qui n'étaient plus alors dramatiques, Ahmès-Néfertari[2], épouse, sœur ou demi-sœur de ce dernier, dialogue sur un parfait pied d'égalité et discute avec lui de ses projets. En fait, Ahmosis l'interroge sur l'hommage qu'il pourrait rendre à sa grand-mère : « *Sa sœur lui répondit : "Pourquoi ces choses sont-elles rappelées? Qu'est-il arrivé dans ton cœur?" Le roi lui répondit lui-même : "J'ai rappelé [le souvenir de] la mère de ma mère et la mère de mon père, la Grande Epouse et la Mère royale Tétishéri, défunte. Une chapelle et sa sépulture sont présentement sur le sol des nomes de Thèbes et d'Abydos. Mais je t'ai dit cela parce que Ma Majesté souhaite lui faire une pyramide et une chapelle dans la Terre sainte, près du monument de Ma Majesté"* [...] *Et les choses furent accomplies rapidement.* »

Certes, les premières Grandes Dames Royales jouèrent un rôle très éminent dont l'exemple, conditionné par les circonstances et par la nature de la femme elle-même, fut certainement suivi. Le cas le plus brillant et exceptionnel – et qui sera traité séparément – est celui de la reine Hatshepsout, dont les plus récentes recherches[3] semblent prouver qu'elle n'était pas fille d'héritiers complètement royaux. Elle monta pourtant sur le « trône d'Horus ».

Les reines de l'hérésie

Il faut arriver à l'époque d'Aménophis III pour aborder la période qui – de ce règne à celui de Ramsès II inclus – fournit le plus de renseignements sur tout l'ensemble du problème. Jeune souverain, Aménophis, le troisième du nom, semble avoir voulu imposer avec éclat le choix, puisé dans un milieu sacerdotal de province, de sa Grande Epouse Royale Tiyi. Le texte officiel qu'il fit émettre à propos de son union le déclare avec emphase sur un ton presque provocateur, affichant l'origine modeste de la future Grande Epouse Royale et rappelant que son pouvoir s'étendra sur tout l'Empire égyptien des ancêtres royaux, de l'extrême pointe du Proche-Orient, jusqu'au-delà de Napata, dans le Soudan. Après la mention du nom de Tiyi et de celui de ses parents, Thouya et Youya, le roi ajoute ainsi : « *Elle est devenue maintenant la femme d'un roi puissant, dont la frontière méridionale s'étend de Karoy jusqu'à la septentrionale, au Naharina.* » L'influence de la séduisante, et néanmoins impérieuse, Tiyi, au type nubien, semble avoir été exceptionnelle.

Abandonnant le siège de la royauté sur la rive est, Pharaon établit son palais et ses immenses dépendances à l'ouest de Thèbes, au lieu-dit actuel Malgatta. Pour sa bien-aimée, nous apprend une autre émission de scarabées de l'an 9 du règne, il fit creuser dans le désert un immense lac de plaisance de 3 700 coudées de long sur 700 coudées de large (les dimensions du lac étaient donc de 1 924 mètres sur 364 mètres). C'est le moderne Birket Habou, situé au sud du temple de Médinet Habou, à la limite des cultures et du désert (pour qu'il fût achevé dans le délai de quinze jours indiqué par les textes, W. Hayes estime qu'il fallut environ un quart de million d'ouvriers!). Certes, il s'agit de l'époque la plus fastueuse que l'Egypte ait connue, après les grandes conquêtes dans le Moyen-Orient, pendant lesquelles les influences de luxe et les richesses affluèrent sur les rives du Nil. Il suffisait qu'un arbitre du goût et de la mesure sût tempérer les excès, les accumulations de détails inutiles, sût choisir avec discrimination, inspirer également les formes à créer ou à interpréter, fît rechercher de nouvelles tonalités allant du jaune soufre au mauve, et encourager l'utilisation de l'indigo et même produire du verre parfaitement transparent, phénomènes qui apparurent seulement à la Cour.

Tout porte à croire que l'inspiratrice essentielle pouvait être la reine Tiyi. Elle se complut à faire créer des objets et des statuettes à son effigie – parfois accompagnée de celle du roi – en schiste émaillé d'une teinte exceptionnelle qui rivalise avec le vert émeraude. Des objets de terre cuite vernissée aux noms du couple royal portent, précisément incrustés d'autres couleurs, les noms et le protocole des deux souverains et très rapidement apparaissent les mentions de la fille aînée du couple, Sat-Amon, la seconde Grande Epouse Royale du roi. La reine se complaît à porter de fastueux vêtements plissés, ensuite adoptés par toute la cour, de lourdes perruques nattées enveloppant le buste jusqu'à la naissance des seins. Les visages prennent une esthétique fascinante, faite de délicatesse et de suavité, tout chante une beauté qui nous touche encore et qui en arrive presque à l'irréel : les sculptures de la tombe de Ramosé en constituent la plus éclatante démonstration.

Partout, il semble que l'on reconnaisse la touche raffinée de la maîtresse du palais, au charme étrange et envoûtant, qui encourageait les productions des meilleurs ateliers. Très rares sont, hélas!

les témoignages qui ont survécu parmi les vestiges des bibliothèques de l'ancienne Egypte, des temples, des palais et des grandes villes. Il subsiste pourtant quelques précieuses reliques de titres de livres de temples, de textes littéraires et de contes classiques et populaires. Mais le détail le plus émouvant, sans doute, est ce petit couvercle de terre cuite vernissée ayant servi de fermeture à un étui contenant un papyrus de la bibliothèque de la reine Tiyi. Il est au nom et au protocole de la souveraine et porte l'intitulé du rouleau : *Le Livre du doux sycomore*. Qu'il ait contenu des poèmes d'amour – dont certains fragments nous sont parvenus – ou qu'il ait appartenu au lot des études sur les espèces botaniques, ce petit couvercle à pivot constitue certainement le premier ex-libris du monde; et ce précieux témoin « culturel » provient des appartements de l'épouse chérie d'Aménophis III.

Les archives des palais d'Aménophis III et d'Aménophis IV-Akhénaton ont livré des séries de tablettes écrites en cunéiforme, qui, pour la plupart, constituaient les témoins de l'abondante correspondance diplomatique échangée entre le Palais de Pharaon et ses ministres, et les souverains du Proche-Orient de même que les gouverneurs des régions dominées par le roi d'Egypte. La reine Tiyi, on le découvre alors, prenait elle aussi une part importante à la politique étrangère, conseillait par exemple son Pharaon lorsqu'il écrivait à Toushratta, roi du Mitanni, et s'adressait aussi même parfois directement à des princes étrangers. Mieux encore, son rôle diplomatique ne cesse pas au décès d'Aménophis III, alors que son héritier, Akhénaton, était monté sur le trône où il avait régné en corégence avec son père depuis plusieurs années. Elle n'avait donc plus à jouer un rôle de tutrice et pourtant c'est à elle que s'adresse Toushratta pour lui demander le bon maintien des relations entre les deux pays, durant le règne de son fils.

L'ascendant très marqué que, progressivement, Tiyi avait semblé prendre sur le roi n'avait pas privé le souverain de compter plusieurs de ses filles comme Elues rituelles à commencer par l'aînée de toutes les princesses, Sat-Amon, qui possédait, à Malgatta, son palais de Grande Epouse Royale[4].

Ce qui n'empêchait nullement Tiyi de toujours figurer aux côtés du souverain dans les cérémonies officielles dont une des plus importantes était, naturellement, la fête du grand jubilé, célébrée à partir de l'an 30 du règne. A cette occasion, on la voit près du roi, sous la forme dédoublée de Sothis et d'Hathor[5]. On la retrouve aussi comme *Maât*

accompagnant Rê : ainsi peut-on encore l'admirer dans la chapelle funéraire de Ramosé, vizir du Sud, contemporain d'Aménophis III et d'Aménophis IV. C'est le moment le plus violent de l'hérésie provoquée par le jeune souverain, l'époque où, dans l'art, les outrances tentent de libérer l'expression esthétique sur le point de sombrer dans le poncif[6].

On ne sait rien des origines de Néfertiti dont la réelle beauté est passée dans la légende grâce au célèbre buste sorti des ateliers du sculpteur Thoutmès[7]. Toutes les suppositions faites à son propos ne résolvent pas le secret de son anonymat. Elle était très probablement d'ascendance égyptienne, mais jamais jusqu'à maintenant il n'a été décelé le moindre indice sur sa famille, si ce n'est l'existence de sa sœur Moutnédjèmet. On connaît seulement le nom de sa nourrice, Ti, mariée au commandant de la cavalerie du roi, Aÿ, qui devint vizir et monta sur le trône à la mort de Toutankhamon. On la voit toujours en compagnie du roi, suivis l'un et l'autre et progressivement par leurs six filles, au fur et à mesure de leur naissance. Jamais, sur aucun des monuments du Nouvel Empire, depuis le début de la XVIIIe dynastie, on n'avait relevé tant d'apparitions des souverains dans toutes les occupations majeures de leur existence, ni jamais dans des attitudes aussi familières où l'affection évoquée entre les êtres paraît déborder d'un amour intensif et permanent.

Naturellement, on en a déduit, d'une manière un peu trop hâtive, que pour rompre une attitude rituelle trop peu démonstrative entre les époux, surtout royaux, le fils de Tiyi mit intentionnellement l'emphase sur le visible comportement tendre, voire amoureux, entre les membres de la famille amarnienne : attentions qui vont de la prévenance extrême à une liberté d'expression

graphique et plastique et même jusqu'à montrer les souverains s'embrassant debout sur leur char, parcourant la ville, ou enlacés dans les bras l'un de l'autre. On lira plus loin que l'on doit plutôt interpréter ces scènes comme des représentations hautement symboliques.

Il faut, en tout cas, constater la place éminente, quasiment primordiale, réservée aux filles royales dès l'époque d'Aménophis III. Ainsi, autour des groupes, ou sur les bas-reliefs figurant Tiyi et son royal époux, voit-on uniquement les princesses[8], alors que le jeune Aménophis, celui qui deviendra l'Hérétique, occupait déjà une charge importante au Palais. Sous son règne, à aucun moment parmi les filles du roi, ou auprès de sa plus jeune sœur Baketaton, ne se manifeste un seul petit garçon. Pourtant Toutankhamon vécut ses premières années en Amarna, sous le nom de Toutankhaton[9].

Aucun indice probant ne peut nous révéler le destin dernier de Néfertiti. Y eut-il effectivement brouille avec Aménophis IV-Akhénaton, comme on a voulu le reconstituer et comme je l'ai moi-même écrit, me fondant sur les multiples preuves archéologiques du séjour de la reine, sans traces de son époux, dans le quartier nord de Tell el-Amarna ? Ou continua-t-elle son existence auprès du roi, comme corégente d'abord, de plus en plus affirmée dans le royaume, en étant progressivement investie des attributions qui auraient pu revenir d'emblée à un prince ? A la voir figurer en toute occasion aux côtés de Pharaon (tous deux également escortés des princesses) – pour la célébration du culte solaire, à l'occasion des distributions de récompenses à la fenêtre d'Apparition officielle du temple, pour les festivités du jour de l'an, et dans les cérémonies protocolaires du Palais, remplaçant l'échanson royal – on est, en tout cas, assuré qu'elle devait partager presque entièrement les responsabilités du trône. Scène nouvelle et aussi exceptionnelle : n'est-elle pas représentée à la proue de son navire personnel et figurée, tel le roi protecteur du royaume, en train de massacrer l'agresseur éventuel de l'Egypte ?

Au reste, son originale coiffure rappelle, en plus allongée et moins les accessoires naturellement, la tiare rouge, insigne des souverains de la partie septentrionale du pays.

Illustrée par le trésor de Toutankhamon, son époux, la petite reine Ankhsenamon ne nous a rien laissé qui puisse évoquer sa vie privée. En revanche, sa silhouette apparaissant dans diverses scènes nous aidera à mieux saisir le rôle joué par les reines dans certains épisodes des rites funéraires.

Cependant, la correspondance échangée avec le

roi hittite Shuppiluliuma et la cour d'Amarna nous apprend qu'une veuve royale (Néfertiti? Méryt-Aton? Ankhsenamon?) destinée à monter sur le trône, à la mort de son époux, osa demander au souverain hittite de lui accorder son fils pour partager avec elle le trône d'Egypte! En fin de compte, le prince choisi, Zananza, fut assassiné sur son chemin vers l'Egypte, car il n'aurait pas été acceptable à cette époque, semble-t-il, qu'un étranger montât sur le trône des pharaons au côté d'une reine héritière.

Les reines égyptiennes de Ramsès II

De toutes les dames royales qui se sont alors succédé dans la suite, c'est bien sans conteste la magnifique Nofrétari, Grande Epouse Royale de Ramsès II, dont les monuments nous conservent les lignes les plus harmonieuses : sa beauté irradie toutes les parois modelées et peintes de son caveau funéraire de la Vallée des Reines, mais les quelques vestiges sur lesquels on peut s'appuyer afin de reconstituer son existence éclairent bien peu son histoire. Mariée probablement très jeune avec le roi, qui possédait déjà une première Epouse Royale, Isis-Nofret – lui ayant donné une fille aînée, Bentanta –, Nofrétari fut très certainement celle que Ramsès tint à faire figurer à ses côtés aux festivités consacrant son couronnement. Elle était aussi près que lui lorsque, la même année, il intronisa, en Abydos, le nouveau grand prêtre d'Amon, Nebounennef. Pour les grandes panégyries, elle accompagnait Ramsès, participant même, au cours des fêtes du dieu Min, à une action rituelle.

En l'an 5 du règne, il apparaît que, entourée de ses fils aînés, elle avait suivi Pharaon jusqu'au jour de la bataille de Qadesh, sur les bords de l'Oronte, comme le firent, bien plus tard, certaines reines d'Occident, suivant leur souverain à la guerre.

A elle fut dédié le plus beau sanctuaire souterrain de l'Egypte, celui qui fut creusé au nord du grand spéos de Ramsès, en Abou Simbel. Le rôle joué par la Grande Epouse Royale sur le plan religieux dans cet édifice répondait à une nécessité du culte royal. Mais Nofrétari semble, pendant une période qui court presque sur une vingtaine d'années, avoir réellement été l'élue de cœur du grand roi. Les traces de la correspondance qu'elle échangea avec les souverains hittites prouvent que, comme les illustres reines précédentes, elle fut mêlée aux grands événements politiques du royaume, de concert avec le roi, la reine mère, le prince héritier et Paser, un des vizirs de l'époque.

On peut presque tenir pour certain, au moins sous Aménophis III, qu'il y eut constamment auprès du souverain deux Grandes Epouses Royales. En ce qui concerne Ramsès, on constate, par de multiples faits, sa prédilection marquée pour Nofrétari, mère de ses fils aînés, mais tous décédés avant de pouvoir monter sur le trône. Ainsi, apportant presque une éclatante contradiction aux préférences probables du souverain, c'est un fils d'Isis-Nofret, semble-t-il longtemps reléguée, qui succéda à Ramsès, sous le nom de Minéptah[10].

Cependant, Ramsès II avait recommencé à désigner de nouvelles Grandes Epouses. Ainsi, dans le temple sud d'Abou Simbel, l'aînée de toutes ses héritières, Bentanta, fille d'Isis-Nofret, figurait en tête de ses sœurs dans un défilé de princesses-jouvencelles. Au moment de l'achèvement du temple, la face d'un pilier de la salle-cour fut ensuite ornée de la haute silhouette de la même princesse, cette fois adulte, et dont le nom fut contenu dans le

Bentanta suivie de la fille que Ramsès lui a donnée (p. 56).

cartouche royal alors précédé du titre de Grande Epouse Royale. Un peu plus tard, ce sera Méryt-Amon à son tour, fille aînée de Nofrétari, qui sera investie de cette fonction. La princesse, que l'on voit sur une stèle sculptée à même le roc près du grand spéos d'Abou Simbel, accomplit les rites aux côtés de son père, alors que, à la partie inférieure de la scène, Nofrétari figurée assise semble ne plus pouvoir remplir son rôle traditionnel. Une troisième fille de Ramsès, Nébet-Taouy, et d'autres encore, probablement, furent parées de ce titre prestigieux jusqu'à Henout-mi-Rê, la plus jeune sans doute.

A noter une innovation pour ce règne où le souverain paraît avoir accru le nombre de ses filles-épouses plus que tout autre roi : il fit entrer dans ce cercle des femmes de la famille royale – le plus fermé – une étrangère, non seulement au palais, mais encore au pays. En intronisant la fille du roi des Hittites comme Grande Epouse Royale, avons-nous rappelé, il scellait le premier grand traité international destiné à maintenir pendant presque quarante années la paix tant souhaitée entre les deux grandes puissances de l'époque au Proche-Orient. Mais c'est bien à sa très aimée Nofrétari qu'il consacra les monuments les plus éclatants qui soient à la gloire d'une femme. La qualité des reliefs peints du petit temple d'Abou Simbel accentue encore la jeunesse lumineuse de la reine qui surgit, en haut-relief, telle une apparition radieuse sur la façade, et pour la fin de sa vie, sa silhouette pulpeuse de Grande Epouse Royale comblée, peinte dans sa tombe, souligne tout l'attrait que la belle inconnue avait dû, et pendant de longues années, exercer sur un roi pourtant blasé par un environnement attentif à lui plaire.

Lorsque sa coiffure était dominée de deux rémiges de faucon, sur lesquelles se détachent le soleil et les hautes cornes de Sothis, Nofrétari méritait, plus encore que les reines précédentes, les épithètes qui accompagnent ses images : « *A la douce voix, aux mains vivantes, belle de visage, élégante avec sa double plume.* »

LE RÔLE RELIGIEUX
DE LA GRANDE ÉPOUSE ROYALE

Vis-à-vis du dieu

La reine ne se contente pas seulement de seconder Pharaon en l'accompagnant au cours du déroulement du culte officiel, et cela, dès l'Ancien Empire. La Grande Epouse du roi, aux premiers règnes de la XVIIIe dynastie, est très souvent investie du titre et de la fonction de *Hémèt Nétèr*, c'est-à-dire Epouse du dieu, correspondant à l'exercice effectif du culte d'Amon par les reines et les princesses. Durant le Moyen Empire, on a pu relever quelques très rares exemples de cette dignité affectée à des dames des plus hautes classes de la société, telle la dame Iimérèt-Nébès, dont la statuette [11] met particulièrement et exceptionnellement en valeur les charmes féminins. Le dieu dont elle est l' « épouse » n'est pas mentionné, mais il ne semble pas faire de doute que ce soit un des aspects du démiurge : le rôle de l' « Epouse du dieu » est, avant tout, d'incarner le principe féminin propre à entretenir les ardeurs créatrices du puissant Maître universel, d'autant qu'un autre rang complémentaire de la prêtresse est celui de *Djérèt Nétèr*, c'est-à-dire Main du dieu : son symbole a déjà été rappelé plus haut [12].

C'est la reine Ahmès-Néfertari, et non sa mère Ahhotep [13], qui, la première, fut investie du titre et de la fonction d'Epouse du dieu. A cette époque, la sœur-épouse d'Ahmosis le Libérateur avait déjà reçu la charge de Second Prophète du dieu Amon, qu'elle abandonna au bénéfice d'une donation, qui lui fut consentie pour devenir Epouse du dieu : cinq aroures de terres cultivées, un peu moins d'un hectare et demi (on est loin des trois mille trois cents aroures, léguées plus tard par la puissante Shapènipet II, du début saïte – lorsque les Divines Adoratrices remplaceront effectivement les prêtres d'Amon à Thèbes). Néanmoins, ces cinq aroures étaient munies de tout le personnel d'exploitation, d'importantes réserves alimentaires, de métaux précieux et sans doute, pour la célébration du culte, des cosmétiques nécessaires, des perruques et des diadèmes dont la reine devait se coiffer.

Ainsi pouvait-elle désormais entretenir tout un collège de prêtresses dans son domaine « particulier » qui deviendra sans cesse – et en dépit de certaines éclipses – de plus en plus important. Ahmès-Néfertari, de même que Hatshepsout, lorsqu'elle n'était qu'Epouse Royale, sa fille Néférourê et, par exemple, la reine de Thoutmosis III, Hatshepsout-Mérytrê, furent également dotées du titre de Main du dieu, à côté de celui d'Epouse du dieu.

Quant à cette fonction d'Epouse du dieu, pour la reine mentionnée par la stèle de Karnak dont il vient d'être question, elle devait, avec les biens du domaine, être transmise « d'héritier en héritier » (*sic*). Si les héritières immédiates de la première Epouse furent investies de la fonction (telles Ahmosé, Méryt-Amon [épouse principale d'Aménophis I*er*], Sat-Amon, Satkamosé), il semble qu'il y ait parfois rupture pour le choix, ou la désignation, de la titulaire : durant cette vacance, le culte était alors célébré par une prêtresse. Ce fut le rôle, par exemple, de la dame Houy, Adoratrice du dieu : elle n'appartenait pas à la famille royale, mais vraisemblablement assumait la charge de prêtresse de l'Epouse du dieu et exerçait, en pratique, le culte à la place de la reine. Elle fut la première à recevoir le nouveau titre de Supérieure des recluses d'Amon. Un fait important à noter : Houy, très puissant membre du clergé féminin d'Amon, put faire bénéficier sa fille, Hatshepsout-Mérytrê, qui devint la Grande Epouse Royale de Thoutmosis III, du titre d'Epouse du dieu qui, durant cette période, n'avait plus été affecté.

La dernière reine de la XVIII*e* dynastie, considérée comme héritière de la fonction, fut Tiâa, une des épouses d'Aménophis II et mère de Thoutmosis IV. Elle bénéficiait aussi de l'appellation de Main du dieu. La lignée reprendra seulement avec Sat-Rê, épouse de Ramsès I*er*, fondateur de la XIX*e* dynastie et mère de Séthi I*er*, puis avec Touy épouse de ce dernier et mère de Ramsès II. On voit, en fait, que, jusqu'à cette époque, le titre ne dépendait vraiment pas de l'hérédité dynastique.

Ces reines prêtresses, Epouses terrestres du dieu Amon, à Karnak, étaient donc un peu comme l'incarnation de la déesse Mout, épouse céleste du dieu. Aussi arboraient-elles sur leur perruque la dépouille du vautour, emblème de Mout – mère protectrice. Au sommet du crâne, un support en forme d'épais anneau souvent entouré de cobras dressés recevait deux hautes plumes imitant les rémiges des ailes du vautour[14]. Contre ces rémiges, étaient plaquées deux cornes très élancées différentes de celles de la Vache sacrée, enserrant, à la base, l'image du soleil.

Au début de la XVIIIe dynastie, les reines, Epouses divines, dans l'exercice de leur fonction, portent la stricte tunique archaïque retenue à la taille par un cordon et la perruque courte entourée d'un petit diadème métallique, aux deux retombées raides, à l'arrière de la nuque. Les textes nous apprennent que leur ascendant n'a d'égal que leur beauté, car elles doivent, avant tout, « *réjouir* » *le cœur du dieu*, charmer ses yeux; on rencontre, à leur propos, les termes aussi suggestifs qu'élogieux : « *Grande d'Amour* », « *Maîtresse de Charme* », « *dont la beauté contente le dieu* », « *Grande de Merveilles dans la maison de son père* », etc.

Véritables et puissantes prêtresses, les reines Epouses divines conservèrent leur domaine propre autour du temple funéraire d'Ahmès-Néfertari, la première titulaire du titre pour les Grandes Epouses Royales, et en quelque sorte leur patronne. Ce domaine s'enrichit progressivement, abritant un collège de prêtresses, assistantes du culte, géré par un majordome entouré de scribes comptables, et doté d'intendants des troupeaux et des greniers. Comme pour tout établissement, on y trouvait des artisans et des paysans cultivateurs, sans oublier le responsable des bateaux sans lesquels on ne pouvait se rendre de la rive gauche, où était implanté le domaine, à la rive droite, dans Thèbes, limitée au sud par le temple de Louxor et au nord par l'immense royaume d'Amon à Karnak.

Quant à l'exercice du culte, il ne pouvait évidemment pas se borner, pour la Divine Adoratrice, à jouer des sistres « avec ses belles mains », en présentant le « collier ménat », instruments par excellence des ferventes d'Hathor, tout en fredonnant les mélopées des « chanteuses d'Amon ». Avant d'entrer dans le sanctuaire, l'Epouse du dieu se purifiait. A côté des prêtres spécialisés, elle participait à des offices propitiatoires au cours desquels on consumait les images de l'ennemi du dieu, on véhiculait les étoffes propres à apaiser la déesse Ouadjet; elle aidait aussi à convaincre le dieu d'accepter les agapes du soir. Son rôle de charme, de séduction, d'apaisement, qui parfois se mêlait à des instants où elle en arrivait à inspirer la crainte et la terreur, permet de déduire que l'Epouse du dieu prenait avant tout, en cette occasion, la place de la fille d'Atoum, Tefnout ou Maât, c'est-à-dire, celle de la Lointaine, l'Œil de Rê. Ainsi traduisait-elle le contentement du dieu, tout en exprimant sa puissance; cérémonies traditionnelles qui concouraient à maintenir l'ordre universel[15].

Vis-à-vis du roi vivant

Il n'est pas imaginable qu'au moment où commencent à poindre les premiers symptômes de l'hérésie amarnienne, lorsque le rituel paraissant désuet ou trop éloigné de l'entendement commun va être supprimé, ou tout au moins profondément rénové, les acteurs de la réforme aient catégoriquement mis fin à la fonction sacerdotale primordiale de la reine. Bien au contraire, l'importance de la femme royale est telle durant cette époque qu'on en arrive dans les scènes religieuses, ou encore sur les monuments royaux, à voir figurer aux côtés du couple pharaonique, Aménophis III et Tiyi, uniquement les princesses, filles du souverain. Tiyi occupe partout une place exceptionnelle. Sa présence, avons-nous déjà dit, est auprès du roi, comme « *Maât est auprès de Rê* ».

On constate alors un fait nouveau en Nubie soudanaise : à Soleb, au nord du magnifique temple érigé à la gloire du troisième Aménophis, un sanctuaire est dédié, sur le site de Sèdeïnga, par le roi à sa Grande Epouse, Tiyi. Ainsi, par ces fondations jumelées, pour la première fois les principes masculin et féminin sont exaltés dans la personne des souverains. Mais le rôle religieux de la reine est encore davantage précisé sur les murs de la chapelle funéraire thébaine de Kherouef, un des plus hauts fonctionnaires de la Cour à cette époque. Tout se passe pendant les extraordinaires cérémonies du grand jubilé royal. Lorsque Sa Majesté Aménophis III va se manifester dans sa gloire, ayant traversé toutes les épreuves du renouvellement cosmique, on le représente, non pas comme à l'habitude escorté de Tiyi, telle qu'on la contemple généralement. C'est une tout autre atmosphère dans laquelle il importe de considérer le couple royal pour être assuré de l'efficacité des rites. Et ces derniers ont tiré leur force de l'action de la reine, non plus en tant que grande prêtresse, mais comme forme divine dédoublée. On voit d'abord, aux côtés du souverain assis sur son trône, l'image d'Hathor, déesse du grand secret de la mort, mais aussi de l'amour, s'apprêtant à recevoir en son sein le trépassé et préparant ainsi la renaissance, dans le divin. Ce premier aspect auquel la reine s'est intégrée est complété par celui de la déesse Sothis, coiffée des deux hautes rémiges devant lesquelles deux longues cornes effilées encadrent le soleil, ornement adopté par les souveraines, en tant qu'Epouses du dieu. Sothis, dont l'apparition « héliaque » annonce la venue imminente du Soleil régénéré. Nous percevons ainsi commentées par ces deux images de déesses, les deux phases évoquées du mystère auquel Pharaon était soumis pour bénéficier du renouvellement de sa vigueur divine. A cet égard, l'action de la reine est primordiale, et sa double présence alors évoquée aux côtés du roi est essentielle. (Cf. fig. p. 75.)

Il s'agit maintenant d'interroger les reliques de l'époque dite « hérétique », dans la cité du Globe, Akhet-Aton[16], afin d'analyser le comportement du célèbre couple formé par Aménophis IV-Akhénaton et Néfertiti. Combien de fois a-t-on pu lire que le Réformateur a voulu en toute occasion traduire la réalité de l'existence, sans faire appel ni aux figurations archaïques ni aux images symboliques désuètes et vidées de sens à force d'être éloignées de leur message initial et essentiel. Il est exact que tout, dans les figurations graphiques et plastiques de la nouvelle école, paraît spontané, naturel, et semble correspondre à la représentation, parfois même exagérée, du réel. Cependant, à bien réfléchir, ce jugement ne peut vraiment pas s'appliquer à certains tableaux très précis, ceux qui évoquent la vie intime du couple royal : par exemple, le vis-à-vis fréquent du roi et de la reine, entourés des petites princesses – des scènes où même Néfertiti, sur les genoux de son époux, maintient à son tour plusieurs petites princesses étagées dans son giron. Ailleurs, tel courtisan a fait sculpter sur une paroi de sa tombe la famille de Pharaon comme entassée au balcon d' « Apparition » pour la distribution des récompenses. Enfin, l'image la plus surprenante est celle où l'on voit les deux souverains, en grand apparat, debout sur leur char, tiré par des chevaux au galop dans les rues de la capitale, et s'embrassant tendrement, visage contre visage. (Cf. fig. p. 77.) L'irréalité des attitudes porte à réfléchir – de même demeure-t-on surpris, connaissant l'extrême chasteté du langage plastique égyptien, devant l'ébauche de statuette du monarque, tenant sur ses genoux une image féminine (Néfertiti?) à laquelle il donne à pleine bouche un charnel baiser.

Tout s'éclaire si l'on veut bien admettre le désir du Réformateur de démontrer, avec le langage imagé le plus direct possible, le rôle occupé par la paire indissociable des deux éléments complémentaires de la Couronne, le principe créateur masculin et sa contrepartie féminine, Pharaon et Pharaonne, Akhénaton et Néfertiti. Les figurations où l'on a voulu reconnaître le désir d'Akhénaton d'introduire le réalisme de la vie journalière ne sont, en fait, que le commentaire visuel d'une notion fondamentale, dont chacun devait bien être conscient. C'est même son affirmation dans l'absolu et dans le secret des tombes : le couple des souverains (entouré de leur complément, les petites princesses) constitue l'incarnation divine, le garant de la continuité de la force vitale dont il est la plus tangible démonstration. Aussi longtemps que se perpétueront pour les humains ces scènes « constructives », aussi longtemps dureront les générations d'hommes et de femmes qui se succéderont, la nature, les animaux se reproduiront – les minéraux même vivront! Le langage a changé, sans pour autant que soit transformé le but qu'on s'efforçait d'atteindre jadis en confiant à la reine, dans le secret des sanctuaires, le soin d'agir en tant qu'Epouse du dieu.

D'autres scènes encore plus provocantes peuvent répondre aux mêmes mobiles que le roi dut poursuivre avec une exagération voulue. A partir des exemples de cette espèce, certains égyptologues ont fondé des théories, sans doute menées un peu trop à l'extrême, suggérant une sorte de corégence ou de gouvernement à deux, exercée par les époux sur le trône de leurs ancêtres, Néfertiti traitée en Pharaon[17]. Quelle démonstration pour l'égalité des droits de chacun d'eux !

Comment le Grand Ramsès allait-il réagir sur ce point essentiel, lui dont on sait qu'il avait saisi le bien-fondé de la réforme amarnienne et voulu en tirer parti, tout en masquant l'expression provocatrice ? Sa mère Touy et sa grand-mère Sat-Rê avaient l'une et l'autre porté le titre d'Epouse du dieu. Si Nofrétari, pour longtemps la compagne de prédilection du roi, avait été une fille royale de Touy, reine mère, l'héritage lui aurait été transmis sans difficulté et automatiquement, mais, visiblement, la dignité ne semble pas lui avoir été destinée, ni affectée. Elle avait pourtant reçu celle de *Supérieure des recluses du culte du roi* divinisé, Ramsès, qui, s'évertuant aussi à reprendre les efforts déjà tentés sous le règne d'Aménophis III, afin de diviniser sa royale image, n'entendait pas rester en deçà de cette « escalade ». Pourquoi aurait-il conféré obligatoirement le titre d'Epouse du dieu à Nofrétari, puisqu'il pouvait œuvrer plus clairement encore ? Il ne choisit pas sa préférée pour lui faire jouer le rôle d'une sublime et royale prêtresse, mais il imagina tout un système par lequel, se mettant en accord avec les forces cosmiques, il pourrait, grâce à son épouse bien-aimée devenue déesse – complément essentiel de son propre personnage –, mimer le retour de la Lointaine et, parallèlement, le renouvellement de la divinité royale que l'Inondation véhiculait.

A cette fin, il s'inspira des deux fondations faites par Aménophis III en Nubie soudanaise : le temple méridional de Soleb pour le principe masculin et l'autre, plus au nord, celui de Sèdeïnga pour Tiyi. Les mêmes mobiles avaient déjà certainement guidé ces derniers souverains. Ramsès voulut encore sublimer le rite. Il choisit en aval de la 2e cataracte, celle du ouadi Halfa[18], deux mamelons rocheux au bord du Nil, qu'il fit creuser en deux grottes d'importance différente[19]; nous connaissons de nos jours ce site sous le nom d'Abou Simbel. Le plus impressionnant de ces spéos, celui qu'il a consacré à sa propre gloire, comporte une façade où quatre colosses le figurant assis sont sculptés chacun à même la montagne, sur vingt mètres de haut. Au nord de ce sanctuaire, une grotte plus petite est à la fois dédiée à la reine, à Hathor et à Sothis. L'image de Nofrétari apparaît taillée sur le pan de la falaise, par deux fois encadrée des effigies du souverain, sur sept mètres de haut : elle semble encore s'animer d'une extraordinaire vie charnelle, dès les premières caresses du soleil, à l'aube de chaque matin. Un premier fait est à constater : les axes des deux temples voués, sur la rive occidentale, aux deux principes, ne sont pas parallèles : ils se rejoignent, pour un hymen rituel, au milieu du Nil. Le grand mystère se déroulait évidemment à l'intérieur des spéos mais le résultat semble proclamé par les effigies de pierre sur la façade : Ramsès-Soleil levant et Nofrétari-Sothis resplendissante.

C'est en ces lieux que le fils de Séthi Ier, chaque année, devait faire régénérer son potentiel divin et assurer le monde de sa parfaite identité avec le nouveau soleil dont il incarnait l'image : cette dernière le figure au-dessus de la porte d'entrée, comme un homme à la carrure imposante et à la tête de faucon solaire. Ses deux mains s'appuient sur deux hiéroglyphes géants, lesquels, avec l'homme hiéracocéphale, servaient à écrire son nom de couronnement : *Ouser-Maât-Rê*, « Puissante est la Maât de Rê ».

Ce renouvellement annuel du Soleil – et de Pharaon – se faisait au moment du retour de l'Inondation – la Lointaine revenant des entrailles de l'Afrique – le 19 juillet julien. Cet événement véritablement cosmique pour les Egyptiens, leur jour de « l'Ouverture de l'Année », et grâce auquel revivait le pays tout entier, était précédé par un phénomène astronomique. Pendant soixante-quinze jours l'étoile Sothis avait disparu du ciel, puis à un emplacement très voisin de celui où elle se levait à nouveau, apparaissait le soleil. Ce « lever héliaque » de l'étoile Sothis était un permanent miracle pour l'Egypte. Ainsi, la confirmation du pouvoir royal, célébrée dans tous les temples d'Egypte, fêtée dans les palais et jusque dans les plus humbles habitats, était le renforcement divin de Pharaon grâce à l'étoile Sothis qui ramenait la Lointaine et qui se confondait même avec elle. Reprenant l'image déjà utilisée par Aménophis III, Ramsès prêta ce rôle à sa contrepartie féminine, en lui conférant cette identité. L'étoile du matin devait le remettre, chaque année, rituellement au monde après être passé dans les entrailles de la Grande Hathor, matérialisées par la grotte[20]. Effectivement, dans l'antichambre du petit spéos d'Abou Simbel on assiste au déroulement d'une scène unique sculptée sur un mur : Nofrétari, transformée en déesse. L'image, d'une svelte beauté, vêtue de lin transparent, mais portant la petite perruque bouclée, reçoit, d'Hathor et d'Isis qui l'encadrent, la haute coiffure de Sothis. Nofrétari tient encore son sceptre de reine dans une main, cependant, de l'autre, pend la croix de vie, *ankh*, que seules les divinités sont habilitées à

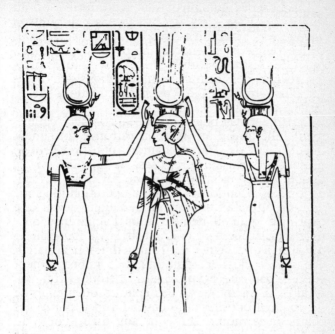

posséder. Pour compléter l'efficacité du cérémonial, dans le saint des saints, le décor rituel évoque la réapparition de Pharaon désormais divinisé lui aussi, et ressortant au jour en compagnie de l'Inondation confondue avec Nofrétari-Sothis. C'est là un des nombreux effets surnaturels avec lesquels Ramsès sut jouer pour affirmer sa divinité : il ne put cependant pas le faire sans sa contrepartie féminine préférée du moment : la Grande Epouse Royale Nofrétari.

Vis-à-vis du roi défunt

L'action des humains visant à secourir – ou du moins à assister – le souverain trépassé durant son voyage vers l'éternité est à peine décelable dans les textes religieux et encore moins perceptible aux murs des fastueuses chambres des sépultures royales, revêtus des formules et illustrations des rituels les plus étrangères à ces préoccupations de la famille du défunt.

Cependant les objets composant le seul équipement funéraire d'un pharaon retrouvé quasiment intact, celui de Toutankhamon, nous révèlent la présence, à plusieurs reprises, de l'épouse royale figurée dans l'intimité du jeune roi et lui prêtant de tendres attentions. Or, toute opération magique dont on attendait un résultat bénéfique devait être exprimée symboliquement sous l'apparence anodine d'un événement courant de la vie journalière. Ainsi la jeune veuve de Toutankhamon apparaît-elle sur le dossier d'un fauteuil, improprement baptisé par des égyptologues « trône » du roi. Affairée à répandre sur les épaules du monarque un onguent odoriférant – destiné à reconstituer les chairs de la momie du jeune souverain, coiffé du diadème du soleil levant –, la reine porte la haute couronne de Sothis. Sur le panneau d'ivoire d'un coffre, elle est accroupie aux pieds du roi, encombrée d'une lourde coiffure rituelle, occupée à lui indiquer les énormes poissons (ceux de la renaissance) qu'il doit capter au cours de son tir à l'arc prophylactique. Ailleurs, elle lui offre les lotus du devenir.

Tous ces actes incitent à penser qu'Ankhsenamon, veuve royale et Grande Epouse, ne témoigne pas seulement un amour juvénile à son défunt époux, mais bien plutôt une sollicitude d'ordre

religieux. Le doute est complètement levé lorsque l'on se trouve devant le petit naos aux parois extérieures sculptées et plaquées de feuilles d'or. Les différents et minuscules tableaux offrent une succession de scènes au message très perceptible pour qui a pu approfondir la symbolique égyptienne. On comprend alors le rôle éminent attendu de la reine après le décès du souverain et qui devait être probablement mimé lors de cérémonies se déroulant durant la période de momification puis, sans doute, le jour des funérailles. Cette action se prolongeait dans la tombe grâce aux scènes figurées. Elles constituent, en fait, tout le cérémonial à accomplir pour la royale épouse du défunt qui joue, dans le cadre de fastueux appartements du palais, le drame d'Isis affairée à préparer le corps de son époux – victime temporaire de la mort –, en réveillant aussi ses ardeurs assoupies, pour qu'il la féconde en vue de sa réapparition dans le monde éternel. Amante et mère, voici la veuve, reine et prêtresse s'approchant de l'image du statique souverain, la plupart du temps assis, et auquel elle offre les différents symboles de la préservation : onguents, fleurs, bijoux rituels. On reconnaît cinq instants essentiels et critiques durant lesquels, pour commencer, la souveraine entretenait et sublimait, par toutes sortes de produits et de bijoux, le corps « idéal » du défunt; puis elle lui présentait « la Grande de Magie » composée des instruments de la transformation divine : le collier à bourrelet ou *ménat*, corps de la déesse Hathor dans lequel il allait forger son devenir éternel, et le *sistre naos*, propre à faire ensuite apparaître l'image de l'enfant solaire sous la forme duquel il surgirait. Une troisième séquence confirmait l'acte auquel la reine participait : accroupie, en partie dénudée devant le roi assis et paré de tous ses atours, elle reçoit avec une émotion visible le liquide versé dans sa main du haut d'une burette tenue par Pharaon : c'est l'acte d'Amour consommé. Pour la remise des instruments magiques, et à l'instant de cette étreinte si chastement exprimée, elle porte la coiffure de la déesse Sothis. En quatrième partie devait venir la période de gestation où, dans le sein de la reine-prêtresse, le nouveau germe promu à l'immortalité allait lentement se transformer. La jeune souveraine est alors assise devant Toutankhamon, accroupie sur un tabouret et affairée à tirer à l'arc les canards sauvages, devant une touffe de papyrus. Pour déjouer les attaques toujours possibles du Malin, la royale officiante guidera les flèches de Pharaon qui doivent transpercer les palmipèdes nocifs du marécage dont la traversée est obligatoire avant d'atteindre à la renaissance. Le cinquième et dernier épisode est évoqué par l'entrée imminente de Pharaon dans le monde éternel. Le souverain debout, mais à la démarche encore chancelante, est guidé vers une sortie invisible par la reine l'entourant de toutes ses attentions. Prévenante, elle le soutient en le prenant par le bras, comme s'il relevait d'une torpeur, tout en l'entraînant avec une force à laquelle nul ne pouvait plus s'opposer.

Ainsi, jusqu'au trépas de Pharaon et au-delà de la disparition terrestre de son *alter ego*, la Grande Epouse Royale choisie par le roi doit aussi, en ces circonstances, assumer sa fonction religieuse aux multiples facettes.

3
Les harems de la Couronne

IDÉE DU HAREM

Dès le début de l'époque historique, l'institution du harem royal apparaît, parallèle à l'Administration royale, mais indépendante de celle-ci. L'*ipèt-nésout*, c'est le lieu de résidence de la reine et celui de l'éducation des enfants royaux, c'est aussi l'endroit où devaient se tenir les femmes secondaires, les « ornements du roi » *(khékérout-nésout)*, et les *néférout*, les Beautés vives du palais dont les chants, les danses et le comportement étaient destinés à charmer Sa Majesté. Le *Conte des Rameuses*, remontant au début de l'Ancien Empire et relaté dans le célèbre papyrus Westcar, fait sans doute allusion à cette dernière catégorie de jeunes filles.

« *Le roi Snéfrou parcourait un jour toutes les chambres du palais à la recherche de [quelque divertissement, mais il n'en trouva aucun. Alors il dit :]* " *Allez et amenez-moi le chef lecteur et rédacteur Djadjaemankh.* " *Il lui fut aussitôt amené. Alors Sa Majesté lui dit :* [" *J'ai parcouru toutes les chambres] du palais [...] à la recherche de quelque divertissement sans arriver à en trouver* [*aucun*]. " *Djadjaemankh lui répondit :* " *Que Ta Majesté se rende au lac du Palais* [...] *Equipe-toi une barque avec toutes les belles filles de l'intérieur de ton palais. Le cœur de Ta Majesté se divertira à les voir ramer en descendant et en remontant. Et tandis que tu contempleras les beaux fourrés de ton lac, que tu verras les champs qui les bordent, et ses belles rives, ton cœur se divertira à ce spectacle. – Je vais certainement [dit le roi] m'organiser une promenade sur l'eau. Qu'on m'apporte vingt rames en bois d'ébène recouvert d'or, leurs manches étant en bois odoriférant, garni d'or fin. Et qu'on m'amène vingt femmes qui soient belles de corps, qui aient une [ferme] poitrine et des cheveux nattés, et dont le sein n'ait pas été [encore] ouvert par l'enfantement. Qu'on m'apporte aussi vingt résilles, et qu'on remette ces résilles à ces femmes quand auront été déposés leurs vêtements.'' Alors il fut fait conformément à tout ce que Sa Majesté commandait.*

« *Elles ramèrent donc en descendant et en remontant et le cœur de Sa Majesté fut heureux de les voir ramer[1]...* »

Et l'histoire continue par un prodige réalisé à propos de la pendeloque de turquoise neuve que l'une d'elles avait fait tomber au fond de l'eau.

L'ORGANISATION DU HAREM

Cette anecdote évoque un des aspects charmants, mais secondaires, de cette imposante institution qu'était le harem, à l'organisation très structurée, commandée par un chef de l'Administration, assisté d'un adjoint, et régnant sur un grand nombre de scribes du harem, d'inspecteurs et de fonctionnaires subalternes portant les titres de scribe de la Porte du harem et de gardien des Portes. Naturellement pareil groupement humain requérait les soins de nombreux artisans et domestiques, sans compter ceux qui faisaient fructifier les richesses des domaines affectés à la fondation et dont les revenus pouvaient être considérables. C'étaient les troupeaux, les cultures et l'exploitation des denrées agricoles, les pêcheries, les productions des propres ateliers du harem, et aussi la rentrée des impôts que son administration devait lever. Dans toute cette réunion de fonctionnaires, point de place pour les eunuques qui semblent ne jamais avoir existé dans l'Egypte pharaonique et n'avoir pas eu raison d'être.

La fonction du harem, dominé par la Grande Epouse Royale, était donc de recevoir les princesses que Pharaon avait épousées à des titres divers et qui arrivaient, escortées d'une suite, ce qui conduisait à prévoir l'installation d'importants trains de maison, où les dames vivaient, entourées des enfants qu'elles avaient donnés au roi. C'est ainsi que la seconde Grande Epouse Royale de Thoutmosis III, la reine Hatshepsout-Mérytrê, compte parmi ses titres : « Celle qu'aime le Maître du Double Pays, détentrice de faveurs dans le Palais, la *régente des Epouses Royales*, celle qui n'est jamais éloignée du Maître du Double Pays. » La reine était alors secondée par la Supérieure du harem, telle la sœur de Houy, vice-roi de Nubie sous Toutankhamon, célèbre pour avoir fait entrer dans le harem de son roi, parmi bien d'autres, une éblouissante princesse du pays de Ouaouat (Nubie égyptienne).

Le harem devint donc très rapidement le centre de la politique matrimoniale de Pharaon, et la présence de princesses étrangères dans l'environnement royal favorisa l'introduction d'un sang nouveau à la cour, dans les hautes classes de la société et surtout à partir de la XVIIIe dynastie. Aménophis III, on le sait, avait fait émettre un scarabée commémorant son mariage, en l'an 10 de son règne, avec Giloukipa, fille de Shuttarna II, roi du Naharina[2]. Celle-ci arriva en Egypte accompagnée de trois cent dix-sept femmes de sa suite. Si l'on se borne seulement à ajouter à cette assemblée de jeunes beautés les quarante femmes originaires de Gaza également envoyées au harem d'Aménophis III, ainsi que nous l'apprend une tablette cunéiforme trouvée dans les archives de Tell el-Amarna, ces deux sources à elles seules élèvent à trois cent cinquante-sept le nombre minimum d'étrangères reçues dans les harems d'Aménophis III.

LES DIFFÉRENTS HAREMS

En fait, l'institution du harem ne comportait pas qu'une seule « Maison des dames ». Il existait un harem de Memphis, une autre fondation à Thèbes également. A Tell el-Amarna, la ville de l'Hérétique, on a pu dénombrer le harem du nord et celui du sud. Il devait aussi y avoir un harem du Palais appelé *harem d'accompagnement* pouvant suivre Pharaon au cours de ses déplacements, ce qui rend alors compréhensible l'ordre donné par Ramsès II à son fils aîné lorsque la célèbre bataille de Qadesh va s'engager sur les bords de l'Oronte : « *Qu'on éloigne les femmes et les enfants!* »

De tous les harems, le plus fameux et aussi certainement le plus important est celui de Gourob, qui devait former une véritable petite ville, à l'entrée du Fayoum – dans l'Antiquité, appelée Mi-our[3]. C'est en ce site que les pharaons du Moyen et du Nouvel Empire se plaisaient à venir chasser et pêcher, sur les bords du lac Karoun et dans le désert environnant. La végétation entre le lac et le canal parallèle au Nil, appelé le « Fleuve de

Joseph[4] », y était assez exubérante. L'eau coulait en abondance et les rives poétiques étaient verdoyantes dans cette région qui de nos jours a mérité l'appellation de Petite Suisse. Les premières fouilles ont fait apparaître des vestiges certains des séjours qu'y firent les rois Aménophis III, IV et Toutankhamon. D'autres reliques pourraient laisser supposer que la reine Tiyi y avait fini ses jours plutôt que dans sa capitale de Malgatta, face à Thèbes. La célèbre tête, si réaliste, taillée dans du bois de buis très sombre, provient de ces ruines[5]. Des traces des Dames du temps de Ramsès II y sont également attestées et laissent supposer que l'épouse hittite du roi, Maât-Hor-Néférou-Rê, y séjourna. Quoi qu'il en soit, beaucoup de parentes âgées de la famille royale devaient y habiter régulièrement, échangeant une correspondance suivie avec Pharaon pour l'informer de tout ce qui s'y passait.

Les arts d'agrément devaient être exploités au maximum dans ces milieux féminins de haute éducation et de grand goût. Musique, danse, poésie et tous les artifices de la séduction figuraient parmi les préoccupations journalières.

Cependant, le harem constituait également un foyer de production. Ainsi, une des activités importantes des doyennes du harem était sinon le tissage, du moins la surveillance des ateliers de tissage, propriété royale, célèbre dans tout le pays et au-delà des frontières : les produits fournissaient le Palais et certaines cours royales amies de l'Egypte. On sait aussi que des ouvrières servantes à la liberté réduite provenant de l'étranger, du Proche-Orient principalement, étaient affectées à ces métiers. On suppose également que le domaine abritait encore des ateliers où les objets utilisés par les femmes pour leur toilette et leurs soins de beauté étaient fabriqués : récipients et pots d'on-

Caricature du roi et d'une favorite jouant au Sénet.

guents divers, kohol, huiles odoriférantes. On y travaillait le bois, les frittes émaillées, l'ivoire, et surtout le verre coloré ou exceptionnellement transparent. Tous ces objets délicats et rares constituaient en quelque sorte l'écho de la vie raffinée des belles dames les plus proches de Pharaon.

LES DAMES DU HAREM

Plusieurs catégories de Dames peuplaient ces harems. Sous le véritable sceptre de la Grande Epouse Royale, qui devait y résider souvent avec ses filles en bas âge, y étaient, en tout premier, installées les femmes ou épouses royales secondaires, égyptiennes ou d'origine étrangère, toutes entourées de leur progéniture. Il y avait également des appartements des « favorites », « ornements royaux [6] ». Ces dernières, dont la gloire durait souvent le caprice d'un temps, étaient parées d'une couronne très particulière, ornée de fleurs aux tiges droites piquées dans un diadème (les Syriennes ajoutaient à leur front une ou deux petites têtes de gazelle [7]). Ces mêmes coiffures étaient également portées par les filles du roi lorsqu'elles devenaient ses épousées, et demeuraient comme la marque insigne de l'hommage royal. Les « favorites » furent très vite appelées les Dames du harem [8]. Certaines pouvaient être données en mariage à de hauts fonctionnaires de l'Administration royale. Par ailleurs et graduellement le terme d' « ornement royal » semble avoir perdu son sens initial et paraît avoir été affecté aux Dames de la Cour qui ne présentaient aucun point commun avec les femmes du harem, si ce n'est qu'elles avaient pu être au service de la Grande Epouse Royale. Pharaon s'occupait aussi fréquemment de les donner en mariage à ses plus proches collaborateurs, ce qui favorisait d'autant leur carrière.

LES APPARTEMENTS PRIVÉS

Il est à regretter que le site de Gourob ait été l'objet de ravages multiples : les ruines en cours de nouvelles prospections livreront peut-être des informations du plus haut intérêt. Elles ne pourront malheureusement être qu'incomplètes comme le demeurent les résultats des fouilles exécutées à Malgatta, pour le palais de Tiyi et de la première princesse favorite Sat-Amon, ou encore, à Tell-el-Amarna, à propos du palais nord de Néfertiti, par exemple. Cependant les caveaux funéraires des nobles enterrés dans la cité du Globe, Amarna (Akhetaton dans l'Antiquité), reproduisent en des figurations résumées l'appartement des Dames royales. On y retrouve la pergola qui ombrageait la porte d'entrée du bâtiment précédé de murs suc-

cessifs d'enclos gardés par des portiers. A un corps principal d'habitation à grand vestibule et à la salle centrale dont le toit-terrasse était supporté par d'élégantes colonnettes à chapiteaux floraux étaient adjointes de nombreuses pièces secondaires mises à la disposition de la reine et de ses filles, lesquelles, assistées d'éducatrices, apprenaient à chanter, à danser et à jouer du luth et de la harpe. Ailleurs, on était affairé à prendre un repas et, partout, des serviteurs – uniquement de sexe masculin – circulaient pour entretenir la propreté et la fraîcheur des lieux, et l'assistance à la vie matérielle journalière. Il faut bien remarquer qu'aucune femme n'est de service dans ces locaux où l'homme respectueux, régisseur ou domestique, est naturellement admis. Les fouilles dans ces deux capitales ont livré des vestiges des peintures murales sur lesquelles on peut se fonder pour imaginer la splendeur des décors dans lesquels vivaient les reines et princesses. Fourrés de papyrus bleutés d'où s'envolaient des canards sauvages, buissons fleuris entre lesquels gambadaient de tout jeunes veaux. Au sol était même parfois peinte l'évocation de pièces d'eau aux lotus épanouis que frôlaient dans leur nage des poissons aux teintes nacrées.

Un des chefs-d'œuvre de la peinture égyptienne est certainement constitué par le décor de la volière du palais nord de Néfertiti : des buissons de papyrus, apparaissant dans un style « impressionniste », têtes échevelées et penchées sous leur poids. Cette végétation touffue est émaillée de tourterelles bleu et rose qui semblent se balancer sur les tiges, ou de martins-pêcheurs noir et blanc piquant du bec vers la base des plantes aquatiques. Une poésie indicible se dégage de l'atmosphère ainsi créée : le raffinement, la recherche esthétique, le goût des teintes nuancées et joyeuses devaient s'affirmer dans ces demeures vouées à la beauté. Sur une des évocations murales de ces appartements féminins, en Amarna, on distingue même une chambre où, près d'un grand lit, trois petites couches sont là pour évoquer la présence de trois des filles royales. (Cf. p. 105) Au sommet des colonnes, les ornements imitent des grappes d'oiseaux, la tête pendante, les ailes déployées. Ailleurs – et c'était le cas pour la capitale de Ramsès, Pi-Ramsès sur la branche orientale du delta –, des plaques de terre cuite glaçurée bleu turquoise entouraient les huisseries, alors qu'au sol des dalles vernissées rappelaient dans leur décor un jardin enchanteur et son bassin de plaisance.

Les jarres et les poteries – contenant les réserves de victuailles, les boissons ou les biens précieux de leurs propriétaires – étaient revêtues de guirlandes florales peintes la plupart du temps d'un bleu céruléen à la lumineuse tonalité : le « bleu thébain ».

Quant aux coffres à linge ou à bijoux, ils étaient faits de bois provenant du Soudan ou du Proche-Orient, les plus rares de l'époque, incrustés d'ivoire ou ornés de décors ajourés et dorés ou même plaqués d'or. Souvent les panneaux étaient peints de véritables miniatures. Les lits bas possédaient des « sommiers » de chanvre tressé, également décorés, chaises, fauteuils, tabourets, pliants complétaient l'ameublement. Les coussins de peau de gazelle pouvaient, comme c'était le cas pour la princesse Sat-Amon, être remplis de duvet de tourterelles.

Ces évocations nous éloignent naturellement de l'architecture de la célèbre tour d'entrée « crénelée » du temple de Ramsès III à Médinet Habou, où la présence figurée de charmantes silhouettes féminines, avec lesquelles le roi paraissait être en galante compagnie, a longtemps fait interpréter ce bâtiment comme le harem du roi. Il n'en est certainement rien, si l'on veut faire allusion aux palais que nous venons d'évoquer. En fait, la tour de Médinet Habou, appelée le « Grand Haut Lieu[9] » est de type certainement rituel comme le temple lui-même, et les jeunes personnes parées du haut diadème à fleurs des favorites royales sont, ainsi que l'inscription nous le révèle, effectivement des filles de Pharaon. Il s'agit donc ici de locaux où avaient pu se dérouler des actes magico-religieux propres au renouvellement des ardeurs du souverain : un poème d'amour très court accompagne ces scènes, où les « charmes » du bien-aimé sont exaltés.

LES ENFANTS ROYAUX ET LEUR ÉDUCATION

Dans le harem devait se trouver la « Maison des enfants royaux » où les « nourrices » choisies parmi les dames de la noblesse et des précepteurs, souvent des généraux en fin de carrière, veillaient sur les jeunes princes et princesses sous la responsabilité effective de la mère royale. La Grande Epouse venait aussi, peut-être, y mettre au monde ses enfants au cours des importantes cérémonies célébrant l'accouchement, et y séjournait, recluse, pour les purifications qui en découlaient.

Il existait au Palais une école où les jeunes nobles partageaient l'enseignement dispensé aux princes. C'est du moins ce que nous apprend un notable, Ptahshepsès, qui vit le jour sous le pharaon Mykérinos et « *fut éduqué avec les enfants royaux au grand palais du roi, à la Résidence, dans le harem du roi, étant apprécié du roi plus que tout [autre] enfant* ». Ainsi était-il si bien introduit au palais que lorsqu'il atteignit l'âge de prendre femme, « *il reçut la fille aînée du roi [Khâmaât] comme épouse, parce que Sa Majesté désirait qu'elle vécût avec lui plus qu'avec tout [autre] personnage* ». Dès le Moyen Empire, les rejetons royaux continuaient toujours à recevoir une éducation aux côtés d'enfants de nobles, mais dans une sorte de collège où pouvaient également être introduits les fils de chefs étrangers bénéficiant ainsi du haut niveau des connaissances, des enseignements moraux et de l'art de vivre de l'Egypte pharaonique. Cette institution s'appelait le *Kep*, et les camarades de classe des princes recevaient le titre d'Enfants du *Kep*[10] : dignité qui les suivait toute leur vie. Il est difficile de prouver que le *Kep* accueillit effectivement des Asiatiques ou des Sémites (le jeune Moïse aurait pu figurer parmi eux), mais on est assuré d'avoir pu dénombrer dans leurs rangs une assez grande quantité de princes nubiens. Certains, qui épousaient la carrière des armes, devenaient les meilleurs officiers des fils du souverain avec lesquels ils avaient été élevés et éduqués. D'autres, tel Héka Néfer, prince de Miâm du temps de Toutankhamon, retournaient dans leur lointaine province méridionale et demeuraient les plus actifs alliés de Pharaon.

UN ENFANT DU *KEP* RECONNAISSANT

Par bonheur, la chapelle funéraire thébaine du vice-roi de Nubie, Houy, contemporain de Toutankhamon, nous a conservé, en une peinture murale, une vision des plus parlantes, une sorte d'« instantané » pourrait-on dire qui nous replonge dans l'atmosphère de Thèbes, il y a 3 300 ans, aux côtés d'un ancien Enfant du *Kep*, fidèle aux institutions du harem qui l'avaient éduqué. Il s'agit précisément de Héka Néfer, le prince de la province de Miâm, connue sous le nom moderne d'Aniba, ville et région de Nubie, au nord d'Abou Simbel[11].

Sorti du *Kep*, le prince s'en était retourné dans sa chaude Nubie et, bien que nourri de connaissances et averti de mœurs qu'il ne reniait pas, il avait tenu à reprendre, en ce qui le concernait personnellement, les coutumes de son pays. On le voit en tête du cortège guidé jusqu'à la Cour par le vice-roi, prosterné devant Sa Majesté le Pharaon, parmi les « *Grands des Pays de Ouaouat* » (les princes de Basse-Nubie) dans l'attitude de la soumission respectueuse. Nul ne peut s'y tromper : l'inscription nous révèle son nom et son titre : « *le Grand de Miâm, Héka Néfer* ». Les scarifications portées par les Nubiens entre le nez et les joues sont marquées sur les visages de ces notables à la calotte ronde de cheveux bouclés serrée par un ruban maintenant, sur un côté du crâne, deux plumes d'autruche. Des anneaux d'or pendent à leurs oreilles et un collier « de chien », fait de perles multicolores, serre leur cou. Des peaux de félin couvrent leur dos et leurs épaules. Cependant on distingue le pagne de lin plissé à l'égyptienne qu'ils arborent, orné d'une ceinture à grand pan tissé de fils multicolores, de style nubien. Ils sont pieds nus, alors que, leur succédant, les « enfants des Grands de toutes ces provinces étrangères » sont chaussés de sandales blanches, comme en Egypte.

Nous voici donc devant un ancien élève du harem, payant à Pharaon sa dette de reconnaissance par ce qu'il a de plus beau à lui offrir : une magnifique princesse, accompagnée d'une « maison », composée de belles et nobles dames d'atour, de jeunes servantes, de pages et de serviteurs robustes et zélés. Tout ce monde a été élevé suivant les traditions égyptiennes par les soins d'Héka Néfer, et leurs vêtements et leur attitude en sont une preuve. La princesse est parée de la magnifique robe de lin blanc plissé, un riche collier « large » couvre sa poitrine et ses épaules; sa coiffure, comme celle des membres de son escorte, est constituée par la perruque courte, mais dominée par une sorte de petite couronne, à la mode du temps. Les enfants des chefs de sa suite portent le même ornement et sont également vêtus de lin blanc plissé. Seules les boucles d'oreilles à pampille et les queues de chats sauvages attachées à leurs bras révèlent leur origine ethnique.

La princesse destinée au harem de Pharaon possède un teint plus clair que les autres Nubiennes autour d'elle, et sa haute naissance lui avait donné naturellement droit à circuler debout, comme il se doit, sur son char conduit par une jouvencelle, le torse nu et les cheveux longs tombant librement sur ses épaules. Ce char était tiré non par des chevaux comme cela se faisait en Egypte, mais par un attelage de bœufs mouchetés qui l'avait amenée de la demeure de son père au bateau, pour qu'elle puisse ainsi, en descendant le fleuve, gagner les rives de Thèbes. L'équipage de bovidés avait alors à nouveau transporté la jeune beauté, et ce jusqu'aux portes du palais; elle devait ensuite se présenter à pied devant Pharaon. A

contempler cette très originale peinture, il semble que l'on assiste à l'intronisation d'une femme secondaire du souverain. Le corps constitué des tribus amies – et sans doute parentes – est là et tout l'environnement compose l'escorte et la dot princière de celle qui allait entrer dans le harem du roi. Certes des armes sont empilées : des massues, des arcs, des boucliers revêtus de peaux animales, autant d'œuvres des meilleurs artisans; la garde de la princesse serait bien équipée. Mais tout proches sont aussi sur plusieurs registres, étalés, le trésor et le mobilier. Des coffres, des fauteuils aux accoudoirs galbés et aux élégants dossiers, des chaises assorties, des tabourets dont certains, pliants, aux pieds en col de canard, des lits et des chevets, un second char même, témoignent de l'habileté des ébénistes nubiens qui savaient travailler les bois durs d'Afrique et compléter au mieux l'ornementation à l'aide d'incrustations d'ivoire, gainer certains éléments de cuirs finement teintés et utiliser les plumes d'autruche pour les éventails et flabella de toutes sortes.

Tout ce mobilier qui accompagnait la future épousée était complété par des défenses d'éléphant, des peaux de guépard, des sacs et des anneaux d'or, ce métal abondant particulièrement en Nubie. Chefs-d'œuvre des orfèvres nubiens, des « pièces montées » d'or et d'électrum [12] évoquaient des paysages nilotiques faits surtout de palmiers doums, accueillant parfois dans leurs branches d'agiles petits cercopithèques [13], et dont les noix étaient appréciées par les Nubiens représentés ici debout ou agenouillés, une plume d'autruche fichée dans leurs cheveux. Souvent des girafes avaient été figurées devant ces arbres. Des girafes, cette fois vivantes, se trouvaient aussi parmi les présents en tête des troupeaux de bœufs gras nécessaires à la célébration de la fête d'Opèt, durant le mois du Nouvel An.

Voici, en résumé, une idée de ce qui devait se passer lorsque la Cour recevait une princesse étrangère au moment d'une union diplomatique. Il s'agit ici de la Nubie, Etat associé à l'Egypte, et dont la population était limitée. Peut-on imaginer la splendeur et la longueur du cortège qui amenait une princesse du pays de Naharina ou de celui des Hittites, composé de centaines de filles en fleur et de troupeaux innombrables, escortés des gardes qui assuraient la sécurité de la caravane et de porteurs de l'ameublement le plus soigné, comprenant des chars légers, les plus beaux instruments de musique hérités des Asiatiques (la harpe typiquement égyptienne mise à part), de coffres remplis de tissus colorés et de bijoux, de métaux précieux : l'or et l'argent en lingots et des lames de fer brillant comme de l'argent, de même que des pierres fines, tel le lapis-lazuli originaire de Bactriane, sans oublier les vases d'orfèvrerie. Le mot « fabuleux » – souvent utilisé avec exagération de nos jours – trouverait ici réellement sa place pour décrire le rassemblement incroyable et l'exhibition de telles richesses.

LES COMPLOTS DE HAREM

Comme on peut le supposer, à considérer l'importance extrême de cette véritable institution qu'était le harem et le nombre d'épouses, principales ou secondaires, dont Pharaon pouvait bénéficier – de favorites aussi –, chacune de ces dames entourées de membres de leur famille, de conseillers et confidents avisés mais ambitieux et de partisans, opposés les uns aux autres, sans compter les enfants de rangs différents, les rivalités devaient se manifester et, bien souvent, se matérialiser en complots. Beaucoup, sans doute, se ramenaient à des luttes d'influence entre les favorites : cela était probablement très fréquent. Mais les plus graves des conspirations concernaient les atteintes à la vie même du souverain au bénéfice du fils de telle ou telle femme secondaire égyptienne – ou d'origine étrangère – dont la naissance ne lui permettait pas d'être mis en compétition avec l'aîné des fils issus de la Grande Epouse Royale.

A l'Ancien Empire

Ces événements, majeurs pour la plupart, devaient être tenus dans le plus grand secret, puisqu'ils visaient la personne quasi divine de Pharaon. Et ceci fut à coup sûr le cas pour les plus Hautes Epoques. Cependant, un texte biographique de la VIe dynastie, celui du haut fonctionnaire Ouni, nous fournit la première réelle allusion connue à un incident de harem en Egypte. Tout en se glorifiant de son extrême mérite, Ouni demeure très discret lorsqu'il rapporte par deux fois qu'il fut appelé, *seul*, sans même la présence du vizir, à juger la reine principale, favorite et épouse du roi Pépi Ier (malheureusement le nom de la souveraine est tenu secret) : « *Sa Majesté me nomma Attaché de l'Etat à Hiéraconpolis* (juge) [*car*] *elle avait confiance en moi plus qu'en tout autre serviteur. J'écoutais des querelles, étant seul avec le vizir de l'Etat, en toute affaire secrète* [*et tout incident qui concernait*] *le nom du roi, puisque le cœur de Sa Majesté avait plus confiance en moi qu'en tout sien magistrat, tout sien dignitaire, tout sien serviteur* [...] *Il y eut un procès dans le harem royal contre l'Epouse Royale, Grande Favorite, en secret. Sa Majesté me nomma pour entendre* [*la déposition*], *sans qu'il y eût aucun vizir, ni aucun magistrat là, seulement moi seul, parce que j'étais capable, et à cause de ma fidélité dans le cœur de Sa Majesté et parce que Sa Majesté avait confiance en moi. C'est moi qui mis le procès-verbal par écrit, seul avec un magistrat, bien que mon rang fût* [*seulement*] *celui d'un Directeur des Employés du Grand Palais. Jamais auparavant un de mes semblables n'entendit un secret du harem royal...* »

Il ressort de ce texte prolixe en compliments sur le fonctionnaire, mais laconique sur les faits, qu'un incident très grave semble avoir été provoqué par la Grande Reine favorite. Il apparaît également que le roi n'avait plus guère confiance en ses autres hauts fonctionnaires et qu'il désigna, seul, Ouni, en tant que juge extraordinaire d'un tribunal d'exception, pour « confesser » la coupable d'un crime dont peu de gens devaient être informés. Le fait également que le nom de la reine ne soit pas cité prouve qu'elle était en disgrâce et qu'il ne fallait pas faire « vivre son nom ». Enfin, tout laisse supposer que le roi se méfiait de ses hauts fonctionnaires : l'historien Manéthon rapportait encore à la Basse Epoque que le père de Pépi Ier avait été assassiné par ses gardes du corps. Cela incite à penser que l'Egypte avait vraiment commencé à connaître une période de troubles. Le complot découvert, la reine disparut (bannie ou condamnée à « se donner la mort »?) et le roi prit l'une après l'autre deux Grandes Epouses Royales, deux sœurs du même nom, Méryrê-Ankhénès, qui lui donnèrent chacune un héritier pour assumer sa succession : d'abord Mérenrê, puis Pépi II.

Un esprit soupçonneux pourrait alors se pencher sur ces personnages issus d'un véritable roman de la Série Noire et se demander suivant la logique du genre à qui profite le crime. Il constatera, ainsi, que tout se termine pour le mieux dans le meilleur des mondes en ce qui concerne notre héros fidèle et pour tous les siens. Ouni, le « héros », est originaire d'Abydos; c'est en Abydos que l'inscription que j'ai citée a été gravée [14]. Ouni compte dans sa famille une certaine dame Nébèt, fonctionnaire du harem royal ayant probablement aidé à démasquer le complot. C'était là donner au roi une preuve de loyauté dont le monarque sut tenir compte et qui le convainquit, peu après, d'épouser les deux filles de la dame issue d'une petite noblesse provinciale. En revanche, tel autre lecteur mieux attentionné ne considérera pas le vizir, Ra-our, déchu postérieurement parce que compromis dans un autre complot, comme étant poursuivi par la tentaculaire famille d'Ouni. Il n'acceptera pas davantage de constater une coïncidence troublante entre la mise à l'ombre de la première reine et le mariage avec les deux filles de la dame Nébèt. Il ne sera même pas surpris d'apprendre que leur frère Djaou devint, peu après, vizir! Il conclura simplement que, dans ce climat de complot contre la Couronne, une grande famille originaire de la

Haute-Egypte, en Abydos, était inconditionnellement fidèle au roi...

Au Moyen Empire

Après une funeste période de troubles et d'invasions, l'Egypte reprit son essor sous la conduite d'un valeureux prince originaire de Thèbes, Monthouhotep, qui monta sur le trône et fonda la XIe dynastie. La dynastie suivante fut dirigée par une *gens* dont le chef était le premier Amenemhat. C'était le début du XXe siècle avant notre ère et voici que le septième jour du troisième mois de la saison *Akhet*, la trentième année de son règne, ce fondateur de la XIIe dynastie mourut assassiné. D'après les savants calculs des astronomes et mathématiciens, c'était exactement le 15 février 1962 avant notre ère.

Les temps avaient changé et, une fois le funeste événement passé et surtout surmonté, il fut relaté dans un conte romanesque par celui qui vécut, malgré lui, une partie de l'aventure. Le drame fut aussi exploité par l'héritier légitime du trône au moyen d'un texte pseudo-autobiographique dont l'arrière-plan à l'intention de propagande politique est à peine masqué. Ce dernier texte est connu sous le titre d'*Instruction d'Amenemhat Ier*, sorte de testament dicté par le roi lui-même à l'intention de son fils et dans lequel il lui raconte comment, après un cauchemar, il fut assassiné et combien, en conclusion, lui, Sésostris, son héritier légal, devait se méfier de tous. Voici dans quelles conditions les conspirateurs, certaines femmes du Palais, nous apprendra le texte, ont fait assassiner le vieux souverain pendant la nuit :

« *Ce fut après le souper du soir, quand la nuit fut venue, je pris une heure de repos, étendu sur mon lit : j'étais fatigué et mon cœur commença à suivre le sommeil. Subitement des bruits d'armes furent perceptibles et j'entendis des paroles à mon sujet, alors que je demeurais comme un serpent du désert. Je me réveillai prêt à combattre, [mais] j'étais seul et c'était une attaque de la garde. Si j'avais fait diligence avec mes armes à la main, j'aurais pu chasser les conspirateurs, mais personne n'est fort la nuit, personne ne peut combattre seul. Il n'y a aucune issue victorieuse sans un protecteur [...] a-t-on jamais vu que des femmes aient rameuté des troupes ? A-t-on jamais élevé des fauteurs de troubles à l'intérieur du Palais ?* »

La suite des événements nous est en partie relatée dans le fameux conte de Sinouhé, un des morceaux de bravoure de la littérature égyptienne[15]. On y apprend qu'au retour d'une expédition punitive chez les Libyens, le fils aîné d'Amenemhat, son corégent Sésostris le Premier, fut rejoint par des messagers venant lui apprendre d'urgence et en grand secret ce qui était advenu dans les appartements royaux. Immédiatement le prince, sans prévenir personne, se précipite vers la capitale. Mais, d'autres envoyés appartenant au parti des assassins étaient aussi venus avertir celui des autres enfants royaux qui avait accompagné l'armée du corégent, son demi-frère, et au bénéfice de qui l'assassinat avait été commis. Or, Sinouhé, fortuitement, les entend. Mais, écoutons-le :

« *Sa Majesté avait dépêché une armée au pays des Timhiou, et son fils aîné en était le chef* [...] *et maintenant il s'en revenait, ayant ramené des prisonniers* [...] *les amis du Palais envoyèrent*

> *[des messagers] vers le côté ouest [du delta] pour faire connaître au fils du roi les événements survenus à la Cour. Les messagers le trouvèrent sur la route, ils l'atteignirent au moment de la nuit. Pas un seul instant, il ne tarda : le faucon (c'est-à-dire Horus, l'héritier du trône) s'envola avec ses suivants sans en informer son armée. Mais on avait [aussi] envoyé chercher [quelqu'un avertir] les enfants royaux qui étaient à sa suite dans cette armée et un appel fut adressé à l'un d'eux. Or, me trouvant là, j'entendis sa voix, alors qu'il parlait loin [de tous], tandis que j'étais près [de lui]. Mon cœur se troubla, mes bras se détachèrent de mon corps, un tremblement s'étant abattu sur tous mes membres. Je me plaçai entre deux buissons afin de me tenir à l'écart de quiconque marchant sur la route. Je me dirigeai vers le sud. Je ne me proposais [plus] de me rendre à cette Cour, car je pensais qu'il y avait des luttes et je ne croyais pas pouvoir vivre [encore] après cela[16]. »*

Ainsi, non seulement le corégent, prince héritier, avait-il été prévenu du drame, mais un de ses cadets, probablement fils d'une femme secondaire au bénéfice de qui l'attentat avait été perpétré, était alerté. Sinouhé entendit par hasard ce secret. Sans doute ignorait-il que son prince volait déjà vers le lieu du crime. Il craignait alors une révolution de palais car, témoin gênant, si on le surprenait, il serait mis à mort. A l'évidence les régicides devaient appartenir à l'entourage immédiat du roi et les femmes du harem avaient joué un rôle essentiel dans la conspiration. Amenemhat Ier aurait-il été considéré comme un usurpateur par des descendants déchus des souverains de la XIe dynastie? Toujours est-il que l'attitude de Sinouhé, si elle révèle une émotion aiguë (émotivité que l'on décèle encore de nos jours chez les fils du Nil) en apprenant un secret d'Etat, n'a peut-être pas été d'une extrême bravoure (il craignait en effet une guerre civile). Cela permet de douter de son attachement à son prince qu'il aurait dû essayer de joindre. On ne connaît cependant pas tous les éléments du problème. Il était à cette époque très jeune, mais cependant un « *Compagnon qui accompagne son Maître et surtout un Serviteur de la Première Dame du harem royal, la Grande Favorite, l'Epouse royale de Sésostris et fille royale d'Amenemhat [...] Néférou, la Vénérable* ».

Familier du palais, il devait avoir reconnu la voix du prince opposé à son maître et aurait pu être accusé de complicité.

Les sources littéraires nous révèlent donc assez ouvertement, aux entours de l'an 2000 avant notre ère, le dangereux rôle politique joué par certaines femmes des harems royaux, pratique qui dut exister de tout temps, en raison des usages et traditions inhérentes à la notion de « mariage » des pharaons.

Au Nouvel Empire

L'époque ramesside nous a fourni les témoignages historiques les plus nombreux et les plus prolixes. Parmi eux des documents de plusieurs sources différentes se réfèrent à une grande conspiration de harem du temps de Ramsès III et au retentissant procès – à rebondissements – qui s'ensuivit. Ce ne sont plus alors des allusions voilées à une faute non précisée reprochée à une Grande Epouse; pas davantage une relation romancée du meurtre du souverain entouré par l'anonymat presque complet de ceux qui l'ont perpétré – c'est maintenant le compte rendu précis des faits, le déroulement de l'enquête et de ses incidences inattendues[17] – enfin la conclusion du procès intenté et dont toute la procédure nous a été conservée par le papyrus juridique de Turin qui provient vraisemblablement de la bibliothèque du Temple jubilaire de Ramsès III à Médinet Habou. Si l'attentat avait été couronné de succès il n'en serait probablement demeuré aucun détail! On a longtemps cru au trépas du roi, victime de la conspiration, mais en analysant de très près le texte judiciaire de Turin, il semble que le document aurait été écrit sur ordre du prince héritier Ramsès IV afin de faire peser sur son père l'entière responsabilité de l'extrême sévérité de la sentence dont les retombées nuisaient beaucoup à la Couronne. En fait, il ne semble pas que le roi ait péri à la suite de la conjuration, comme ce fut ouvertement le cas pour Amenemhat Ier (la momie de Ramsès III conservée ne porte, en tout cas, aucun indice de mort violente), ni même que la trame ait en partie réussi[18] : le complot ne se serait pas non plus déroulé à la fin du règne, comme on l'a prétendu[19].

Tout d'abord, il faut noter que le harem dans lequel la machination fut préparée et qui est appelé « harem d'accompagnement », sorte de harem du Palais[20], ne devait pas être localisé dans des endroits précis, comme ceux de Memphis et de Gourob, mais était un de ceux qui suivaient Ramsès III dans ses déplacements, à Médinet Habou par exemple, car la cabale devait atteindre son plein effet au cours de la Belle Fête de la Vallée, dans le cadre de la rive gauche de Thèbes. Lorsque les principaux inculpés sont nommés, ils sont affublés de sobriquets dégradants, ils ont donc été, suivant la coutume, « débaptisés » pour supprimer leur identité. On remarque, par ailleurs, que les épouses secondaires, les *Rhénérèt* soi-disant « recluses », étaient en continuelle relation avec les gens de l'extérieur du palais, amis, militaires, membres de la famille et qu'elles usaient de nombreux intermédiaires, femmes ou hommes.

Ces intrigues furent peut-être facilitées par le fait que Ramsès III semble ne pas avoir désigné parmi ses Grandes Epouses Royales la mère du premier héritier. Sa « reine consort » à l'époque du procès était Isis, une de ses demi-sœurs, ou même encore plus probablement une de ses filles. De cette dernière et des femmes de son harem, il eut de nombreux fils, les quatre premiers moururent jeunes, le cinquième fut compromis dans le procès où il comparut vraisemblablement sous le faux nom de Pentaour. Le sixième semble-t-il lui succéda, sous le nom de Ramsès IV.

Cette imprécision dans l'exacte faveur attribuée à ses épouses incita peut-être une des plus intrigantes et des plus anciennes, Tiyi, à agir pour que son fils, le « Pentaour » du procès, monte sur le trône. Elle s'ingénia alors à organiser une véritable rébellion qui devait aboutir à l'assassinat de Ramsès III. Il semble, au reste, qu'un complot de ce genre ne pouvait trouver un foyer plus favorable de développement que le harem.

Voici les faits : Tiyi, Epouse Royale, de concert avec une autre puissante dame du harem et, principalement, six suivantes fidèles qui servaient d'agents de liaison, avait acquis à sa cause certains fonctionnaires du harem et de l'Administration, tels Pluka (le Lycien) et Iméni, tous deux chambellans[21], et surtout le majordome Païbakkamen (le « Serviteur aveugle ») et le grand chambellan Mésèdsourê (« Rê l'a en abomination »), homme d'une extrême importance car il assumait les contacts essentiels avec l'extérieur. Ce dernier « *transmettait les paroles* [...], *diffusait les ins-*

tructions à leurs mères et frères au-dehors du harem ». La famille de ces dames était donc priée d'inciter la population à préparer les hostilités envers le roi. Parallèlement, une autre femme du harem originaire du pays de Ouaouat – Nubie égyptienne – poussait son frère Binemouaset (« le mal est dans Thèbes ») à trahir, en lui écrivant : « *Réunis le peuple, rends impopulaire notre Seigneur et incite les ennemis à la rébellion* [*contre lui*]. » Si bien que le commandant d'armée Païis en arriva à être gagné à cette cause. On ne peut pas mesurer exactement l'étendue du complot, mais les documents subsistants permettent de dénombrer les noms de vingt-huit hommes et un groupe non défini de femmes dont une seule, Tiyi, sort de l'anonymat. (Rappelons que les coupables furent cités sous des noms diffamants qui leur avaient été attribués au moment de leur procès.)

Tous les moyens avaient été utilisés par les conspirateurs; la magie même n'avait pas été oubliée. C'est ainsi qu'un certain « Supérieur des troupeaux, Penhorouben » leur procura un rouleau d'écrits magiques... qui provenait de la bibliothèque du fils royal, et dérobé grâce à la complicité des scribes de la Maison de Vie. A partir des indications données par ce « manuel opératoire » des figurines de cire furent façonnées, des charmes d'amour composés, qui devaient être introduits au palais clandestinement par les soins de Païbakkamen pour rendre aveugles et paralysés ceux que l'on voulait neutraliser. En fait, déjà à titre expérimental, plusieurs fonctionnaires avaient été rendus impotents. D'autres spécialistes « pontifes » de ces pratiques avaient été contactés tel un prêtre de Sekhmet, cette grande force qui, par ses « émissaires », pendant principalement les cinq jours épagomènes de l'année, faisait courir les plus terribles périls y compris la peste à l'Egypte... et à la Couronne.

Le complot fut découvert à temps et Pharaon fut inexorable. Il ordonna la constitution immédiate d'un jury d'exception, non comparable à la classique Grande Cour appelée généralement à traiter les affaires importantes et qui se contentait de juger les accusés pour laisser à Pharaon le soin d'infliger la punition adéquate. Ce tribunal spécial était composé de douze fonctionnaires de la Cour, des officiers de l'armée, membres réguliers du tribunal central, la *Kénébèt*. Le vizir en était absent. Ces hauts fonctionnaires ainsi réunis avaient pour charge de recevoir les instructions de Pharaon, mais ils devaient, exceptionnellement, donner eux-mêmes leur verdict, statuer sur les peines et les faire exécuter. Pharaon avait, dès l'abord, déclaré qu'il ne voulait rien entendre sur toute cette affaire, qu'il demandait seulement qu'on fasse éclater la vérité, qu'on charge les coupables, mais qu'on prenne bien garde à ne pas punir d'innocents. Sans doute parce que certains accusés n'étaient pas d'origine égyptienne, Pharaon avait-il fait figurer parmi les juges deux chambellans aux noms étrangers, dont un certainement asiatique.

Le tribunal groupa les accusés par catégories et commença ses travaux devant – pense-t-on – six jurés, cités une seule fois. La procédure paraît avoir été d'une très grande simplicité : les accusés, hommes et femmes mélangés par groupes suivant les crimes qu'on leur reprochait, étaient introduits et déclinaient leur état civil. Lecture leur était donnée des accusations réunies contre eux. Il semble que, très peu de temps après, le tribunal décidait de la justesse des faits et prononçait le verdict.

Mais, au fur et à mesure que se déroulait le

procès, ceux des conspirateurs qui avaient pu échapper à l'incarcération s'efforçaient de retarder ou de transformer les débats. Si bien qu'on s'aperçut un jour que cinq des douze juges avaient été acquis à la faction, dont trois magistrats et deux officiers de police. Ils se réunissaient pour faire la fête – des orgies à vrai dire – chez l'un des hommes de loi et en compagnie d'un des plus importants prévenus et des femmes accusées, ou des femmes des conspirateurs! A leur tour, ils furent incarcérés et leur procès instruit.

Le premier groupe d'inculpés comprenait dix-sept personnes reconnues coupables, dont Païbakkamen et Mésèdsourê, un administrateur du trésor royal, deux scribes de la Maison de Vie, un prêtre chef lecteur et le prêtre de Sekhmet : ils avaient tous aidé directement la reine Tiyi en s'efforçant de fomenter des troubles dans la population. On pense que la sentence fut la peine capitale[22]. Le deuxième et le troisième groupe comprenaient des hauts personnages corrompus et le prince Pentaour. Ce dernier fut condamné à se suicider. Quant aux juges et aux deux militaires dont le général Paiis, mêlés aux orgies avec les femmes du harem dans la maison de l'un d'eux, un seul fut acquitté : le juge Hori, contre lequel aucune preuve n'avait pu être retenue. En ce qui concerne les autres, l'un fut mis dans l'obligation de se suicider, une fois resté seul dans la salle du jugement; les trois derniers subirent la peine infamante d'avoir le nez et les oreilles coupés : ils demeuraient, ainsi, déshonorés pour la vie.

Il semble que Tiyi n'ait pas été déférée devant ce tribunal : sans doute le roi s'était-il chargé de « régler son cas ».

Ainsi, à la fin de la XXe dynastie, se déroule devant nous un très spectaculaire procès de harem, des fragments d'archives ayant été, par le plus grand des hasards, conservés. Rien n'aurait pu nous faire connaître cette dramatique aventure si nous avions interrogé les seuls et prestigieux monuments érigés par Ramsès III : vestiges d'un de ses palais à Per-Ramsès ou à Tell el-Yahoudiyeh[23] (Léontopolis) à l'est du delta, son temple jubilaire sur la rive gauche de Thèbes, ou encore son tombeau, l'un des plus importants de la Vallée des Rois.

Un tel exemple qui nous introduit d'emblée dans l'atmosphère d'un harem, en temps de crise, nous permet de saisir à quel point, en ce domaine comme en d'autres, sporadiques et incomplets demeurent encore les éléments dont nous disposons pour reconstituer l'existence véritable – et journalière – de la femme dans l'Egypte ancienne. L'événement a-t-il été particulièrement grave sous le règne du grand roi qui repoussa les Peuples de la mer, menaçant en une redoutable invasion l'Egypte entière ? Les Libyens avaient été maîtrisés à grand-peine, au point que Pharaon avait été obligé d'immoler Mechecher, fils de Ka-aper, leur chef, et malgré les supplications de ce dernier. Certes, des princesses libyennes, après la cessation des hostilités, étaient-elles entrées dans le harem royal. Une haine cachée, que l'on décèle dans les incitations à la rébellion contre Ramsès, pouvait-elle encore les habiter ? Aussi ne serait-il pas impossible d'imaginer que, si le complot avait réussi, la revanche aurait été totale pour Tiyi, en admettant qu'elle ait été introduite dans le harem royal avec les tributs des vaincus de Pharaon.

4

Nécropoles, Reine divinisée, Pharaonnes

NÉCROPOLES DE REINES

L'importance de la Grande Epouse Royale, la Mère de l'héritier, est naturellement soulignée par son habitat terrestre, son palais et le harem sur lesquels règne son autorité. Plus encore que toutes les Dames qui le peuplaient, elle devait bénéficier d'une « demeure d'Eternité » en rapport avec son rang. Il n'était donc pas question qu'une place secondaire lui soit réservée dans la sépulture de son royal époux. Les exceptions existent à l'époque amarnienne pour des raisons visiblement religieuses et aussi, bien entendu, lorsque la Couronne, appauvrie, consacra moins de faste à ses nécropoles. Ainsi, la tombe de Psousennès à Tanis, à la XXIe dynastie, contenait seulement deux chambres tapissées de blocs de granite, l'une pour le roi, l'autre prévue pour sa reine, Moutnédjèmet.

Les premiers temps, l'Ancien Empire

Dès la Ire dynastie, en Abydos, les vestiges subsistant dans la zone des tombes archaïques ont révélé un groupement très caractéristique d'édifices funéraires des Dames de la Cour, au cœur duquel, comme on l'a écrit plus haut, les ruines des « appartements » funéraires des reines évoquaient de véritables « palais *post mortem* » et même rassemblés en un quartier très précis.

A l'époque des grandes pyramides, on sait que l'édifice à degrés de Djéser, à Saqqara, le plus prestigieux des souverains de la IIIe dynastie, dominait des salles et galeries souterraines qui avaient, à côté du roi et de ses trésors, abrité très probablement des membres de la famille du monarque. Mais, dès le début de la IVe dynastie, les nécropoles de Pharaons de l'Ancien Empire se peuplent, pour les besoins du culte royal, de complexes monumentaux entourant l'imposante pyramide « dont les murs servent également de toit » aux salles et au caveau où la momie du souverain reposait. Alentour, que ce soit à Dahchour, à Meïdoum, à Guizé, à Gourob, à Abou Roash, à Saqqara, etc., et dans les déserts environnants de l'antique capitale de Memphis, les reines furent également dotées d'ensembles pyramidaux, certes de taille moins considérable, mais néanmoins de grande importance.

Ainsi, la pyramide de Khéops était, dans la nécropole de Guizé, érigée à l'ouest, flanquée des sépultures affectées aux membres de sa famille, tandis que la partie est avait été réservée aux tombes des enfants favoris inhumés souvent dans des constructions en forme de banquette, ou *mastabas*, implantées à proximité de leurs royales mères respectives, enterrées sous trois petites pyramides de reines, et possédant des domaines propres à leur entretien et tout un personnel spécialisé. Parfois encore, le culte rituel des chapelles comprises dans le complexe pouvait être assuré par les agents affectés à la fondation du souverain. Comme pour Pharaon la pierre était utilisée, laissant, aux demeures des vivants, la brique de terre crue. C'est aux environs de la cinquantième année de son règne que Khéops s'aperçut des grosses déprédations perpétrées dans la nécropole de Dahchour, proche de la pyramide de Snéfrou son père, dans la tombe de sa propre mère, Hétephérès. Il fit transporter près de sa pyramide ce que les voleurs avaient épargné et le sarcophage d'albâtre... vide du corps de la reine Hétephérès. Mais ce qui avait été sauvé parmi les pièces du mobilier funéraire nous permet d'imaginer les splendeurs qui entouraient les autres souveraines défuntes et dont il ne nous est rien parvenu.

A cette époque, la tombe de la reine ne prenait pas obligatoirement la forme d'une pyramide. Selon toute vraisemblance, le monument de Guizé, appelé improprement « la quatrième pyramide inachevée », avait appartenu à la reine Khentykaous. Situé entre les rampes d'accès aux pyramides de Khéphren et de Mykérinos, il n'était en fait qu'une imposante construction en forme de sarcophage, érigée sur le rocher naturel lui servant de base et plaqué de dalles de calcaire. Cette reine, fille de Mykérinos, constitue la « charnière » entre la IVe et la Ve dynastie, et en épousant Ouserkaf, étranger à la famille royale, elle lui permit ainsi, dit-on, d'accéder au trône.

Aussi bien les reines – et les enfants de Khéops – n'eurent point de pyramide pour couvrir leurs sépultures : ces dernières furent creusées dans la falaise est de la nécropole, et leurs chapelles ornées de vigoureux reliefs et de peintures sont encore bien conservées. La variété et le changement dans l'architecture funéraire des souverains s'exercèrent jusqu'au terme de l'Ancien Empire, si bien que la reine Nébèt, une des femmes d'Ounas, dernier monarque de la Ve dynastie, fut enterrée, de même qu'une autre épouse royale, sous un *mastaba,* ou chapelle bâtie en calcaire. Cependant, le type de la pyramide reparut pour les reines Neith, fille aînée de Pépi Ier, Ipout et Oudjebten de la VIe dynastie : prérogative suprême, les parois de leurs caveaux, dans le désert de Saqqara, furent revêtues des antiques et vénérables *Textes des pyramides*, qui semblaient, à leur apparition sous le roi Ounas, essentiellement réservés à Pharaon.

De même que la reine Khentykaous, enterrée à Guizé, possédait aussi une pyramide en Abousir au début de la Ve dynastie, la reine Ipout, mère de Pépi Ier à la VIe dynastie bénéficiait déjà d'un cénotaphe à Koptos. On sait que plus tard certaines souveraines, comme les pharaons, furent dotées de cénotaphes dans le domaine d'Osiris, en Abydos.

Le Moyen Empire

Lorsque le Moyen Empire débute avec la XIe dynastie thébaine, au sortir d'une période de troubles qui avaient affamé le pays, les momies des princesses de la famille royale, reines et femmes secondaires, furent accueillies au cœur de l'ensemble funéraire des rois Monthouhotep creusé dans le flanc de la montagne de Deir el-Bahari. Cependant, sitôt l'établissement de la nouvelle capitale de la XIIe dynastie dans la province du Fayoum, les Dames royales retrouvèrent rapidement leur « autonomie » *post mortem*[1]. Les pyramides de reines et princesses se succèdent, plus petites que celles des pharaons, mais pour suivre le nouveau mode de construction en briques de terre crue, plaquées de dalles de calcaire. Quelques reliques, laissées par les pillards, ont livré de très délicats bijoux, diadèmes, serre-tête, colliers et pendentifs, ceintures de perles et d'orfèvrerie[2]. A cette époque, au lapis-lazuli, à la turquoise et à la cornaline, est associée l'utilisation de l'améthyste, extraite au ouadi el-Houdi, près d'Assouan. Parmi ces merveilles dont la légèreté n'a jamais, plus tard, été égalée, on découvre, pour le ravissement des yeux, la célèbre parure de tête de la princesse Khnoumit, imitant une couronne de fleurs des champs sur plusieurs rangs de fils d'or superposés et entrelacés, « piqués » de petites baies de pierres semi-précieuses et retenues entre elles régulièrement par des motifs en croix de Malte et composés de fleurs de lotus affrontées[3].

La XVIIIe dynastie

Lorsque, à l'aube du Nouvel Empire, l'Egypte sortit d'une sombre période pendant laquelle les mystérieux Hyksos (tribus bédouines d'Asie?) s'étaient emparés des forces vives du pays, on sait combien furent importants le rôle des femmes des princes libérateurs et les égards dont elles bénéficièrent. Comme pour les tombes royales à toutes les époques, leurs sépultures, contenant des trésors trop connus de tous, furent violées, souvent ravagées; le hasard seul a permis d'en retrouver quelques reliques, enfouies dans d'humbles resserres aménagées à la hâte, ou regroupées par les prêtres dans des caveaux désaffectés, dont la plus célèbre est la « cachette de Deir el-Bahari ». Il semble qu'au début de la XVIIIe dynastie rois et reines furent enterrés au pied de la falaise thébaine, face à la plaine de Thèbes et près de leur temple de « Millions d'années » (jubilaires). Le cas est très net pour l'ensemble de la reine Ahmès-Néfertari[4]. Mais, aux lendemains de l'époque où son fils Aménophis Ier et elle-même réorganisèrent le culte, les successeurs immédiats du souverain, à commencer par Thoutmosis Ier, utilisèrent le ouadi appelé en ce temps la « Grande Prairie » : nous le reconnaissons de nos jours dans la Vallée des Rois qui devait devenir la nécropole des pharaons jusqu'à la fin du Nouvel Empire. Il ne semble pas en avoir été de même pour les reines, Grandes Epouses Royales et les princesses, femmes secondaires de Sa Majesté. Sporadiquement ont été retrouvées devant la falaise thébaine des reliques réenfouies de tombes pillées de Dames royales, au début de la dynastie. Puis, très vite semble-t-il, les ouadi desséchés, au sud de la Vallée des Rois, furent choisis pour recevoir les momies des femmes de la famille de Pharaon : l'actuelle Vallée des Reines, appelée à la XVIIIe dynastie *Ta Inet Aât*, c'est-à-dire la « Vaste Vallée », fut alors exploitée en son centre : on creusa des puits dans son sol rocheux et de petites sépultures furent aménagées à six et sept mètres de profondeur pour l'enterrement de princesses (filles royales).

Mais où sont les Grandes Epouses de cette dynastie ? On n'en a pas encore trouvé trace : une nécropole proche devait peut-être les avoir réunies. Seule certitude actuelle : l'existence de la chambre funéraire creusée pour Hatshepsout lorsqu'elle était seulement Grande Epouse Royale de Thoutmosis II. L'emplacement avait été choisi dans un autre ouadi appelé de nos jours « Sikkat Taget Zeit », au flanc de la montagne, bien au sud de la Vallée des Reines. Ce dut être un véritable tour de force d'y avoir hissé la lourde et majestueuse cuve funéraire de quartzite rouge, de forme rectangulaire. Finalement elle ne fut jamais utilisée par celle qui allait monter sur le trône des pharaons et qui devait être enterrée dans la Vallée des Rois. Encore enfouie au creux de la façade rocheuse du ouadi Gabbanat el-Gouroud, très proche, toujours au sud de la Vallée des Reines, une tombe avait été préparée pour la fille d'Hatshepsout, Néférourê.

Plus loin, le caveau rupestre de trois épouses syriennes de Thoutmosis III fut découvert fortuitement durant le premier tiers du XXe siècle. Les bijoux qui ont pu être récupérés chez les bédouins de la région devenus les « revendeurs » réguliers, et au cours de l'ultime « nettoyage » de la sépulture par Winlock, ont permis de connaître quelques pièces aux formes très pures, vaisselle funéraire, orfèvrerie, gobelets, coupes, pots à onguents, bracelets et bagues de style égyptien, et aussi des sortes de chapes de perruques, faites de pièces d'orfèvrerie articulées et incrustées de rosettes de pâte de verre cloisonnées, de style sans doute oriental, et au revers desquelles des textes hiéroglyphiques aux signes très particuliers révèlent une origine probablement syrienne. Un bandeau de tête orné de deux petites têtes de gazelles [5] en or, analogues à celles portées par les favorites – et c'était le cas – à la cour de Pharaon, en provient également [6].

A partir du règne d'Aménophis III, la ville de Thèbes sur la rive droite fut abandonnée comme capitale au bénéfice de Malgatta sur la rive gauche. Tout change, pour des raisons visiblement religieuses autant que politiques. Le roi choisit un nouveau ouadi désertique afin d'y faire creuser une profonde syringe, dans laquelle il semble avoir fait réserver un caveau pour sa Grande Epouse préférée Tiyi, et un autre pour son autre Grande Epouse, et fille aînée, Sat-Amon : c'est la vallée de l'Ouest. Lorsque son successeur Akhénaton eut fondé sa capitale « hérétique » en Amarna, il fit également préparer sur la même rive orientale, au centre de la falaise, dans le *Dar el-Melek*, un hypogée destiné à recevoir sa momie, mais aussi celles de Néfertiti et de leur fille aînée Méryt-Aton. De retour à Thèbes, et après dix ans d'adolescence sur le trône, le jeune Toutankhamon fut enterré dans la Vallée des Rois. Mais dans les pièces de son caveau au nombre réduit au minimum, il n'y a pas de place pour la reine : on est revenu aux anciennes traditions du début de la dynastie. Saura-t-on jamais où la petite Ankhsenamon fut ensevelie ? Alors que Aÿ, qui procéda aux obsèques du jeune roi, fidèle aux derniers Aménophis, se fit préparer, au fond de la vallée de l'Ouest, une vaste chambre sépulcrale où la momie de son épouse, nourrice de Néfertiti avant de devenir reine éphémère, fut déposée à côté de la sienne.

Puis tout paraît une fois de plus rentrer dans l'ordre avec Horemheb, souverain intermédiaire entre les XVIIIe et XIXe dynasties. Son tombeau est un des ornements de la Vallée des Rois; sa première compagne fut inhumée dans le magnifique ensemble funéraire que le monarque s'était fait aménager à Saqqara, lorsqu'il était le généralissime de Pharaon[7]. En revanche, on n'a pas encore repéré le caveau de sa Grande Epouse Moutnédjèmet.

La XIXe dynastie et la Vallée des Reines

Mais voici que la XIXe dynastie marque une innovation. Ramsès Ier et ses successeurs immédiats ont voulu regrouper les Grandes Epouses Royales et certaines épouses secondaires dans la Vallée des Reines – prenant désormais le nom de *Ta Set Neferou*, la « place des Ardeurs vitales » (ou de la créativité divine). Ramsès, en tout cas, y fit inhumer un bon nombre de ses filles, dont, pour la plupart, il fit des Grandes Epouses Royales. Si la femme de Ramsès Ier (pharaon seulement pour dix-huit mois environ) ne possède qu'un petit caveau, la tombe de l'épouse de Séthi Ier, Touy, mère de Ramsès II, présente un plan et une ampleur imposants; le décor, hélas! a quasiment disparu. Toutes les sépultures n'ont pas encore été retrouvées dans cette nécropole où nous poursuivons actuellement des recherches, et d'autres ravagées et réutilisées à plusieurs reprises dans l'Antiquité, n'ont pas encore livré les noms de leurs premières occupantes, mais on connaît la plus belle, celle de l'épouse bien-aimée de Ramsès II, Nofrétari, dont le décor constitue très probablement les plus remarquables manifestations de la peinture officielle du temps des pharaons. Il faut aussi signaler les proportions imposantes de l'hypogée de la fille aînée et Grande Epouse Royale, Bentanta : la dimension même des formes divines et de la reine, modelées sur les murs revêtus de stuc, dépasse celle de toutes les autres représentations aux murs des tombes précédentes.

Autre phénomène d'évolution que ce regroupement de la majorité des femmes ramessides[8] : on n'accède plus à grand-peine dans les caveaux par un puits carré profond et étroit. La descente se fait alors en pente de plus en plus douce, suivant que l'on avance dans le temps, par un escalier taillé dans le rocher. La variété des thèmes religieux aux murs, moins sévères que ceux des hypogées des rois, nous laisse supposer que les souveraines ont peut-être choisi les décors en fonction de leur personnalité. Quoi qu'il en soit, on constate aussi un fait intéressant : parmi les plus petites tombes, certaines avaient dû être préparées, toutes inscriptions achevées à l'exception du nom laissé vide dans le cartouche, en attendant de connaître l'identité de celle qui serait susceptible de l'occuper.

UNE REINE DIVINISÉE

Certes, à l'instar des rois, les reines œuvrant à leur côté ont pu être considérées comme entourées d'une sorte de halo surhumain, alors qu'elles jouaient pendant certaines cérémonies royales, ou rites religieux, le rôle d'une forme divine. Plus encore : l'une d'elles acquit dans l'estime populaire une faveur exceptionnelle au point de susciter une vénération telle que, depuis l'époque où elle vécut – début de la XVIIIe dynastie – jusqu'à l'extrême fin de l'époque ramesside, elle fut pendant cinq cents ans réellement adorée comme une déesse et obtint – principalement dans la nécropole thébaine – une célébrité à laquelle nul ne semble jamais avoir porté atteinte.

Il s'agit d'Ahmès-Néfertari, une des « fortes femmes » de la famille des libérateurs de l'Egypte : fille de Sékénènrê Taô, sœur-épouse d'Ahmès et mère d'Aménophis Ier. Non seulement elle vécut très près de ces trois rois, mais encore elle connut au moins deux autres pharaons de sa famille directe : Kamosé, son frère aîné et, enfin, le successeur d'Aménophis Ier sous le règne duquel elle mourut, Thoutmosis Ier.

Intime conseillère de son époux – investie temporairement du titre de Second Prophète d'Amon, qui n'avait jamais été attribué à une femme, fût-elle royale – intronisée par lui en qualité d'Epouse divine et bénéficiant des prérogatives correspondantes, il semble qu'elle ait aussi été la première souveraine à recevoir ce titre et à devenir l'intermédiaire de prédilection auprès d'Amon, le dieu dynastique.

A travers les monuments subsistant de son règne, il est permis de penser que, pour son pays, elle mena de front un important rôle religieux attesté par le nombre et la qualité des dons affectés aux divers temples d'Egypte, et une action économique fortement marquée : à ce titre, elle patronna la remise en exploitation des carrières. Elle fut certainement très efficace aux côtés de son fils, Aménophis Ier, et durant le règne de celui-ci ils ont sans doute accompli ensemble deux œuvres essentielles pour leur pays où tant d'institutions devaient être reprises en main ou même instaurées après l'époque de désorganisation dont il « émergeait ». En premier, il ne serait pas impossible qu'ils aient, l'un et l'autre, collaboré avec quelques savants-prêtres demeurant à Thèbes à l'élaboration du fameux *Rituel du culte divin journalier*[9] et de leur en reconnaître la paternité. L'intérêt qu'Ahmès-Néfertari avait dû porter à cette tâche fondamentale, et qui se traduisait par la « remise en route » du culte dans les temples d'Egypte, était sans doute une des raisons de son extraordinaire célébrité dans le cœur de ceux qui – pour reprendre les mots d'Hérodote – étaient « les plus religieux de tous les hommes ».

Un second facteur avait peut-être, davantage encore, pesé sur l'imagination populaire. La reine avait tenu, toujours de concert avec son fils, à mettre un terme à l'anarchie qui régnait sur les nécropoles des pharaons. Le projet avait été de regrouper toutes les sépultures préparées pour les illustres défunts à venir, et de leur donner le faste nécessaire. Pour ce faire, il fallait aussi créer une corporation d'artisans spécialement attachés à la réalisation de ce nouveau type de tombes à creuser et à aménager dans les flancs rocheux d'un imposant ouadi desséché – la Vallée des Rois – à l'arrière de la falaise thébaine et dominé par la montagne en forme de pyramide naturelle. Cette entreprise fut définitivement menée à bien par Thoutmosis Ier, mais les souverains initiateurs furent toujours considérés comme les bienfaisants fondateurs de l'institution des « ouvriers de la Tombe », fonctionnaires dépendant directement du vizir et qui furent installés officiellement dans leur village dont les ruines ont été dégagées dans le vallon de Deir el-Médineh (entre Vallée des Rois et Vallée des Reines).

Ainsi voit-on sur des stèles, et aux murs des chapelles de nobles Thébains ou d'oratoires privés, les images divinisées de la reine et de son fils, portées en procession, au cours de la « Belle Fête de la Vallée ». Les idoles visitaient alors les temples funéraires-jubilaires des pharaons, faisaient un long arrêt au temple funéraire de la reine, vraisemblablement la *Men-Set* et achevaient leur « sortie » à Deir el-Bahari (chapelle d'Hathor). Ce rituel cependant ne prit vraiment naissance qu'après le décès d'Ahmès-Néfertari. Sa statue, en bois recouvert de bitume, coiffée de hautes plumes, était dans le saint des saints de son temple funéraire, au pied de la colline de Dra Abou'l Naga, face aux sanctuaires de Karnak, et qui, embelli par les soins de Thoutmosis Ier, devint à l'époque ramesside un lieu de pèlerinage. Ahmès-Néfertari était sculptée tenant en main les sceptres des pharaons : le fouet et le crochet. A la fin du règne de Thoutmosis IV, on prêta aux représentations publiques de la souveraine la peau bleu-noir de sa statue de culte qui finit, à l'époque ramesside, par se substituer complètement au rose ou au jaune doré de ses premières figurations. Il n'est pas étonnant de la voir ainsi marquée du teint de ceux qui, ayant pénétré dans les ténèbres, ont pris soin des morts, comme c'était aussi le rôle essentiel du chien noir Anubis, ou du défunt osirien en transformation promis à la renaissance d'éternité. Elle était aussi la plus proche d'Amon-Min le Géniteur, aux ardeurs surgissant de la nuit cosmique.

Statue du culte d'Ahmès-Néfertari apparaissant dans sa barque funéraire.

Sa barque, appelée comme celle des dieux *Outes-Néférou*, dont la proue et la poupe étaient parfois à l'image de son buste paré d'un large collier, lui permettait, dans le naos contenant son effigie sacrée, d'accomplir ses différentes « apparitions » en public. Ainsi pouvait-elle aussi se rendre par voie d'eau jusqu'au temple d'Aménophis Ier. L'image de celui-ci, dans son palanquin, attendait le cortège de la Mère royale, en avant du pylône, sur le quai. C'était la « Sortie fluviale d'Ahmès-Néfertari »... grâce à quoi les artisans de la nécropole étaient gratifiés de deux jours de congé, le 14e et le 15e jour du mois de *Shemou*[10]. La statue du culte participait aussi aux cérémonies de la fête d'Aménophis Ier.

Les habitants du village antique de Deir el-Médineh étaient avant tout les premiers adorateurs de la talentueuse épouse d'Ahmosis. Si elle n'inspirait pas un oracle comme son fils, Aménophis Ier, le peuple de la rive gauche de Thèbes s'adressait souvent à elle comme à la protectrice qui exauce leurs prières, et les marques de révérence à son égard ont même été repérées en Abydos et à Héracléopolis.

Sa silhouette apparut ainsi sur les parois du temple de Gourna, et sur celles de Karnak, honorées par Ramsès II, sculptée ou peinte aux murs des tombes thébaines de la XIXe dynastie parmi les figurations de rois ancêtres et contemporains. Des statuettes de dévotion – idoles de bois doré ou peint – furent reproduites et vénérées jusqu'à la fin des Ramessides. Ce culte ne fut pourtant jamais, au vrai, que local et ne connut pas la fortune de ces vigoureuses figures de « Saints » que devinrent, à travers l'Egypte, à la Basse Epoque, les grands savants architectes de Djéser et d'Aménophis III : Imhotep et Amenhotep, fils de Hapou.

DES SOUVERAINES PHARAONS

Certains égyptologues, sans doute un peu aveuglés par un conformisme bien déroutant à notre époque, ont pu prétendre que les anciens Egyptiens « ne pouvaient tolérer qu'un '' Horus vivant '' – c'est-à-dire Pharaon – fût une femme, bien que plusieurs reines d'Egypte eussent tenté d'usurper les prérogatives masculines ». Cette déclaration, s'ajoutant à celles qui reprochent à ces reines d'avoir « détourné le pouvoir à leur profit », fait évidemment montre d'un mépris total du respect que les riverains du Nil témoignaient aux femmes de leur pays et de cet état d'égalité entre les deux sexes qui, dans l'Egypte des pharaons, ne fut jamais ni contesté ni encore moins discuté.

Aussi n'est-il pas question, en abordant le chapitre du Pharaon-femme, de légitimer, de cautionner ou d'excuser, après tant de millénaires de prescription, de prétendues usurpations réussies ou non, tentées par de « dangereuses aventurières » (pourtant authentiques héritières des pharaons) entourées de conspirateurs, véritable coterie manipulant celles qu'ils avaient fait accéder au pouvoir !

Il faut se reporter aux temps et dans les lieux où nous enquêtons sur la femme, et faire table rase des préjugés – et des mobiles – qui encombrent encore l'esprit des nostalgiques de la loi salique.

Puisqu'il y a parfaite égalité entre la femme et l'homme, le problème ne se pose pas – dans la généralité des cas – et c'est là qu'il faut bien percevoir le point de vue de l'Egyptien pharaonique : à chacun son rôle ! Le roi gouverne, conseillé très souvent, et de plus en plus au cours des millénaires, par son *alter ego*, la Grande Epouse Royale qui vit dans son intimité et le connaît mieux que tout autre. N'a-t-elle pas reçu dès les premiers temps le titre évocateur de « *Celle qui voit Horus et Seth* » (c'est-à-dire celle qui a décelé la totalité des qualités et des défauts de son roi et de ce qu'il incarne). Cette reine assure au palais et au temple une activité complémentaire essentielle, indispensable auprès de Pharaon, des enfants royaux et pour certains aspects du culte. Pourquoi se substituer au prince destiné à gouverner l'Egypte, puisque l'action de la princesse, différente, est virtuellement aussi éminente, nécessaire et irremplaçable ? Le déroulement de l'histoire de l'Egypte en est la plus belle démonstration et l'introduction de quelques femmes à la tête du pays n'est pas plus surprenante que la présence des deux Elizabeth d'Angleterre, de Catherine de Russie, ou encore des reines actuelles des Pays-Bas et de Danemark !

Quels seraient donc les cas d'« usurpation » pour Nitocris, Néférou Sobek, Hatshepsout ou Taousert, les seules souveraines vraiment connues qui, au cours de trois millénaires et presque toujours dans des moments de troubles, se substituèrent à des pharaons trop jeunes ou bien chancelants et qui se montraient probablement incapables de régner ? On peut le constater pour Nitocris, Néférou Sobek, peut-être Néfertiti (?), ou Taousert. Elles montèrent sur le trône chacune à la fin de glorieuses dynasties, lorsque la lignée des rois perdait de sa puissance, s'éteignait même, et que le pays allait connaître des troubles inhérents à la faiblesse de la monarchie. Celui d'Hatshepsout est différent parce que justement l'Egypte, au lieu de sombrer dans l'anarchie, sortait au contraire, pleine d'espoirs, d'une longue période d'anéantissement – que la princesse présentait toutes les conditions légales pour régner et que le trône ne possédait pas, d'après ce que nous pouvons supposer de la coutume pharaonique, d'héritier plus direct que la fille de Thoutmosis Ier. Il est donc préférable de traiter en premier lieu, et suivant l'ordre chronologique, des pharaonnes éphémères : Nitocris, Néférou Sobek, Néfertiti (?) et Taousert. A titre de repère dans le temps, mention sera faite alors, sans plus, de la reine Hatshepsout. Un développement tout spécial, et à la mesure de la place exceptionnelle occupée par cette souveraine dans l'histoire de l'Egypte ancienne, lui sera, ensuite, consacré.

Nitocris

Elle est une reine d'Egypte presque complètement légendaire. L'historien Manéthon, qui ne parle d'aucune autre pharaonne, la signale comme ayant régné à la fin de la VIe dynastie, après Mérenrê II (peut-être douze années). Eratosthène indique à son propos six années de pouvoir. Les archives égyptiennes ont uniquement conservé d'elle son nom de *Neït-Ikérèt*, cité dans les annales ramessides [11] où il est écrit qu'elle régna deux ans, un mois et un jour ! Au vrai, les seules « informations » que nous possédons sur elle se bornent aux allusions qu'Eratosthène et Hérodote ont laissées, se fondant sur une tradition littéraire de très Basse Epoque dans laquelle ont aussi été introduits des faits attribués, entre autres, à la courtisane grecque Rhodopis, maîtresse d'Esope. Hérodote raconte que, montée sur le trône de son frère, qui venait d'être tué, Nitocris se vengea des assassins au moyen d'une ruse qui fit périr de nombreux Egyptiens, à la suite de quoi elle se suicida. Manéthon (d'après la version amarnienne d'Eusèbe) de son côté affirme : « *Il y eut une femme Nitocris qui régna; elle était plus courageuse que tous les hommes de son temps, et c'était la plus belle de toutes les femmes; elle avait le physique d'une blonde aux joues roses. On dit qu'elle a bâti la troisième pyramide.* » De tous ces éléments amalgamés, on peut en tout cas retenir que cette reine qui ne demeura sans doute que peu de temps sur le trône, à la fin de la VIe dynastie, participa peut-être à des travaux relatifs à la pyramide inachevée de Mykérinos à Guizé [12]. La légende de sa beauté aurait traversé les siècles, probablement un peu confondue avec celle de Rhodopis (= au teint de rose), mais la blondeur de ses cheveux, surprenante pour une « fille du Nil », et dont on parlait encore du temps des Grecs, fait sans doute allusion à une mode égyptienne, maintenant prouvée archéologiquement par des peintures de tombes de la Ve dynastie près des pyramides : les princesses aimaient se parer de perruques de cheveux clairs !

Souveraine remarquablement courageuse et d'une beauté incomparable : voici un compliment « féministe » de choix, fait par Manéthon, le seul

historien antique de l'Egypte à la seule pharaonne
– même éphémère – d'un Ancien Empire prêt à
basculer dans la guerre civile.

Néférou Sobek

C'est encore à la fin d'une brillante époque de
l'histoire de l'Egypte entrée dans son déclin qu'apparaît la seconde pharaonne connue, la reine Néférou Sobek[13] qui semble clôturer la XIIe dynastie
du Moyen Empire. Fille d'Amenemhat III et sœur
d'Amenemhat IV, il semble qu'elle monta sur le
trône entre ces deux règnes, pour un temps sans
doute très court. Le papyrus ou « canon » de Turin
indique pour son règne : trois ans, dix mois,
vingt-quatre jours. Aucun détail ne nous est vraiment parvenu sur son existence, mais une preuve
formelle de son réel état de pharaon nous est en
tout cas fourni par un torse fragmentaire d'une de
ses statues, entré au musée du Louvre il y a une
quinzaine d'années. La souveraine est représentée,
vêtue d'une façon très originale – et exceptionnelle
– de sa robe féminine, sur laquelle elle a posé le
pagne masculin au « devanteau » empesé des
pharaons. A son cou, est suspendue la double
« bulle » des rois du Moyen Empire. Elle fut
enterrée près d'Amenemhat IV, dans sa pyramide
de Mazghuna.

Hatshepsout

Elle est citée ici pour la bonne règle et afin de la
situer dans le temps, étant entendu qu'un développement spécial lui est consacré plus loin.
En dépit de la destruction systématique et impitoyable exercée sur ses monuments, elle est un des

pharaons du Nouvel Empire dont on peut relativement bien évoquer les grandes étapes du règne.

Néfertiti (?)

Certains indices qui singularisent l'activité de cette Grande Epouse Royale ont incité des égyptologues (Harris principalement, suivi par Samson) à proposer la corégence de Néfertiti et d'Akhénaton, qui se serait terminée par une souveraineté absolue à la mort du roi. La reine aurait alors été jusqu'à prendre le nom de Smenkhkarê, considéré jusqu'à présent comme celui d'un jeune frère du roi lui ayant succédé pendant deux à trois années. L'argumentation, quoique séduisante, manque encore de preuves parfaitement convaincantes[14].

Taousert

Enfin, la quatrième reine qui fut couronnée pharaon pour bien peu d'années est cette Taousert dont Théophile Gautier emprunta le nom sous l'aspect de Taôser que lui avait donné Champollion, pour l'attribuer à l'héroïne de son *Roman de la momie*. Elle fut la dernière manifestation du pharaon-femme, avant la conquête de l'Egypte par Alexandre le Grand et le règne des Ptolémées qui devait s'achever par l'action courageuse et dramatique de la septième Cléopâtre, pharaonne alexandrine.

La malheureuse Taousert, qui apparaît si frêle, si gracieuse sur son image sculptée contre un montant de porte du temple nubien d'Amada, ne dut pas connaître une existence de tout repos, à la fin de cette XIXe dynastie, pendant laquelle le Grand Ramsès s'était tant illustré. La famille royale, dont

les héritiers semblaient épuisés et démunis, s'accrochait à un trône convoité par un certain Amenmès, peut-être arrière-petit-fils de Ramsès, dont on ne sait exactement où placer la courte durée de règne. Un apparent et puissant soutien de la couronne, le grand chancelier Baÿ, paraît, durant cette période, avoir joué un rôle décisif auprès de la reine. Enfin, un Syrien, Iarsou prit le pouvoir en pleine anarchie et régna en tyran; mais il fut finalement chassé par Sethnakht, fondateur de la XXe dynastie. Au centre de cet échiquier, contractant semble-t-il des alliances successives et connaissant des fortunes diverses : trois principaux acteurs sur l'ordre de succession desquels des controverses existent encore : Séthi II, Taousert, Siptah[15]. Les monuments qui en subsistent et principalement leurs tombes – dans la Vallée des Rois – laissent supposer des luttes intestines, des rivalités qui se traduisent par les noms des souverains martelés, puis remplacés par d'autres, voire supprimés, définitivement.

A la mort de Minéptah (treizième fils et successeur de Ramsès II), sans doute un de ses héritiers,

Séthi, le deuxième du nom, lui succéda : il aurait, pour renforcer encore sa légitimité, épousé la princesse royale Taousert. Séthi II ne régna que six années et sa Grande Epouse fut Taousert que l'on voit, sur un de ses propres bracelets d'argent[16], versant du vin dans un gobelet que tend le roi. Au trépas du pharaon, son fils Siptah devait pouvoir lui succéder. On ne sait qui était sa mère, certainement pas Taousert. Alors dut surgir, éternel prétendant, le parent royal Amenmès, lequel occupa peut-être le trône pendant un court moment. Le grand Chancelier « *de la Terre entière* », Baÿ, veillait, semble-t-il, et d'après ses propres termes « *établit le roi sur le trône de son père* ». Sa Majesté Siptah était certainement encore un enfant. Taousert, sans l'aide du chancelier, n'aurait sans doute pas pu, seule, arriver à cette solution, d'autant que la succession était contestée. Baÿ appuya le parti au pouvoir : la reine a-t-elle dû s'incliner devant les manœuvres de Baÿ ou fut-elle son alliée ? Quoi qu'il en soit, elle assura la régence pendant les six années connues de la royauté de Siptah, mort prématurément et enterré dans la Vallée des Rois. Puis Taousert monta sur le trône et se fit couronner sous le nom de « Fille-du-Soleil[17] ». Elle avait tenu, durant sa régence, à ce que soit construite pour elle, comme pour un souverain de plein droit, une tombe dans la Vallée des Rois, aussi la voit-on figurée, sur les reliefs couvrant les murs, aux côtés de Siptah. Puis, devenue reine, elle voulut rappeler dans sa syringe le souvenir de son époux Séthi II. C'est pourquoi dans la scène où, à côté de Siptah, elle fait offrande à Geb, elle supprima les noms du jeune roi pour les remplacer par ceux de Séthi II; c'est ce que l'on peut supposer. Mais on connaît encore trop peu de chose pour savoir ce qui est vraiment survenu.

La dernière année mentionnée du règne de

Taousert est l'an 8[18]. Est-elle restée sur le trône durant toute cette période ? Ou y avait-elle introduit ses six années de régence ? S'il en est ainsi, elle n'aurait pu résister que deux années aux ambitions du Syrien Iarsou. Sa tombe (n° 14 de la Vallée des Rois), témoin des attaques que la souveraine eut à subir, devait être complétée par un temple, ébauché seulement, au sud du Ramesseum, et son palais dut exister à Pi-Ramsès, où elle utilisa peut-être celui de son grand ancêtre Ramsès. La Nubie et le Sinaï ont gardé des traces de son activité royale et pacifique. Comment disparut-elle ? Nul ne peut le dire, mais la possibilité d'une mort violente durant cette période d'anarchie ne peut être écartée. Une certitude relative est que sans doute Iarsou ne s'ingénia pas à soigner sa mémoire, et que Sethnakht prit possession de sa tombe et fit très probablement détruire sa momie. Cependant, les « fidèles » veillaient; ils purent soustraire quelques bijoux du trésor de la défunte souveraine et les enfouirent dans une sépulture anonyme, resserre discrète où ils furent retrouvés[19], dans cette même Vallée des Rois. De cet ensemble proviennent les deux bracelets d'argent où, encore Grande Epouse Royale, on la voit gracieuse et attentive devant Séthi II. D'autres bijoux côtoyant ceux de la reine sont aux noms de son premier époux : magnifiques boucles d'oreilles en or, volumineuses mais heureusement très légères, ornées d'élégantes et longues pampilles en forme de grenade, et que seuls portaient les princes en bas âge et les princesses.

Dans une autre « cachette » d'orfèvrerie du delta oriental, située à Zagazig, au milieu de prestigieux bijoux ramessides, dont le « pot à la chevrette » et les deux bracelets « aux canards » de Ramsès II, se trouvait également, au nom de la reine Taousert, une coupe en or épousant la forme d'un lotus blanc épanoui. Ainsi devons-nous à la dernière princesse des temps pharaoniques montée sur le trône d'Egypte cet exemple unique et tangible d'un calice utilisé par les souverains. On peut remarquer cet ustensile royal dans les scènes figurées, évoquant la vie intime au palais et rappelant l'épisode où Taousert prodigue le vin de l'ivresse à Séthi II, son pharaon, celui qu'elle avait peut-être aimé.

5
Amon et la destinée des Épouses du dieu

LES VIERGES SOUVERAINES DE THÈBES

La grande époque du Nouvel Empire se termine à l'extinction de la famille des Ramessides, dont la décadence a préparé l'avènement d'une ère constamment troublée, appelée par les égyptologues la Troisième Période Intermédiaire. Pendant cette dernière, le trône, après avoir été occupé par des pharaons descendant d'un ancien vizir du Nord devenu roi sous le nom grécisé de Smendès (XXIe dynastie, Ier millénaire avant J.-C.), fut successivement la proie de dynastes d'origine étrangère. Cette phase s'achève à la XXVe dynastie, avant le renouveau saïte, par l'invasion des Nubiens-Soudanais, désignés par les historiens grecs comme des « Ethiopiens » (milieu du VIIe siècle avant notre ère).

AMON SOUVERAIN

Les pharaons s'éloignent alors définitivement de l'ancienne capitale Thèbes et de Per-Ramsès, celle qui paraît avoir été favorisée par les Ramessides. Ils s'installent à Tanis, un peu plus au nord-ouest, après avoir largement pillé les trésors qui subsistaient dans la précédente cité des Rois. Mais il faut avant tout constater un phénomène qui éclaire bien des points obscurs : tous les aspects du divin et surtout ceux qui fleurissaient dans l'antique ville des Ramsès, y compris celui du redoutable Seth flanqué de divinités d'origine étrangère, ont disparu au bénéfice du seul Amon. Le monothéisme[1] affirmé semble avoir gagné tout le pays. De Thèbes à Tanis, Amon de Karnak[2] est souverain. La mention de sa ville (Thèbes) ou encore son vocable (Amon) entrent dans la composition des noms de certains monarques de Tanis, à commencer par celui du fils de Smendès : Psousennès (en égyptien : *Pa-Seba-Kha-en-Niout*, c'est-à-dire : « L'Etoile qui apparaît dans la Ville », – Thèbes –), ou bien Amènèmopè : « Amon est dans Louxor », de même que Siamon : « Fils d'Amon... » Créateur de tout, lune et soleil (comprenez : « Eternité »). Le Primordial, à la nature insondable. Amon est, comme son nom *Imen* l'indique, le *Caché*. La théologie thébaine en arrive quasiment à un concept monothéiste qui va favoriser aussi bien le clergé que le Palais : l'immense prestige du dieu va servir la royauté dans cette période d'instabilité politique. A Tanis, les pharaons, autant que le permettent leurs modestes possibilités, durant cette période instable, s'occupent des affaires de l'Etat; à Thèbes, les grands prêtres, qui revendiquent le titre de roi, gouvernent par l'oracle d'Amon devant lequel sont présentés tous les litiges... même ceux d'ordre familial.

NÉSYKHONSOU, L'ÉPOUSE D'UN GRAND PRÊTRE D'AMON

A ce propos, un papyrus accompagnant la dépouille de la Noble Dame Nésykhonsou, enterrée dans la « cachette » de Deir el-Bahari, nous fait découvrir inopinément, sous un jour nouveau et à bien des points de vue déconcertant, le monde privé des grands prêtres et de leurs nobles épouses au début de leur décadence.

Ainsi est-on mis au courant d'une scabreuse affaire concernant les intentions de meurtre qu'aurait pu entretenir la femme du pontife suprême Pinédjem II, à l'égard de son propre époux. S'il n'avait rien découvert, du moins soupçonnait-il la perversité de sa conjointe ou encore craignait-il d'être poursuivi par une vindicte, une jalousie implacable, ou une éventuelle conspiration inspirée par le pharaon de Tanis ? Surtout si l'on tient compte du fait que Nésykhonsou était la fille du second mariage de Smendès contracté avec la dame Tahendjehouty et que, dans ces conditions, elle avait pu être à même de surveiller de près les intérêts de son père à Thèbes. Aussi, à la mort de la Dame et sous le coup d'une compréhensible méfiance, le grand prêtre avait-il fait rendre un oracle par Amon, dont l'effet devait constituer la meilleure protection pour lui-même, ses femmes et ses frères, contre l'action éventuelle *post mortem* de sa redoutable épouse.

Voici, en résumé, ce décret : « *Ainsi parla Amon-Rê, roi des dieux, le Grand Dieu Puissant qui fut le Premier à se manifester à l'existence...* » Viennent alors des paroles... diplomatiques... et favorables à la Dame. Elles sont suivies d'un sérieux avertissement :

« *Je guiderai le cœur de Nésykhonsou, la fille de Tahendjehouty, de façon qu'elle ne causera aucun mal à Pinédjem, l'enfant d'Isiemkheb.*

Je guiderai son cœur et ne lui permettrai pas d'abréger sa vie [de Pinédjem].

Je guiderai son cœur et ne permettrai pas qu'elle lui cause quoi que ce soit qui puisse nuire au cœur d'un homme vivant [...]

Je guiderai son cœur afin qu'elle lui souhaite du bien, aussi longtemps qu'il vivra [...] »

Un trait d'union (parfois dangereux, comme on vient de le voir) relie étroitement les deux formes monarchique et sacerdotale du « pouvoir » : les femmes de la famille royale dont l'influence politique s'amplifie par le truchement de l'épouse du grand prêtre d'Amon et de l'« Epouse divine du dieu ». De plus, après leur chef de file, Hérihor, les grands prêtres à Thèbes furent, par leur mère, tous des descendants des souverains tanites. A titre d'exemple, pour le début de la seule XXIe dynastie : le grand prêtre Piankhi, né de la princesse Tentamon et du roi Smendès, épousa une fille de Smendès, Henouttaouy, et leur fils, Pinédjem Ier, se maria, à son tour, avec Isiemkheb, fille de Psousennès Ier, roi à Tanis, et de la reine Moutnédjèmet.

Leurs femmes furent dotées de nombreuses fonctions sacerdotales, mais avant tout furent investies de la charge primordiale régulière déjà affectée à la princesse Moutnédjèmet, épouse d'Hérihor : celle de « *la plus grande parmi les Concubines d'Amon-Rê* », il s'agit ici du harem d'Amon dans le temple de Karnak. C'était déjà un rôle rempli au Nouvel Empire par une prêtresse qui, souvent, « doublait » l'Epouse du Dieu et suppléait à son office lorsqu'il n'était pas affecté à la reine.

LES NOUVELLES ÉPOUSES DU DIEU

On assiste alors à un complet transfert de cet important et très secret ministère d'Epouse du dieu. Désormais il fut, uniquement et totalement, confié à une *fille du roi*, alors consacrée à Thèbes, où elle était pourvue d'un domaine, d'une Cour et d'un personnel administratif. Mais, vouée à l'amour surnaturel du dieu dont, plus que jamais, il lui revenait d'entretenir les ardeurs pour que la marche du monde se poursuivît, elle s'y consacrait exclusivement et restait strictement vierge, vouée à un célibat terrestre, qu'aucun « conjoint morganatique » ne devait jamais troubler.

Cette dignité ne sera donc plus l'apanage de la reine, la première à laquelle cette charge parmi bien d'autres avait incombé, mais d'une fille du souverain ayant aux époques passées pu devenir, suivant le rite, une Grande Epouse Royale. Elle sera, sans intermédiaire ni suppléante, mise en contact avec *le* dieu. De plus, son titre s'enrichit du nom défini sans ambiguïté du dieu : elle est désormais l'« Epouse *d'Amon* », à l'exclusion de toute autre forme divine. Ainsi, trois autorités (Pharaon, le grand pontife de Thèbes et la fille du roi – Epouse d'Amon), chacune quasiment souveraine dans ses attributions, furent réparties dans les deux grandes régions de la Couronne : le Nord et le Sud, la nouvelle capitale et la ville d'Amon, Tanis et Thèbes. Un pouvoir intermédiaire, également localisé à Thèbes, dont la présence essentielle devait tempérer les éventuelles convoitises des rois-prêtres du Sud sur les souverains du Nord, était constitué par cette fille royale, épouse et personnelle « inspiratrice » d'Amon.

La première de ces nouvelles Epousées divines fut semble-t-il la princesse Mâkarê, fille du roi

Psousennès Ier et de la reine Henouttaouy. La découverte de son corps momifié, dans la cachette royale de Deir el-Bahari, accompagné d'une petite momie qu'à l'époque de la trouvaille on supposa être celle d'un nourrisson, suscita les commentaires les plus défavorables à l'égard de la princesse à laquelle on attribua un comportement contraire au vœu de chasteté qu'elle avait dû prononcer. On alla même jusqu'à avancer que la colère divine s'était exercée au moment de la naissance et que l'« enfant de la faute » n'avait pas survécu! ou même qu'il avait pu être supprimé. Toutes ces hypothèses désobligeantes furent enfin infirmées, il y a une dizaine d'années, lorsqu'on soumit l'objet du litige à une radiographie : il se révéla alors être la momie... du singe favori de la princesse! La réputation des vierges sacrées venait donc d'échapper à une grave atteinte.

Parmi les cinq autres princesses Epouses d'Amon connues avant la XXVe dynastie, il faut citer Karomama[3], sans doute petite-fille d'Osorkon Ier de la XXIIe dynastie, dont la précieuse statuette en bronze damasquiné d'or et d'électrum est exposée au Louvre. Elle est figurée dans l'attitude des joueuses de sistres. C'est un des chefs-d'œuvre que Champollion ramena de Thèbes, et il mérite amplement une des épithètes affectées à la fonction de la dame représentée : « *à la belle démarche dans la Maison d'Amon* ».

SOUS LES ROIS « ÉTHIOPIENS »

A la fin du règne d'Osorkon III, la puissance des Epouses d'Amon va encore s'accroître avec l'intervention des rois « éthiopiens » qui convoitent la Couronne, et ceci au détriment des grands prêtres d'Amon et de leurs richesses. En effet, le souverain de Napata au Soudan, Kashta, en s'imposant comme maître à Thèbes, fit immédiatement adopter sa fille Aménirdis Ire par l'Epouse du dieu, Shapènipet Ire, fille du défunt Osorkon. Elle exerça son pouvoir sous les rois Shabaka et Shabataka, en héritière incontestée. Le processus alors amorcé se continua et, dès lors, les Divines Epouses d'Amon vont se succéder par adoption, formant ainsi une dynastie propre. Aménirdis Ire fit à son tour de même avec Shapènipet II, fille de Piankhi[4] qui régna à Thèbes sous les rois Shabataka, Taharqa et Tanutamen.

Les collections égyptiennes du Louvre conservent un précieux étui de bronze damasquiné d'or, d'argent et niellé, portant l'image – et le protocole – de la Grande Shapènipet II, en adoration devant la triade thébaine. Ce joyau du travail des métaux contient à l'intérieur une tablette d'ivoire, malheureusement « soudée » au métal par le milieu humide où elle avait séjourné. Si l'on pouvait, par une technique appropriée (la tomographie ?) lire le texte gravé sur la plaquette, sans doute recueillerait-on de précieux renseignements sur la charte d'intronisation de la liturgique souveraine.

SOUS LES ROIS SAÏTES

Enfin, la dernière « Ethiopienne » fut Aménirdis II – ou la Jeune –, fille de Taharqa.

Le roi saïte Psammétique Ier, ne régnant pas encore vraiment sur le Nord à cette époque, força cette dernière et surtout l'Adoratrice précédente, Shapènipet II, à adopter sa fille Nitocris (milieu du VIIe siècle avant J.-C.). Les transactions (à la suite d'un long marchandage avec la fille de Taharqa et le préfet de Thèbes Monthouemhat) et l'événement lui-même sont relatés sur la « stèle de l'Adoption[5] ». Elle porte naturellement mention du précieux inventaire obligatoire des biens transmis provenant de Shapènipet II, mais aussi de la famille de Monthouemhat et du clergé d'Amon, et d'importants sanctuaires et terrains situés dans onze provinces – ou nomes – de Haute-Egypte et du Delta.

A l'occasion de l'adoption de Nitocris et pendant cette période d'appauvrissement du pays, on peut constater l'étendue des domaines de l'Epouse divine : ils n'égalaient certainement pas en richesses celles des grands temples. Ainsi, ce que Nitocris reçut de Shapènipet se soldait par 3 300 aroures (900 hectares), mais la terre des zones irrigables en Egypte est beaucoup plus productive qu'en Europe. De plus, des redevances en nature lui étaient fournies quotidiennement pour sa « maison » : onze mesures de vin (cinq litres et demi), des gâteaux, trois bottes de légumes et cent quatre-vingt-dix pains. Chaque mois, on lui livrait aussi trois bœufs, cinq oies, des gâteaux, des légumes et vingt jarres de bière.

Tous ces apports lui étaient versés par le Premier, le Troisième et le Quatrième Prophète d'Amon, par la femme du Quatrième Prophète et par l'inspecteur des Prophètes.

Cette adoption, qui, alors, se faisait souvent de tante à nièce, mentionnait toujours la double filiation de la mère spirituelle (la précédente Adoratrice) et de la mère charnelle (la Grande Epouse Royale). Un des bas-reliefs du Louvre nous montre le jour de l'adoption de Nitocris par Amon. Ce dernier figurait dans la cérémonie, assis sur son trône comme lorsqu'il investissait, suivant le rituel, un nouveau souverain. Celui-ci se tenait agenouillé devant le démiurge et lui tournait le dos. Il recevait alors, du dieu, la coiffure du roi régnant, le *khépéresh*, alors que son divin protecteur lui faisait l'imposition des mains. La nouvelle candidate à la fonction d'Epouse du dieu est figurée exactement dans la même attitude que celle du prince promis à la royauté, vivant ainsi, telle une souveraine, son intronisation.

On a pu constater que, dans certains cas, mère adoptive et Adoratrice adoptée pouvaient exercer leurs fonctions en une sorte de corégence, suivant en cela l'exemple des pharaons.

A LA BASSE ÉPOQUE

A Nitocris la Saïte, succéda la fille de Psammétique II et de la reine Takhout, la princesse Ankhnèsnéfèribrê, qui prit également la place de Premier Prophète d'Amon. Son magnifique sarcophage est conservé au British Museum; à son tour, elle avait adopté Nitocris II, fille d'Amasis. Les deux princesses, véritables souveraines, régnèrent successivement à Thèbes jusqu'à l'arrivée des Perses. A partir de la gestion des satrapes, il semble qu'une prêtresse dans le fief d'Amon pouvait avoir maintenu, même de très loin, la tradition de l'Epouse du dieu, si bien que, lorsque Hérodote vint à Thèbes, il entendit parler de la « *femme qui couchait dans le temple de Zeus et ne devait avoir commerce avec aucun homme* » (I, 182). Ce que l'historien grec nous a rapporté fait justement allusion à l'état de la princesse « mystiquement » liée à Amon, entourée d'un harem virginal (recluses). Il n'y a là, on le voit, aucun point commun avec les pallacides ou hiérodules aux mœurs des plus libres et qui auraient exercé la prostitution dans les temples, et dont Strabon et même Diodore de Sicile ont pu parler.

LA FONCTION DES ÉPOUSES DU DIEU

Les informations les plus riches sur les Epouses d'Amon proviennent des monuments ayant appartenu aux princesses « éthiopiennes » et qui complètent heureusement les vestiges des époques précédentes. C'étaient véritablement des souveraines de Thèbes et la plupart des prérogatives royales leur étaient reconnues. Les deux noms de leur protocole étaient contenus dans des cartouches. Elles pouvaient dédicacer des édifices (principalement des chapelles) et procéder aux rites de fondation, mais cependant n'étaient pas associées à la construction des monuments des rois de la XXVe dynastie. Tout comme le souverain, elles rendirent le culte, consacrèrent des offrandes, accomplirent les rites d'adoration, offrirent l'oblation suprême de l'image de la Maât (équilibre cosmique), et étaient véhiculées comme Pharaon sur le palanquin de la fête jubilaire – fête *Sed* – qui fut célébrée pour elles, comme pour le souverain. La quasi-totalité des privilèges leur était accordée, à une exception près : les années continuent à être indiquées suivant le déroulement du règne du seul Pharaon, une preuve du rapport étroit et exclusif reliant le roi, le retour de l'année et l'Inondation du Nil qui marque ce renouveau essentiel. Cependant, les chapelles des Adoratrices pouvaient recevoir la décoration royale du défilé des génies de cette Inondation[6]. Sur certains monuments, son nom était trouvé associé à celui du roi en titre et même parfois, à l'époque éthiopienne, l'Epouse d'Amon pouvait être figurée en parallèle avec Pharaon. Egalement traitée comme lui, on la voyait parfois représentée en sphinx – ce qui avait été le cas pour certaines princesses, dès le Moyen Empire. Et, tel le Maître de l'Egypte, il lui était loisible d'accomplir les « rites de domination », lancer les boules magiques et tirer à l'arc sur des cibles aux quatre points cardinaux, tout comme participer à « l'exaltation sur des nœuds divins liés à ces directions ».

Quelle était la fonction essentielle de ce véritable roi « régional »? C'était assurément, et surpassant de beaucoup le rôle joué jadis par les reines du Nouvel Empire, son dialogue intensif et quasi permanent avec le démiurge thébain dont en qualité d'épouse elle devait entretenir la toute-puissance créatrice et « satisfaire » ainsi le « dieu ». Ses images apparaissant sur les reliefs, ou rappelées par les statues et les statuettes, révélaient avant tout et sans détour son incontestable féminité : belles et charnelles plus que toutes les autres figurations féminines, on trouve des Epouses divines fréquemment évoquées à l'époque éthiopienne, en compagnie d'Amon. Souvent face à son épouse et, de taille semblable, le dieu présente à « *celle qui remplit le sanctuaire de la senteur de son parfum* » et tout en lui exprimant son contentement, le signe de vie *ankh* : « *mon cœur est grandement satisfait* », lit-on à côté des personnages. Au nord du grand temple de Karnak, dans la région où furent consacrées des chapelles à la forme « assoupie » d'Amon – prenant alors un des aspects d'Osiris –, une des scènes les plus suggestives nous montre encore l'Epouse divine enlaçant son démiurge, serrée contre lui, poitrine contre poitrine et le tenant par une épaule. Ailleurs elle entoure de ses bras le cou du dieu et l'une de ses cuisses nerveuses frôle hardiment celle d'Amon. Plus encore, un fragment de groupe conservé au musée du Caire matérialise l'union mystique de ce couple où l'Epouse divine Aménirdis assise sur les genoux d'Amon est enlacée par ce dernier, image d'une liberté extrême dans l'iconographie égyptienne si chaste et dont le prototype cependant remonte à l'époque amarnienne. Les langoureux qualificatifs, dont étaient gratifiées les Epouses du dieu au Nouvel Empire, demeurent. De surcroît, à ces scènes d'amour, correspondaient les titres affectés à la Main du dieu : « *Celle qui réjouit les chairs du dieu, celle qui s'unit au dieu, celle qui se rassasie de voir Amon...* » Elle est même parfois confondue avec sa fille : « *La fille d'Amon, de son corps, qu'il aime.* »

Souvent représentée le corps moulé dans une longue tunique et parfois revêtue d'un manteau, plongeant à l'arrière et recouvrant une épaule, l'Epouse pouvait être coiffée de la courte perruque, mais le plus souvent elle présentait la longue chevelure dominée par les deux hautes plumes et les cornes de Sothis rappelant les insignes de la fonction, à l'origine. Près d'elle, un grand majordome, puissant personnage : il marchait dans son ombre à la place du *ka* royal dans les processions. Elle était entourée de fonctionnaires spécialement attachés à sa « maison » : grand chambellan, toute une hiérarchie de scribes, des serviteurs et dames d'honneur de diverse importance.

On ne peut à ce jour connaître l'endroit exact où elles furent toutes enterrées, mais on croit savoir que les tombes des Epouses d'Amon, durant la troisième période intermédiaire, devaient avoir été aménagées dans l'antique complexe religieux de Ramsès II, au Ramesseum. Les chapelles des Adoratrices y avaient été, au demeurant, érigées. Différent fut le destin des « Ethiopiennes ». Leurs chapelles peuvent encore être visitées dans l'aire sud-est du grand temple de Médinet Habou. Mais leurs sépultures n'ont pas encore été retrouvées.

Ainsi est affirmé, lorsque s'amorce le déclin de

l'Egypte, le puissant rôle politique, voire royal, joué par la princesse, Epouse terrestre du dieu, laquelle, par ailleurs, en arriva à supplanter et même à éliminer le grand prêtre d'Amon à Karnak.

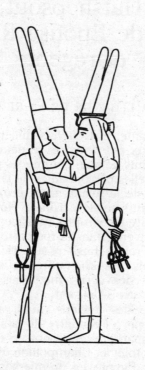

6

Hatshepsout, Grande Épouse Royale et régente

LA LÉGENDE DE LA REINE

De l'imposante, et trois fois millénaire, liste des pharaons, deux personnages se détachent encore, à bien des points de vue, comme les plus originales et exceptionnelles personnalités de la XVIIIe dynastie (XVIe-XIVe siècle avant notre ère). Et pourtant leurs successeurs sur le « trône d'Horus » s'étaient efforcés de faire disparaître les traces de leur règne et de leur souvenir dans la mémoire des hommes. Il s'agit de la reine Hatshepsout (1504-1483) et du roi Aménophis IV-Akhénaton, deux sujets rêvés pour inspirer des écrits modernes animés d'un romantisme parfois délirant.

La vindicte des anciens, aussi soigneusement qu'elle s'exerçât à l'encontre de la souveraine, fut cependant imparfaite : il revint en effet au génial père de l'égyptologie, Champollion, de déceler, dès son arrivée en Egypte, les premiers indices révélant l'existence d'un « roi-reine », comme il l'écrivait après sa visite, en 1828, aux ruines, fracassées et recouvertes de dépôts séculaires, de Deir el-Bahari, son temple jubilaire. En dépit du martelage des cartouches royaux, il avait repéré la terminaison féminine des noms qu'ils contenaient. Dès cet instant, l'alerte, si l'on peut dire, était donnée et chaque génération d'égyptologues contribua à reconstituer, au hasard d'importantes, ou d'infimes, mais souvent essentielles découvertes, un gigantesque puzzle, d'après les vestiges monumentaux de la souveraine dont on avait voulu détruire toutes les traces. Le pharaon Hatshepsout se matérialisa réellement dans l'histoire lorsqu'en 1858 Auguste Mariette dégagea, dans ce même temple de Deir el-Bahari, la colonnade sud au fond de laquelle gisaient encore, bien que très meurtris, les reliefs décrivant l'expédition au pays de Pount.

Si les reliques de cette pharaonne devenaient tangibles, en revanche, le silence de ses contemporains et de ceux qui vinrent après subsistait : aucune des listes royales dressées par leurs soins et retrouvées au cours des fouilles ne faisait allusion à la reine et, de surcroît, étaient mises au jour les preuves d'une destruction systématique visant aussi certains membres de son entourage. Néanmoins, son règne avait été enregistré dans le secret des « Maisons de Vie » des temples d'Egypte où les scribes tenaient scrupuleusement à jour les archives de chaque dynastie : sans ces documents que put consulter Manéthon, chargé par Ptolémée II Philadelphe de reconstituer la longue théorie des pharaons, cet historien aurait été bien incapable d'indiquer l'existence de la souveraine de la XVIIIe dynastie dont il mentionna qu'elle « régna vingt et un ans et neuf mois » ce qui paraît bien être le cas.

Les avis demeurent encore partagés sur cette femme, quoi qu'il en soit, exceptionnelle : mais ils se révèlent, pour la plupart, détestablement tendancieux. En effet ne trouve-t-on pas, sous la plume de certains égyptologues de réputation internationale, des jugements, dont les moins désagréables s'énoncent par exemple comme suit : la « redoutable Hatshepsout », « le fait qu'elle devint roi constitue une énormité », « une usurpatrice, puisqu'une femme ne peut remplir la fonction ni faire face aux besoins de l'Egypte »? D'autres soulignent le fait qu'elle n'aurait « jamais rien pu réaliser sans une présence masculine à ses côtés ». L'homme visé est Sénènmout, son plus intime collaborateur : « Il n'est pas concevable qu'une femme, même d'un caractère aussi viril, ait pu atteindre un tel sommet sans un soutien masculin. » On parle aussi du « tout-puissant favori qui ne manque jamais dans un pareil gouvernement féminin ». En revanche, les mêmes auteurs doivent certainement juger naturelle, sinon indispensable, la présence de Richelieu auprès de Louis XIII, celle de Colbert salutaire à Louis XIV, et bénéfique celle de Disraeli auquel la sage « Grand-Mère de l'Europe » sut faire appel.

On insiste aussi sur la domination du clergé; on insinue que la reine fut un jouet dans les mains du Premier Prophète d'Amon, Hapousénèb, détenant le pouvoir effectif, et de Sénènmout, Deuxième Prophète et probablement son amant! On se plaît enfin à reconnaître dans la prise de pouvoir de la reine le rôle capital et quasi exclusif de Sénènmout. En résumé, Hatshepsout apparaît avant tout comme « une usurpatrice qui exerça indûment le pouvoir et trop occupée par les différends créés par elle pour se pencher sur les affaires d'Asie »; c'est en définitive « celle qui a empêché Thoutmosis III de se révéler avant qu'elle n'ait disparu »; or, au moment où Hatshepsout commença à être responsable du pays, le futur Thoutmosis III devait compter au plus quatre à cinq ans!

Tout ce réquisitoire trouvera réponse au cours des pièces qui constituent le dossier de la souveraine, mais il faut dès l'abord, et pour ne pas donner aux lecteurs du présent ouvrage une trop mauvaise opinion sur l'état d'esprit de certains de nos égyptologues, souligner la généreuse lucidité d'un Budge, d'un Naville, d'un Lacau, d'un Gardiner et d'un Daumas, lesquels admettent tous que « cette reine de caractère connut un règne pacifique et prospère [...] sans mener de réelles guerres hors des frontières, sans provoquer de révoltes internes, laissant derrière elle d'importantes constructions tout en favorisant des prospections minières ». D'autres, plus prudents, pour lesquels la prise de pouvoir de la reine paraît une étrange aventure, se plaisent à reconnaître que « le règne fut non négligeable, sachant s'entourer de serviteurs habiles » (Vercoutter). Quelques-uns laissent enfin transparaître dans leur jugement une nuance admirative « pour cette femme remarquable », reconnaissant « ses qualités politiques et artistiques, ses activités et ses entreprises pacifiques », cette femme qui sut « réaliser une ère de paix et de prospérité ». « Sans aucun doute, ajoutent Steindorff et Seele, elle était une très belle femme, talentueuse et dotée de tout le charme féminin. Mais aussi avec une intelligence hors du commun, une personnalité et une volonté puissantes. Elle eut également la bonne fortune de posséder en Sénènmout un conseiller et un chancelier qui était à la fois capable d'assouvir sa soif de pouvoir et de réaliser ses projets. » Ainsi l'histoire de cette reine n'a laissé indifférent aucun témoin, dans l'Antiquité comme de nos jours.

Le docteur Suzanne Ratié a su récemment réunir la grande majorité des documents actuellement accessibles sur la souveraine. Certes, on lui a légitimement mais trop durement reproché quelques erreurs, je m'efforcerai aussi de réparer quelques omissions et d'apporter certains compléments, mais son travail constitue une sérieuse base de recherches à ne pas négliger; sinon ses détracteurs pourraient être soupçonnés de lui tenir rigueur de son évidente et compréhensible sympathie pour la pharaonne que l'injustice de l'histoire a trop longtemps frappée.

Ces préliminaires posés, il reste à juger de l'objectivité des sources dont nous disposons pour évoquer le règne de la grande souveraine. Elles sont pour beaucoup tirées des récits laissés ou inspirés par la reine elle-même : ses détracteurs les jugeront naturellement partiaux. Il faudrait alors aborder avec la même suspicion les témoignages laissés par Thoutmosis III, Aménophis III, Horemheb, Séthi Ier, Ramsès II... : nous aurions s'il en était ainsi amputé notre histoire de bien de ses racines. Demeurons toutefois vigilants au regard de l'emphase propre au verbe de l'Orient.

LES PREMIÈRES ANNÉES DE LA PRINCESSE

Le pharaon Aménophis Ier, fils de la reine Ahmès-Néfertari, mourut semble-t-il sans héritier. Pour rétablir la succession on fit appel à un certain Thoutmosis, issu d'une femme de sang non directement royal, Sénisénèb, mais cependant marié à la princesse Ahmosé, très vraisemblablement sœur du défunt roi. Il semble n'avoir régné que dix années. Quatre enfants étaient nés de ce pharaon, Thoutmosis le Premier, et de la Grande Epouse Ahmosé-Nébèt-ta, dont trois au moins, venus au monde avant la consécration de leurs parents sur le trône. C'étaient les princes Amenmès, Ouadjmès et la princesse Néféroubity (ou Akhbitnéférou). Hatshepsout aurait-elle aussi vu le jour avant que ses parents ne deviennent les maîtres de l'Egypte ? Qu'importe : sur les parois de la colonnade nord, au deuxième étage de son temple de Deir el-

« *Théogamie* » *pour la naissance d'Aménophis III.*   *Le dieu potier façonne l'enfant-roi et son* « *ka* ».

Bahari, elle a laissé à la postérité le récit de sa naissance en faisant reproduire les principales phases de la théogamie, reprise postérieurement, et chacun pour son propre compte par Aménophis III et Ramsès II. Il s'agit d'un procédé auquel plusieurs religions firent appel.

En ce qui concerne notre reine, au moment de l'hymen de ses géniteurs humains, le dieu Amon qui désirait placer son héritier terrestre sur le trône d'Egypte voulut se substituer à Pharaon, l'époux mortel. D'abord il envoya en reconnaissance Thot, son messager :

« *Cette jeune femme que tu disais briller parmi les nobles,* [*lui rapporte la forme divine à tête d'ibis*], *c'est Ahmosé, la plus belle des femmes du pays dans sa totalité. Elle est la Grande Epouse du roi Aakheperkarê* (Thoutmosis le Premier) *dont la Majesté est* [*encore*] *jeune.* »

167

« *Alors Amon, le dieu magnifique, maître du trône du Double Pays, se transforma et prit l'apparence de Sa Majesté [...] l'époux de la reine. Il la trouva comme elle dormait dans la beauté de son palais.* »

« *L'odeur du dieu la réveilla et la fit sourire à Sa Majesté. Sitôt il s'approcha d'elle et pour elle brûla d'ardeur* (i.e. brûla son cœur). *Il fit en sorte qu'elle pût le voir sous sa forme divine. Après qu'il l'eut approchée étroitement et qu'elle s'extasiait à contempler sa virilité, l'amour d'Amon pénétra son corps. Le palais était inondé du parfum du dieu dont toutes les senteurs venaient de Pount. La Majesté de ce dieu fit tout ce qu'il désirait,* [Ahmosé] *lui donna toute jouissance et l'embrassa...* »

Alors l'Epouse Royale, la mère royale Ahmosé, parla et dit au dieu : « '' *Combien grande est ta puissance : c'est chose délectable que de contempler ton corps une fois que tu t'es répandu dans tous mes membres.* '' *Et la Majesté du dieu fit à nouveau tout ce qu'il voulut avec elle.* »

Puis Amon déclara solennellement : « *Assurément Khenemet. Imen, Hat. Shepeset sera le nom de cette fille que j'ai placée dans ton sein d'après ces paroles qui sont sorties de ta bouche. Elle exercera cette illustre et bienfaisante fonction royale dans le pays en son entier. Ma force, ma grande couronne sera en sa possession; elle régnera sur les Deux Terres, en tous ses noms, sur le trône d'Horus des Vivants...!* »

Ainsi le nom de la future souveraine fut même choisi par le dieu, en s'inspirant des paroles prononcées par Ahmosé pendant son extase : *Khenemet. Imen* = Celle qui s'unit à Amon, *Hat. Shepeset* = « qui est à la tête des Nobles », ou plutôt « Celle au Noble Buste ».

Sur les murs du temple, alors, on peut voir défiler une succession de scènes où l'on distingue – malgré les martelages dont fut victime l'image de la pharaonne – Khnoum, potier des dieux, qui après en avoir reçu l'ordre d'Amon modela sur son tour, avec la terre du Nil, le corps du futur nouveau-né et aussi celui de son *ka* (émanation divine) destiné à l'accompagner sur terre dès sa naissance. L'enfant est un petit garçon : qu'on ne s'y trompe point : tout défunt devient un Osiris et tout candidat au trône prend la forme, dans l'au-delà, du petit Horus. Il n'y a donc pas dans cette image du petit bébé allusion à celle d'un mâle en qui Hatshepsout devait se transformer. Au reste, Amon l'apostrophe en l'appelant « ma fille ».

Puis Thot, le héraut des dieux, vint, tel l'archange, annoncer à la reine le contentement d'Amon et la prochaine « nativité » du rejeton divin incarné. Enfin, pour cette naissance, elle fut introduite dans la salle rituelle où elle fut délivrée par les génies de l'accouchement. L'enfant, toujours suivi de son *ka*, fut présenté à son procréateur Amon avant d'être purifié par les dieux et d'être allaité par Hathor, la nourrice divine. Cependant, au palais, la petite princesse reçut de nombreuses nourrices terrestres dont la principale s'appelait Sat-Rê, dite Inèt.

HATSHEPSOUT, GRANDE ÉPOUSE ROYALE, MÈRE DE NÉFÉROURÊ

Dans les inscriptions où la souveraine relate sa jeunesse, elle ne manque pas de faire remarquer qu'elle « *était une belle jeune fille en pleine fleur, de nature sereine* ». Durant cette époque ses deux frères et sa sœur moururent successivement, aussi bénéficia-t-elle plus souvent des attentions de son royal père qui se fit accompagner d'elle au cours des grands pèlerinages se déroulant dans certaines villes saintes. Elle demeurait la seule héritière de la Grande Epouse Royale, descendante des plus fameuses princesses du début de la dynastie et était confirmée dans son rang divin par la miraculeuse théogamie. A la mort de son père, la princesse

Hatshepsout représentait le seul et pur garant de la monarchie. Au palais vivait son demi-frère, issu d'une femme secondaire de Thoutmosis Ier, Mout-Néfrèt. Afin qu'il puisse monter sur le trône de Pharaon, Hatshepsout réédita à son tour le processus suivant lequel sa mère avait légitimé le règne de son époux. Hatshepsout fut donc mariée à son demi-frère consacré alors deuxième Thoutmosis du nom, et devint ainsi la Grande Epouse Royale du nouveau règne, le second mois de la saison Akhet, le huitième jour.

Investie de toutes les charges et de tous les honneurs dus à la Première Dame des Deux Terres, on lui reconnut l'état de « Celle qui voit Horus et Seth » qu'aucune Grande Epouse n'avait assumé depuis Ahmès-Néfertari, et qu'elle fit répéter à douze reprises sur son premier sarcophage, et aussi celui de Main du dieu : première reine à avoir été dotée de cette appellation. Bientôt elle mit au monde Néférourê, une fille dont elle confia l'éducation à un vétéran des guerres de Libération : Ahmosis Pennekhebet, puis à deux frères Senmen et surtout Sénènmout qui avait débuté dans l'armée et dont les qualités avaient dû être remarquées par l'entourage du trône et principalement par le sage Inéni, un très fidèle compagnon du défunt Thoutmosis Ier.

Le jeune époux d'Hatshepsout semble avoir été de nature faible et durant son règne sans doute assez bref conduisit seulement deux expéditions répressives de courte durée en Nubie et contre les bédouins d'Asie. En revanche, la pharaonne l'incita à fonder chapelles et temples à Koumeh de Nubie, puis en Haute-Egypte à Esna, Médinet Habou et à Karnak. Les souverains firent également préparer leur tombe. Celle de Thoutmosis, dans la Vallée des Rois : à son décès, elle n'était pas encore décorée. Quant à la Grande Epouse

171

Royale, son caveau funéraire fut creusé dans un ouadi lointain à l'ouest de Thèbes, le Sikkat Taget Zeit. Au flanc d'une haute falaise, à 40 mètres environ de son sommet et à 67 mètres du dessus du lit de la vallée, il était orienté de telle façon que les derniers rayons du soleil pouvaient y pénétrer directement à l'équinoxe d'automne. Elle ne l'occupa jamais, mais la magnifique cuve funéraire de quartzite jaune préparée pour la Grande Epouse Royale, fille royale, sœur royale, Epouse du dieu et Maîtresse des Deux Pays, y fut retrouvée.

HATSHEPSOUT, VEUVE ET RÉGENTE

Thoutmosis II ne donna à sa demi-sœur aucun autre enfant que Néférourê (Hatshepsout-Mérytrê, épousée sur le tard par Thoutmosis III, ne fut jamais reconnue comme une fille du couple, bien que de nombreux égyptologues l'aient supposé). Cependant une obscure concubine, Isis, mit au monde pour lui un fils également appelé Thoutmosis. C'était le troisième dans le cercle royal, si bien qu'au trépas de Thoutmosis II – lequel ne paraît pas avoir dépassé sa trentième année ni dominé la grave affection cutanée qui paraît l'avoir terrassé – le scénario auquel les sujets de Pharaon assistaient depuis le trépas d'Aménophis Ier se répéta : ce ne fut pas la fille de la Grande Epouse Royale qui monta sur le trône, mais le prince « demi »-sang, âgé au plus de quatre à cinq années. Il n'était pas question pour la jeune veuve royale d'épouser une nouvelle fois un candidat au pouvoir suprême, afin de légitimer son accession. De surcroît aucune preuve n'existe – en dépit de nombreuses affirmations – militant en faveur d'une union entre le bâtard et la petite princesse Néférourê.

Hatshepsout, se fondant tout naturellement sur

de nombreux précédents, devint régente du royaume en raison de la minorité du nouveau Thoutmosis : voici le départ de sa grande aventure. Les cérémonies d'accession au trône, c'est-à-dire l'intronisation du nouvel héritier, eurent certainement lieu immédiatement après le décès de Pharaon et, pour suivre la relation qu'en fit très fidèlement Inéni, le loyal compagnon de Thoutmosis Ier, on apprend que :

« *Thoutmosis* (le second) *partit pour le ciel et se mélangea aux dieux. Son fils* (Thoutmosis III) *monta à sa place comme roi du Double Pays et régna sur le trône de celui qui l'avait engendré.* »

« *Sa sœur* (en réalité sa demi-sœur), *l'Epouse du dieu Hatshepsout, conduisait les affaires du pays. Les Deux Terres étaient soumises à sa volonté et la servaient. L'Egypte était soumise* [...] *car elle était un chef excellent de stratégie qui confortait les Deux Régions par son verbe.* »

On prête encore au vieux maire de Thèbes, Inéni, les louanges suivantes :

« *Glorieuse semence du dieu, issue de lui, Câble d'avant des Provinces du Sud, Poteau d'amarrage des Méridionaux, elle est, aussi, l'excellente corde arrière des Pays du Nord et du Sud, la Dame des Commandements verbaux dont les plans sont excellents, qui contente les Deux Rivages lorsqu'elle parle.* »

L'ORACLE DU COURONNEMENT

Ainsi apprend-on que dès ce moment Hatshepsout gouvernait effectivement. Il ne semble pas qu'elle fut immédiatement traitée comme le pharaon, bien que certains textes porteraient à croire qu'elle fit procéder à son couronnement, l'an 2 du règne – laissant entendre qu'elle avait déjà depuis longtemps été choisie comme héritière – en présence de la Cour entière, par son père. Ce dernier lui avait bien recommandé de fixer son couronnement durant la période du Nouvel An : « *Mon père savait la vertu d'un couronnement le Jour de l'An* », lit-on sur un mur de Deir el-Bahari. Ce rite fut, en effet, toujours considéré comme une ère nouvelle, rappelant la création de l'Univers par Rê. La cérémonie, indiquée par la reine comme s'étant déroulée en l'an 2, correspond peut-être simplement à son désir de prendre date dans la chronologie du supposé règne de Thoutmosis à cette époque, et à un an de décalage. Quoi qu'il en soit et de toute évidence, il y eut un sacre de l'enfant roi en l'an 1 auquel Hatshepsout dut certainement assister comme régente du royaume.

Les années qui suivirent affirmèrent l'autorité d'Hatshepsout dépeinte par Inéni et qu'une grande partie de la Cour et du pays devaient lui reconnaître en raison de ses origines et aussi, bien sûr, de sa personnalité à la persuasive et brillante parole. Lorsque, à partir de la septième année de règne de l'enfant Thoutmosis, Hatshepsout s'affirma partout comme le véritable roi de Haute et de Basse-Egypte, se faisant portraiturer en Pharaon, portant le pagne masculin et les couronnes du Double Pays, il lui fut alors permis de faire librement allusion aux cérémonies qui avaient pu l'introniser et peut-être de renouveler pour son compte personnel celles qui s'étaient déroulées à l'intention de l'enfant dont elle assurait la régence. Toutes les allusions concernant cet événement sont conservées sur des monuments érigés par la reine bien plus tard : son temple de Deir el-Bahari (à partir de l'an 8-9), ses obélisques de Karnak, le spéos *Arté-*

midos de Moyenne-Egypte et la chapelle de la Barque qui date presque de la fin de son règne.

Dans les scènes du couronnement martelées à Deir el-Bahari, on remarque cependant suffisamment de détails qui soulignent la période de l'Inondation. Certains indices laissent supposer qu'elle aurait pu, déjà, pour cette célébration, profiter de la fameuse fête d'Opèt, dont elle avait sans doute amplifié le rituel et au cours de laquelle, chaque année, les membres de la triade thébaine, accompagnés par le souverain en titre et sur leurs barques respectives, quittant Karnak, se rendaient en grand apparat – et au milieu d'une grande liesse populaire – dans le temple de Louxor pour régénérer le potentiel divin (le *ka*) de Pharaon. Les témoignages qui en subsistent, sur les blocs de quartzite de la chapelle de la Barque consacrée à Amon par Hatshepsout, nous montrent en tout cas la reine en compagnie du jeune Thoutmosis : elle ne manquait pas de faire représenter l'image à ses côtés dans les manifestations officielles. Sans doute fut-il admis que les cérémonies du sacre fussent sanctionnées à Louxor, puis à Hermonthis, un peu au sud de Louxor, l'Héliopolis du Sud, comme cela est rappelé sur la pointe d'un de ses obélisques.

Son départ pour la cérémonie se fit de son palais de la rive droite, construit par Thoutmosis Ier, si cher au cœur de ce dernier qu'il l'avait nommé : « *Je ne m'en éloignerai pas.* » On peut le localiser à la hauteur du quatrième pylône actuel de Karnak, au nord du temple, où un canal venant du Nil donnait accès à la « Double Grande Porte » de la demeure royale. Ainsi la reine vint à la rencontre de l'oracle d'Amon qui lui avait prédit l'événement. Des pompes religieuses se déroulèrent alors dans le temple de Karnak, principalement dans la salle à colonnes de Thoutmosis Ier où, entourée des formes divines tutélaires de l'Egypte, elle reçut avant tout les « Ornements de Rê », c'est-à-dire les couronnes de Haute et de Basse-Egypte. Puis Amon assujettit sur sa tête la coiffure *khépéresh*, improprement appelée « casque de guerre », et avec laquelle elle devait apparaître souvent en compagnie de l'enfant Thoutmosis. Dans le *temenos* de Karnak, elle mima alors la course vers la barque d'Amon, avec l'allure d'un roi au torse nu, tenant la rame et le gouvernail, et escorté du taureau galopant. La chapelle qui contenait la barque du dieu, nous la connaissons : elle a été déplacée depuis l'Antiquité et est actuellement dans le « musée en plein air » au nord du grand temple. Il s'agit de l'édifice d'albâtre appelé *Amon aux monuments durables*, construit par Aménophis Ier et Thoutmosis Ier.

Peu après avoir reçu les « Ornements de Rê » – et bien que cela soit partiellement contesté –, Hatshepsout abandonna sans doute les parures d'Epouse du dieu. La fonction fut alors transmise à sa fille Néférourê. C'était, paraît-il, en l'an 2, le deuxième mois de la saison *Peret*, le vingt-neuvième jour. A coup sûr devenue *le* souverain de Haute et de Basse-Egypte, Hatshepsout ne pouvait plus assumer les fonctions de celle qui devait réveiller les ardeurs du dieu. Que ce soit dès cette époque, ou plutôt en l'an 7 du règne, date à laquelle il n'y a plus d'équivoque sur la prise totale du pouvoir par la souveraine, cette dernière fut dès lors obligée de modifier son comportement. Elle sacrifia définitivement et officiellement son aspect initial et cessa publiquement d'agir comme une femme. Elle dut se conduire en toute occasion comme un pharaon. Cependant, dans le protocole des cinq grands noms reçus au moment des cérémonies religieuses et enregistrés par Séchat, « la divine annaliste », jamais on ne fit figurer le titre de « Taureau puissant » donné à tous les souverains mâles et les qualificatifs seront scrupuleusement traités au féminin, de même qu'Amon la reconnut toujours publiquement comme « sa fille ».

LES DEUX PREMIERS OBÉLISQUES DU RÈGNE

Elle devait alors régner sous le nom de Maâkarê. Pour sanctionner cet événement exceptionnel, Hatshepsout pharaonne fit ériger une première paire d'obélisques à l'extrême est du temple de Karnak. Elle prit le soin d'en faire représenter le transport sous la première colonnade de Deir el-Bahari. Témoins des premières années du règne d'Hatshepsout non encore bien établies, ils portent néanmoins les noms de celle qui les fit consacrer, accompagnés de ses titres de Pharaon. Cependant, une inscription d'Assouan, non loin des carrières de granite rose d'où ils furent extraits, prête à l'intendant de la reine, Sénènmout, la paternité de cette initiative : il donne à sa Maîtresse les titres de *Femme du dieu*, *Grande Epouse Royale*, et la représente vêtue d'une longue robe et coiffée de deux hautes plumes. C'était ainsi reconnaître qu'elle n'était pas encore personnellement et matériellement montée sur le trône au moment de la préparation de ces monolithes. Des témoignages aussi ambigus nous amènent à constater que la reine œuvra bien effectivement comme maître du pays dès l'enfance de Thoutmosis III, mais qu'au début et sur le plan officiel elle était seulement investie des fonctions de régente. On comprendrait alors mieux pourquoi les magnifiques vases d'albâtre qui proviendraient de la tombe des trois Syriennes, Femmes Secondaires de Thoutmosis III, étaient des présents seulement gravés au nom de la Grande Epouse Royale, Femme du dieu, Hatshepsout. Les princesses avaient dû mourir (d'une épidémie?) un peu avant la septième année du règne de Thoutmosis III, moment où Hatshepsout s'imposa définitivement comme le pharaon. Le petit roi aurait sans doute atteint sa douzième année (n'oublions pas que Ramsès II fut doté d'un harem à l'âge de huit ans!).

Les deux obélisques véhiculés depuis les chantiers sur des traîneaux furent posés base contre base sur le pont d'un énorme chaland. A eux deux ils présentaient une longueur totale de 54 mètres. Le vaisseau était en bois de sycomore. Long de 90 mètres, il possédait quatre avirons-gouvernails. Cette immense péniche était tirée par 27 navires, sur trois colonnes, propulsés par 864 rameurs, semble-t-il. Trois bateaux d'escorte accompagnaient jusqu'à Thèbes cette flottille que les marins et les recrues halèrent toujours sur leurs traîneaux, vers l'est du temple en présence de prêtres et surtout d'Hatshepsout et du jeune Thoutmosis III.

SÉNÈNMOUT

Comme on le voit, le maître d'œuvre de la reine était déjà Sénènmout. Ayant gagné la confiance du Palais depuis Thoutmosis II, il fut très rapidement gratifié de charges d'une importance extrême, mais avant tout il se déclarait responsable de tous les temples de sa maîtresse, ce dont il paraît être le plus fier. Intendant de la Maison d'Amon, de ses jardins, des domaines, des serviteurs, du bétail, il était également chef du Double Grenier du dieu et prêtre de la Barque divine *Ousirhat*, prêtre de la déesse Maât et chef des Prophètes de Monthou à Hermonthis... « Celui qui est dans les secrets de la Maison du Matin, intendant de la Double Maison de l'Or et de l'Argent, conducteur des Fêtes. » Il cumulait effectivement une vingtaine de fonctions administratives et religieuses; bref, ce haut dignitaire était le plus proche de la souveraine. Intendant en chef de la Maison d'Hatshepsout depuis qu'elle était épouse de Thoutmosis II, il devait peut-être son introduction au Palais à sa mère Hatnéfer, dite Tia-Tia, ayant vraisemblablement été au service de la reine Ahmosé. Son père, d'origine modeste, s'appelait Ramosé. Sènènmout eut successivement deux femmes dont l'une, Ahhotep, était sa sœur (ou plutôt sa cousine). Il semble ne leur avoir donné aucun enfant si bien que, dans la première tombe qu'il se fit construire, avant que la reine ne soit définitivement confirmée Pharaon, la place du fils, rendant le culte funéraire à son père, est occupée par un de ses frères, Minhotep. Dans le second tombeau réalisé par la suite, c'est un autre frère, Amenemhat, qui joue ce rôle.

Pour être devenu le directeur de tous les Travaux du Roi et directeur des directeurs des Travaux, il devait être un architecte des plus expérimentés, dont l'incontestable talent est amplement prouvé par son œuvre magistrale de Deir el-Bahari. Père nourricier de la fille royale et gouverneur de sa Maison, pendant plus des quinze premières années du règne d'Hatshepsout, il apparut comme le second personnage du pays. Sa fidélité semble avoir été totale. Attaché à toutes ses réalisations, il lui témoigna visiblement un respect et une quasi-dévotion. Il répétait à profusion sur ses propres monuments les noms de sa souveraine, les traçant même par cette écriture déguisée, la « cryptographie », propre non seulement à les protéger des attaques magiques éventuelles, mais aussi destinée à provoquer la curiosité et l'attention des lecteurs. Son imagination fortement créatrice s'exerça à l'occasion de toutes les manifestations du règne et ses activités au cours de son ascension furent complètement associées à l'œuvre royale. Dès lors il était fort tentant d'imaginer un degré d'intimité encore supplémentaire entre les deux acteurs de cette aventure, et de prêter à la souveraine – à laquelle son état de femme interdisait à l'évidence de choisir, comme tout pharaon, une Grande Epouse Royale, quitte à la condamner définitivement au célibat – de tendres sentiments à l'égard du fidèle des fidèles, ce talentueux partisan acquis à l'œuvre entreprise et attentif à mener à bien tous les projets.

LES GRANDS FONCTIONNAIRES DU ROYAUME

La reine avait également su s'entourer de hauts fonctionnaires expérimentés, à commencer par le Premier Prophète d'Amon, Hapousénèb, dirigeant toute une série de prêtres d'Amon appartenant à des familles d'un loyalisme éprouvé. Gouverneur des provinces du Sud, il fut peut-être à la fin de sa vie nommé préfet du Nord. Ses vizirs, Ahmosis, puis son fils, vizir du Sud, Ouser (Ouser Amon), haute personnalité, féru de morale, acquis aux idées religieuses les plus élevées, dont le neveu devait devenir le célèbre Rèkhmirê, vizir de Thoutmosis III; Antef, le gouverneur des Oasis; Nébounaï, grand prêtre d'Abydos; Sennefer, entre autres gouverneur des Mines d'or d'Amon; Nakhtmin, intendant des Greniers; Minmosé, dont on sait qu'il prit part au transport des obélisques; le prince Touri, un de ses confidents; le commandant Néhésy, chancelier du Nord qui conduisit l'expédition de Pount. Citons encore le Deuxième Prophète d'Amon, Pouyèmrê, qu'Hatshepsout chargea de délicats travaux dans le temple de Karnak; Thoutÿ, noble orfèvre de l'or du trésor royal; Amenhotep qui s'occupa des monuments de la fête Sed de la souveraine et fut également son confident, et dans la tombe duquel on retrouve des allusions au couronnement au Jour de l'An; Ouadjrènpout, Djéhouty-Rènpout et d'autres encore dont Inèbséni, vice-roi de Nubie, et les trois médecins de la reine figurant dans la chapelle des offrandes de Deir el-Bahari. On a, ainsi, pu dénombrer plus d'une quarantaine de très hauts dignitaires, fidèles au service de l'Etat. Beaucoup d'entre eux, après la disparition de la pharaonne, poursuivirent une carrière normale sous Thoutmosis III, si bien qu'il faut envisager avec beaucoup de réticence la supposée vengeance de ce dernier contre sa tante et sa prétendue « coterie ».

A l'instigation probable de Sénènmout, certains de ces éminents personnages qui disposaient déjà tous d'une magnifique tombe à chapelle décorée, sur la rive gauche de Thèbes, reçurent comme Sénènmout lui-même le droit de se faire creuser un cénotaphe dans la falaise du Gébel Silsileh, là où les deux rives rocheuses du Nil se rétrécissent, au sud de Thèbes et d'Edfou. En cet endroit où le flot impétueux, au début de l'année, se précipitait à l'entrée de l'Egypte en eaux bouillonnantes, on pouvait bénéficier de la bénédiction des esprits qui résidaient en « collège divin » dans ce retour de l'Inondation et s'identifier avec eux après la mort. Sur plusieurs monuments dédiés par Sénènmout, on relève ce souci dont il témoignait de rapprocher la résurrection des morts osiriens, du retour de l'Egypte à la vie au Jour de l'An. Ne lit-on pas sur la statuette votive qui le représente debout, portant la petite Néférourê[1], le texte suivant :

« *C'est moi qui suis celui qui sort avec le flot, Celui à qui a été attribué le débordement du fleuve, afin que* [je] *puisse en disposer en tant que* [Osiris] *Inondation.* »

Les chapelles, martelées postérieurement par les détracteurs de la reine, portaient la marque des deux noms jumelés de Thoutmosis et d'Hatshepsout.

LES FONDATIONS DE LA REINE

Sénènmout fut sollicité pour faire les plans de nombreuses fondations religieuses : il est certain que la souveraine lui confia la restauration des sanctuaires de Moyenne-Egypte négligés – si ce n'est partiellement dévastés – durant l'occupation des Hyksos; l'inscription qu'elle fit graver à l'intérieur de la grotte dédiée à la déesse Pakhet, et appelée plus tard le spéos *Artémidos*, en fait foi. Ses prédécesseurs, fort occupés à chasser les envahisseurs, à rétablir l'ordre dans un pays en partie ravagé et à réorganiser les finances de l'Etat, n'avaient guère eu la possibilité d'encourager à nouveau les artisans-artistes du pays, ni de les attirer en Haute-Egypte. En effet, la capitale de la grande époque précédente, le Moyen Empire, avait été jadis fondée dans le Fayoum, à plus de 500 kilomètres au nord de Thèbes.

Secondée par Sénènmout, Hatshepsout put, dans Thèbes, cette capitale où nul atelier royal n'avait vraiment œuvré, mais où l'opulence et la paix étaient revenues, faire ouvrir une véritable école de sculpteurs qui choisit comme prototype le portrait de la reine. Ce modèle féminin au charme très particulier, aux yeux en amande illuminant avec une certaine malice un fin visage assez triangulaire, influença finalement toute la statuaire de l'époque, à telle enseigne même que, plus tard, les représentations de Thoutmosis, devenu le pharaon guerrier et conquérant s'il s'en fut, se révélèrent sur toutes les images de son règne de soldat vigoureux, traitées avec une physionomie marquée par la grâce des effigies de sa fameuse tante !

A partir de cette remarquable période de calme et probablement entre les années 3 et 6 du règne jumelé du jeune roi et de la régente, Sénènmout adopta pour les monuments de sa souveraine les si élégantes colonnes fasciculées papyriformes à chapiteaux fermés, dont on trouve la nouvelle version dans la première cour de Louxor (chapelle des Barques).

Des indices datés des années 3 et 4 nous permettent d'imaginer les premiers projets de construction du temple de Deir el-Bahari, celui qui devait recevoir pour appellation le nom de « Sublime des Sublimes » *(Djéser-Djéserou)*. La reine avait jeté son dévolu sur un vaste emplacement contre un des cirques rocheux de la montagne thébaine, donnant sur la plaine de la rive gauche, face à Karnak, sur l'autre côté du fleuve. Elle l'avait circonscrit au nord de l'endroit où subsistait encore le temple-chapelle de Monthouhotep et des caveaux funéraires de la famille royale. C'était pour Hatshepsout se rapprocher des grands ancêtres thébains de la Couronne, du début du Moyen Empire, et affirmer encore ses droits à l'héritage du trône. Par une stèle de Sénènmout, retrouvée dans le temple septentrional de Monthou à Karnak, on apprend l'existence de magasins du temple *Djéser-Djéserou,* au cours de l'an 4 (le premier mois de *Shemou,* le seizième jour).

*La régente Hatshepsout
à la veille de son couronnement.*

7
Hatshepsout-Maâkarê, pharaon

LE RÈGNE A PARTIR DE L'AN 7

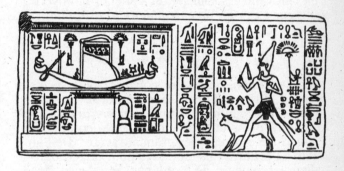

La course royale : une des étapes du couronnement.

L'an 7 marque le tournant décisif du règne, et sans doute l'année au cours de laquelle le texte de l'oracle d'Amon dut se matérialiser réellement : « *Ayant abandonné la couronne de l'Epouse du dieu, elle fut sublimée par les Ornements de Rê.* » Dans toutes les inscriptions la concernant, la souveraine prit définitivement le titre de roi de Haute et Basse-Egypte. Une intense activité se manifestait dans le pays réorganisé et prospère. Hatshepsout gratifia les parents de Sénènmout d'une tombe dans le domaine royal (le quatrième mois de la saison Peret, le deuxième jour) et lui ordonna d'agencer un sanctuaire à l'est du temple de Karnak, près des deux premiers obélisques extraits des carrières d'Assouan. Ce temple, destiné à abriter un grand naos d'albâtre (habité par les statues de la reine et d'Amon) devait regarder le soleil levant surgissant de la chaîne arabique : il fut plus tard usurpé par Thoutmosis III puis transformé par Ramsès II. D'après les vestiges subsistants on peut y reconnaître la volonté novatrice de la reine d'établir ainsi à l'intention de ses sujets le premier trait d'union entre Amon et elle-même, pour qu'ils puissent venir les solliciter en cet endroit ouvert du sanctuaire et « *qu'ils entendent leurs suppliques* ».

LE TEMPLE DE DEIR EL-BAHARI

La souveraine, alors, se consacra plus spécialement à faire réaliser – sous l'autorité de Sénènmout – le magnifique temple jubilaire dont il avait conçu les plans et déjà jeté les bases en attendant l'ouverture officielle des grands travaux. De l'an 7 à l'an 11 tout fut mis en œuvre pour ériger, dans le calcaire le plus fin, le monument qui devait être la gloire du règne et rappeler les grandes lignes du personnage royal et de son activité. Amon y demeurait en maître, en compagnie d'Hathor et d'Anubis. Au sommet nord de cet édifice aux gradins étagés contre le rocher, Hatshepsout avait fait aménager un autel solaire en plein air. Cette fondation dédiée à la pharaonne et à ses créateurs constituait un véritable hymne à la beauté architecturale, formant un sublime piédestal aux panneaux plissés de calcaire du grand cirque de Deir el-Bahari, dominés par la sainte Cime thébaine. En trois étages successifs, les constructions aboutissaient à la dernière terrasse qui, avec ses niches creusées dans le rocher en l'an 10, abritait vingt-sept statues rituelles de la souveraine, pour la plupart taillées dans le granite rose et dont huit étaient agenouillées. Au sud avait été bâtie une chapelle pour son culte, celui de son père, celui de sa famille et même celui de Thoutmosis III. La magnifique statue assise de la reine traitée dans une sorte de marbre compact provient peut-être de ce sanctuaire[1].

Les deux premières terrasses étaient reliées entre elles par deux rampes médianes, passages verticaux ascendants qui mettaient en valeur l'harmonieuse verticalité des façades. L'élégance et la majestueuse originalité de l'ensemble, s'intégrant avec tant de bonheur et d'équilibre dans le site prestigieux, illustrent encore de manière impressionnante le grand règne d'une grande reine qui partout, on peut le voir, avait réservé une place honorable au jeune roi Thoutmosis. De nombreux architectes et hauts responsables participèrent aux côtés de Sénènmout à cette œuvre magistrale : Thoutÿ et Pouyèmrê; le directeur des travaux était Hapousénèb ayant à ses côtés Néhésy, Minmosé, Ouadjrènpout, Pahékamen dit Benya, Nébamon, Amenemhat, Péniaty et Douayèrnéhéh. La main-d'œuvre fut demandée à des individus ou à des groupements, et des notables eurent à cœur d'insérer dans la construction des blocs de calcaire qu'ils avaient consacrés et revêtus de leurs noms, afin de bénéficier de la sollicitude royale et divine.

Des dizaines de sphinx, au visage d'Hatshepsout peint en jaune, bordaient le chemin depuis le canal venant du Nil jusqu'à la cour inférieure. Il faut reconnaître dans cette voie d'accès triomphale, que les Grecs appelèrent un *dromos*, une innovation de la souveraine, dont s'emparèrent ensuite sans discontinuer ses successeurs. Sept paires de sphinx à crinière de lion flanquaient l'allée centrale de la cour, laquelle était agrémentée de persea, de tamaris, de palmiers et creusée de bassins destinés, pour certains rites, à recevoir des libations de lait. C'était l'endroit réservé par la reine pour y faire planter les fameux arbres à encens du pays de Pount. Sous les portiques, les annales religieuses et historiques se déroulaient en longs bas-reliefs peints. On pouvait, entre autres, y contempler la naissance divine, le couronnement, le transport des deux premiers obélisques du règne, la fameuse expédition au pays de Pount et des scènes religieuses propres à la résurrection de la pharaonne.

Contre les piliers, Sénènmout avait fait sculpter les statues osiriennes de sa souveraine, ce qui avait consisté à la figurer, tel le dieu des morts dans son linceul, coiffée des couronnes Blanche et Rouge de la royauté, les bras croisés sur la poitrine et les mains tenant des sceptres : image du roi au cours de son jubilé annuel célébré pour rénover tout son être et renouveler son pouvoir. Cependant, Sénènmout ne s'était pas contenté de souligner la présence, dans les mains de la Reine-Osiris, des sceptres du dieu défunt. Il avait ajouté, jumelés au crochet *héka* et au flagellum *nékhakha* d'Osiris, le signe *ouas* et le signe *ankh*, emblèmes de la vie irradiante communiquée par le Soleil – et que l'on verra plus tard dans les mains qui terminaient les rayons du Globe solaire d'Aton. Ainsi, le grand architecte, le savant éprouvé, s'était également mis d'accord avec sa souveraine pour utiliser des symboles propres à révéler une des vérités essentielles de la profonde théologie égyptienne : les grandes lois de l'éternité cosmique évoquées et traduites sur terre par les images jubilaires de Pharaon; Osiris et Rê étaient les deux aspects de la même force : assoupie (la mort, Osiris) ou réveillée (la

vie, le Soleil). Ainsi était parfaitement illustrée la phrase du chapitre XVII du *Livre des Morts* : « *Quant à Osiris, c'est hier, quant à Rê, c'est demain.* »

Bordant, au nord, le sanctuaire d'Anubis, une colonnade protodorique présentait son calme, mais très vivant ordonnancement, fait d'ombre et de lumière; à l'intérieur, les figurations de la reine, encore traitée en jeune femme à la sobre tunique, ne furent pas martelées. Au sud, la chapelle d'Hathor, repaire de la Vache sacrée qui accueille et prépare pour la vie éternelle tous les trépassés, avait été également voulue par la reine, car elle constituait en effet l'aboutissement de l'annuelle Belle Fête de la Vallée qui durait onze jours. Pharaonne et le petit roi, ou leurs statues, chacun monté sur leur vaisseau personnel, se rendaient en quittant le palais et le temple de Karnak, à la nouvelle lune, escortés d'une fastueuse procession, vers le « Sublime des Sublimes ».

LE TOMBEAU DE LA VALLÉE DES ROIS

Dès cette même septième année, Hatshepsout, désirant agir sans plus tarder et affirmer sa suprématie, abandonna le projet d'utiliser le caveau qu'elle avait fait creuser au flanc d'un ouadi perdu de la montagne thébaine. Souverain d'Egypte « à part entière », elle entendait être inhumée un jour dans la Vallée des Rois. Son grand prêtre Hapousénèb fut chargé d'exécuter sa volonté : il fit entreprendre, à l'arrière de la falaise à laquelle le temple était adossé, le creusement d'un caveau (n° 20 de la Vallée des Rois), où le travail se prolongea jusqu'à l'an 16, sans être terminé, et qui ne porte donc finalement aucune décoration, ni aucun texte. La trajectoire de la galerie d'accès est un couloir courbe de 213 m de long environ, l'architecte ayant manifestement essayé d'aboutir, sans y réussir, à l'arrière du sanctuaire de Deir el-Bahari. La chambre funéraire, rectangulaire, mesure environ 97 m de longueur. A l'intérieur, furent retrouvés deux sarcophages de quartzite préparés pour la reine, l'un d'eux ayant été transformé pour Thoutmosis Ier. Se fondant sur ces données, certains auteurs ont voulu en conclure qu'Hatshepsout avait fait transporter, peut-être après pillage, la momie de son père, dans sa propre tombe. Mais cela est loin d'être prouvé.

AUTRES ACTIVITÉS DANS LE PAYS

Rien n'était négligé dans le fastueux programme de « renaissance » pacifique du pays. Hatshepsout le rappelle avec l'emphase du verbe pharaonique dans sa célèbre inscription du spéos *Artémidos*. Non seulement elle fit refleurir ce qui était en décrépitude depuis que les Asiatiques régnaient à Avaris dans le nord du Delta et que ses valeureux ancêtres avaient chassés : « *ce fut le devoir des pères de nos pères venus en leur temps* », et nous avons constaté combien grand était son souci d'ériger des monuments durables, de réparer et d'agrandir même les sanctuaires. Elle perçut qu'il fallait, afin que son pays soit respecté et vive en paix, rénover le matériel d'une armée dont les premiers Thoutmosis avaient usé sans essayer très probablement de la rajeunir. C'est du moins ce que nous apprenons dans le même spéos voué à la déesse Pakhet : « *Mon armée, qui n'avait plus d'équipement, elle est couverte de richesses depuis que je me suis levée en roi.* » Le fait même qu'elle y fasse allusion démontre bien qu'elle en avait saisi l'importance, la nécessité, et souligne assez la sagesse d'une souveraine préoccupée de faire respecter son territoire.

POLITIQUE ÉTRANGÈRE

Durant son règne aucun grave conflit n'éclata avec l'étranger. On constate une seule intervention en Nubie, au début de son règne, rappelée par un texte gravé sur les rochers de l'île de Séhel : « *J'ai suivi le dieu* (Pharaon) [...] *Je l'ai vu renverser les nomades, leurs chefs étant amenés comme prisonniers.* » Cette expédition conduite par un officier nommé Tiy s'acheva peut-être dans l'île soudanaise de Saï, où fut effectivement érigée une statue de la reine.

Les guerres que l'on a voulu attribuer à la souveraine, et seulement à la fin de son règne, furent presque certainement menées par Thoutmosis III. Dès l'an 8, l'Egypte affirma encore davantage sa réelle prospérité, sous la domination pacifique d'Hatshepsout agissant avec une si grande habileté qu'elle ne perdit le bénéfice d'aucune conquête ou pacification acquise par son père, le premier Thoutmosis : « *Pas de rebelles au Sud, ni d'ennemis au Nord!* »

Usant de sa sage et prévoyante autorité, Sénènmout sut faire rentrer régulièrement les tributs dans le trésor d'Amon et les taxes furent perçues normalement. Sans exigences démesurées, ni agressivité, mais sans qu'on puisse douter de sa force, l'image donnée par la gestion de la reine, au-delà du pays, était telle que nul ne songea à contester la puissance de Pharaon. Aussi put-elle déclarer : « *Ma frontière du Sud va jusqu'aux rivages de Pount, ma frontière de l'Orient va jusqu'aux confins* (connus par l'Egypte) *de l'Asie* [...] *A l'Occident, j'ai gouverné la Libye.* »

Elle envoya des expéditions commerciales vers les « Echelles du Levant » (les « Escaliers » comme on disait), et dans ce brassage de gens, ceux de l'intérieur de l'Asie qui amenaient les produits lointains des caravanes, et ceux des marchands de la côte, on distinguait les habitants des îles, de Chypre et de la plus lointaine Crète qui débarquaient et prenaient les chemins de l'Egypte. Ils arrivaient souvent par voie maritime – la plus sûre – et les Thébains assistaient admiratifs au défilé d'étranges et élégants personnages, aux pagnes brodés et garnis de pompons, à la taille étroitement serrée dans de larges et courtes ceintures, aux petites bottines et les cheveux assez longs mais peignés en mèches séparées, redressées à leur extrémité. Sur leurs épaules, ils portaient les productions les plus originales de leurs artisans : des vasques d'or ciselées aux anses enrichies de fleurs, d'oiseaux de formes variées et les fameux rhytons aux têtes animales. C'étaient les *Kheftiou*, Crétois[2], qui tenaient parfois par la main des petits enfants. Sans doute voulaient-ils aussi proposer à l'achat leurs productions et s'établir en Egypte où ils pourraient ouvrir commerce. c'est ainsi qu'une certaine céramique, aux formes « préhelléniques » et au décor « aux poulpes », fit son entrée en Egypte. Les murs de la première tombe de Sénènmout, comme celles d'autres hauts fonctionnaires de l'époque, en conservent le souvenir imagé (ans 7 et 9 du règne).

Dès l'an 5, au reste, les expéditions au Sinaï furent reprises par la reine pour se pourvoir en turquoise, à Sérabit el-Khadim et au ouadi Maghara. Elle se répétèrent régulièrement, la souveraine n'employa ni esclaves ni prisonniers de guerre pour travailler sous les ordres de ses ingénieurs des mines, mais pour compléter le groupe des contremaîtres, des scribes et trésoriers, des médecins-magiciens (charmeurs de serpents), de la petite garde armée enfin, chargée de protéger des pillards l'intendance et la récolte de la pierre bleue, elle fit appel à des volontaires égyptiens et surtout, sur place, à des bédouins. Ce sont sans doute leurs ancêtres qui, dès le Moyen Empire, tentèrent d'adapter certains des hiéroglyphes que les scribes égyptiens écrivaient ou gravaient devant eux sur les parois rocheuses, pour ébaucher une écriture simplifiée dont les principes, par contaminations et déformations successives, furent diffusés dans le bassin oriental de la Méditerranée. Les signes furent réaménagés par les Phéniciens, puis empruntés par les Grecs qui nous en transmirent les formes lointaines retrouvées dans notre alphabet.

Aussi, dans un tel climat, est-il compréhensible de ne rencontrer ni sur les murs des temples, ni sur les parois des chapelles de tombes, les figurations des prisonniers de guerre devenues classiques sous d'autres règnes. Bien au contraire, le nombre des fils de princes étrangers élevés à la cour s'accrut, et des dispositions très humaines semblent avoir été édictées pour les réfugiés et ceux qui étaient détenus en servitude.

L'EXPÉDITION AU PAYS DE POUNT

Les préparatifs

La politique étrangère d'Hatshepsout, fondée sur une attitude de paix défensive, se présenta surtout sous forme d'habiles approches pour des relations commerciales accrues et d'ouverture sur des pays aux mœurs encore inconnues et aux ressources et produits naturels qu'il serait bon d'importer sur une vaste échelle.

C'est ainsi qu'au début de l'an 8, tout était prêt pour que les navires puissent partir vers le pays légendaire de Pount, la Terre du dieu, dont les principaux et plus nobles habitants au type hamite portaient la barbe d'Osiris, d'où leur nom de *Khebestyou* (« les gens de la barbe *khebeset* »). Depuis la Haute Epoque, les Egyptiens entretenaient de lointaines relations avec ces fournisseurs d'encens. Mais il s'agissait maintenant d'une expédition de grande envergure dont la responsabilité avait été confiée au chancelier Néhésy, Nubien sans doute. Officiellement et pour se conformer à la mentalité de l'époque, la reine était censée obéir à un nouvel oracle d'Amon lui ordonnant d'aller chercher à Pount des arbres à encens, des résines et des aromates. Mais cette entreprise – une de ses œuvres les plus importantes – ne devait probablement pas se borner à ces acquisitions, si utiles et précieuses qu'elles aient pu paraître. Les textes égyptiens ne localisent pas clairement la Terre du Dieu, bien que son appellation même soulignât combien ils la jugeaient vénérable et près des origines. Les écrits contemporains d'Hatshepsout mentionnaient qu'elle se trouvait des « *deux côtés de la Très Verte* ». Beaucoup y ont alors reconnu l'Erythrée, l'Hadramaout, la Terre des Sabéens, le pays d'Ophir, même le Yémen et la « Corne d'Oponé[3] ». D'autres y voient le sud du Soudan et les contrées du haut Nil et cette zone de l'Est tropical.

Nous nous arrêterons à cette région en suggérant que la souveraine n'avait pas seulement adjoint aux membres de l'expédition des zoologues, des ingénieurs et des botanistes, mais très vraisemblablement des prêtres-savants du Nil (des hydrographes, en un mot les spécialistes de l'irrigation, si fameux de tout temps en Egypte) chargés d'étudier le régime des providentielles pluies tropicales dont ils pressentaient qu'elles devaient conditionner les crues de ce fleuve, régulateur inexorable de toute la vie de l'Egypte. L'enjeu était trop sérieux pour qu'une reine aussi fine et avisée qu'Hatshepsout, pour laquelle les conseils d'un savant tel que Sénènmout faisaient autorité, négligeât un phénomène d'une telle importance. Bien que Rèkhmirê, neveu du vizir de la reine et futur collaborateur de Thoutmosis III, déclarât avoir été préoccupé par l'origine et le régime des pluies alimentant l'inondation annuelle (?), sans doute le temps n'était-il pas encore venu de se pencher *ouvertement* sur les phénomènes attribués jusqu'alors à la sollicitude du dieu.

Si les hyperboles ne manquent pas dans la littérature égyptienne pour sublimer les dieux, encenser officiellement Pharaon, et louer les bienfaisantes actions humaines, la discrétion est grande et les détails sur les réels efforts matériels demeurent inexistants lorsqu'il s'agit de commenter l'édification d'une pyramide, l'extraction d'un obélisque ou les difficultés d'une expédition vers la Terre des encens! Hatshepsout s'est contentée à cet égard de faire représenter sur un des murs de son temple[4] le départ de Thèbes, l'arrivée à Pount d'où les navires reprennent la voile. Puis d'exhiber les apports pour les dénombrer dans la capitale en présence de l'image d'Amon. Mais quel chemin les navires avaient-ils pris? Cinq magnifiques vaisseaux d'environ 21,50 mètres de long et de 5,50 mètres de large, à la grande voile à mât central haut d'un peu plus de 7,50 mètres avaient été préparés. On a pu compter 210 hommes parmi lesquels 30 rameurs avaient été prélevés pour chacun des bateaux.

Mais le départ s'effectuant, bien entendu, de Thèbes, quelle route avaient-ils donc encore suivie? Aborder le pays par la mer impliquait, soit de descendre le fleuve jusqu'à la ville de Memphis, puis d'emprunter le canal d'eau douce faisant déjà communiquer, au Moyen Empire, le Nil et la mer Rouge, entre le lac Timsah et les lacs Amers, soit de traverser le désert oriental à la hauteur de Thèbes, à travers le ouadi Hammamat. Ce trajet devait alors se faire en caravane jusqu'au port de Koseir, lieu de construction des bateaux.

Accéder au pays par le Nil supposait en revanche de remonter le fleuve jusqu'aux régions proches de l'Atbara, donc, posait inéluctablement le problème du passage des cataractes. La solution aurait, alors, consisté à contourner ces dernières par l'aménagement de chemins de halage recouverts de boue du Nil humidifiée et sur lesquels on aurait fait glisser les vaisseaux.

L'arrivée à Pount

La preuve de l'existence et de l'utilisation de ce procédé a été découverte aux environs de la citadelle de Mirgissa, gardienne de la 2e cataracte.

C'est, pour l'expédition organisée par Hatshepsout, la solution qui me paraît le mieux convenir, d'autant que les dimensions des navires utilisés étaient moindres que celles des navires employés pour naviguer sur la mer : près de 52 mètres de long, dès la IIIe dynastie.

Quoi qu'il en soit, on peut admirer sur les murs de Deir el-Bahari la magnifique scène de l'arrivée à Pount. Les eaux de la rive sont peuplées de poissons – et en particulier d'une espèce de crustacés, dont les spécialistes assurent qu'elle peut être trouvée dans la mer, mais également dans le fleuve. Le chancelier Néhésy descend du vaisseau de tête et, s'appuyant sur une haute canne, présente au chef du Pays ses cadeaux de bienvenue pacifique. Il est seulement accompagné d'une garde d'honneur, huit soldats sont représentés. Au-dessus des coffres déposés au sol, on a étalé quelques objets manufacturés, des armes, et surtout une verroterie comprenant des colliers et bracelets qui, par ses couleurs rutilantes, devait, aux yeux des Pountites, correspondre à de véritables trésors. Pa-réhou, le svelte Grand du Pays, reçoit ces présents avec une dignité dont toute servilité est exclue et, derrière lui, apparaît un monstre d'obésité, atteint d'une stéatose dont il ne paraît pas être troublé : il s'agit de son épouse, la reine Ity, accompagnée de l'âne qui lui sert de monture. Le résultat du troc, clairement exposé au retour à Thèbes, est en partie visible autour et sur les bateaux pendant leur chargement à Pount : on y reconnaîtra les sacs de gommes aromatiques, d'encens, d'oliban, des « bourses » d'or, d'électrum; de l'ébène, de l'ivoire, des peaux de félin et l'annonce de ce que les Egyptiens pourront trouver dans le pays. Mais, pour accueillir l'émissaire de la Grande Reine, Pa-réhou, à son tour devant Néhésy, noble et respectueux, lui offre des sacs de

gommes odoriférantes, des anneaux et des sacs d'or et d'électrum placés dans un ordre impeccable à côté d'un entassement régulier d'ivoire et de bois d'ébène. Un des bateaux de l'expédition avait été chargé d'une sculpture en granite rose représentant Hatshepsout aux côtés d'Amon. Elle fut remise au prince pour être érigée sur le rivage où la flottille avait abordé.

Les « ethnologues » d'Hatshepsout ont su noter sur leurs papyrus, pour qu'on le reproduise sur les murs de Deir el-Bahari, les différents aspects de la civilisation de cette contrée où ils découvraient une population mélangée de Hamites purs – évoquant, pour nous, un type éthiopien –, des métis et aussi des Noirs. Ils vivaient dans des huttes sur pilotis auxquelles on accédait par des échelles. Le paysage, où les palmiers doums – qui apparaissent déjà en Nubie – dominent largement, est en partie nilotique. Mais il y pousse également les arbres à encens produisant les gommes devant embaumer les sanctuaires d'Amon.

Le retour en Egypte

L'activité devint fébrile dans les parages du port. Pendant que les savants observateurs de la reine s'étaient répandus dans le pays, les matelots avaient reçu l'instruction de regrouper tous les produits qui allaient bientôt être embarqués : les divers aromates et les métaux et alliages précieux, dont l'électrum que les chimistes de la reine analyseront et qu'ils reproduiront dès lors artificiellement de retour dans leurs officines. Des défenses d'éléphant, des longues « bûches » d'ébène, des peaux de panthère « du Sud » et les mêmes animaux, vivants, tenus en laisse, une girafe, des guépards, des singes hamadryas, en liberté et qui exerçaient leur curiosité dans les coins des navires, des bovidés et aussi des pierres de malachite, des épices et écorces aromatiques comme de la cannelle. Tout est déposé à bord des vaisseaux, où montent librement des habitants de Pount qui tentent l'aventure vers la Terre de Pharaon : femmes, hommes et enfants. Il y a également la merveille : trente et un arbres à encens dont les racines, soigneusement alimentées par leur terre, sont protégées dans de grands paniers.

Une telle expédition aurait-elle pu rentrer à Thèbes par la mer Rouge, alors qu'il fallait nourrir et abreuver hommes et bêtes, et suffisamment irriguer d'eau douce les arbres dont l'acclimatation constituait certainement un des premiers soucis officiels ? Une inscription d'Assouan remontant à la XVIIIe dynastie doit se rapporter à l'« exploration »

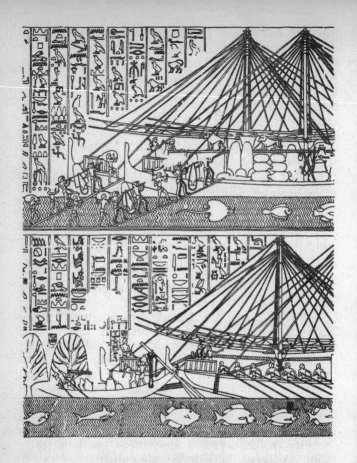

de Pount : on y parle des panthères et des singes trouvés dans ce pays, ainsi que des parfums... Est-il nécessaire de rappeler qu'Assouan et la 1re cataracte sont situés en Egypte à l'entrée du Nil, arrivant des profondeurs de l'Afrique ?

En l'an 9, de grandes réjouissances furent préparées à Thèbes, où la souveraine, aux côtés de laquelle se tenait Thoutmosis, loua hautement devant Sénènmout et Néhésy les résultats de toute l'entreprise. Tous les apports furent exhibés, recensés, pesés et mesurés, et les arbres, objets de tous les soins, furent replantés dans le jardin sacré de Deir el-Bahari. Aussi Néhésy reçut-il un quadruple collier et des armilles d'or. L'état de prospérité et de sécurité dans le pays avait ainsi permis de réaliser la première grande expédition commerciale et avait amplifié la voie des relations et des échanges pacifiques jusque dans l'extrême Sud.

NÉFÉROURÊ

La princesse Néférourê, qui avait hérité de sa mère la fonction d'Epouse du dieu, portait bien les titres de Fille royale, aimée de son père (Thoutmosis II), Maîtresse des Deux Terres et Régente du Sud et du Nord, titres qui, avant et après avaient été et furent affectés à des filles de roi, mais elle ne fut *jamais* mariée à celui qui devait devenir le troisième Thoutmosis et qu'elle appelait « son frère ». Elle apparaît discrètement sur les murs de Deir el-Bahari et aussi dans le spéos de Batn el-Baggara en Moyenne-Egypte, mais on ne la verra plus aussi souvent que durant sa tendre jeunesse où l'on pouvait découvrir sur les statues de son « père nourricier » son visage de jeune chat surgissant du giron de Sénènmout qui l'enveloppait dans son manteau, ou bien la tenait assise entre ses jambes et même, une fois, la promenait dans ses bras. L'imagination de Sénènmout pour se faire représenter dans des postures variées, et souvent peu conformes aux « types » traditionnels, est sans limites. Ses statues et statuettes devaient être innombrables, puisque malgré la destruction systématique à laquelle elles furent soumises, on en dénombre encore vingt-cinq de nos jours.

Une dernière fois, on aperçoit Néférourê sur une stèle du Sinaï (à Sérabit el-Khadim), datée de l'an 11, faisant offrande à la déesse Hathor. Elle porte la longue robe moulante de l'époque et, uraeus au front, elle est coiffée des deux hautes plumes de sa fonction sacerdotale. Son intendant, Sénènmout, est debout derrière elle et tient un grand éventail. Cette vision de la petite princesse devenue jeune fille est l'ultime figuration que les monuments nous aient conservée d'elle. Néférourê dut mourir aux environs de l'an 14, et fut peut-être enterrée non loin du premier caveau préparé pour sa mère dans le flanc d'une faille rocheuse du ouadi Gabbanat el-Gouroud, derrière la Vallée des Reines.

LES PRÉROGATIVES DE SÉNÈNMOUT

A cette époque, Sénènmout venait de recevoir l'autorisation royale de se faire aménager un second caveau dans l'aire même de Deir el-Bahari, au nord du temple sous lequel des escaliers et un couloir conduisaient à la chambre funéraire. Les trois petites pièces de cette nouvelle sépulture furent inachevées, mais on peut voir, au mur, Sénènmout en une attitude de grand respect, s'incliner devant les noms d'Hatshepsout. Au plafond, à deux pas de la seconde salle, l'intendant de la reine avait fait représenter une sorte de résumé des données astronomiques qu'il maîtrisait et le ciel vu de Thèbes durant son époque. A contempler le tracé imagé des constellations circumpolaires, le Taureau de la Grande Ourse et l'Hippopotame de la Petite Ourse (dont une des pattes antérieures est l'étoile polaire), à considérer les douze grands cercles évoquant l'année répartie en trois groupes

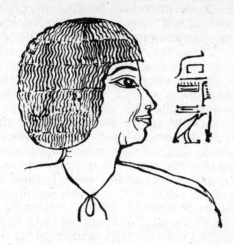

saisonniers de quatre mois chacun, à identifier les décans, sur le panneau sud du plafond, et Sothis, la plus brillante étoile de la constellation du Chien, qui réapparaît au ciel pour annoncer l'Inondation, toujours suivie d'Orion qui ne peut l'atteindre, à retrouver le symbole de la Voie lactée, on comprend combien était savant Sénènmout, le possesseur de ce caveau. Dans les ruines du tombeau, les fouilleurs du Metropolitan museum de New York, qui « interrogeaient » dans tout le site, retrouvèrent une jarre à vin portant l'indication de l'an 16 (premier mois de la saison Akhet, le huitième jour). C'était sans doute l'année où Sénènmout mourut.

Peu avant, la reine lui avait permis, insigne honneur, de faire figurer son nom sur les murs du temple de Deir el-Bahari (Winlock a pu en détecter la trace à soixante-dix reprises!) et dans les autres temples. Ceux qui poursuivirent la Souveraine firent naturellement disparaître au premier chef les marques de son intendant. Sénènmout, cependant, connaissait la vertu des images cachées, ainsi protégées des manœuvres tendant à les éliminer pour anéantir leur effet. Aussi avait-il dessiné à l'encre son portrait, masqué par l'ouverture des portes, dans les chapelles supérieures de Deir el-Bahari. La représentation a subsisté et a conservé le profil d'une personnalité qui s'impose encore. Visage allongé, dominé par la petite perruque du type nubien, au nez osseux et aux joues incisées, à la base du nez, de deux scarifications caractéristiques des gens de cette région et que, de nos jours, on trouve encore chez certains vieux Nubiens.

Près de la reine, il l'avait été, au moins sans discontinuer pendant les seize premières années de règne : il s'était attaché à son héritière Néférourê lorsque Hatshepsout était seulement la Grande Epouse Royale de Thoutmosis II. Cet éminent collaborateur, mentor, protecteur de la Couronne, novateur talentueux et sagement prudent, ne mérite certainement pas le titre de favori qu'on a voulu parfois lui attribuer et dont il ne joua pas le rôle. De valeur exceptionnelle, il fut un conseiller hors de pair. Occupa-t-il dans les sentiments intimes de la reine une place particulière ? Nous n'en avons pas la preuve, mais cela ne serait pas impossible; en tout cas et après son trépas la verve de certains détracteurs aurait pu, comme on le verra, en tirer un sujet de satire. Faute de témoignages convaincants, il reste des suppositions. Pour ma part, avec toutes les restrictions qui s'imposent, j'avance, dans les lignes suivantes, une hypothèse plausible.

UN ENFANT DE L'AMOUR ?

Il y a presque un siècle, la Vallée des Rois a livré la tombe d'un des rares individus touchant seulement à la Couronne et qui aient, néanmoins, reçu l'honneur d'une sépulture dans ce site réservé aux souverains. C'était le caveau d'un certain Maïherpéra, « porte-flabellum à la droite du roi ». Ce titre, créé sous Thoutmosis Ier, fut affecté seulement à de jeunes personnalités en rapport très étroit avec Pharaon. Sénènmout en fut même gratifié au cours d'une jeunesse qui semble avoir débuté par la carrière militaire. Or, Maïherpéra était un Enfant du *Kep* et avait été élevé à l'école du Palais. Nubien, il l'était certainement, car le magnifique papyrus funéraire qui l'accompagnait, véritable cadeau royal déposé dans sa tombe, le figure avec une peau d'ébène, coiffé de la petite perruque bouclée des pays du Sud. Ce document est d'une extraordinaire qualité : on peut le voir au premier étage du musée du Caire, déroulé tout le long d'un grand mur. Sa momie révélait encore plus : sur le suaire, autre présent de Pharaon, voici qu'apparurent le cartouche et le titre royal de *Maâkarê*. Enfant « morganatique », élevé discrètement à la cour – fils de Sénènmout, haut personnage présentant des scarifications assurément caractéristiques des Nubiens, et très probablement originaire de la frontière septentrionale du pays de Nubie[5] –, le jeune Maïherpéra fut peut-être la bien éphémère consolation d'une pharaonne à l'exceptionnel, mais implacable destin.

LA GRANDE FÊTE D'OPÈT

L'an 16 du règne semble avoir été marqué par d'importantes festivités dans le royaume. Sénènmout, sur le point de disparaître, y avait cependant assisté, mais au nouvel intendant de la reine, Amenhotep, fut confié le soin de préparer les fêtes du Nouvel An qui coïncidaient avec l'apparition de l'étoile Sothis annonçant le début de l'Inondation. On peut encore voir, peints sur les murs de sa tombe thébaine[6], les somptueux présents qui furent offerts à la reine à cette occasion. A cette époque, la souveraine décida de célébrer son grand jubilé dont les fastueuses manifestations devaient confirmer son couronnement propre : il importait qu'elle en rappelât, en le renforçant encore, le caractère fondamental des cérémonies religieuses. Elle choisit très probablement le moment du pèlerinage vers Louxor pour organiser, ou réorganiser, le déroulement rendu exceptionnel d'une fête qui voyait la triade d'Amon quitter en grand apparat Karnak afin de se rendre vers ce « harem[7] » de Louxor. C'était la fête d'Opèt : pour elle, dans ce « harem du Sud », avaient été érigées trois chapelles mitoyennes, destinées à recevoir les barques de chacun des membres de la triade résidant à Karnak : Amon, Mout et Khonsou.

Toutes les scènes auxquelles nous allons faire allusion composaient le décor de la chapelle de la barque d'Amon construite sur ses ordres entre l'an 16 et l'an 17 du règne; de délicates assises rectangulaires de quartzite rose, teintée en rouge, hautes seulement d'une coudée, reposaient sur une base noire de deux coudées de hauteur, aux reliefs « en creux », teintés de jaune. Le sanctuaire, précédé d'un vestibule, était flanqué de deux petites pièces. Placé dans la cour de Karnak devant le quatrième pylône qui, à cette époque, constituait la façade occidentale du temple, cet ensemble fut démonté par Thoutmosis III désireux d'occuper tout le terrain avec sa « chambre des Annales » au cœur de laquelle il fit dresser sa propre chapelle de barque en granite rouge. Fort heureusement, ces magnifiques blocs furent en partie introduits comme matériaux de remplissage dans le grand pylône érigé par Aménophis III devant les fondations de ses prédécesseurs. Ainsi, deux cent quatre-vingt-six d'entre eux – de nombreux manquent encore – furent retirés de ce monument et de plusieurs autres de Karnak, dès 1899, par les architectes affectés à la direction des travaux de restauration du service des Antiquités.

D'une rare qualité plastique, leurs reliefs ne permettent malheureusement pas de reconstituer la totalité des décors. Ceux qui ont été mis au jour sont cependant d'une très grande richesse d'information car, protégés par leur remploi dans des constructions postérieures, ils présentent une série d'illustrations intactes. Beaucoup viennent confirmer ce que des monuments très détériorés à Deir el-Bahari, ou d'autres édifices, laissaient supposer. D'autres encore livrent des détails nouveaux. Il faut en retenir avant tout la profonde volonté de la reine de confirmer avec faste les cérémonies d'un couronnement dont il importait qu'elle représentât le déroulement afin de renforcer sa légalité. C'est également une sorte de récapitulatif des actions du règne. Le grand texte de la jeunesse d'Hatshepsout – l'oracle d'Amon, si meurtri par les martelages à Deir el-Bahari – fut retrouvé intact aux côtés de quantité d'images d'offrandes et d'actes rituels attachés au protocole du sacre. Son dialogue et ses embrassements avec le dieu Amon-Min créateur, *Kamoutef* dont elle tirait la force et devant lequel les aromates et l'or de Pount (pour dorer les monuments) sont figurés en rappel de la fameuse expédition. On la voit accomplissant des rites de fondation de sanctuaires et lors des grandes fêtes au cours desquelles on réanimait les statues royales. Avant tout, la fête d'Opèt est à l'honneur en cette année 16 où elle avait décidé de célébrer le grand jubilé de son règne. Thoutmosis, présent, mais derrière elle, était désigné comme un souverain : « *Le Dieu vivant, Seigneur des Deux Terres* », alors que la reine portait les titres de « *Roi du Sud et du Nord, Seigneur agissant...* »

C'est ainsi que les diverses phases de cette fête dont les manifestations publiques étaient visibles entre Karnak et Louxor (le souvenir en demeure encore honoré de nos jours sur place!) nous sont apparues pour la première fois. On en connaissait le pittoresque déroulement ultérieur, grâce aux reliefs abrités par la fameuse colonnade de Toutankhamon à Louxor, mais, bien avant, on apprend qu'Hatshepsout en avait fixé les étapes essentielles et toutes les danses sacrées, au cours desquelles les ballerines exécutaient la figure rituelle et suggestive du « pont » au son des sistres-crécelles des prêtresses. La vénérable barque d'Amon était reçue, sur le chemin menant à Louxor, dans des reposoirs-stations créés par la reine et où la procession devait s'arrêter. On s'accorde à en avoir repéré six[8]. Représentés sur la chapelle rouge, ils permettent d'évoquer un kiosque à deux escaliers-rampes, pour l'entrée et la sortie de la barque divine, les accès étant encadrés d'images osiriaques de la souveraine. Dans cette attitude jubilaire, Pharaon se préparait à renforcer son potentiel divin, par la régénération de son *ka*, au sein du sanctuaire du « harem » : Opèt (Louxor), ce qui l'habilitait sûrement à maintenir dans son protocole royal le titre de « *Puissante de kas* », remplaçant heureusement celui de « Taureau *(ka)* puissant » porté par les autres souverains et qui ne pouvait – sans ridicule – lui convenir. L'initiative de la reine à propos de cette panégyrie fut suivie par plusieurs rois, tel Horemheb, afin de sanctionner leur couronnement à l'occasion de la fête d'Opèt. Par ailleurs, et concernant les reposoirs-stations utilisés pour ces cérémonies, il convient de noter que l'on a retrouvé la trace d'une construction de ce type devant le petit temple thoutmoside de Médinet Habou et également les vestiges de deux autres, analogues, en bordure du dromos menant au grand domaine religieux de Deir el-Bahari.

LES DEUX OBÉLISQUES PLAQUÉS D'ÉLECTRUM

La préparation de toutes ces manifestations dès l'an 15 du règne avait incité Hatshepsout à projeter, dans le calme de son palais, une action grandiose qui pût satisfaire son père Amon. Ce dernier lui inspira d'ériger une nouvelle paire d'obélisques à consacrer au cœur de la Salle de Thoutmosis Ier, entre les quatrième et cinquième pylônes de Karnak.

L'aventure est racontée sur la base de l'obélisque subsistant encore en place, d'une hauteur de vingt-huit mètres.

« [...] *Voilà que je m'assis dans mon palais et que je songeai à celui qui m'avait créée* (Amon). *Mon cœur m'induisit à faire pour lui deux obélisques en électrum* [...] *Alors mon esprit s'agita, imaginant ce que diraient les hommes qui verraient ce monument après de nombreuses années et parleraient de ce que j'ai fait.* »

Cependant s'étant informée auprès d'Hapousénèb, de Sénènmout et de Pouyèmrê, chargé de faire forger le métal à l'image des aiguilles de pierre, la reine apprit que l'électrum ramené de Pount et l'or avec lequel on pouvait maintenant en fabriquer, emmagasinés dans le trésor d'Amon, n'existaient pas en quantité suffisante pour exécuter ses volontés. Elle décida donc, pour ne pas abandonner complètement son projet, d'affecter à ses nouveaux obélisques un éclat dont seuls les pyramidions étaient jusqu'à présent revêtus, et de les faire entièrement recouvrir d'électrum.

« *En ce qui concerne les deux obélisques que Ma Majesté a [fait] revêtir d'électrum, pour mon père Amon, afin que mon nom soit durable et perpétuel dans ce temple, jusqu'à la consommation des siècles : ils sont faits d'une pierre unique qui est de granite dur, sans raccord [...] J'ai agi envers Amon en témoignage d'attachement, comme agit un roi envers son dieu. C'était mon désir de les lui faire fondre en électrum [comme c'était impossible], j'ai, du moins, placé leur surface [en électrum] sur leur fût.* »

Le travail fut exécuté, nous apprend la souveraine, en sept mois seulement, depuis l'extraction des obélisques de la carrière d'Assouan jusqu'à leur lieu d'érection à Karnak : le dernier jour du quatrième mois de la saison de l'Inondation, et le placage d'électrum fut exécuté, avec l'aide de l'orfèvre Thoutÿ, par Pouyèmrê. Les rainures latérales dans lesquelles les feuilles d'électrum étaient introduites sont encore visibles sur celui qui demeure en place. Quant à son pendant, fracassé, il subsiste sur le chemin du lac Sacré, par son magnifique pyramidion, qui nous a conservé l'image de la reine agenouillée, torse nu comme un jeune roi, tournant le dos à la noble image d'Amon assis sur son trône affairé à équilibrer, sur le chef de Son élue, la coiffure *khépéresh* du règne. Ces longues, élégantes autant qu'impressionnantes masses de granite rose représentaient environ 140 mètres cubes et pesaient approximativement 320 tonnes. Les dix remorqueurs de halage, chacun équipé de trente-deux matelots et manœuvres, avaient redescendu le Nil sous la surveillance de l'officier Tétiemrê, du prince Sétèptaou, intendant des prophètes de This et de Minmosé.

A défaut de la présence effective d'Hatshepsout qui n'avait pas vécu le déroulement de l'aventure, l'attention personnelle qu'elle lui témoignait était évoquée par son trône et le grand éventail royal, placé sur le pont du navire de tête. La péniche porteuse mesurait environ 83 mètres. Le travail avait été entièrement exécuté sous la responsabilité du successeur de Sénènmout, que l'on pourrait imaginer malade à cette époque. C'était le nouveau directeur des travaux, Amenhotep, également nouveau directeur de la Maison royale récemment promu par la souveraine, mais elle lui avait demandé un réel tour de force : introduire ces obélisques dans la salle hypostyle de son père! Il avait fallu, non seulement tailler une importante brèche dans un des murs, mais encore défoncer le toit-terrasse et abattre, dans la salle même, quatre colonnes au nord et deux autres au sud. On conçoit que l'opération inverse, pour éliminer les obélisques de la salle, ne pouvait être répétée facilement. Aussi, lorsque, faute de mieux, Thoutmosis III (?) voulut rendre invisibles les deux rayons solaires pétrifiés, certainement déjà privés de leur revêtement d'électrum, on fut contraint d'ériger un mur haut de vingt-deux mètres : le calcul montre qu'il fallait s'éloigner de plus de cent mètres pour en distinguer les derniers registres.

LA FIN DU RÈGNE
ET LA MONTÉE DE THOUTMOSIS III

Peu d'informations nous sont parvenues concernant la période située entre la dix-septième et la vingt-deuxième année, époque à laquelle les traces d'Hatshepsout disparurent complètement. L'Egypte semblait toujours connaître la tranquillité des années précédentes. Vers l'an 18, les reliefs de Deir el-Bahari furent achevés, bien que le bâtiment dans son ensemble n'ait jamais été entièrement terminé. La reine ordonna également de construire les massifs du huitième pylône de Karnak par où devaient passer les processions qui suivaient ainsi une allée triomphale. Thoutmosis III remania ce secteur, fit élever des murs pour border le passage à l'est (et son fils Aménophis II se chargea de faire orner, de ses hauts faits, la face sud du huitième pylône). Cependant, l'autorité de Thoutmosis grandissait, en l'an 16 puis surtout en l'an 20, il conduisit au Sinaï, pour la pharaonne mais aussi en son nom propre, une expédition qui laissa des vestiges au ouadi Maghara. Les deux souverains y sont pour la dernière fois figurés ensemble : Maâkarê, portant le *khépéresh* du règne devant le dieu Onouris et Thoutmosis III, coiffé du pschent, adorant Hathor. A partir de l'an 21, Hatshepsout n'apparaît plus sur aucune figuration nous permettant d'affirmer qu'elle était encore en vie; en revanche, Thoutmosis, définitivement investi – et seul – du pouvoir suprême, dès l'an 22, prit possession de la chapelle rouge à Karnak et fit graver ses propres reliefs sur les registres encore vides d'images. Mais peu après il en fit arracher les revêtements d'électrum, en prévision d'une réutilisation au bénéfice de son œuvre personnelle; peut-être, également, supprima-t-il quelques effigies de la reine. Par la suite il donna ordre de démonter le monument pour aménager à sa place des locaux consacrés à rappeler ses hauts faits dans cette partie du temple particulièrement appréciée des ancêtres de la dynastie.

Les mêmes blocs de la chapelle rouge portent des allusions au propre temple (Djéser Akhet) que le neveu de la reine avait, avec la bénédiction de cette dernière, déjà commencé à faire édifier légèrement au sud du Djéser Djéserou, dominant les deux vénérables sanctuaires des Monthouhotep et de la pharaonne. A plusieurs reprises, on a pu constater que celle-ci n'avait jamais cessé, depuis le début de son étrange « corégence », d'associer le jeune Thoutmosis à toutes les fondations du règne. La preuve en est trouvée aussi bien en Nubie (chapelle de Kasr Ibrim) qu'en Egypte même, à Karnak, à Deir el-Bahari par exemple; tous deux y adorent Amon et pendant la Belle Fête de la Vallée, leurs bateaux respectifs naviguent ensemble. On les retrouve aussi figurés côte à côte dans la chapelle rouge de Karnak, dans les spéos perdus de Moyenne-Egypte et jusqu'au Sinaï, sur des statues également, à commencer par certaines effigies de Sénènmout, ou encore, ils apparaissent comme contemporains sur des ornements architectoniques, des bijoux, des scarabées...

On a voulu successivement attribuer la disparition de Sénènmout, d'abord, on ne sait pourquoi, à une supposée vindicte de la reine qui l'aurait tenu en disgrâce. Puis Thoutmosis fut accusé, pour se venger de son odieuse usurpatrice de tante, d'avoir fait détruire les œuvres principales de cette dernière. Sénènmout aurait été à son tour victime du neveu assouvissant une juste rancune contre le favori d'Hatshepsout. Aucune de ces hypothèses ne semble vraiment fondée. En ce qui concerne en tout cas l'intendant de la souveraine, certaines de ces suggestions tombèrent d'elles-mêmes lorsque l'on découvrit, dans le temple de Thoutmosis III dominant Deir el-Bahari, la figuration de Sénènmout, portant sur le bras droit le cartouche de ce dernier. Le groupe du musée du Caire constitué de Sénènmout tenant sur ses genoux la petite Néférourê était doté d'une inscription indiquant, sans ambiguïté possible, que cette statue devait bénéficier des offrandes présentées au préalable à Thoutmosis III. Des indices de ce genre inciteraient au contraire à penser que le conseiller si dévoué à la reine aurait également pu faire preuve de loyalisme envers le jeune roi. Il conviendrait plutôt alors de reprendre toutes les thèses avancées et de s'interroger sur les présumés conflits ayant opposé les deux « corégents » et leurs « fidèles », bien plutôt que « partisans »?

Lorsque Thoutmosis III devint définitivement le maître du pays en l'an 22, le dixième jour du second mois de la saison Peret, le règne de sa tante avait-il été si funeste? Deux mois à peine s'étaient écoulés que, le quatrième mois de la même saison, Thoutmosis avait pu, à la tête d'une armée bien préparée et vigoureuse, engager la première de ses dix-sept campagnes victorieuses en Asie! Le moment était peut-être venu d'affirmer là-bas sur place la puissance de Pharaon et d'enrayer d'éventuelles rébellions, mais rien de ce qu'avait entrepris Hatshepsout souveraine n'avait été préjudiciable au pays et n'avait dépassé les possibilités de la reine d'Egypte, bien au contraire.

LE « PERSÉCUTEUR » DE LA PHARAONNE

Sa momie n'a jamais été retrouvée et ne figurait pas dans les deux cachettes royales. Fut-elle même inhumée dans le vaste caveau – non décoré –

préparé pour elle dans la Vallée des Rois ? Plus jamais aucun indice n'apparut qui la concernât, sinon deux graffiti à l'encre, parfaitement obscènes et dégradants, découverts récemment dans une des petites chapelles rupestres de l'étage supérieur de Deir el-Bahari. L'esprit dans lequel ces satires imagées ont été conçues – évoquant des relations grossières et ridicules entre des personnages qui ne peuvent être qu'Hatshepsout et Sénènmout – révèlent des thèmes chers à l'époque ramesside, dont les contemporains avaient su produire le fameux papyrus dit « érotique » conservé au musée de Turin. C'est en fait à cette époque qu'il faut attribuer les principales destructions des images d'Hatshepsout (de même que celles d'Aménophis IV – Akhénaton) dont Ramsès II supprima les mentions dans les listes royales. En rétablissant les noms d'Amon martelés durant l'hérésie atonienne, Ramsès fit certainement disparaître le souvenir de la reine. On retrouve effectivement sur les murs de Deir el-Bahari de courtes phrases rajoutées aux inscriptions originales, par ordre du roi, et où l'on peut lire que *Ousir-Maât-Rê* (nom de couronnement de Ramsès II) a « *renouvelé* » *le monument pour son père Amon.* Par ailleurs, on constate que, pour sa part, Thoutmosis III n'a que *très rarement* remplacé par son nom celui de la reine et jamais, semble-t-il, avant l'an 42. Ramsès fut probablement celui qui substitua aux mentions de la souveraine celles de son demi-frère époux Thoutmosis II et de son père Thoutmosis Ier. Ce comportement demeuré longtemps inexpliqué ne contribua pas peu à rendre presque inextricable toute approche du personnage exceptionnel de la pharaonne Hatshepsout.

HATSHEPSOUT,
GRANDE SOUVERAINE ET NOVATRICE

Cette dernière avait été l'instigatrice d'innovations dont s'inspira grandement son successeur. En effet, non seulement il fit poursuivre la construction de son temple au sommet de l'enceinte de Deir el-Bahari, mais, de plus, il acheva le huitième pylône de Karnak. En l'an 3 de son règne personnel, il reçut du maître de Pount quatre nouveaux arbres à oliban qui sont encore figurés dans la tombe de Pouyèmrê, ancien haut fonctionnaire de la reine. Ce dernier servit aussi fidèlement Thoutmosis qu'il l'avait fait pour la souveraine, et lorsque le trésor d'Amon fut, à la suite des guerres du conquérant, apte à fournir le métal précieux en abondance, ce même Pouyèmrê érigea pour le neveu les obélisques en électrum massif qu'il n'avait pu réaliser selon les désirs de la tante. Leur souvenir a été conservé sur un lourd cylindre recouvert d'écrits cunéiformes, au nom d'Assourbanipal[9]. D'après l'Assyrien, les obélisques pesaient chacun 1 250 talents, soit 37 875 kilos (donc près de 38 tonnes) : il les ramena, comme butin, dans son pays. Ce furent donc ces 75 750 kilos d'électrum (donc près de 76 tonnes) qui épargnèrent à la ville de Thèbes un sac intégral, que l'on prête généralement aux Assyriens. Beaucoup d'autres initiatives de la reine firent école. En s'inspirant de son intérêt pour les animaux et les plantes des pays « exotiques », Thoutmosis ramena à son tour de ses expéditions en Asie de quoi constituer ou tout au moins figurer son célèbre jardin botanique de Karnak. L'autel solaire en plein air de Deir el-Bahari est à l'origine de celui qu'il fit aménager au nord de son monument appelé *Akh-Menou* à Karnak. Il introduisit aussi son image dans le sanctuaire oriental où la reine en compagnie d'Amon avait institué une sorte d'oratoire où recevoir les suppliques de ses sujets.

Ramsès II s'empara de ces dernières innovations sur place en élevant, non loin de l'endroit, le temple-chapelle d'« *Amon-qui-exauce-les-suppliques* », de même qu'en Abou Simbel on retrouve au nord du grand temple l'autel solaire dont il avait déjà fait copier le modèle à Gourna pour son père Séthi Ier.

Mais il est une préoccupation majeure et une recherche de la pharaonne – et de Sénènmout – bien en avance sur leur temps, poursuivies sous un autre langage symbolique par Aménophis IV : le message du mystère osirien révélé à la postérité. Hatshepsout avait osé se servir de sa propre image de jubilé annuel, en « chrysalide » nocturne, tel Osiris tenant les sceptres du dieu rentré dans la mort, mais aussi tel le symbole du « renouvellement » diurne, elle avait également pris en main les signes *ankh* et *ouas*, symboles du Soleil, maître de vie. Les prêtres d'Osiris n'avaient certainement pas pu lui pardonner pareille révélation qui commençait à désacraliser l'impénétrable mystère dont ils avaient si bien su entourer le mythe et le culte osiriens.

Hatshepsout, au même titre qu'Aménophis IV-Akhénaton, s'était donc attiré l'opprobre de la religion officielle, car sur les monuments, comme dans ceux de ses proches contemporains, on avait pu détecter le monothéisme latent dont s'inspirait Pahéry prince d'el-Kab, tuteur des deux frères aînés de la reine, lequel avait évoqué dans les textes de sa tombe le destin des morts auprès d'un Dieu unique, « *celui qui est dans les hommes* », – le *Dieu des sages*[10].

« *Puisses-tu rejoindre ta place dans le Seigneur de la Vie!* [...] *Tu contempleras alors Rê dans l'horizon du ciel. Tu verras Amon lorsqu'il se lève* [...] *Tu chasseras de toi tout le mal de la Terre, tu iras éternellement dans la douceur de cœur, dans la faveur du Dieu qui est en toi.* »

Son grand prêtre, Hapousénèb, n'était pas en reste pour donner des preuves de son mysticisme :

« *Je suis allé vers ma place de durée infinie, mon âme étant dans le ciel, alors que mon corps demeure dans ma tombe : j'ai rejoint Dieu.* »

Ces libertés prises envers un dogme archaïsant ne furent pas plus pardonnées à la reine, qu'on ne les accepta longtemps sous le règne d'Akhénaton désireux d'en faire le programme de sa vie. Ainsi faut-il réellement attribuer à Séthi Ier et Ramsès II les violences certaines exercées contre ces deux souverains : par tous les moyens, ils s'efforcèrent de les faire disparaître de l'Histoire.

Cependant l'esprit et le bien-fondé de ces réformes avaient certainement éveillé le sens opportuniste de Ramsès II. Ouvertement il les condamna. Puis, en usurpateur de talent, il les traduisit dans un langage symbolique propre à ne pas heurter les sensibilités traditionalistes : tout en se présentant comme le plus violent détracteur des « révolutionnaires religieux », il perpétua en quelque sorte leur œuvre, et l'ultime message d'Hatshepsout, loin de disparaître, devint alors vérité.

III

La femme d'Égypte

1

La femme libre et la femme en servitude

L'ÉGYPTIENNE

Sa place dans la société

Si haut que l'on remonte dans les préliminaires de la civilisation du Nil égyptien, au moment où des créatures commencent à exprimer par le tracé – ou la plastique – leurs préoccupations de survie, on rencontre les évocations de l'homme ou de la femme, chacun dans l'état qui lui a été dévolu par la nature. L'homme est figuré comme un guerrier, un chasseur, peut-être un magicien. L'image féminine traduit l'amour, la fécondité ou la sollicitude, c'est-à-dire l'amante, la mère, la pleureuse (ou « deuillante »), celle qui provoque le désir, qui donne la vie ou veille sur le défunt partant vers son éternité. Dans ces rôles essentiels, elle apparaît comme désirable, respectable et protectrice : elle matérialise, quoi qu'il en soit, une attirance, un besoin, un réconfort.

Aussi les premières visions reçues de l'Egyptienne à la préhistoire sont-elles des silhouettes aux formes pleines soulignant encore avec une emphase malhabile leur féminité et fréquemment portant un enfant dans les bras – alors que les pleureuses ou danseuses funèbres, hanches galbées, taille extrêmement mince et seins menus élèvent leurs bras élégamment arqués au-dessus de leur tête en un geste perpétué pendant des millénaires.

Grâce à la découverte dans des tombes de la fin de l'époque néolithique de petites statuettes d'os et d'ivoire, il est permis de constater que, déjà en ces temps, les dames s'enveloppaient de manteaux-capes ornés sur une épaule d'un pan d'étoffe plissé, ou d'admirer la plastique d'un corps à la facture très vite raffinée, témoin de l'idéal féminin : physique aux longues et minces jambes, au bassin élancé, taille fine, poitrine haut placée et surtout, pour chacun des deux types décrits – la femme nue ou la femme vêtue – une charmante coiffure, assez longue, aux mèches soignées et retenues à l'arrière par un élégant nœud de ruban. Dès lors, l'Égyptienne ne se départira plus de cette coquetterie révélée et qui a traversé les siècles.

Quelle impression le touriste peut-il conserver, en contemplant les portraits de cette séduisante personne apparaissant à profusion sur les reliefs et les peintures des monuments ou dans les grands musées d'antiquités ? Des premiers témoins aux derniers vestiges avant l'arrivée d'Alexandre, le regard du visiteur s'est continuellement arrêté sur la dame, assise en majesté devant une table d'offrandes, parfois en vis-à-vis de son époux, communiant ensemble pour leur repos d'éternité. Elle circule librement, vêtue avec sobriété ou recherche suivant les occasions, aux champs ou à l'atelier, dans l'intimité de ses occupations maternelles ou encore parée au cours d'une réception, d'une fête : elle se situe comme l'égale de son époux. C'est sous cet aspect qu'elle nous est aussi parvenue, composant aux côtés de son mari – parfois entourée d'enfants – les fameux groupes en ronde bosse déposés dans les chapelles des tombes. On a voulu vainement interpréter les différences de taille ou d'attitude de ce duo, ou même la position de leurs bras, comme la marque d'une sujétion ou d'une inégalité : à l'analyse, cette hypothèse tombe d'elle-même. L'homme assis ou la femme debout (mais l'inverse existe également), les proportions de l'homme, la plupart du temps dominant celles de son épouse, révèlent bien plutôt la stature généralement plus puissante de l'époux et celle moins charpentée de la conjointe.

Type physique, coquetterie et modes

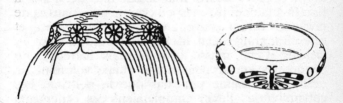

Ces groupes soulignent, en fait, le souci le plus évident éprouvé par tout Egyptien et toute Egyptienne : le lien étroit entre les deux membres du couple et leur attachement à la cellule familiale.

Chaque relique de l'Egypte ancienne met en relief la beauté chamito-sémitique – et souvent quasi européenne –, l'élégance naturelle du type physique de ses habitants, agrémentées encore, pour la femme, au teint généralement plus clair que celui de l'homme, par une recherche dans sa vêture et une coquetterie révélant un indéniable désir de plaire.

C'est évidemment là une figuration de la femme idéale de la haute société, mais un idéal vers lequel on se tournait en s'efforçant de s'en rapprocher

223

aussi près que possible : svelte, la poitrine menue, la taille haute, les jambes longues, proportions déjà entrevues à la préhistoire. L'embonpoint était à éviter, et ce n'est pas dans les sépultures de dames de la société que l'on a pu trouver des coupes pleines de « *cheveux de la Terre* », des rhizomes de plantes aquatiques, *cyperacée nympheacée*[1] propres à donner les rondeurs appréciées par certains petits notables. Les paysannes, plus exposées au grand air que les dames de la société, présentaient parfois un teint halé, en contraste avec la peau presque nacrée de la plupart des nobles Thébaines.

Les soins les plus manifestes ont été d'abord portés à la coiffure : les jeux de mèches nattées ou ondulées furent souvent utilisés. Suivant les époques et le rang social, les perruques entouraient les visages d'une masse courte, mais flatteuse, ou encore les encadraient d'une chape volumineuse descendant même plus bas que la poitrine. Les rubans et les fleurs complétaient ces ornements essentiels à la séduction. Les vêtements eux aussi, du plus discret au plus sophistiqué, depuis la simple tunique jusqu'à la précieuse robe de lin plissé, ont toujours évolué suivant les mêmes principes de la ligne pure et d'un raffinement d'où l'excès et la surcharge ont toujours été exclus. Mais le souci permanent de mouler sans fausse pruderie le corps féminin fut constamment de règle. A l'Ancien et au Moyen Empire, deux larges bretelles retenaient la plupart du temps le fourreau de lin blanc, présentant ainsi un décolleté plongeant en V qui, pour les servantes et, plus tard, les pleureuses à gages, laissait parfois les seins à nu. Les bijoux, grosses perles suspendues à un tour de cou, ou larges colliers gorgerins, étaient complétés par des bracelets et périscélides de style géométrique. Le bandeau de tête, pour les nobles dames, pouvait être en or aux décors floraux. Dès que les envahisseurs hyksos introduisirent l'usage de certaines autres parures, les boucles d'oreilles furent immédiatement adoptées. Au début du Nouvel Empire également, après les premières conquêtes dans les régions asiatiques voisines où les Egyptiens rencontrèrent un luxe et une profusion de richesses auxquels ils n'étaient pas accoutumés, on assiste, dans tous les domaines, à une mutation de la mode qui se traduisit par une plus grande recherche portant sur l'utilisation des matériaux et des formes, mais jamais une surcharge du détail ni une agressivité de tons.

Les coiffures des femmes devinrent de véritables compositions où, pour les grands jours, les rubans réapparaissaient, les tresses variées constituant d'élégantes chapes où les jeux de lumière mettaient en relief la préciosité des mèches diversement nattées, souvent dominées par la souple tige d'un lotus s'épanouissant sur le front. Le noir de la perruque contrastait avec le blanc des fines retombées de lin plissé et souvent très transparent des longues robes aux larges manches, faites d'une sorte de châle, frangé, noué sous les seins et dont les pans se confondaient avec ceux de la jupe élargie vers le sol. Le luxe atteignit son apogée durant les règnes d'Aménophis III et d'Aménophis IV, époque où un véritable « drapé mouillé » appliqua son plissé sur le corps. Cette somptueuse robe, souvent recouverte d'un manteau de même style, se perpétua jusqu'à la fin des temps ramessides. Mais jamais l'Egyptienne ne dépassa la mesure, sinon peut-être à l'occasion des fêtes et des banquets au cours desquels parfums et onguents étaient répandus à profusion sur les convives. La partie supérieure des beaux vêtements éclatants de blancheur prenait alors la teinte ambrée des huiles odoriférantes ou des cônes de graisse aux senteurs enivrantes destinés à fondre lentement depuis le sommet de la perruque :

« [*Voici*] *un vêtement blanc,*
Du baume pour tes épaules,
Des guirlandes pour ton cou.
[*Remplis ton*] *nez de santé et de joie;*
[*Sur ta tête*] *mets des parfums* [...]
Passe un jour de fête. »

Etant donné l'inconvénient qu'auraient présenté les onguents maculant ainsi les fines tuniques au cours de chaque festivité, cette description pourrait être interprétée comme l'évocation des femmes assistant au *banquet funéraire;* pourtant, les textes poétiques font, à plusieurs reprises, allusion à ces graisses odoriférantes qui pénétraient à travers le tissu des robes utilisées en diverses occasions :

« *Je te laisse voir ma beauté*
Dans une tunique de lin royal le plus fin,
Imprégnée d'essences balsamiques,
Et trempée d'huile parfumée. »

On rencontre encore ce souhait d'amoureux :

« *Si je pouvais, seulement, être son blanchisseur!*
Seulement durant un simple mois!
Alors mon bonheur serait de laver les huiles
De moringa [*qui imprègnent*] *son vêtement diaphane!* »

Ainsi, les robes des dames furent toujours de lin blanc. La seule introduction de couleurs se manifestait dans le décor des ceintures, vraisemblablement tissées. En aucun cas on ne vit l'Egyptienne parée d'une de ces toilettes à volants, brodées et enrichies de multiples teintes, portées par les femmes du Proche-Orient. Mais ces vêtures avaient pourtant frappé les sujets de Pharaon qui, très tôt, s'étaient plu à les évoquer dans leurs peintures décoratives. Un nomarque[2] de Béni Hassan avait ainsi, durant le Moyen Empire, tenu à faire reproduire dans sa chapelle rupestre le défilé des bédouines qui lui avaient rendu visite pour accompagner leurs époux. Leurs robes droites, s'arrêtant à mi-mollet, aux ourlets festonnés, dégageaient une de leurs épaules et étaient ornées de pois, d'entrelacs, de divers motifs géométriques dont les Egyptiens auraient sans doute décoré leurs tentures, mais certainement pas leurs vêtements. A la même époque, on voit – peut-être en réplique – apparaître sur les tuniques moulantes des « porteuses d'offrandes » un décor en résille, brodé ou peint de l'effet le plus original et très élégant.

Des sandales, simples semelles retenues par de courtes lanières, chaussaient parfois les plus aisées. Au Nouvel Empire leur usage devint plus courant, et sous les Ramessides, leurs profils à l'avant relevé préfiguraient le style « à la poulaine ». En peau blanche, elles pouvaient être enjolivées d'incrustations de cuirs teintés, et même de fleurettes d'or.

Un portrait résumé de la dame du Nil ne serait pas complet si l'on ne faisait pas allusion au fard, d'abord vert puis noir, utilisé pour souligner encore l'intensité des grands yeux de braise dont l'iris était légèrement décalé vers le sommet de la cornée, ce qui donnait au regard un charme langoureux. Nous contemplerons plus à loisir tous les vases à parfums et à onguents de la dame lorsque nous pénétrerons dans sa maison.

LE STATUT GÉNÉRAL DE LA FEMME

Egalité entre l'homme et la femme

Ainsi se présentait, selon toute apparence, la femme égyptienne, heureuse citoyenne d'un pays où l'égalité des sexes semble avoir été, dès l'origine, considérée comme tout à fait naturelle et si profondément ancrée que le problème paraît ne jamais avoir été soulevé. Mérikarê le note très tôt dans l'histoire, par ses *Instructions*, lorsqu'il déclare que les humains, « *le troupeau de Dieu* », jouissent d'un sort enviable. « *Le créateur a fait le ciel et la terre à leur intention, il a repoussé pour eux la menace des eaux, il a fait le souffle pour que vivent leurs narines; car ils sont à son image sortis de ses membres. C'est pour eux qu'il brille dans le ciel, de même qu'il a fait pour eux les plantes, les animaux et les poissons, afin de les nourrir.* » A l'image des couples divins, les humains bénéficient de cette parité de la création dont le concept est très profondément ancré dans les croyances religieuses égyptiennes. On ne pouvait en attendre moins d'un peuple qui avait fait de la déesse Isis la « *Dame du genre humain* », la sœur attentive, l'épouse fidèle, l'amante prévenante devenue magicienne pour inventer, par son talent, les moyens de perpétuer la virilité perdue d'Osiris au-delà du trépas et de transmettre la succession de ce dernier à son fils. Cette notion de parité entre les deux sexes était à ce point enracinée dans les mœurs nilotiques qu'elle avait pénétré dans l'anthroponymie où il arrivait qu'un même nom propre puisse parfois désigner indifféremment une femme ou un homme.

Ainsi l'Egypte est, dans l'Antiquité, le seul pays qui ait vraiment doté la femme d'un statut égal à celui de l'homme. Cela est constaté sans difficulté pendant toute la période de l'Ancien Empire et naturellement avec éclat au Nouvel Empire. En était-il de même au Moyen Empire, grande époque de redressement national entre deux sombres périodes de troubles? Des indices pourraient inciter à constater une légère régression dans certains droits reconnus à la femme, mais rien n'est absolument sûr et le manque de documents d'importance constitue le principal facteur d'hésitation ou de doute à ce sujet. Une stricte étude chronologique des faits est donc parfois malaisée. Enfin, les témoignages rencontrés, tous sporadiques, n'ont pas permis d'établir à l'heure actuelle une seule biographie complète d'une dame égyptienne connue. Cependant, la qualité des textes est suffisante pour que l'on soit assuré d'une vision globale de ses prérogatives. Dès la fin du XIXe siècle, Révillou et Paturet, spécialistes du droit égyptien à travers les écrits démotiques des derniers siècles avant notre ère, avaient déjà jeté les grandes lignes du statut de la femme sur les bords du Nil (depuis, les recherches ont été poursuivies pour les époques précédentes, beaucoup moins prolixes, principalement et récemment par Théodoridès, Allam et Pestman), mais tout confirme que l'Egyptienne, juridiquement l'égale de l'homme, était traitée sur le même plan. Il en était de même entre fils et filles. La femme pouvait posséder des biens, en acquérir, contracter ou s'obliger librement. Certes, la mère était le pivot de la famille, mais elle ne tirait pas de ce fait toute cette autonomie. Elle disposait de tous les droits, dès sa naissance et *aucune* modification n'était apportée à son statut légal en raison de son mariage ou de ses maternités. Sa capacité était pleine et entière sitôt sa majorité[3] et son mariage naturellement; mais il apparaît qu'une enfant pouvait sans doute contracter des actes en forme judiciaire dès qu'elle était à même d'en saisir le sens et d'en évaluer la portée.

La liberté de la femme

La femme égyptienne ne connaît pas la tutelle à laquelle fut contrainte la Romaine, et la *puissance des parents* – principalement celle du père – fut avant tout une *protection*. En matière de succession les dévolutions étaient identiques pour l'homme et pour la femme; il semble aussi que l'Egyptienne fut – suivant certaines règles, dont naturellement le consentement paternel – relativement libre de choisir son futur époux. Cette indépendance était si grande à la fin des dynasties indigènes, qu'elle en abusa même au point que Sophocle et Euripide, dans plusieurs de leurs œuvres, présentèrent les Egyptiens comme « *restant assis au coin de leur foyer, tandis que la femme traitait toutes les affaires du ménage* ». La réaction survint donc par les soins de Ptolémée Philopator, lequel édicta ses fameuses *Prostagna*, bouleversant en partie le droit égyptien en vue de revenir sur la notion d'égalité entre les deux sexes, mettant ainsi une terme à une situation dont les femmes avaient mésusé jusqu'à l'outrance.

LA CAPACITÉ JURIDIQUE DE LA FEMME LIBRE

Les vertus de la femme

La notion de « caste » semble ne pas avoir existé, et le cas de la servante-esclave mis à part, toutes les prérogatives sont reconnues à la femme. Tout comme l'homme, elle est citée par son nom qui sera précédé, dès le Moyen Empire, si elle est mariée, par l'expression *nébèt-pèr*, signifiant « maîtresse de maison ». C'est certainement le titre le plus enviable que toute jeune fille aspire à obtenir : ainsi dit la sage jouvencelle :

« *O toi, le plus beau des hommes!*
Mon désir est [de veiller sur] tes biens,
En [devenant] ta maîtresse de maison.
Que ton bras repose sur mon bras
Et que mon amour [ainsi] te serve! »

La petite bourgeoise, citoyenne d'une agglomération, d'un village important, était souvent désignée comme une *ankhèn-niout*, une « vivante-de-la-ville ». Cette citoyenne libre, propriétaire de biens, était une *néméhyt* et s'il lui arrivait d'adopter, comme cela se présentait parfois, les enfants d'une de ses servantes-esclaves auxquels elle reconnaissait des biens, les « affranchis » devenaient à leur tour des *néméhou*.

On a souvent prétendu que la femme ne bénéficiait pas, à l'époque des pyramides, de droits aussi étendus que durant la période des grandes conquêtes des Thoutmosis et des Ramsès. Il semble, en fait, que son statut n'ait pas été moins satisfaisant aux premiers temps. Ses prérogatives étaient considérables et certainement égales au respect qui lui était dû.

Nous verrons plus loin dans quelles conditions juridiques... et affectives l'Egyptienne pouvait se marier, mais on peut souligner que déjà, à l'Ancien Empire, si son statut légal est bien équivalent à celui de l'homme, un impératif, pourtant, était exigé pour son mariage : d'abord, être vierge. Ensuite, pour conserver l'état de femme mariée, ne pas commettre d'adultère. Certes, en ce qui concerne le second cas, on verra par la suite les divers accommodements rencontrés, mais la punition dont on la menaçait était la peine de mort. On n'a jamais retrouvé de traces réelles qu'un pareil verdict et qu'un châtiment si cruel aient été appliqués, mais en revanche les contes populaires en donnent une vision, comme pour en rappeler la menace, et inciter à la sagesse les épouses de caractère volage. Ainsi, l'*Histoire du mari trompé*[4], racontée à Khéops pour le distraire, constituait un sérieux avertissement. Il s'agissait de la femme d'un magicien (prêtre lecteur) nommé Oubaôné qui organisa une rencontre galante avec un villageois des environs dont elle s'était éprise (ce qui prouve sa liberté). Trahie par le jardinier de son époux, elle allait subir l'implacable vengeance de celui-ci. Ce dernier anima, grâce à son art, un crocodile de sept pouces de long, fabriqué avec de la cire. Après les ébats amoureux du couple dans le pavillon du jardin, l'amant « *quand le soir fut arrivé, vint dans la pièce d'eau. Le serviteur jeta alors derrière lui, dans l'eau, le crocodile de cire. Celui-ci se transforma en un crocodile de sept coudées et il s'empara du bourgeois* », puis, sur l'ordre du roi, il l'emporta au fond de l'eau. Quant à l'épouse du prêtre magicien, « *le roi fit conduire la femme d'Oubaôné sur un terrain, au nord du palais, la fit brûler, puis ses cendres furent jetées au fleuve* ».

Cette punition exemplaire était certainement exposée à titre d'enseignement, ce qui n'est pas uniquement propre à l'Ancien Empire. Sous les Ramessides, le *Conte des deux frères* est composé des aventures incroyables traversées par la femme aux visibles intentions d'infidélité repoussée par le frère cadet de son mari qu'elle avait provoqué comme Joseph le fut par Mme Putiphar. Le grand frère, lorsqu'il apprit enfin la vérité, tua la provocatrice, laquelle le poursuivit cependant sous les formes diverses qu'elle prit à chacune des tentatives de destruction faites par son époux. Il ressort de tout cela que la fidélité était en tout cas demandée à l'épouse, et que la transgresser constituait une grave faute[5].

LIBRE PROPRIÉTÉ, LEGS ET TESTAMENTS

Indépendance constante ou à éclipses ?

Dès la IIIe dynastie, la dame Nèbsénit, mère du haut fonctionnaire Méthen, avait en toute liberté propriété et usage de son patrimoine, et elle fit un testament en faveur de ses enfants (la seule part de Méthen était de cinquante aroures). Il est clair que chacun des membres d'une famille : père, mère et enfants, possédait chacun ses biens propres et en disposait comme il l'entendait. La femme n'apparaissait ni sous l'autorité de son mari, ni sous celle de son fils aîné. Elle ne subissait aucune tutelle, étant leur égale en dignité comme en droit. Elle pouvait hériter de son époux au même titre que ses enfants. L'égalité successorale des fils et des filles confirme bien la parité juridique des sexes. De ce fait, une femme présentait toute aptitude à acquérir, au même titre que l'homme, un bien immobilier. On sait quel respect les enfants témoignaient à leurs parents, ce qui n'a guère changé en Egypte depuis l'Antiquité, mais il s'agissait là de dispositions volontaires car, en fait, et comme précisé ci-dessus, la puissance paternelle ne pouvait s'exercer sur des enfants majeurs.

Il semble, en revanche, que la femme – du moins vers la fin de l'Ancien Empire – pouvait ne pas être chargée de la tutelle des enfants mineurs en cas de décès du père. Au Moyen Empire un papyrus de Kahoun laisserait à penser qu'un homme puisse prévoir, au cas où il viendrait à mourir, d'imposer à sa femme un tuteur pour ceux de ses enfants non encore majeurs. Le texte ajoute : « *Quant à ma tombe, que j'y sois enterré avec ma femme, en interdisant à quiconque d'y faire opposition.* » Les filles à défaut des fils pouvaient célébrer le culte funéraire de leurs parents et, ainsi, faire « revivre leur nom ». Notons, cependant[6], que si une stèle est dédiée par une fille au *ka* d'une défunte d'abord, puis ensuite au *ka* de son époux, la raison en est que la fille s'adresse d'abord à sa mère parce que l'homme représenté n'est que son beau-père.

Plusieurs historiens[7] ont cru déceler une régression des droits de la femme au cours du Moyen Empire, mais cela n'est sans doute valable que pour de rares exceptions. Un papyrus de Kahoun concerne un testament daté de l'an 39 d'Amenemhat III, portant la preuve de l'annulation d'un héritage légué initialement par un homme à son épouse. Ayant ensuite divorcé, il annula cet acte et le refit en faveur de celle avec qui il venait de se remarier.

« *Je transfère mon office de phylarque à mon fils Imyotef, fils de Méry, appelé Iousénèb, à condition qu'il soit mon " bâton de vieillesse ", car je suis devenu infirme [...] Quant aux actes de transfert que j'avais établis en faveur de sa mère au préalable, ils sont révoqués; et quant à ma maison située dans la région de Hatmadet (?), c'est pour les enfants qui pourraient naître pour moi par Satnébet-Nénisou, la fille du garde du conseil du district, avec tout ce qu'elle contient [...]* »

En revanche, on constate à quel point, au début de la XIIIe dynastie (vers 1785 avant J.-C.), une femme mariée bénéficie bien d'une indépendance légale complète, allant jusqu'à traduire en justice son père afin de protéger ses propres intérêts privés. Ainsi, Téhénout porte-t-elle plainte contre son père qui a favorisé sa seconde épouse au détriment des enfants du premier lit :

« *Mon père a commis une irrégularité (?). Il a dans sa possession des objets qui m'appartiennent* [*et que*] *mon mari m'a donnés. Mais il* (le père) *les a transmis à sa* [*seconde*] *femme Sénèbtisi.*
« *Puis-je rentrer dans mes biens*[8]*?* »

Les successions

En cas de décès, les biens propres du défunt, cela est établi, passent naturellement aux parents survivants : les enfants légitimes recevant une part égale, sans tenir compte de leur sexe comme on l'a souligné. A défaut de descendants, tout revient à l'épouse.

Il arrivait aussi qu'un père pût « tester sur une partie de ses biens, en laissant la loi régir le surplus à égalité ». C'est ce que nous apprend une stèle du Caire[9] d'après laquelle un père a voulu avantager sa fille préférée « *qui avait été bonne pour lui* », en lui faisant un don spécial, sans pour autant la priver de la part qu'elle recevrait du partage de l'héritage entre elle et ses frères et sœurs. Afin d'expliquer le bien-fondé de ces prodigalités, la bénéficiaire y reconnaît, avec une candeur simulée, une intention divine : « *Qu'est-ce dieu*, demande-t-elle, *si ce n'est les parents?* »

A l'extrême, une femme peut même déshériter certains de ses enfants en disposant de ses biens propres, légués ou acquis en dehors de sa part d'avoir conjugal. Ainsi agit une certaine femme de condition modeste, Naunakhté, épouse d'un ouvrier de la nécropole thébaine[10]. Elle en fera profiter principalement une de ses filles, en déshéritant trois autres enfants : voici les arguments avancés dans son testament :

« *J'ai élevé ces huit* [*enfants*], *vos serviteurs que voici, en leur remettant un équipement* [*pour fonder leur foyer*] *de toutes choses que l'on constitue pour ceux qui sont dans leur situation. Mais voyez, je suis devenue vieille, et voyez, ils ne s'occupent pas de moi à leur tour! Quant à chacun d'entre eux qui a posé ses mains sur les miennes, je donnerai des biens à moi, mais quant à celui qui ne m'a rien donné, je ne lui donnerai pas de mes biens* » (suit la liste des témoins).

Ces exemples d'ingratitude semblent, pourtant, ne pas avoir été fréquents.

Actes juridiques

Alors qu'à la même époque en Mésopotamie les droits successoraux de la femme étaient très restreints, en Egypte ils étaient officialisés. Le cas le plus célèbre qui soit parvenu à notre connaissance, et où apparaissent des femmes en capacité de recevoir un héritage, est le fameux procès de Mès concernant des bénéfices militaires accordés jadis par le roi Ahmosé (début de la XVIIIe dynastie). Le bien ainsi constitué en copropriété était inaliénable[11]. En dépit de cette stipulation, les ayants droit successifs réclamèrent très vite leur part individuelle. La cour du vizir sous Horemheb (fin de la XVIIIe dynastie), malgré la clause, les autorisa à recevoir chacun leur quotité. Le procès se prolongea; nous voici, maintenant, sous le règne de Ramsès II! L'action toujours pendante stagna à la Cour suprême de justice durant plusieurs années;

elle opposait alors plusieurs femmes, descendantes du premier propriétaire foncier, dont l'une avait été nommée administratrice des biens litigieux : la dame Ournérou, qui représentait les cohéritiers dont ses propres frères cadets. Toutes avaient la capacité d'hériter de leur part et d'ester en justice. Ainsi procéda la mère du fameux Mès, laquelle estimait être dépossédée de la part lui revenant de droit. Des irrégularités dans la procédure furent constatées, et on s'aperçut que les archives avaient été falsifiées lors de l'enregistrement à l'administration centrale! Au cours du procès les différentes sœurs attaquèrent les décisions du partage... et sans avoir, pour ce faire, besoin de l'autorisation de leurs époux respectifs.

Dans l'Egypte pharaonique, la femme agit assurément sous sa propre responsabilité, sans le consentement d'un tiers ou, si elle est mariée, de son époux.

Ainsi peut-elle librement passer une convention avec un interlocuteur, homme ou femme. Le cas est connu d'une femme qui passa un accord avec un citoyen pour lui louer le travail d'une serve pendant dix jours, à dix unités d'argent par jour... contre reçu dûment signé par la dame. Cela se passait le 25 du quatrième mois de la cinquième année sous le règne d'Akhénaton.

Délits

Lorsqu'il y a délit, la femme est poursuivie par l'autorité publique, sans l'intermédiaire d'une tutelle quelconque. Ainsi le cas d'une villageoise au domicile de laquelle, et en dépit de ses dénégations, on récupéra des objets volés. A défaut du verdict du tribunal local, incapable de fixer la peine, l'autorité supérieure qui fut sollicitée se fonda sur la punition jadis appliquée dans des conditions analogues à l'épouse d'un fonctionnaire, pour appliquer à la voleuse une sanction exemplaire.

La diffamation était un délit jugé par les tribunaux de campagne; un personnage important fut un jour l'objet d'une telle calomnie de la part d'une femme et de trois hommes. Tous furent condamnés à la bastonnade et la femme ne fut nullement épargnée. De même, un peu plus tard, dans cette période ramesside, durant la procédure judiciaire engagée après pillage des tombes royales, les accusés, de l'un ou l'autre sexe, furent également traités... et malmenés de la même façon.

On a cependant la preuve que – dans la bourgeoisie – certaines peines infligées aux femmes étaient moindres que pour les hommes. Ainsi, un faux témoignage conditionnait souvent l'exil d'un homme, dans la ville de Toské ou d'Aniba, en Nubie. La femme avouait que pour la même offense à la vérité, elle pouvait être astreinte à la servitude (« réduite au quartier des servantes »).

Si, en règle générale, la femme agissait librement, sans le consentement de quelque représentant masculin de la famille, certains textes nous laissent supposer que – du moins pour les classes les plus humbles de la société – l'épouse *pouvait être* solidaire de son mari au cas où ce dernier commettait un délit passible de châtiment. C'est tout au moins une menace que Séthi Ier tentait d'utiliser contre les pilleurs éventuels du bétail du temple d'Abydos : le délinquant subirait la peine prévue pour les voleurs – ablation des cartilages du nez et des oreilles – et le roi ordonnerait alors « *qu'il soit mis ensuite comme cultivateur dans le domaine du temple, alors que sa femme et ses enfants seraient placés comme serfs* ». De pareilles menaces devaient dissuader de la tentation l'Egyptien, qui plaçait au premier rang de ses préoccu-

Egalité complète de l'homme et de la femme, ici attablés devant le « repas » funéraire. (Epoque des pyramides.)

pations une harmonieuse ambiance familiale, et portait aux siens une affection réelle et très profonde.

LA FEMME DANS LA SERVITUDE

La servante

La lecture des contes populaires, la contemplation des scènes de la vie journalière représentées à profusion sur les murs des chapelles funéraires, évoquent les domaines et les demeures des propriétaires terriens ou des citadins munis d'un personnel abondant. La discrimination est pourtant malaisée, parfois, entre la domestique vivant dans la famille du maître et celle qui était liée par une sujétion plus étroite. Comme cela se passait en Egypte il y a plusieurs lustres (et qui est de moins en moins fréquent actuellement), les ménages de subordonnés et leurs enfants faisaient quasiment partie du foyer de ceux qui les employaient et leur restaient attachés. Les querelles ancillaires étaient fréquentes « à l'arrière de la maison », elles gagnaient parfois les appartements de la maîtresse du logis qui pouvait avoir à se plaindre de l'agressivité ou des exigences de telle ou telle en rébellion, et semblant alors bénéficier d'une indépendance certaine. Il n'empêche que, le cas échéant, elle recevait une punition corporelle.

La « serve »

On ne peut cependant pas exclure l'existence en Egypte d'une sorte d'état de servitude contrainte – non comparable aux excès de l'esclavage chez les Grecs et les Romains –, mais qui semble avoir privé d'une certaine liberté des catégories déterminées d'individus, hommes ou femmes.

Plusieurs facteurs sous-tendaient la notion de servitude en Egypte. D'abord la « corvée » dont nul n'était exempt. En effet, certaines charges étaient inhérentes au régime géographique sous lequel vivait ce pays : l'inondation annuelle pour laquelle il fallait préparer un terrain propice, veiller au bon état des canaux, puis lutter contre ses méfaits. La solidarité demandée durant des périodes limitées à tous les habitants pour les grands travaux, dont, naturellement, la construction des monuments royaux, à commencer par les pyramides, devait impérativement être appliquée pendant certaines saisons. Elle rencontrait parfois quelques défections : les fuyards étaient naturellement appréhendés, hommes ou femmes, et parfois les couples – qu'on ne séparait pas de leurs enfants.

Une seconde catégorie de délinquants et de délinquantes était également susceptible de se trouver partiellement privée de sa liberté : les condamnés de droit commun.

L'achat d'une « serve »

Enfin, cette servitude était, en majorité, appliquée à des étrangers importés en Egypte, prisonniers de guerre, célibataires ou accompagnés de leur famille. Lorsque les Egyptiens n'avaient pas bénéficié des effectifs de captifs accordés par Pharaon en récompense de leur vaillance au combat, ils pouvaient alors faire appel aux marchands syriens, lesquels, principalement au Nouvel Empire, venaient leur proposer une domesticité qu'ils avaient recrutée à bon compte là-bas dans leur pays. A tout considérer, il semble que, parmi les êtres en servitude appartenant à ces trois catégories, ceux traités avec le plus de bienveillance étaient les étrangers et les étrangères. Leur sort était alors relativement semblable à celui des quelques rares Egyptiens qui se « vendaient » et entraient ainsi dans un « mercenariat » volontaire, la plupart du temps pour racheter une dette. Lorsqu'il s'agissait d'une femme, elle stipulait bien, dans l'acte de vente, que cette contrainte tombait également sur les enfants qui lui adviendraient engendrés par son époux... ou par le maître de la maison à laquelle venait de l'attacher sa décision.

L'acquisition d'une femme en servitude était (comme celle d'un homme) enregistrée officiellement à un bureau gouvernemental. La plupart des femmes étaient affectées à des demeures, certaines entraient au service des magasins des temples – elles faisaient partie des *méryt* et des *hémout;* leur tête était rasée et seule une mèche en « queue de cochon » subsistait de leur chevelure.

Les femmes étrangères, introduites sans doute très tôt en Egypte à la suite d'opérations militaires, fournissaient également un appréciable contingent voué à cet état de sujétion; aussi était-il devenu classique de voir arriver dans la capitale, comme la vision en a été sculptée sur les murs du temple de Sahourê, à la Ve dynastie, les femmes et les enfants des chefs libyens capturés, défilant et accompagnés de moutons et de chèvres, et enregistrés par la déesse Séchat qui les dénombrait.

Le récit connu sous le nom d'*Admonitions*, contemporain du premier grand bouleversement social à la fin de l'Ancien Empire, nous permet de mesurer la nature de la servitude et le degré de tolérance caractérisant la condition des servantes dont le statut ne nous apparaît pas encore clairement et qui dépendait des divers emplois auxquels elles étaient affectées.

« *Voyez, l'homme de noble origine,*
On ne le connaît plus!
L'enfant né de sa femme
Est traité comme celui de sa servante! »

Et cette « nouvelle riche » n'a plus de respect pour les anciens maîtres :

« *Voyez, les servantes ont maintenant un libre*
langage.
Lorsque la maîtresse parle, les domestiques n'en
ont garde!
Voyez, celle qui n'avait même pas une boîte,
Elle possède maintenant un coffre,
Et celle qui ne pouvait se regarder que dans
l'eau,
Elle possède maintenant un miroir [...]*!* »

Corvées et « Grande Prison »

Cependant, la révolution passée, les pharaons fondateurs et maîtres du Moyen Empire avaient repris avec une fermeté accrue la conduite du pays et la sévérité était de règle. Aussi, un papyrus[12] nous révèle-t-il que les condamnés à la servitude étaient, avant tout, incarcérés dans la Grande Prison, une sorte de camp de travail où Egyptiens et étrangers résidaient à part égale : ils étaient devenus des travailleurs gratuits et leur état pouvait être transmissible de génération en génération. On savait que les femmes – sans être contraintes aux durs travaux des champs – étaient astreintes à la « corvée » obligatoire. Le livre d'écrou de la prison fait allusion au cas de Téti, la fille du paysan Sianhour, au service du scribe des champs de This qui n'avait pas exécuté la besogne indiquée et s'était enfuie. Le moyen utilisé par l'administration fut simple : afin de s'assurer du retour de la fautive, on incarcéra tout bonnement sa famille; aussi notre fugitive, n'écoutant que son sens de la solidarité familiale, vint se constituer prisonnière. Toute la tribu fut relâchée; espérons que la peine de Téti ne fut pas trop lourde !

Le même document a enregistré un autre événement très typique, relatif au sujet qui nous occupe : la vente de quatre-vingt-quinze servantes et serviteurs de ce genre particulier (sous la XIIIe dynastie) l'an 1 du roi Sébèkhotep III à Ha-Ankhef, intendant des champs thébains. L'année suivante, il les céda à son épouse Sénèbtisi, transmis, il faut le dire, comme n'importe quelle espèce de bien. Dans la liste qui accompagne le droit à la propriété de ces « serviteurs » figurent beaucoup de noms étrangers. Au reste, sur le registre d'inscription, l'indication de « Sémites de Syrie – ou Palestine » est donnée. Leur spécialité est aussi précisée; on peut alors constater que les Egyptiennes de la liste n'ont guère de formation et portent des noms « roturiers » sans patronage divin; en revanche, les étrangères d'un niveau bien supérieur avaient des métiers confirmés, et étaient souvent mieux traitées que les Egyptiennes pour cette raison, et certainement aussi parce qu'elles n'étaient pas prisonnières de droit commun.

Etrangères et prisonnières de guerre

W. Hayes, qui publie ce précieux papyrus, fait remarquer l'absence de guerres contemporaines du document et se demande si ces Asiatiques – tel Joseph vendu par ses frères – n'avaient pas été introduits en Egypte par les marchands qui sévissaient déjà à cette époque. Dès leur installation dans les domaines seigneuriaux, les servantes de ce type s'intégraient généralement aux membres de la famille. On ne séparait jamais les enfants de leur mère, et dans la pratique, non seulement ces femmes bénéficiaient d'une certaine liberté, mais par surcroît il était interdit de les faire travailler les jours de grande chaleur.

Des habitantes du pays de Pount avaient également, sitôt le Moyen Empire et par un procédé analogue, été introduites dans le grand harem de Miour, en qualité de *hémout* ou de *méryt* surtout, ou encore de *isouou* et de *bakout*, appellations qui ne nous habilitent ni à apprécier ni à préciser leur degré exact de servitude.

Les écrits et documents, plus riches au Nouvel Empire qu'aux époques précédentes, permettent de mieux cerner cette condition dont les contours demeuraient encore assez flous. On s'aperçoit ainsi que ces « travailleurs », d'un type spécial, sont, pour la plupart, d'origine étrangère. Les guerres menées par les pharaons en étaient les grandes pourvoyeuses. Les Annales d'Aménophis II, le roi le moins sensible de tous les souverains d'Egypte, nous apprennent qu'à la suite d'une seule de ses campagnes asiatiques, il introduisit ainsi, dans son pays, 838 femmes figurant dans le butin de guerre : « *Guerriers " maryanou ", 550, avec leurs 240 femmes [...]*, « enfants femelles » *des princes, 328; chanteuses des princes de tous les pays étrangers, 270.* » Il est bien précisé que ces femmes apportaient avec elles leurs biens les plus précieux, c'est-à-dire leurs bijoux. Pharaon en faisait prendre soin, dès leur capture, car les beautés orientales étaient fort goûtées sur les rives du Nil. Les moins séduisantes n'étaient pas réservées au Palais[13], ni aux domaines des Grands, mais entraient souvent dans les fondations religieuses comme chanteuses, danseuses, servantes; ainsi procédèrent Horemheb, Séthi Ier et plus tard Ramsès II, ce dernier poussant même le soin de les faire « marquer » à son nom : la fabrication des étoffes pour les femmes, le labour, l'élevage du bétail, la culture du blé, la confection des briques, la maçonnerie étaient le lot des hommes. Mais dès leur capture on avait en permanence veillé sur leur sécurité. Aussi, lorsque l'une d'elles épuisée après sa longue marche présentait une trop grande fatigue, « *alors, on la met sur l'épaule du fantassin, si bien qu'il doit laisser son équipement qui est pillé par les autres. Lui, reste chargé de la captive!* » La captive de guerre était désignée par son appellation sémitique de : *Serti* (de l'assyrien : *esirtu*).

Les marchands et le prix des « serves »

Le nombre de ces « prisonniers » dont la caractéristique était surtout d'avoir été achetés par leurs utilisateurs (Pharaon vendait ainsi une partie de son butin) s'accrut considérablement pendant ce Nouvel Empire, et les marchands syriens – les

245

shoutyou – firent de fructueuses affaires. Ils étaient les plus grands pourvoyeurs de « filles de joie » des « maisons de la bière » qui faisaient le bonheur des jeunes étudiants, sermonnés en vain par les vénérables scribes de l'enseignement.

Cependant, ces pourvoyeurs s'adressaient aussi aux ménagères désireuses de se faire servir. On connaît ainsi l'histoire de cette dame Irinéfert qui vivait dans la maison du directeur du district (un certain Samout) depuis sept années, lorsque le marchand Râia vint lui proposer d'acheter une jeune esclave syrienne appelée par lui Géméni-Hérimèntet (ce qui signifie : « je-l'ai-trouvée-à-l'Occident »)... « *Il me dit : " Procure-toi donc cette adolescente [ou petite fille] en m'en donnant le prix "* » et ce prix était de 4 *débèn* et 1 *kité* d'argent, dont l'équivalent indiqué était : 6 plats de bronze, 10 débèn de cuivre, 15 vêtements de lin, un voile, une couverture et un pot de miel[14]. Pour honorer cet achat, la dame dut emprunter à sa voisine, laquelle n'étant pas remboursée la cita devant le tribunal! Parmi les témoins à charge figure son beau-frère. Son mari estimant sans doute qu'il n'était pas concerné demeura « en dehors de l'affaire ». Il faut préciser qu'un débèn pèse 91 grammes et que son dixième, le kité, correspond à 9,1 grammes. Les « esclaves » de sexe masculin étaient, semble-t-il, payés moins cher (pour la même période, presque la moitié!), si l'on en juge par deux papyrus du Louvre[15] : prix d'un « homme du Nord », 2,5 débèn d'argent et du British Museum[16] : prix de l'« esclave » Païnekh : 2 débèn d'argent. A cette époque, non seulement les *travailleurs* étaient enregistrés avec la mention du lieu dont ils étaient originaires, mais on notait aussi les noms de leurs parents.

Location de « serves »

Il existait également la catégorie des serviteurs que l'on louait à une communauté, à une administration ou même à des particuliers. A la XVIIIe dynastie, il fallait fournir un bœuf pour quatre jours de travail de femme en servitude, ce qui paraît exorbitant! Tout autant que – du temps d'Akhénaton – les dix unités d'argent réclamées par la dame qui, à ce prix, loua sa « serve » pour dix jours de travail, et dont il a été question plus haut.

Des fermiers pouvaient obtenir en location des « jours d'esclaves » à une communauté qui mettait ces dernières à la disposition de la collectivité. C'est même ainsi qu'une femme « en servitude » devint la propriété de la ville d'Eléphantine. Aussi trouve-t-on dans la bourgade des ouvriers de la nécropole à Deir el-Médineh des domestiques de cette catégorie, femmes et enfants, employés par quelques matrones qui en étaient propriétaires. Dans d'autres foyers, on constate l'utilisation de cette main-d'œuvre gratuite fournie aux ouvriers de la nécropole au même titre que toutes les denrées remises pour leur entretien. Ces femmes devaient moudre le grain dans chaque demeure; la farine, néanmoins, était travaillée par les épouses des ouvriers dont le rôle essentiel, avant tout autre, était d'assurer la fabrication quotidienne du pain pour la maisonnée entière.

Ces humbles servantes avaient dû, en passant de maison en maison et en côtoyant une assez grande diversité de types humains, acquérir « à l'orientale » une paisible philosophie. Aussi le sage Ptahhotep[17] disait-il à leur sujet :

« *La véritable sagesse est plus rare que la pierre*

verte, mais on la trouve [parfois] *chez les servantes travaillant à la meule.* »

Affranchissement et adoption de « serves »

Le sort qui était réservé aux serves et serfs sur la terre de Pharaon n'était pas cruel : on n'a pas jusqu'à présent retrouvé de contrat sanctionnant une union entre eux, mais ils vivaient normalement en cohabitation. En revanche, on sait qu'un homme libre pouvait épouser une femme « en servitude » née dans une maison égyptienne, en obtenant l'approbation de la maîtresse de maison (parfois même c'est la maîtresse qui choisit l'époux). Par son mariage, elle était alors naturellement affranchie et les enfants du couple déclarés des êtres libres : cette loi fut abolie sous les Ptolémées. A l'occasion du mariage, les maîtres constituaient une dot pour « l'esclave ».

Pour mieux faire saisir l'esprit de ces mariages « mixtes » d'où résultait un affranchissement, il convient de se référer aux textes eux-mêmes.

Tout d'abord (papyrus de l'Adoption), il s'agit d'une dame qui marie son frère Padiou à sa jeune « serve » : « *Moi* (la maîtresse) *je l'accepte* (Padiou) *pour elle* (l'esclave). *Il est donc avec elle* [*dès*] *ce jour. Maintenant, voyez! J'en ai fait une femme libre du pays de Pharaon. Si elle vient à porter soit un garçon, soit une fille, ils deviendront des gens libres de la Terre de Pharaon, suivant le même processus,* [*puisqu'*] *ils vivront avec le maître d'écurie, Padiou, ce mien jeune frère* » (suit la liste des témoins).

Le cas inverse pouvait exister aussi, si l'on en juge par un texte conservé au musée du Louvre. C'est celui d'une femme libre qui épouse « l'esclave » de son oncle, prisonnier de guerre de Thoutmosis III :

« An 27, sous la majesté du roi du Sud et du Nord Mèn-Khépèr-Rê [...] fils de Rê, Thoutmosis [...] Le barbier royal Sabastet s'est présenté devant les Enfants du Kep du palais royal, pour déclarer : l'" esclave " qui m'a été attribué, à moi en propre et dont le nom est Amènyoiou, je l'ai gagné à la force de mon bras lorsque j'accompagnais le souverain. Ecoutez [...] du temple de Bastet, Dame de Bubastis, en place de mon père, le barbier Nèbsahénou. Il ne sera plus arrêté, à aucune porte du roi. Je lui ai donné la fille de ma sœur Nébètta pour épouse, qui a nom Ta-Kaménèt, et j'ai fait un partage en sa faveur avec ma femme et ma sœur également. Quant à lui, il est sorti du besoin et n'est plus indigent.

*« Cet écrit a été fait [par le scribe royal Nésou], en présence du gardien Amènèmhèb,
du scribe royal Ahmès,
du scribe du " rondou " royal Baki,
du scribe royal Amènmès,
du Directeur de la porte, Amènpa [...]. »*

Fait remarquable : une Egyptienne lia ainsi sa vie à un prisonnier de guerre, avec le consentement de toute la famille. Elle apporte à son époux des biens et même la situation de son ancien maître, disposé à lui léguer son titre de barbier du temple, hérité du grand-père ! Le prisonnier était sans doute un Nubien dont l'affranchissement fut fait en présence d'Enfants du *Kep*, souvent d'origine nubienne [18] : ils lui servirent de consuls. Incontestablement, les Egyptiens n'avaient pas de préjugés raciaux.

Toutes les classes de la société pouvaient adopter des « esclaves », on connaît même des cas où des dames fortunées adoptèrent les enfants de certaines de leurs « serves » et leur firent, aussi, des dons importants. En ce qui concerne les successions, les « serves » pouvaient être léguées aux héritiers avec tous les autres biens. En revanche, sous la protection et l'acquiescement de leur maître, ces « esclaves » pouvaient acquérir une propriété, posséder des terres[19] de père en fils; ils pouvaient aussi être détenteurs de kité d'argent (et même avoir leurs propres domestiques). Tous ces biens devaient être respectés par le maître.

En définitive, on peut dire qu'ils étaient en quelque sorte des êtres libres, mais avec l'approbation du maître. Les femmes et les hommes, comme on l'a vu, étaient parfois récompensés par l'émancipation. Leur dignité et leur sens du jugement étaient à ce point reconnus, qu'on a pu retrouver le cas de femmes « en servitude », appelées comme témoins, ou même reconnues comme disposant de la capacité entière de déposer contre leur maître. Ces quelques exemples suffiront sans doute à montrer que la femme « esclave » de l'Egypte ancienne bénéficiait d'une condition peut-être même plus enviable que celle des « serves » de notre Moyen Age.

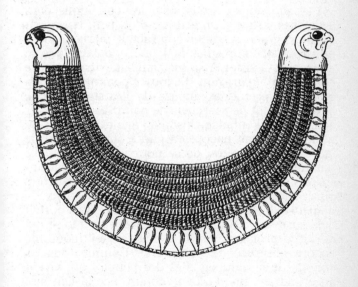

2

Enfance, éducation, amour, fiançailles

L'ENFANCE

Lorsque nous aurons suivi les conditions dans lesquelles la fille d'un artisan, d'un petit bourgeois ou d'un grand seigneur contractait mariage, nous pourrons accompagner la jeune épousée dans sa maison et assister à sa vie familiale, mais encore convient-il auparavant d'exposer comment se passaient les premières années de l'existence d'une fillette en état de marcher, de parler et de se livrer aux jeux de l'enfance. Jusqu'à l'âge de trois ans au moins, elle était encore en partie alimentée par le lait de sa mère – ou de sa nourrice. L'été, si elle habitait en Basse-Egypte, et durant deux saisons sur les trois en Haute-Egypte où il fait beaucoup plus chaud, elle circulait toute nue dans la demeure de ses parents ou au-dehors, mais portait déjà suspendue à un fil la perle bleu turquoise qui devait la protéger contre le mauvais œil (coutume encore observée de nos jours). Comme tous les enfants de la campagne et des peuples qui vivent au grand air, une certaine connivence la liait aux animaux qui l'entouraient : les cabris, les oies et les canards, les pigeons, des huppes apprivoisées, les chats et les chiens de la maison qui savaient écarter les serpents et les scorpions, et aussi parfois le cercopithèque au pelage vert, facétieux familier du foyer qui, à la bonne saison, lui disputait les figues du sycomore. Les jouets étaient la plupart du temps des fragments d'objets domestiques qui lui tombaient sous la main, mais on a retrouvé, dans les fouilles, l'éternelle silhouette animale profilée dans le bois et montée sur roulettes qu'il suffisait de tirer avec une cordelette et même l'attelage de terre cuite, en réduction, rappelant l'équipage de Pharaon et dont les sujets étaient remplacés par des singes ! La poupée de bois aux membres articulés existait aussi, du moins pour la Basse Epoque. La récompense suprême était certainement la possession d'une petite gazelle capturée dans le désert et que les plus heureuses des enfants de la « société » pouvaient tenir dans leurs bras comme un trésor très précieux.

Les fillettes pratiquaient les exercices physiques, tout comme les garçonnets, et partageaient leurs jeux. On les voyait fréquemment courir ensemble, bondir même dans une sorte de saute-mouton où la « patiente » (ou le « patient ») ne présentait pas son dos, mais était assise à terre ; c'étaient alors ses bras et ses mains, écartés l'un au-dessus de l'autre, que les partenaires devaient franchir sans les toucher (ce jeu est encore pratiqué de nos jours dans les campagnes égyptiennes et s'appelle *Khazza lawizza*). Elles suivaient aussi de véritables leçons d'acrobatie propres à les préparer aux exhibitions rituelles des panégyries ou des rites funéraires, ou même à la participation à des réjouissances populaires. Aux mouvements d'assouplissement étaient mêlés les jeux d'adresse où les balles de cuir étaient souvent utilisées.

INSTRUCTION ET ÉDUCATION

Très tôt, dès l'âge de quatre ans et pour plusieurs années, certaines petites filles pouvaient être aussi admises à suivre l'enseignement dispensé à ceux des enfants que leurs parents destinaient à devenir fonctionnaires. Il fallait donc avant tout obtenir l'état de « scribe » (*sesh*). Le cas ne devait pas être fréquent pour les filles, mais il existait, car certaines professions étaient ouvertes aux femmes. Comme leurs camarades et fières de pouvoir se référer à la patronne de l'écriture et des archives, la charmante déesse Séchat, elles se rendaient à l'école, où la discipline était stricte et les corrections corporelles appliquées suivant une saine logique :

« [...] *Ne donne pas de coups pour des fautes passées. Une petite punition effectuée dans l'immédiat vaut mieux qu'une punition sévère, mais tardive.* »

La première tâche consistait à s'initier à la complexité certaine de l'écriture hiéroglyphique servant à exprimer une langue archaïque utilisée seulement d'assez loin dans le langage parlé. A cet effet venait en premier lieu l'apprentissage de listes de signes, classés par catégorie accompagnés de leur prononciation et de leur signification. Puis il fallait se pencher sur les listes de mots réunis par le sens et ensuite sur les exercices pendant lesquels elles copiaient de petits textes classiques à tracer en écriture « onciale », que nous appelons le « hiératique », et qui reflétait la langue parlée de l'époque. Il existait aussi des exercices de grammaire, et la conjugaison des verbes n'était pas oubliée. Les écoliers passaient alors aux devoirs de composition sous le contrôle et l'entraînement très stricts du maître. Chaque jour, l'élève datait sa copie et les « belles-lettres » entraient ainsi graduellement dans son esprit : textes littéraires, traités de sagesse et œuvres d'imagination, romans et contes, souvent à base mythologique.

Des notions d'arithmétique, de mathématique et de géométrie étaient également inculquées à la fin du premier cycle qui donnait le droit au titre de : « scribe qui a reçu l'écritoire ». La mère devait chaque jour, pendant la scolarité de son enfant, porter au maître d'école trois pains et deux cruches de bière. Pour les rares jouvencelles admises à approfondir une discipline, la spécialisation était donnée soit dans les administrations sous la tutelle d'un « ancien » qui la guidait, soit dans les Maisons de Vie que les grands domaines religieux comportaient dans leur enceinte.

En tout état de cause, l'éducation à l'école, mais aussi dans la famille, était un devoir essentiel pour les parents qui enseignaient à leurs enfants le respect du principe de *Maât*, l'obéissance aux règles du comportement protégeant de l'infraction qui viendrait troubler le cours naturel des choses : « *Une statue de pierre, voilà ce qu'est le petit imbécile que son père n'a pas éduqué.* » Il fallait préparer le futur adulte à une vie heureuse et communautaire, en un mot la vie de « *celui qui se tait selon le Maât* », de bonne conduite envers autrui et envers Dieu, que H. Brunner décrit comme « l'Egyptien adulte, image exemplaire de l'homme qui accepte la Providence de la main de Dieu, s'intègre à son entourage, est d'un commerce agréable, calme, modeste, discipliné, loyal, jamais emporté, jamais irréfléchi ».

Nous sommes assurés que cette formation était aussi rigoureuse pour les jeunes filles et portait ses fruits au point qu'à la fin des dynasties indigènes, Pétosiris, grand prêtre de Thot à Hermopolis, pouvait faire déclarer, à propos de son épouse, qu'elle avait bien suivi cette loi :

« *Sa femme, son aimée, souveraine de grâce, douce d'amour, à la parole habile, agréable en ses discours, de conseils utiles en ses écrits; tout ce qui passe sur ses lèvres est à la ressemblance des travaux de Maât, femme parfaite, grande de faveur dans sa ville, tendant la main à tous, disant ce qui est bien, répétant ce qu'on aime, faisant plaisir à chacune, sur les lèvres de qui rien de mal ne passe, grande d'amour près de chacun, Rènpètnéfrèt, fille du Grand des Cinq, Maître des Sièges, Pèfthaouneïth, et née de la Dame Satourèt.* »

Les premières bénéficiaires de cette éducation étaient, naturellement, les filles de nobles qui avaient pu aller à l'école du palais avec les enfants royaux. Aussi n'est-il pas étonnant de trouver dès l'Ancien Empire l'image de la princesse Idout, dans sa chapelle de Saqqara, se promenant en barque et ayant emmené avec elle tout son matériel de scribe posé soigneusement sur le pont de sa nacelle, derrière elle et sa « préceptrice », appelée Sèchséchèt.

Aucun souci de caste ne hantait l'Egyptien, il fallait seulement bien se rappeler que Dieu avait créé tous les êtres humains égaux, comme l'affirmait le sage. Aussi celle qui naissait dans une modeste maison, mais montrait, dès son jeune âge, les qualités requises, pouvait espérer qu'un jour le roseau avec lequel elle écrivait, le calame, « la mènerait jusqu'aux pieds de Pharaon ». Un des préceptes de Ptahhotep (175-184) nous révèle cette évidente promotion sociale ouverte à tous :

« *Si tu es humble et si tu fais partie de la suite d'un homme hautement considéré, oublie que cet homme a été humble autrefois. Ne sois pas arrogant envers lui à cause de ce que tu sais de son passé. Respecte-le, vu sa destinée. La possession et la considération ne viennent pas d'elles-mêmes, c'est Dieu qui nous les accorde.* »

Apprentissage d'un métier

Assurées de cette possibilité, les Egyptiennes des origines les plus modestes, mais ayant reçu une instruction appropriée, pouvaient espérer aborder certaines professions pratiquées indifféremment par elles ou par les hommes, mais, semble-t-il,

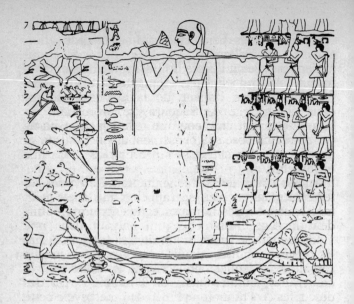

naturellement dans une proportion moindre. Les renseignements sur ce sujet sont malheureusement assez rares.

Pourtant, l'exemple d'une femme juge et vizir, la dame Nébèt, est parvenu jusqu'à nous. Il s'agit de la seconde belle-mère du roi Pépi Ier à la VIe dynastie. Elle constitue très probablement une réelle exception et dut peut-être ce poste au fait qu'elle appartenait aussi à une très puissante famille d'Abydos qui aurait protégé le roi au moment d'un complot de harem. Il faudra attendre la XXVIe dynastie avant que pareille nomination se produise à nouveau.

Professions libérales, scribes, fonctionnaires

Certaines jeunes filles – dès l'Ancien Empire – furent certainement autorisées à suivre l'enseignement de la médecine et de la chirurgie, très tôt dans l'histoire, puisque nous savons qu'une certaine dame Pésèshèt, enterrée dans un mastaba de Guizé remontant à la IVe dynastie, portait le titre de directrice de doctoresses. On imagine donc une profession où les praticiennes devaient certainement être appelées à soigner principalement les femmes et les enfants et avant tout les dames de la famille royale. Voici le premier exemple au monde de femme médecin.

Le métier de nourrice ne demandait certes pas de préparation spéciale s'il s'agissait de louer ses services aux familles bourgeoises, mais les nourrices royales, grandes dames de la société s'occupant des filles royales et même des petits princes, devaient avoir l'instruction nécessaire pour leur permettre de suivre les études de leurs nobles et jeunes maîtres, comme Sèchséchèt, « préceptrice » de la princesse Idout. Tout autres étaient les accoucheuses dont les plus appréciées à la Cour avaient naturellement reçu des rudiments de médecine. La plupart du temps, elles complétaient leur profession par celle de musiciennes-chanteuses.

Souvent des membres du harem royal devenaient Supérieures des ateliers de filature du palais, et des dames de la société pouvaient diriger des grands chantiers de tissage locaux. D'autres se révélaient susceptibles d'être nommées intendantes de la chambre des Perruques et devaient alors contrôler la fabrication de ces éléments essentiels à la parure des dames royales, mais aussi des pharaons, surtout à partir du Nouvel Empire.

Les femmes ayant fait des études de scribe

pouvaient entrer dans l'Administration : les titres qu'elles portaient ne laissent aucun doute à ce sujet[1]. H. Fischer en a relevé plus de vingt-cinq différents, dont ceux d'intendante, chef du département des magasins, contrôleur des magasins royaux, inspecteur de la salle à manger, inspecteur du Trésor, trésorier, surveillant des vêtements, intendante des étoffes, intendante des prêtres funéraires, intendante des pleureuses..., responsable de domaines funéraires, majordome des appartements royaux... Jamais comme à l'Ancien Empire, on ne trouva tant de fonctions de femmes dans l'Administration. Ces charges s'amenuisèrent, semble-t-il, au Moyen Empire, lorsque l'état de *nébèt-pèr*, maîtresse de maison, commença à « drainer » de façon spectaculaire la plupart des activités féministes. On constate, en tout cas, pour cette époque, que, quel que soit l'âge ou le sexe, pour un travail déterminé, les employés recevaient une rémunération égale.

Au Nouvel Empire l'Administration fut entièrement tenue par les hommes. Toutefois, il arrivait qu'un fonctionnaire en déplacement pût se faire remplacer par son épouse, tel cet agent du fisc qui avait confié à sa conjointe le pouvoir de le représenter et de lui adresser des rapports circonstanciés.

Des métiers de femmes en rapport avec la gestion de l'intendance sont décelés d'après les documents qui subsistent du Moyen Empire; pour y accéder il était nécessaire d'avoir fait l'apprentissage de scribe, telle une intendante du magasin du lin royal pour (?) l'offrande du dieu.

La carrière de gestionnaire, « celle du sceau », était également assez fréquente au Moyen Empire. Une des titulaires les plus connues de cette fonction est la dame Tchat, gérant du domaine du monarque Khoumhotèp II de Béni Hassan, « trésorière *(sédjaoutit)* et responsable des biens de son maître ». Il en sera plus longuement question au chapitre des « concubines ». On rencontre aussi la trace de majordomes féminins dont la charge était suffisamment importante pour qu'elles aient pu consacrer leurs propres stèles en Abydos. Les femmes secrétaires, à la XIIIe dynastie, trouvaient même du travail au Palais.

Une profession privée qui avait aussi pu être exercée par des femmes était celle de véritable « femme d'affaires », telle la dame Nénofèr, propriétaire terrienne, possesseur de biens importants au Nouvel Empire; elle déléguait à ses agents commerciaux *(shoutyou)* le soin d'écouler les produits qu'elle désirait vendre (les *shoutyou* étaient souvent en rapport avec leurs homologues syriens, ou syriens eux-mêmes).

Les festivités, en Egypte, tenaient une grande place; il ne se passait guère d'événement, à quelque niveau que ce soit, sans danse ni musique. On imagine les réjouissances qui pouvaient se dérouler à la Cour ou dans les riches demeures : les nombreuses représentations de banquets funéraires nous en ont laissé un lointain souvenir. Des femmes, fonctionnaires du Palais, Supérieures du harem, organisatrices des fêtes et plaisirs du roi, intendantes des danseuses du roi, intendantes des chanteuses, inspectrices, mettaient au point, surveillaient, étaient responsables des réceptions musicales qu'elles fleurissaient avec des soins particuliers, et des moments de délassement royaux. Les habitations opulentes possédaient tout ce personnel féminin qui mêlait ses prestations à celles des filles de la famille. Mais il existait aussi des sortes de compagnies de musiciennes et danseuses dûment formées, qui louaient leurs services et qui parfois se rendaient de ville en ville, accompagnées même d'acrobates pour les divertissements privés, les mariages mais aussi pour certaines fêtes religieuses à grand déploiement.

Les petits métiers

Les petits métiers qui ne nécessitaient pas d'instruction scolaire étaient ceux d'un certain artisanat, presque entièrement réduit, pour les femmes, à l'art de filer, de tisser, à celui aussi de fabriquer les vêtements, et à celui de confectionner des huiles parfumées et des onguents. Tout ce qui touchait à la toilette de la dame faisait appel à la collaboration féminine : coiffeuses, pédicures, manucures, masseuses. La majorité des autres artisanats était du domaine masculin. Le blanchissage même était réservé la plupart du temps aux hommes.

La femme qui, chaque jour, allait, lorsque la saison des travaux l'exigeait, apporter aux champs la nourriture des hommes de la famille, ne semble pas avoir partagé la besogne des cultivateurs. Il est extrêmement rare de trouver la représentation d'une paysanne occupée à traire une vache. On la voit plus fréquemment en train de vanner le grain ou encore de remplir l'office de glaneuse. Aussi, lorsque, au mur d'un temple ou sur un papyrus funéraire, on voit souverain et souveraine guidant une charrue, on peut être assuré qu'il s'agit là, simplement, d'une évocation de la « corvée » à laquelle tout défunt était temporairement astreint dans l'autre monde. Un milieu analogue et des conditions semblables sont évoqués lorsque l'on montre un couple de bourgeois ou de seigneurs s'employant à moissonner ou à arracher le lin.

Un cas sans doute différent se présente pour les vendanges et la fabrication du vin. Un interdit tenant sans doute à la nature même de la femme l'empêchait de participer à la cueillette du raisin et au pressage. On connaît seulement trois exceptions au cours de plus de trois mille ans à l'application de ce tabou, encore que l'une d'elles concerne la vendange « rituelle » des prêtresses de la grande démiurge Neïth. Rien d'étonnant à cette pratique discriminatoire lorsque l'on songe à certaines traditions bourguignonnes qui interdisaient aux femmes, il y a peu de temps encore, de pénétrer dans un chais (cf. ceux de Beaune) au motif qu'elles risquaient de faire tourner le vin! En revanche, la fabrication de la bière leur était souvent confiée.

Saler et faire sécher la viande, les canards, les oiseaux et le poisson revenait aux bouchers et aux pêcheurs, tandis que les meunières et les boulangères œuvraient quotidiennement à la maison ou dans les propriétés où les soins de la cuisine étaient dans la plupart des cas réservés aux hommes, de même que la cuisson des pains. Pour les grands domaines et au Palais, si les servantes entouraient les maîtres de leurs soins et prévenances, le nettoyage de la demeure et le service des repas semblent avoir été dévolus à la domesticité masculine.

Le clergé féminin

Il est un secteur particulier ouvert aux activités des femmes ayant reçu une instruction : celui du clergé. Dans une certaine mesure, c'est aux hautes époques que l'on trouve le plus fréquemment les titres de prêtresses. Elles étaient avant tout orientées vers le culte de la déesse Hathor, patronne des femmes, et parfois de Neïth, la « Grande » de Saïs. De même qu'Hathor était aussi honorée par des prêtres, les officiantes pouvaient êtres mises au service d'une forme divine masculine du dieu,

Thot, Ptah, Khonsou et même Min, et, principalement au Moyen Empire, Sobèk à l'aspect de crocodile (une reine du Moyen Empire devint même Prophète de Sobèk). Exerçant le culte comme les hommes, elles étaient rétribuées de la même façon et recevaient la dignité de Prophétesse ou Servante du dieu : *Hémèt-nétèr*. Le clergé subalterne et auxiliaire était naturellement fourni par le sexe féminin, les « préparatrices », les « pures » : *ouabout*; celles qui « veillaient », les surveillantes : *ouréshout*; les chanteuses : *mérout* et les joueuses de sistres. Elles étaient également susceptibles de se voir confier la charge de prêtresse funéraire : *Hémout-ka* entourées de leurs assistantes dont les pleureuses : *djérout*. Elles avaient, suivant certaines conditions, droit d'accès à certains postes de l'administration des temples, telles ces deux sœurs d'un grand prêtre de Ptah à la XIIe dynastie, nommées directrices des travaux du Domaine du dieu. Durant ce même Moyen Empire, apparaît la charge purement féminine d'Epouse du dieu, ou Divine Adoratrice, attribuée à des dames qui ne semblent pas encore, à cette époque, appartenir à la Cour. On a vu que ce genre particulier de prêtresse était chargé de réveiller l'appétit sexuel du dieu, tel que Min, Amon ou Path. Un de leurs titres, Main du dieu, fait une allusion à peine voilée à la création, par masturbation, prêtée au démiurge Atoum. Le musée de Leyde possède une remarquable statuette d'une des premières Epouses du dieu, la dame Iimérèt-Nébès (« Celle que son maître désire »), à la lourde perruque amovible et aux sandales dorées, et qui constitue une des plus sensuelles mises en valeur des charmes féminins de l'Egypte ancienne.

Pendant toute la période du Nouvel Empire, on constate une régression presque totale de la participation des femmes aux activités des temples, si ce n'est pour le service thébain où quelques Secondes Prophétesses ont été repérées. La charge de Supérieure du harem du dieu est alors, comme on l'a vu, réservée aux dames de la société, et petites et grandes bourgeoises pouvaient accéder à la fonction de chanteuse d'Amon principalement alors que celle d'Epouse du dieu devint presque exclusivement royale. Les chanteuses d'Amon bénéficiaient non seulement de revenus versés par la trésorerie du temple, mais aussi d'une exceptionnelle indépendance. On peut citer le cas de cette chanteuse de Thot qui prit l'initiative de divorcer d'avec son mari... à la demande de son amant[2]. Il semble que les chanteuses d'Amon formaient la seule corporation où pouvaient entrer des recrues d'origine très modeste, épouses de tisserands ou même de cordonniers, affectées au dernier échelon de ce collège.

On sait qu'après le Nouvel Empire, la puissance du clergé d'Amon s'avéra si tentaculaire que les souverains firent à nouveau appel aux femmes, jusqu'à ce qu'elles supplantent les grands prêtres presque complètement, à l'aube de l'époque saïte. Leur rôle s'amplifia même pour le service funéraire où les « verseuses de libation » remplacèrent souvent les « serviteurs du *ka* » des anciens temples, alors que les groupes de « jeunes vierges épilées » exécutèrent des danses au cours des mystères osiriens.

L'AMOUR

Lorsque la fillette du monde civil avait atteint l'adolescence, ayant ou non acquis une formation susceptible de lui procurer un véritable métier quel qu'il soit, même celui d'entrer au service d'un temple pour lequel le célibat n'était pas requis, aucun obstacle ne s'opposait plus à la réalisation de son vœu le plus cher : se marier, posséder sa propre maison, mettre au monde des enfants. Rappelons le vœu de la jeune vierge :

« *Ô toi le plus beau des hommes!*
Mon désir est de [veiller sur] tes biens
En maîtresse de maison,
C'est que ton bras repose sur mon bras
Et que mon amour te comble.
Je confie à mon cœur
Avec un désir d'amante :
Puissé-je donc l'avoir cette nuit pour époux!
Sans lui je suis un être au tombeau
N'es-tu pas la santé et la vie? »

Mais, auparavant, la jeune fille était passée par une réelle période de romantisme aisément décelée à travers les poèmes d'amour parvenus jusqu'à nous, et on retrouve les premiers balbutiements de la passion, la réserve et la discrétion, l'anxiété, bref toute la fraîcheur des sentiments animés d'un érotisme encore timide, toute l'ardeur d'un être jeune découvrant pudiquement l'amour :

« *Mon bien-aimé de sa voix a troublé mon cœur.*
Il m'a laissée en proie à mon anxiété.
Il habite tout près de la maison de ma mère,
Mais pourtant je ne sais pas comment aller vers lui!
Pour lors peut-être ma mère pourra-t-elle agir?
Il me faut aller lui [en] parler (la voir).

Il ne sait pas mon désir de le prendre dans mes bras
Il ne connaît pas ce qui m'a fait me confier à ma mère
Ô Bien-aimé puisse la Déesse des femmes,

La Dorée, me destiner à toi!
[...]
Mon cœur bat plus vite,
Lorsque je pense à mon amour,
Il ne me laisse pas agir " comme il faut "
Il tressaute à la place où il se trouve.

J'en arrive à ne plus m'habiller
Je néglige mes éventails
Je ne mets plus de fard sur mes yeux
Je ne me parfume plus de suaves odeurs.

" N'abandonne pas, tu touches au but "
Dit mon cœur lorsque je pense à lui.
Ô mon cœur, ne me mets pas dans la peine!
Pourquoi te conduis-tu comme un fou?

Attends sans crainte le bien-aimé vient vers toi;
Mais [redoute] alors les yeux de la foule.
Ne fais pas que l'on puisse dire de moi :
" Cette femme est devenue amoureuse! "

Puisses-tu rester calme, lorsque tu l'évoques
Et ne pas battre ainsi, ô mon cœur[3]*! »*

Comme pour tous les amoureux du monde, la nature flatteuse et complice est prise à témoin de la passion naissante, et les arbres du jardin participent aux rencontres et aux ébats :

(Le grenadier) parle :
« A ses dents semblables sont nos graines,
A ses seins ses fruits ressemblent.
Du jardin je suis le plus bel arbre
Car en toute saison je demeure.

La bien-aimée et son ami
Sous mes [ombrages se promènent]

Sous l'ivresse du vin et des sorbets,
Parfumés d'huile et d'onguents.

Sauf moi elles périssent
Toutes les plantes de la campagne.
Moi, je traverse les douze mois
De chaque année et je demeure.

Qu'une fleur vienne à flétrir,
Une nouvelle fleur [surgit] de moi,
Aussi je suis le premier arbre,
Mais, si second je suis considéré,

Alors qu'on ne recommence point!
Car je ne me tairai plus,
Je ne la cacherai plus
Et l'on connaîtra sa ruse.

La bien-aimée sera alors découverte
Elle ne parera plus son ami
[...]
Vois, le grenadier a raison,
Il nous faut le flatter,
Qu'il ordonne donc à sa guise, tout le jour,
Puisqu'il est celui qui nous cache! »

Le figuier est aussi entré dans le concert, mais rien n'égale la fougue du jeune sycomore qu'elle a planté de sa main :

« *Le murmure de [ses feuilles]*
[Est semblable] au parfum du miel.
Il est plein de grâce : ses branches fines
Deviennent [vertes et fraîches].

Il est chargé de fruits mûrs
Plus rouges que le jaspe;
Son feuillage ressemble à la turquoise,

Son écorce ressemble à la faïence.
[...]
Il met une missive dans la main d'une jeunesse,
La fille de son jardinier;
Il la fait courir vers la bien-aimée
[...]
Elle a lieu sous mes ombrages
La promenade de la bien-aimée.
Je suis discret
Et aucune parole ne révèle ce que je vois! »

L'amoureuse connaîtra des instants d'inquiétude, d'anxiété :

« ... *tandis que je pense à mon amour,*
Mon cœur en moi s'arrête.
Vois-je un gâteau sucré?
C'est alors du sel!
Et le vin délicieux et doux,
Me semble vraiment du fiel! »

Mais bien vite la jeune Egyptienne saura se faire désirer :

« *La bien-aimée connaît parfaitement le lancer du lasso,*
Sans venir au dénombrement des troupeaux
De ses cheveux, elle lance contre moi ses rets,
De ses yeux, elle me rend captif,
De sa parure elle me maîtrise,
De sa langue elle me marque au fer rouge. »

Et puis elle finira par céder à son amour :

« *Lorsque je la prends entre mes bras*
Et que ses bras m'enlacent,
C'est comme au pays de Pount,

269

C'est comme avoir le corps imprégné d'une huile parfumée.

Lorsque je l'embrasse
Et que ses lèvres sont entrouvertes
Je me sens ivre
Sans avoir bu de bière.

Ah! Serviteur, je te dis,
Hâte-toi de préparer le lit,
Prends du lin fin pour recouvrir son corps,
Ne tends pas, pour elle, le lit d'un linge de couverture,
Garde-toi d'employer de la simple toile :
Tu poseras sur sa couche des draps parfumés...

Ah! Que ne suis-je sa servante noire,
Celle qui lave ses pieds,
Car alors, je pourrais voir la peau
De son corps tout entier[4]. »

Pour mieux comprendre la position de l'Egyptien vis-à-vis de la passion amoureuse, il faudrait savoir à qui font allusion les textes poétiques que nous venons de citer, si tant est qu'ils se soient appliquées à la vie réelle. Est-on en présence d'un couple d'amoureux dont les rencontres sont soigneusement tenues secrètes, et pourquoi? Craint-on l'intervention d'un membre de la famille soucieux de voir préserver la virginité de la fille de la famille? Est-ce une épouse infidèle qui veut échapper au crime d'adultère? Il ne semble pas en l'occurrence qu'il s'agisse des péripatéticiennes qui garnissaient, du moins au Nouvel Empire, les estaminets de la rive gauche de Thèbes, la plupart étant peuplés d'anciennes « esclaves » syriennes.

Quoi qu'il en soit, on peut en retirer la certitude que, si la femme égyptienne demeure plus réservée que l'homme dans ses épanchements, elle est une réelle amoureuse, capable de ressentir très tôt des sensations physiques incompatibles avec la cruelle excision de l'Afrique noire et même de l'Egypte musulmane pratiquée encore dans certaines campagnes de Haute-Egypte.

Pourtant, de très rares passages dans les textes, faisant allusion aux « *jeunes filles qui n'ont pas été coupées* », pourraient nous laisser supposer qu'une sorte d'excision aurait existé pour les filles, acte parallèle à la circoncision des garçons, cérémonie rituelle rappelant la coutume qui, en Afrique, se perd dans la nuit des temps, ayant pour but de confirmer les sexes et de bien différencier l'homme et la femme de la nature divine qui était androgyne.

Quoi qu'il en soit, les transports amoureux décrits dans les Chants d'amour semblent – s'ils ne sont pas d'origine purement cérébrale – incompatibles avec une totale excision subie par une femme aussi « libérée » que l'Egyptienne des temps pharaoniques.

Revenons à notre jeune amoureuse : elle pouvait parfois être piquée de jalousie au cas où son tendre ami en venait à en courtiser une autre. Alors il lui arrivait de faire appel à la magie; elle commençait à s'attaquer à ce qui, pour l'Egyptien, était chargé d'une puissance érotique certaine : la belle chevelure si soignée et dont les femmes jouaient complaisamment. On a retrouvé des recettes magiques destinées à faire tomber la chevelure d'un être détesté, d'une rivale : « *Cuire un ver " anaret " dans de l'huile de " ben " et en frotter la tête de la femme haïe* », ou encore : « *Placer une feuille de lotus brûlée dans de l'huile et en frotter la tête de celui (ou de celle) que l'on déteste*[5]. »

Praticien contre magicien! La victime n'était cependant pas sans trouver le remède que lui recommandait son docteur. Pour détruire la calvitie ainsi provoquée, il fallait enduire le crâne d'un onguent à base d'écailles de tortue et de graisse de patte d'hippopotame[6] !

Le plus à craindre en amour était pourtant l'adversaire qu'on ne voyait pas; un « charme » était employé pour se concilier l'amour d'un indifférent : les paroles dont il était menacé devaient être déterminantes : « *Lève-toi et lie celui que je regarde pour qu'il soit mon amant, [puisque] j'adore son visage*[7]. » A ces procédés féminins, de son côté un amoureux éconduit pouvait répondre efficacement et aller même jusqu'à menacer les dieux s'il n'arrivait pas à obtenir leur aide pour convaincre la femme désirée d'accéder à ses avances.

« *Salut à toi, Rê-Harakhti, Père des dieux!
Salut à vous, les Sept-Hathor,
Qui êtes parées de rubans rouges!
Salut à vous divinités,
Seigneurs du Ciel et de la Terre!
Faites que N, fille de N, me suive,
Comme un bœuf suit son fourrage,
Comme une servante suit ses enfants,
Comme un berger suit son troupeau!
Si vous ne faites pas qu'elle me suive
Je jetterai [le feu] contre Busiris
Et je la brûlerai!* »

D'autres faisaient appel à une figurine de terre cuite ou de cire représentant la femme dont on voulait obtenir l'amour exclusif. Un exemple concluant a été retrouvé pour la Basse Epoque : agenouillée, cette image nue devait être transpercée par treize aiguilles enfoncées profondément dans tous les centres sensoriels et vitaux du corps, puis accompagnée du texte d'envoûtement et disposée dans la tombe d'une personne morte prématurément ou de manière violente [8]. Il devait exister un antidote pour déposséder la malheureuse : l'exorcisme ressemblait très probablement à ces danses extatiques des villageois égyptiens appelées *zikhr*.

LES FIANÇAILLES

Lorsque la jouvencelle ne rencontrait pas l'homme de ses rêves, elle faisait appel à la Belle Hathor « *qui entend les prières de chaque jeune fille qui pleure et espère en elle.* » Les filles pouvaient normalement se marier à partir de douze ou quatorze ans, les garçons, semble-t-il, vers seize ou dix-sept ans, mais rien n'est expressément précisé, et l'âge de l'entrée en ménage variait suivant les cas et les moyens financiers du futur couple. Quoi qu'il en soit, on conseillait à l'homme de se marier jeune pour avoir des enfants. Citons encore une fois les paroles du sage : « *Fonde un foyer et chéris ta femme dans ta maison ainsi qu'il sied. Prends femme tandis que tu es jeune encore, afin qu'elle puisse te donner des fils, car un homme est considéré en proportion du nombre de ses enfants.* »

A l'époque de l'Egypte classique, le consentement du père de la jeune fille était sans doute nécessaire et, la plupart du temps, il choisissait pour son enfant un « homme de bien »; un grand-père conseille même à son fils de choisir pour sa fille « *un mari prudent, mais pas* [forcément] *pour elle un mari riche* ». C'est la raison pour laquelle les morts qui tentaient de se justifier devant le tribunal divin déclaraient : « *Je n'ai pas pris une fille à son père* [sans son consentement]. » Cependant, cette approbation et cette sélection effectuée éventuellement par le père n'interdisaient pas obligatoirement aux enfants de rechercher un conjoint à leur convenance : il suffisait avant la décision d'obtenir l'agrément des parents; une certaine liberté pouvait ainsi exister, en tout cas au Nouvel Empire, illustrée par les Chants d'amour.

On a pu retrouver, pour le Moyen Empire, la trace du rôle joué le cas échéant par les grands propriétaires terriens qui facilitaient les mariages des jeunes filles de leur province en les présentant aux célibataires en quête de « maîtresses de maison ».

Si les souverains pouvaient épouser leurs sœurs, pour des raisons dynastiques, si pour des impératifs de filiation divine, Pharaon contractait mariage avec certaines de ses filles, ce genre d'inceste, le mariage consanguin, paraît ne pas avoir existé dans le domaine civil. Les amants, les époux s'appellent couramment « mon frère », « ma sœur », mais J. Cerny a bien prouvé que ce sont là uniquement des termes d'affection, employés par toutes les classes de la société. Seuls ont été constatés quelques rares mariages entre demi-frère et demi-sœur de lits différents. Durant la domination perse il exista peut-être *un* exemple d'inceste entre un père (Djed-Hor) et sa fille, mais, de surcroît, son interprétation est douteuse.

D'après certains textes de contrat de mariage, il semble que la virginité était requise pour la jeune fille, état très important sur le plan social, retrouvé aussi bien dans le monde oriental chez les Juifs que, suivant les époques, en Occident. Y avait-il des exceptions ? Certains chants d'amour qui nous révèlent des liaisons amoureuses ne concernent-ils que les femmes « libres » ou « libérées », ou sont-ils pures fictions ?

Nous n'avons aucune preuve que le temps préludant à ce que nous considérons comme le mariage ait été précédé par une période obligatoire correspondant à celle des fiançailles. Les princesses étrangères promises à Pharaon recevaient, par les soins des ambassadeurs de Sa Majesté, l'onction des huiles du mariage. Peut-être un jour une coutume analogue sur le plan privé sera-t-elle révélée par un texte qui, à ce jour, n'est pas encore apparu à notre connaissance.

Pas davantage ne savons-nous si le futur mari réservait pour sa « promise » un présent, un bijou garant de son amour. Mais il convient de rappeler « une conception anatomique » signalée dans un texte tardif et détecté par S. Sauneron : pour confectionner un philtre d'amour, il suffisait de prélever un peu de sang du deuxième doigt près de l'auriculaire de la main gauche, qui correspondait parfois à la rate, mais qui était appelé « celui du cœur », ayant subsisté en copte sous le nom de *celoupine*. On comprend, maintenant, pourquoi nos bagues de fiançailles et nos alliances sont souvent en Europe portées à l'« annulaire » gauche !

3

Mariage, polygamie, polyandrie, divorce, adultère

LE CONTRAT DE MARIAGE

Il est préférable, avant d'évoquer le mariage lui-même, de parler des documents juridiques et des usages s'y rapportant. L'ensemble de ces témoignages prouvant l'indépendance et la sécurité dont la femme pouvait bénéficier et qui nous sont parvenus remonte à la XXIIe dynastie[1]. Les rédactions nous autorisent cependant à penser que la coutume foncièrement ancrée dans les mœurs et peu sujette aux bouleversements politiques existait, exprimée dans ses grandes lignes, à des époques bien plus anciennes et même peut-être dès les temps des pyramides. Au Nouvel Empire, on a pu repérer dans les textes les trois premiers types de contrats de mariage. Au reste, ils constituaient une garantie pour la femme au regard de son régime matrimonial, *uniquement en cas de divorce*. Cette convention n'était pas exigée au moment de l'entrée en ménage des époux : on possède la preuve qu'il fallait parfois même attendre sept années. Néanmoins nous avons aussi la certitude, par un texte de Basse Epoque, qu'une dame « de la Société » n'acceptait cette union qu'après la définition de son « régime matrimonial[2] ».

Aucune trace de loi n'a pu être retrouvée imposant l'établissement du contrat en lui-même, pourtant une ordonnance royale nous apprend qu'il faut « *donner à toute femme son " séfèr "* » et cela fut prononcé devant le vizir (il s'agit certainement de lui garantir un avoir ou des droits à une succession). En fait, toutes les dispositions envisagées dans les contrats visaient, d'une part, la « provision de subsistance » de la femme et, d'autre part, l'héritage pour les enfants, cela en cas de dissolution de l'union (divorce plutôt que répudiation) ou mort du conjoint. Les avoirs étaient divisés en deux parties très distinctes : d'abord ce que la femme apporte au moment de sa mise en ménage et ensuite ce qu'elle a droit de recevoir (ou de lui être reconnu), et une partie de ce qui a été acquis en commun durant le temps du mariage.

Voici les trois types de contrats que l'on peut citer d'abord : premièrement un texte où le mari semble avoir contribué dans une large mesure au financement de la vie en commun. De nombreux témoins peuvent avoir signé cette convention se rapportant au « *cadeau-pour-la-femme* (ou *cadeau-de-vierge*) *et ses biens personnels* » : « *Je t'ai prise pour femme, je t'ai donné* (suit la liste des apports). *Si je te répudie en tant que femme, soit que je te haïsse, soit que je veuille une autre femme que toi, je te donnerai* (liste des dons), *et je te donnerai aussi un tiers de ce qui aura été acquis entre nous, à partir d'aujourd'hui. Les enfants que tu m'as donnés* (donc le contrat a été passé un certain temps après l'union) *et que tu me donneras sont les héritiers de tout ce que je possède ou pourrai acquérir. Ton fils aîné est mon fils aîné* (ici se termine le texte avec la liste des meubles et objets apportés par la femme au moment du mariage, avec indication, comme toujours, de leur valeur vénale) ».

Un autre contrat semble indiquer que la femme est seule à avoir fourni de l'argent. (Dans le cas où l'épouse était plus aisée que le mari, alors ce genre de mariage est déconseillé par la sentence morale du sage.) Cet acte a pour titre : « *l'argent pour devenir épouse* » : « *Tu m'as donné* (ici mention de la dot en valeur d'argent et de cuivre) *comme argent pour devenir ma femme [...] Je l'ai reçu de ta main, et mon cœur est satisfait. Le compte y est, exactement. Je n'ai, à ce jour et à jamais, aucune réclamation à exprimer en ce qui le concerne. [Quant à moi] je te fournirai* (ici figure la quantité de grain et d'argent) *pour ton entretien chaque année. Si dans le mois* (30 jours) *je ne te rendais pas l'argent réclamé [de la dot] je continuerais à verser ce que je te dois pour ton entretien jusqu'à ce que je puisse rendre (cette dot).* » (Alors l'époux, devant témoins et le scribe qui a consigné les termes de l'accord, met en gage tous ses biens pour assurer ces versements et déclare :) « *Tu as un droit sur les versements pour ton entretien.* »

Le troisième type de convention est encore plus favorable à la femme et concerne surtout la pension alimentaire. Il est seulement signé par le scribe, incontestable garant. Le document est appelé : « *le capital alimentation* » : « *Tu m'as donné* (mention de la dot) *comme pension alimentaire. Je te remets, pour ma part* (en argent et en grain) *comme prix de ta nourriture et de ton habillement. A toi revient un tiers de tous mes biens présents et à venir, au nom des enfants que tu as mis au monde et que tu mettras au monde pour moi. Tu as droit au paiement de la pension qui doit être à ma charge. Je ne pourrai pas te dire : '' Reprends ta dot ! '' Cependant, si tu désirais la reprendre* (c'est-à-dire dissolution de l'union), *je te la rendrais. Tout ce que je possède ou viendrai à posséder garantit* [*cette promesse*]. »

Il ressort avant tout, en ce qui concerne le droit à la « communauté réduite aux acquêts », qu'en cas de mort ou de dissolution les biens passaient directement, suivant certaines dispositions des légataires, aux enfants, mais les acquêts revenaient à chacun des conjoints ou au survivant dans la proportion d'un tiers à la femme et de deux tiers au mari. On ne sait si les documents ne formaient pas les trois chapitres applicables pour un seul contrat ou si les époux choisissaient suivant leurs moyens la solution qui leur convenait le mieux. Les engagements pris par l'homme constituaient on le voit de lourdes charges, mais au seul cas où il aurait désiré divorcer. Tous les avantages essentiels étaient garantis à la femme, laquelle avait aussi la latitude de demander le divorce et récupérait, si elle n'était pas en faute, tous ses biens. Ces derniers pouvaient être gérés par le mari, mais en l'état actuel de nos connaissances, il semble difficile de préciser si tous les avoirs et biens meubles cités dans les conventions retrouvées correspondaient réellement aux apports de l'épouse. Très souvent, le mari pouvait lui reconnaître des versements fictifs – autant d'assurances pour elle que l'union demeurât stable.

Naturellement l'Egyptien devait donc subvenir aux besoins de sa femme, au cas même où celle-ci serait séparée temporairement de son mari. En revanche, si l'époux se trouvait dans la gêne (ou avait contracté une maladie), la femme et la famille de cette dernière devaient lui prêter assistance. Un *ostracon*[3] nous renseigne sur ce qui paraît advenir dans ce cas, dans un milieu très modeste, à propos d'une femme qui appelait sa belle-sœur au secours de son ménage : « *Je t'enverrai une quantité d'orge que tu me feras moudre. Ajoutes-y de l'épeautre et fais-moi les pains, car je me querelle avec mon mari. Il dit qu'il va me répudier, car il se dispute avec ma mère à propos du nombre de pains qui nous est nécessaire. Il dit : " Ta mère ne fait rien de positif. Tes frères et tes sœurs ne prennent pas soin de toi non plus " voilà ce qu'il dit! Il se querelle avec moi chaque jour en disant : " Tu vois ce que tu m'as fait, depuis que je vis ici avec toi, alors que chacun envoie tous les jours aux siens du pain, de la bière et du poisson, bref tu dois dire quelque chose à tes parents, sinon tu devras t'en aller "...* »

Un autre type d'engagement au moment d'une union nous a aussi été conservé[4]. Le père de la mariée donne à sa fille divers objets et ustensiles pour son établissement dans la maison de son conjoint. De plus, il s'engage à fournir au ménage une rente de céréales, pendant sept ans, ce qui correspond à la durée d'une sorte de « mariage à l'épreuve » ou « à l'essai » dont les traces ont été retrouvées[5].

POLYGAMIE, POLYANDRIE

Il est donc assuré que la convention matrimoniale, ou contrat, établie seulement en vue d'un éventuel divorce, est complètement séparée de l'acte du mariage proprement dit, et jusqu'à présent aucune loi n'a été trouvée régissant cette union qui procède du seul droit coutumier.

Un Egyptien pouvait-il être marié à deux épouses à la fois, c'est-à-dire posséder deux « maîtresses de maison », *nébèt-pèr*, en même temps? La question a souvent été posée et la plupart du temps résolue par la négative. Cependant certains auteurs[6] ont pu affirmer que les « droits de la femme ont été amenuisés pendant la période d'anarchie » située entre l'Ancien et le Moyen Empire, et que la « déchéance de la condition juridique de la femme a altéré l'ancienne monogamie de jadis ». Non seulement les princes ont plusieurs épouses, comme les rois, mais il arrive que des gens de moindre importance aient deux ou trois femmes à la fois dont les descendants sont légitimés, quoiqu'une seule d'entre elles occupe le rang de « maîtresse de maison ». En fait, il faut, pour qu'un enfant soit reconnu par son père, qu'il ait été mis au monde par sa maîtresse de maison (plus bas il sera question de la concubine Tchat). Il importe aussi que nous ayons la preuve formelle d'une polygamie dans le monde civil, comme cela était courant pour le seul Pharaon[7]. A l'analyse de tous ces cas étudiés, il apparaît que certains peuvent s'appliquer à des veufs qui mentionnent sur leur stèle funéraire une première femme défunte, à côté de leur nouvelle épouse. Cela se comprend d'autant plus facilement que les Egyptiennes mouraient souvent en couches et qu'il fallait donner de nouvelles mères aux nouveaux-nés. Mais il est évident que devant le cas d'un certain Méry-Aâ, figuré en présence de ses *six* épouses, on a quelque hésitation à supposer cinq veuvages ou un « panachage » de divorces et de veuvages successifs. Cette situation constitue l'exemple extrême – et, pour d'autres moins spectaculaires, on pourrait mettre en avant l'argument signalé précédemment : la très fréquente mortalité des mères au moment des accouchements.

En ce qui concerne la polyandrie, les exemples sont encore plus douteux; on ne peut affirmer qu'une femme fut mariée à deux conjoints à la fois. Ainsi pour le Moyen Empire, une certaine dame Mènkèt figurée sur une stèle du Louvre[8] en compagnie de son époux Hor, est sans doute la même représentée sur une autre stèle du Louvre[9] avec un autre mari nommé Nésou-Monthou! Si d'autres cas analogues sont susceptibles d'être cités, rien ne permet cependant de conclure à la polyandrie, et de même aussi que les deux célèbres sculpteurs enterrés à Deir el-Médineh aient possédé, à la même époque, une seule et même femme. La dame en question avait vraisemblablement épousé l'un après l'autre ces deux artistes, le premier étant sans doute décédé.

LE DIVORCE ET LA PROTECTION DE LA FEMME

Causes de divorce

De même que le mariage, le divorce relevait du droit coutumier. L'homme et la femme pouvaient divorcer, mais devant les charges qui incombaient en général à l'époux, la plupart des ménages demeuraient très stables. Le cas le plus fréquent pouvait cependant être celui de l'adultère qui avait la réputation d'être très sévèrement puni. Il y avait, cependant, de nombreux accommodements avec ce que les textes appellent le « grand crime » ou la « grande faute » et qui était menacé de mort par crocodile. Référons-nous d'abord au sage Ptah-hotep[10] :

« *Si tu désires que ta condition soit bonne,*
Sauve-toi de tout mal
Garde-toi de l'avidité,
C'est la maladie douloureuse d'un incurable!
[...]
Elle brouille les pères et les mères

Et aussi les frères de la mère.
Elle sépare l'épouse de l'époux. »

Nulle n'était préservée d'une calomnie, et lorsque le « Pessimiste » de la littérature du Moyen Empire se plaint de ne pas être aimé, il déclare : « *Malheur! Mon nom est détesté plus que celui d'une femme quand on l'a calomniée auprès de son mari!* » Pour se justifier, il ne restait plus à la dame que de prononcer, sur la demande de son mari, un serment devant témoin, car Dieu savait punir par la cécité un faux témoignage, au cas où on invoquait en vain son nom. « *Je n'ai pas eu de rapports hors de notre union. Je n'ai pas eu de rapports avec personne si ce n'est* [toi], *depuis que j'ai été unie avec toi l'an* [...] *jusqu'à aujourd'hui.* » Déclaration faite, l'accusation disparaissait, mais l'offense demeurait faite à l'épouse soupçonnée. Aussi, du moins d'après un document de Basse Epoque, apprend-on que la réparation se soldait par une forte indemnité : « *Au cas où elle prononce le serment, on ne relèvera rien contre elle, et il* (l'époux accusateur) *devra lui donner quatre talents et cent débèn d'argent.* »

Relâchement des mœurs chez les ouvriers
de la nécropole royale

Avant d'aborder le régime du divorce dans les couches de la bonne société, il est édifiant de se pencher sur ce qui était susceptible de se passer à une époque d'évidente dissolution des mœurs, au tout début de la XXe dynastie à Deir el-Médineh, dans le village des artisans de la nécropole royale à l'ouest de Thèbes. Les écrits retrouvés au cours des fouilles françaises sont suffisamment nombreux pour permettre de reconstituer de véritables petites

« tranches » de vie et de constater combien, en l'occurrence et à ce niveau, le « crime » d'adultère pouvait être minimisé. Divers fragments de textes mettent en cause Hésy-Sounébèf, ancien petit serf, adopté par un des chefs de travaux du village. Il avait épousé une certaine dame Hounour, appelée « sa sœur, maîtresse de maison », vivant précédemment semble-t-il en « union libre[11] » avec un ouvrier nommé Pèn-Douaou. De cette conjointe légale, il avait eu un fils et deux filles, l'aînée s'appelant Oubékhèt. Le pauvre Hésy-Sounébèf n'avait pas procédé à un bon choix. Non seulement sa volage Hounour, mais encore leur propre fille, allèrent successivement partager la couche du plus mauvais garçon de Deir el-Médineh, Panèb, et son fils, digne rejeton de son père, qui séduisit à son tour la jeune Oubékhèt, à peine sortie des bras de Panèb ! Ce dernier, c'est le comble, était également accusé d'avoir détourné de ses devoirs la dame Touy, épouse de l'ouvrier Kenna ! On comprend pourquoi l'infortuné Hésy-Sounébèf divorça[12] en l'an 2 de Sethnakht, mais cependant une petite pension mensuelle de grains fut accordée à l'épouse indigne. Et tout cet imbroglio n'empêcha pas Hésy-Sounébèf de rester en bons termes avec sa fille, et cette dernière d'épouser le chef des ouvriers : Nèkht-èm-Niout !

Autres causes de divorce

L'adultère mis à part, lequel était semble-t-il sévèrement puni, sauf dans certaines couches populaires, les autres cas de divorce pouvaient être ce que l'on appelle maintenant l'incompatibilité d'humeur, ou encore le fait que l'un des époux s'éprenait d'amour pour un tiers, ou surtout la stérilité. On connaît un cas d'excuse fallacieuse mise en avant par un conjoint qui venait, après vingt ans de ménage avec son épouse, de rencontrer la « femme de sa vie ». Cette anecdote est rapportée en exemple à une dame dont le mari vient de décider de divorcer avec mauvaise foi et sans reproches valables contre sa femme :

« *Tu es dans la situation de la femme aveugle d'un œil qui avait été dans la maison d'un homme depuis vingt ans; mais il en a trouvé une autre, aussi a-t-il dit* (à la première) : "*Je divorce d'avec toi, car tu es aveugle d'un œil*" *à ce qu'on dit.*

« *Elle lui a répondu :* "*Est-ce cela la découverte que tu as faite pendant ces vingt ans que j'ai passés dans ta maison?*" »

Quant à la stérilité, le moraliste qui indique toujours le meilleur chemin à suivre conseille : « *Ne divorce pas d'une femme de ta maison parce qu'elle n'a pas conçu d'enfant* », une solution meilleure est de se tourner vers l'adoption.

Les droits de la divorcée

Ne pouvant s'appuyer sur un interdit religieux pour s'opposer à la séparation des conjoints, la stabilité du ménage dépendait du bon vouloir des époux, de la crainte, pour le mari, des charges qui allaient peser sur lui en cas de séparation et qui auraient parfois pu le laisser complètement démuni, et aussi de la très grande qualité de moralité des ménages en général ayant toujours présente à l'esprit la loi d'équilibre qu'il ne fallait pas perturber. Le père de la fiancée au reste, et ce à tous les niveaux de l'échelle sociale, veillait à garantir au maximum l'avenir de sa fille. Ainsi, le prétendant, ou encore le mari, prêtait serment à son beau-père en l'assurant de ses bonnes intentions à l'égard de sa fille : « *'' Qu'Amon vive, que le souverain vive! Si jamais je répudie (ou si j'injurie) la fille de Ténèrmonthou*, déclare un ouvrier, devant les autorités du village, *je serai passible d'une centaine de coups et je perdrai tous les biens acquis en commun''* (serment fait devant) *le chef des ouvriers, Khonsou, le scribe Amènnakht, Néfèrhèr et Khaèmnoun, l'an 23, premier mois d'hiver, jour 4* (sous le règne de Ramsès III). »

Si une femme richement mariée était répudiée[13] sans l'avoir mérité, elle devait récupérer le « cadeau-pour-la-femme », sans compter l'« argent-pour-devenir-épouse ». A cela s'ajoutaient les « biens personnels de la femme » (ou leur valeur), le « capital-d'alimentation », et même une part du patrimoine personnel de son mari (ce qui était appelé : les « biens de-père-et-de-mère »), à moins que ce dernier bien n'ait été réservé pour les enfants de la divorcée qui recevait encore un tiers des acquêts en commun. Il arrivait même qu'elle perçoive la totalité des acquêts (c'est-à-dire également les deux tiers qui revenaient au mari) et éventuellement une « pénalité de divorce » (le double, paraît-il, si l'époux la quittait pour contracter une nouvelle union!). Enfin, dans certains cas, la divorcée pouvait continuer à demeurer dans l'ancien domicile conjugal! Si le divorcé ne pouvait rendre immédiatement l'« argent-pour-devenir-épouse » ou encore le « capital-d'alimentation » qui étaient reconnus à sa femme par contrat, il devait naturellement assurer la subsistance de son ex-épouse jusqu'au jour où il était à même de lui rendre ces biens et ces sommes. Avec de tels engagements, le ménage se présentait comme quasi inséparable; c'est par là reconnaître qu'une polygamie devait être peu réalisable, ce qui avait donc, et par voie de conséquence, très fortement contribué à établir le régime de la monogamie.

On a vu que le père veillait sur les intérêts de sa fille, et après un divorce survenu dans un ménage pauvre, ne la laissait jamais sans toit : « *Tu es ma fille*, a écrit l'un d'eux, *et si l'ouvrier Baki te répudie du foyer conjugal, tu pourras habiter dans ma maison, puisque c'est moi qui l'ai construite, personne ne pourra t'en chasser.* » Par ailleurs, s'il advenait que le gendre ait accompli des actes malhonnêtes, le beau-père le chassait de la maison.

Le divorce ne nécessitait aucune formalité, semble-t-il, ni la rédaction d'un document quelconque : il prenait effet par la seule répudiation orale d'un des conjoints par l'autre membre du couple (coutume encore conservée de nos jours sur les bords du Nil il y a peu de temps, alors qu'il suffisait de répéter par trois fois « je te répudie »).

Mais un écrit de validité pouvait être remis par l'époux à son ex-femme. Dans ce « document-de-divorce » (qui n'est pas constitutif, mais simplement d'information) le mari renonce à son droit à l'union conjugale et déclare solennellement à sa femme qu'il lui laisse toute latitude de se remarier. Sans l'obtention de ce texte, la sagesse populaire avertit de se méfier : « *N'épouse pas une femme dont le mari est encore vivant, de peur qu'il ne devienne ton ennemi* [...] *Cela serait dangereux et même risquerait de t'exposer à des accusations d'adultère.* »

Le divorcé

Reste alors la situation, plus rare, mais aussi valable, dans laquelle se trouve un époux répudié par sa femme. Il pouvait, s'il n'était pas le fautif, recevoir la moitié du « cadeau-pour-la-femme » (qu'il avait entièrement remis au moment du mariage). Suivant les cas, il récupérait, comme prévu, au moins les deux tiers des acquêts en commun; parfois même, le tiers réservé normalement pour la femme lui revenait aussi.

LES AVERTISSEMENTS AUX FUTURS CONJOINTS

A la veille de prendre femme, le jeune Egyptien ne se voyait pas ménager les conseils que son père lui prodiguait en se référant à la sagesse ancestrale du célèbre Ptahhotep[14], reprise par le scribe Ani[15] :

« *N'épie pas ta femme dans sa maison si tu sais qu'elle est vertueuse. Ne lui dis pas : "Telle chose, où est-elle ? Apporte-la-nous !" lorsqu'elle est mise à la bonne place. Que ton œil observe tandis que tu gardes le silence. Apprécie sa valeur. C'est la joie quand ta main est unie à la sienne. Il y en a beaucoup qui ignorent [comment] un homme fait cesser la cause de querelles dans sa maison et n'en rencontre pas non plus l'auteur. Une querelle quelconque se prépare-t-elle dans la maison ? Alors, que le cœur se raffermisse aussitôt !* » (Sagesse d'Ani, 8, 4-5.)

De telles paroles pouvaient certes aider grandement aux premiers temps de cohabitation pendant lesquels les tempéraments des conjoints avaient à s'accorder avec les inévitables affrontements et petits heurts de la vie journalière. Mais le scribe Ani pensait aussi au devoir qui incomberait vite au nouvel époux au regard de ses enfants :

« *Tandis que tu es jeune, tu prends femme et tu vas établir ta maison : veille sur tout ce que tu engendreras, sur ce que tu vas nourrir comme une créature de ta mère. Qu'elle n'ait pas à te blâmer, ni à élever les bras vers le dieu, ni celui-ci à écouter sa plainte*[16] ! »

Les recommandations ne manquaient pas pour exalter l'entente du couple et la fidélité du mari envers l'épouse sur qui devaient reposer les charges de la maison :

« *Si tu es sage, garde ta maison, aime ta femme sans mélange, nourris-la convenablement, habille-la bien. Caresse-la et remplis ses désirs. Ne sois pas brutal, tu obtiendras bien plus d'elle par les égards que par la violence. Si tu la repousses, ton ménage va à vau-l'eau. Ouvre-lui tes bras, appelle-la; témoigne-lui ton amour.* »

Mais un doute subsiste toujours qui doit prémunir le jeune marié contre une fausse quiétude, et l'inciter à ne jamais relâcher ses efforts.

« *On n'apprend pas à connaître le cœur d'un frère quand on n'a pas fait appel à lui dans la misère.* »
[...]
« *On n'apprend pas à connaître le cœur d'un serviteur avant le jour où son maître est ruiné.* »
[...]
« *On n'apprend pas à connaître le cœur d'une femme, pas plus que quiconque ne connaît le ciel*[17]. »

La prospérité de la demeure dépend du bonheur de la « maîtresse de maison », ce « champ fertile ». Et le jeune époux ne devra pas davantage oublier que les « *parfums et les fards sont des remèdes magiques* ».

Un foyer harmonieux, de nombreux enfants, une femme aimante, tel était réellement le vœu que formulaient la majorité des Egyptiens. L'amour conjugal représentait en général pour eux l'idéal à atteindre, et ils étaient aidés en cela par l'application d'une morale qui leur avait été inculquée dès leur première instruction et jouait, en Egypte, un rôle beaucoup plus important que dans toute autre civilisation de l'Antiquité.

Quant à la jeune fille, toute à l'euphorie des instants qu'elle vivait, affairée à composer son « trousseau » et à bavarder plus que de coutume avec celles de ses amies qui avaient connu avant elle les joies de l'amour, elle recevait aussi les matrones chargées de la conseiller utilement et de la préparer à son futur état de femme. Sa mère complétait ce panorama en lui rappelant l'enseignement de Maât, qui tempère la fougue du verbe et permet, dans la réflexion silencieuse, de trouver la voie juste en toute circonstance, un jugement équilibré, digne de celle qui deviendra le pivot du foyer, la mère aux multiples responsabilités. Alors était invoquée la grande Isis, prototype absolu de l'épouse et celle qui met au monde, et dont l'amour, la fidélité et la sollicitude ne faillirent jamais. La bénédiction d'Hathor était également invoquée, car « *elle donne aux femmes des fils et des filles, sans que maladie ni besoin ne les touchent* ». La jeune femme ne devra jamais omettre de dire des prières pour les défunts, car Hathor, Dame de l'Occident, protège les femmes de la stérilité et empêche les maris de devenir impuissants.

CONDAMNATION DE L'ADULTÈRE

Le mariage était donc considéré comme l'idéal social et rien ne devait pouvoir entamer son déroulement harmonieux pourvu que les deux acteurs de ce simple « agrément mutuel » suivent la voie de Maât, donnée fondamentale de la conscience humaine. Aussi l'infidélité dans cette union revêt une telle gravité qu'on la présente aux fiancés comme le « grand crime ». A l'un et à l'autre on rappelait le sort de l'amant et de la femme adultère et ce qui leur était arrivé lorsque, le mari ayant appris la faute, le roi Khéops lui-même approuva sa punition « par le crocodile » (papyrus Westcar). Apparemment cette menace pouvait encore peser sur la société du Nouvel Empire – époque où nous allons assister à l'union des deux jeunes gens – puisque dans un conte contemporain *(Vérité et Mensonge)* le fils même d'une femme qui avait mené une vie dissolue apostrophe sa mère en ces termes : « *Cela mériterait de rassembler les gens de ta famille et d'appeler le crocodile.* » La jeune fille devait être bien convaincue de l'énormité de la faute lorsqu'elle se souvenait du *Conte des deux frères* dont l'héroïne – une femme, sur la seule intention de tromper son mari – avait été punie de mort, de la main de ce dernier. A ces rappels s'ajoutait encore la mise en garde du vieux maître à son élève : « *Garde-toi de la femme étrangère que personne ne connaît dans la ville. Ne regarde pas lorsqu'elle suit son compagnon, ne la connais* [surtout] *pas charnellement* [...] *C'est une eau profonde dont on n'a encore pu sonder le fond* [...] *Elle s'arrête, elle prend au filet :* [*C'est un*] *crime qui amène la mort si on l'apprend, parce qu'elle n'a pas su garder le secret*[18]. »

La condamnation théorique

L'un et l'autre des futurs époux étaient donc concernés, la justice pouvait frapper les deux coupables, aussi bien sur terre que devant le tribunal divin lorsque le passage vers la rive d'Eternité était demandé : « *Je n'ai pas commis l'adultère*[19] », met-on dans la bouche de celui – ou de celle – qui récite la célèbre « déclaration d'Innocence » du chapitre CXXV du *Livre des Morts*. En fait, si le mariage et éventuellement le divorce sont des événements sanctionnés uniquement dans l'atmosphère familiale par la seule volonté des époux, sans aucune intervention de l'Administration, comme n'importe quel « agrément d'association personnel ou financier », l'adultère, en revanche, est passible du tribunal : le jugement est suivi d'une peine qui, pour l'homme, considéré comme le « violeur », était l'émasculation, et pour la femme consentante, le nez coupé, ce qui devait la défigurer et la priver désormais de tout charme. Si le « crime » avait été consommé sans violence, l'homme recevait seulement cent coups de bâton! Mais cela nous est rapporté par Diodore[20]; ailleurs, on trouve la menace pour l'homme de la mutilation de son nez et de ses oreilles, de travaux forcés et pour la femme, de bannissement en Nubie.

La pratique

Cependant, dans la pratique, il existait une marge assez grande entre les textes édifiants et la réalité. On a bien vu à quel point pouvait être relâchée et même dissolue la vie de certains ouvriers de Deir el-Médineh, mariés réellement, ou vivant en concubinage (cf. Divorce). La liberté des mœurs était grande dans ce petit monde et les magistrats, conciliants et très compréhensifs : on en juge par cette anecdote survenue, encore, à Deir el-Médineh. Cela n'était pas courant, mais pouvait arriver : un homme, s'étant lié à une femme par le mariage, n'habitait pourtant pas avec elle. Chacun des conjoints vivait au domicile de son propre père. Et voici qu'un jour l'époux surprit sa femme couchant avec un marin appelé Méry-Sékhmèt, fils de Menna. S'étant plaint aux magistrats, ces derniers lui donnèrent tort, mais les amants furent à leur tour pris en faute par un témoin. En fin de compte, le scribe se retourna vers le marin coupable et lui fit promettre de ne plus parler à la femme; son propre père obtint de lui le même engagement sous peine d'encourir les travaux forcés. La mansuétude des juges pouvait être due au fait que les époux ne vivaient pas ensemble et que peut-être le mariage n'avait pas été consommé.

Quoi qu'il en soit, cette conclusion n'étonne pas trop et l'adultère n'était, en réalité, pas toujours aussi sévèrement sanctionné qu'on l'a prétendu. N'existait-il pas, même dans ce monde mythologique lourd d'enseignements, des exemples où Nephtys, sœur et amante de Seth, lui fit des infidélités en provoquant Osiris qui la prit comme concubine l'espace d'un moment ?... Aussi n'est-il pas obligatoirement question de l'application de la peine pour la femme qui, pour se disculper, déclarait avoir été séduite. Elle était alors considérée comme ayant subi une sorte de viol, et dans ces circonstances, son mari n'était pas obligé de porter plainte contre elle : pourtant elle se trouvait parfois enceinte après son aventure !

Les « tribunaux » eux-mêmes allaient même jusqu'à faire preuve de faiblesse. On cite une histoire d'adultère qui se solda par le serment demandé au coupable de suivre désormais une conduite exemplaire pour éviter la peine de mutilation. Il récidiva néanmoins et rendit enceinte la « belle ». Nouveau verdict montrant l'esprit de conciliation extrême de ces « tribunaux de témoignage et d'arbitrage », plutôt que cours de jugement capables d'imposer des peines : on exigea seulement un nouvel engagement : s'abstenir, car il allait, sinon, encourir une « lourde peine » !

En d'autres circonstances, un fautif s'obstina à nier son acte répréhensible, à cinq reprises au cours de cinq oracles différents. Il n'avoua, en définitive, qu'après avoir été battu et... *sous la pression de l'opinion publique!* L'idéal[21] « était toujours de juger les litiges de façon que les deux parties s'en aillent satisfaites, et pour cela tenir compte de cette opinion publique ».

Au reste, les menaces de mort contre l'adultère relèvent surtout de l'éventuel esprit de revanche du mari trompé, dont Diodore s'était également fait l'écho, mais non pas d'une procédure devant le tribunal. A l'évidence, la « faute » était de s'attaquer à une femme *mariée*, car il se mêlait aussi un sentiment d'offense et de déshonneur pour le conjoint. Ce que le sage Ankhshéshonq, bien après les premiers textes moralistes, s'efforce d'enseigner est la position officiellement sanctionnée par la colère immédiate du mari trompé ou même de la famille proche : « *Quant à celui qui fait l'amour (méri) avec une femme qui possède un époux, il est tué* (ou : il peut être tué) *sur la marche de sa porte* (à la femme) ». Mais il faut aussi tenir compte d'une autre sorte d'avertissement : ne fais pas ce que tu ne voudrais pas qu'on te fasse. En effet, il continue : « *Ne copule pas avec une femme mariée. Celui qui copule avec une femme mariée, dans son lit, sa propre femme pourrait, à son tour, être violée au sol!* »

Durant cette Basse Epoque, où une certaine doctrine rigoriste s'est assouplie, une visible bienveillance atténue nombre de positions. Ankhshéshonq, tente d'excuser la faiblesse humaine devant la passion, et la tolérance se montre moins romantique que réaliste. Ne va-t-il pas jusqu'à conseiller à l'infortuné trompé de négliger l'offense et de divorcer simplement pour prendre une autre femme! Il lui recommande également de faire un retour sur lui-même et de s'interroger : n'a-t-il pas été négligent envers son épouse? Ne serait-il pas au fond passible d'un blâme?

Mais il était indispensable que subsistât la « crainte du gendarme », et c'est ce souci très louable qui rend si imprécise l'application des sanctions à l'égard de ce qu'on continuait à appeler le « grand crime », car il faut avant toute chose maintenir l'ordre public en veillant à la sécurité de chacun et en s'efforçant d'éviter les « vendettas » entre le clan des offenseurs et celui des offensés. Aussi un papyrus célèbre du temps de Ramsès III [22] conserve-t-il l'affirmation édifiante à ce sujet, que « *la femme d'Egypte pouvait aller partout où elle voulait sans être molestée* » (l'Etat garantissait du viol!).

LE MARIAGE

On a vu que le mariage ne dépendait d'aucune loi, c'était un agrément strictement personnel passé entre les deux intéressés, un simple pacte social. Il y a cent ans encore [23], la simple phrase « je me donne à toi » prononcée par la femme pubère a l'homme qui se proposait de devenir son mari –

avec ou sans présence de témoin – la rendait épouse légale. De nos jours encore, surtout dans les campagnes égyptiennes, les musulmans remarquablement fidèles à la coutume millénaire se contentent de la formule : « Je t'accepte comme mari, je t'accepte pour femme », mais formule maintenant déclarée devant cet agent religieux d'enregistrement appelé le maazoum, et deux témoins.

L'agrément

Qu'en était-il à l'époque pharaonique ? On sait seulement que chacun des deux membres du futur couple, l'un après l'autre, devait prononcer les mots consacrés par l'usage : « *je t'ai faite ma femme* », « *tu m'as faite ta femme* ».

Au préalable, le jeune homme était venu entretenir le père de celle qu'il désirait prendre pour femme – dans certains cas, cela paraît sûr, le père s'entendait directement avec celui qu'il avait choisi pour assurer le bonheur de son enfant et passait avec lui une sorte de convention, comme on l'a vu. C'était ensuite la cohabitation qui légalisait, de fait, toute union : la fille quittait la maison de ses parents pour entrer dans celle de son mari. Dans quelques très rares exceptions, ce dernier, en revanche, venait s'installer chez sa femme, lorsque celle-ci était beaucoup plus riche que lui, mais cela était en principe fortement déconseillé.

Il faut se garder d'interpréter l'événement avec notre mentalité d'Occidentaux modernes. Pas plus le droit canonique que le droit privé n'était en cause à cette occasion : il faut définitivement rejeter la suggestion[24] d'une « bénédiction nuptiale » dans le temple. La garantie la plus forte pour assurer les liens conjugaux était le *désir* d'entretenir la famille dans une atmosphère de sécurité, grâce à une bonne entente et à la mise au monde d'enfants légitimes, sécurité encore renforcée par les exigences des « contrats de mariage », susceptibles d'être conclus après l'union, parfois sept années de « cohabitation », contrats d'origine thébaine, et qui rendaient souvent irréalisable le désir que le mari aurait pu avoir de se séparer de sa « maîtresse de maison ».

Les conditions

Le mariage devait être contracté entre personnes libres, aussi avons-nous signalé le cas où un prisonnier de guerre, espérant épouser une Egyptienne, fille d'un barbier de Thoutmosis III, devait être affranchi au préalable. On devait également « libérer » une serve afin qu'elle puisse se marier avec un « homme citoyen ».

Essai de reconstitution d'un mariage

La plupart des personnes en « servitude » vivaient en « union libre », ce qui veut dire que la femme ne portait naturellement pas le titre de maîtresse de maison. Le même régime était souvent adopté par les artisans de la nécropole thébaine à Deir el-Médineh. Pourtant, chez les gens modestes l'union maritale existait aussi. On désignait l'épouse comme la *femme, hémèt*, ou encore « la vêtue », *hébésout*[25]. Aussi, dans un milieu fort pauvre, on a pu rencontrer l'exemple d'un gardien d'oies qui contracta vraiment mariage, mais pour une durée de neuf mois à l'issue desquels il remit à sa femme une certaine somme d'argent[26].

Les époux dont nous allons maintenant imaginer la vie sont issus de deux familles aisées à la phase la plus brillante du Nouvel Empire, qui s'inscrit entre le dernier tiers de la XVIIIe dynastie et les temps de Ramsès II.

Des allusions dans les textes de Basse Epoque[27] nous laissent penser qu'au moins durant cette époque, le jour dit, à la nuit tombante, le père de la mariée la faisait conduire publiquement à la maison du futur gendre, accompagnée de présents. A son tour le garçon donnait une grande fête où étaient conviés nombre d'invités également chargés de cadeaux. Après ces festivités, les conjoints commençaient leur vie commune[28].

Il suffit d'abord de se reporter au terme égyptien qui évoque, quelle que soit sa nature, le mariage : *hémès*, ou *hémésy* ou encore *hémésy-irêm*, littéralement « s'asseoir », « s'asseoir avec » d'où l'extension du terme, cohabiter, vivre ensemble. La réflexion à mon sens mériterait d'être poussée plus loin, et même jusqu'à la signification première du terme : « s'asseoir avec ». On ne peut alors s'empêcher de penser aux cérémonies de mariage qui ont encore lieu de nos jours aussi bien à la campagne qu'au Caire et qui se traduisent par un véritable rassemblement des invités et de la multitude des membres de la famille, entourant dans une grande salle de réception le couple comme « exposé » sur une estrade, l'homme et la femme, *côte à côte* dans des fauteuils, de préférence dorés! Ils doivent figurer *assis*, le jeune homme dans un costume sombre, elle, éclatante de fards, vêtue de satin ou de faille, scintillante de bijoux ou de pacotille, auréolée à profusion de tulle, et tous deux entourés de fleurs. La compagnie festoie et se congratule, les époux sont exposés, statiques, comme sujets essentiels d'une présentation... hors du temps. Ne seraient-ce les atours modernes, on se croirait à l'Ancien Empire devant le groupe princier de Rahotep et de Nofrèt. Au Nouvel Empire toutefois les attitudes se sont parfois assouplies et le mouvement du bras, la direction du pied de la femme ou l'inclinaison d'une boucle de sa coiffure conduit, seul, un œil exercé à saisir l'intention du sculpteur qui a voulu, par cela, suivant l'extrême réserve égyptienne, suggérer l'attraction entre les deux êtres, ou même, par un geste de séduction de la femme, une allusion à peine perceptible à l'incitation à l'amour [29].

Il semble évident que tous les groupes provenant des chapelles des tombes constituent les innombrables jalons de cette union éternelle prolongée après la mort, et désirée par chaque Egyptien, renouvelant ainsi pour le pérenniser ce qui avait été de son vivant la raison de son existence. De nos jours les danses du ventre traditionnellement exécutées durant la cérémonie du mariage au son de l'orchestre local, au rythme de plus en plus endiablé des crotales [30], sont le reflet des concerts et des danses qui devaient être les accompagnements essentiels et les allusions plastiques à l'extase amoureuse. Dans les campagnes et jadis en Nubie, chansons et danses exécutées par les femmes du village se faisaient dans une sorte de cercle magique limité par les membres de la communauté. Les chants de mariage fort beaux et *a cappella*, quasiment « grégoriens », s'élevaient en chaudes et graves vibrations vers le bleu sombre de la nuit étoilée.

Un autre point qui devait être commun entre le cérémonial d'aujourd'hui et celui d'hier en Egypte : le défilé du « trousseau » de la jeune épousée. A considérer le parallélisme évident entre les mariés « *assis* » de l'Antiquité, les groupes dits funéraires, et la présentation encore actuelle des mariés de l'Egypte moderne, on ne peut s'empêcher d'établir une similitude d'un côté entre la liste du « trousseau » de l'épouse, cité dans la plupart des contrats de l'Antiquité (chaque objet accompagné de la mention de sa valeur) et le défilé du « trousseau » des mariées actuelles, dans les faubourgs du Caire ou de la campagne, et, par ailleurs, celui du « mobilier » du défunt apporté dans sa chapelle d'éternité pour son hymen avec la déesse Hathor.

Toute proportion gardée, il s'agit de spectacles semblables et quasiment parallèles – les vociférations des pleureuses antiques, remplacées par les « youyou » des amies de la mariée – où l'on voit

tour à tour, exhibés dans les rues, en procession sur les épaules des parents, des amis et des serviteurs, le lit et son confortable matelas, dominé par le « chevet », le fauteuil, la chaise, les coffres à vêtements et à bijoux (colliers, bracelets, bagues), les ustensiles du ménage et les vases à onguent, les objets de toilette, les vêtements, les sandales en peau blanche, etc. Dans la liste des objets de ménage apparaît toujours un vêtement – ou une grande pièce d'étoffe – qui n'est mentionné que dans ce genre d'inventaire. On a pu se demander s'il ne s'agissait pas d'une sorte de tissu rituel propre à la mariée [31] ? Il semble difficile de l'assimiler à un drap, mais il paraît plausible de penser qu'il était destiné à être mis en réserve en prévision de son usage éventuel de linceul (comparer le tissu-éponge dont tout musulman, fût-il le plus haut personnage, s'entoure le corps en pèlerinage, pour lui servir de suaire au cas où il décéderait durant son voyage à La Mecque). Une autre explication se rapprocherait peut-être davantage de la réalité, si l'on se réfère à un article essentiel encore cité dans le trousseau des Dames du temps des Sultans Mamelouks en Egypte, constitué au moment de leur mariage : il s'agissait d'une *moustiquaire* ! Le fait est loin d'être impossible pour les temps pharaoniques puisqu'on en a trouvé des exemples au début de l'Ancien Empire dans le mobilier de la mère de Khéops et, plus tard, dans celui de Toutankhamon. L'emploi d'une telle pièce d'étoffe est également, chez des civils, évoqué aux murs de certaines chapelles funéraires de l'Ancien Empire.

Bref, il y avait là, pour la jeune femme, de quoi remplir avec éclat ses engagements et meubler correctement la chambre à coucher, l'office et la cuisine : tout le monde devait pouvoir admirer la qualité et la variété des biens dont sa famille l'avait comblée.

Il ne serait pas étonnant que, pour suivre une coutume profondément enracinée dans la mentalité du pays, lorsqu'il s'agit d'une célébration quelconque – habitude rituelle constatée encore de nos jours, surtout dès que l'on s'éloigne tant soit peu des grandes villes –, le couple qui allait être fêté durant la soirée se soit rendu dès le début du jour sur la tombe de la famille. Mais il avait, de surcroît, pour « pasticher » sur le plan civil la théogamie royale – adressé une supplique au parent mâle, père ou plutôt grand-père, le plus récemment décédé, en lui demandant la naissance d'un enfant. « Inspirant » ainsi la conception de l'héritier à venir, l'ancêtre permettait la continuité de la lignée. De petites statuettes de femmes à la fastueuse coiffure ont, de fait, été retrouvées près de certaines tombes, portant l'image d'un nouveau-né dans les bras, mais aussi aux jambes marquées à l'encre de la prière adressée à l'aïeul pour qu'il « inspire » et « provoque » cette nouvelle vie.

La fête se devait d'être mémorable pour une union contribuant à perpétuer, non seulement une cellule de la grande famille, mais de surcroît la population du pays. Au reste, le mot « fête » en égyptien, *hêb*, s'est conservé en copte – qui constitue l'ultime expression de la langue égyptienne écrite en lettres grecques – sous la forme *hôp*, et signifie non seulement « fête », mais spécialement « fête de mariage ».

Le mariage dans le conte de Khaemouas

Et voici comment se déroulèrent les fameuses festivités de mariage auxquelles Pharaon s'était intéressé, décrites dans le conte de Khaemouas :

« *Pharaon dit au chef de la maison royale : " Qu'on amène Ahouri à la maison de Nénofèrkaptah cette nuit même. Et qu'on emporte toute sorte de beaux cadeaux avec elle. " Ils m'emmenèrent comme épouse à la maison de Nénofèrkaptah, et Pharaon ordonna qu'on m'apportât une grande dot en or et en argent que me présentèrent tous les gens de la maison royale.*

« *Nénofèrkaptah passa un jour heureux avec moi; il reçut tous les gens de la maison royale, et il dormit avec moi, cette nuit même. Il me trouva vierge, et il me connut encore, et encore, car chacun de nous aimait l'autre.*

« *Quand vint le temps de mes purifications, voici que je n'eus pas de purifications à faire. On l'alla annoncer à Pharaon et son cœur s'en réjouit beaucoup. Il fit prendre toutes sortes d'objets précieux sur les biens de la maison royale et il me fit apporter de très beaux cadeaux en or, en argent et en étoffe de lin fin.*

« *Quand vint pour moi le temps d'enfanter, j'enfantai ce petit garçon qui est devant toi. On lui donna le nom de Maïhêt, et on l'inscrivit sur les registres de la " Double Maison de Vie ".* »

L'identité de la femme mariée

Une fois mariée la femme ne changeait pas de nom et n'accolait même pas au sien celui de son mari. Elle était toujours authentifiée par sa propre généalogie : enfantée par une telle et faite (ou procréée) par un tel.

En revanche, et dans certains cas, il arrivait qu'on la désignât comme : l'« épouse d'un tel ».

4

La maison et la vie dans la maison

LA MAISON

Ce que représente la maison

Il apparaît que la maison était ce qu'il y avait de plus cher au cœur de tout Egyptien, il la confondait avec son amour familial et sa joie de vivre. Eloigné de sa demeure, l'Egyptien y pensait constamment, s'inquiétait de ce qui s'y passait, s'informant de la santé des siens et des mille détails qui peuplaient leur existence. Si son voyage ou son déplacement se prolongeait, la tristesse le gagnait, aussi pour trouver les mots de consolation qui convenaient afin d'apaiser les tourments du Naufragé, le Grand Serpent de l'île magique sur laquelle une vague de la « très Verte » avait jeté le marin, lui prédit :

« *Tu serreras sur ton sein tes enfants, tu embrasseras ta femme, tu reverras ta maison, et cela vaut mieux que tout! Tu regagneras le pays où tu vivais au milieu de tes frères.* »

Puis, lorsque le marin fut sur le point de retourner en Egypte grâce à un navire qui survint, le Serpent lui confirma :

« [*Retourne*] *en santé, en santé, petit homme, à ta maison, – que tu revoies tes enfants!* »

Pour que le ménage soit heureux, il fallait qu'il vive dans sa propre maison et non pas qu'il cohabite chez des parents. La recommandation est formelle dans la sagesse d'Ani[1].

« *Construis-toi ta maison, tu verras que cela éloigne la haine et le désordre. Ne dis pas : " Il y a une maison en possession du père de mon père qui peut servir d'habitation quotidienne. "* »

Le terme de « fonder une maison », *gérèg pèr* en égyptien, équivalait, en fait, à celui « d'entrer en ménage ».

Le domaine rural

Cette maison, dont tous les éléments avaient été mis sous la protection de formules magiques, était toujours construite en briques de terre crue, matériau jusqu'à ces derniers temps encore utilisé dans les campagnes et même les faubourgs, mais qui va être abandonné. Le bâtiment, ainsi chaud l'hiver et froid l'été, qu'il soit en ville dans un espace restreint ou édifié aux champs, au cœur d'un grand domaine, comportait toujours les trois parties essentielles composant l'habitat du dieu dans les temples avec sa cour, son hypostyle et son sanctuaire ou celui du défunt, muni de sa cour-jardin, de la chapelle et du caveau. Ces trois divisions principales correspondaient aux besoins essentiels de la vie en commun : l'accueil, la réception et la vie privée.

On les trouvait assorties de nombreuses pièces

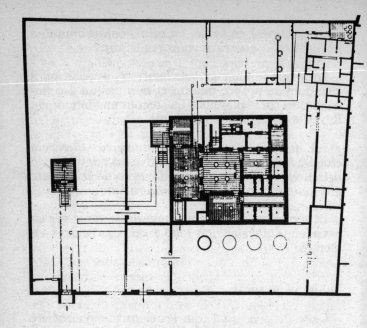

annexes dans les demeures seigneuriales, mais, aussi, réduites au strict minimum pour l'habitat des petites gens. Les exemples sont très nets pour le Moyen Empire grâce aux ruines de la ville de « Kahoun », mais des vestiges antérieurs nous permettent d'imaginer qu'il en était de même dès l'Ancien Empire. Au Nouvel Empire, les petites maisons du village gardées par un mur d'enceinte, étaient construites côte à côte et réparties de part et d'autre d'une rue centrale aboutissant à la place de l'agglomération. La cuisine, troisième pièce du fond, était souvent complétée par une cave dont l'entrée pouvait être masquée par la pierre du foyer. Naturellement, la terrasse à laquelle on accédait par un escalier extérieur, donnant dans la cour d'entrée, était de la plus grande utilité, aussi bien pour la vie familiale que pour y déposer quantité de débarras imprévus, des grains, et même des animaux à engraisser en attendant la fête.

La jeune épousée dont nous nous occupons s'était mariée avec un important, et néanmoins encore jeune, notable de province, un nomarque. Il avait bien fait les choses et la propriété rappelait la magnifique demeure d'Inéni, le vieux compagnon de Thoutmosis Ier qui avait si sagement conseillé la jeune souveraine Hatshepsout, au début de son règne. Un imposant mur de clôture, aux parois blanchies et au sommet présentant des sortes de défenses ondulées, laissait apercevoir les deux étages de la large maison aux petites fenêtres à barreaux, indépendante des communs et des silos à grains résumant à eux seuls, dans cette représentation, l'ensemble des nombreuses annexes. Dans le fond, on avait évoqué l'immense plantation si chère au cœur de son propriétaire qu'il en avait fait le recensement en mentionnant chacune des essences d'arbres. Un large bassin rectangulaire complétait ce magnifique lieu de délassement. Mais le domaine du jeune ménage remontait à une époque un peu plus récente : la XVIIIe dynastie s'achevait, alors que les architectes auxquels l'édification de la ville neuve voulue par Akhénaton (la Tell el-Amarna actuelle) avait été confiée, s'étaient ingéniés à faire bénéficier les habitants d'un confort accru.

L'accueil

Deux ouvertures perçaient le mur de la clôture : celle qui conduisait directement à la chapelle de vénération du globe solaire, à l'avant du jardin, et la grande porte cochère donnant accès à la maison et à ses annexes immédiates. Par cette dernière, pouvait aisément passer le léger char à deux roues au profil si élégant tiré par deux chevaux que, depuis le début de la dynastie, on voyait les grands seigneurs diriger avec tant de dextérité. Le gardien, installé près du portail, se chargeait de rentrer l'attelage à l'écurie alors que son propriétaire se dirigeait vers la petite loge du « portier[2] », l'entrée de la maison, sur trois marches de hauteur. Le visiteur était alors introduit par ledit portier dans une pièce rectangulaire qui fréquemment épousait toute la longueur de la maison et dont le plafond était supporté par plusieurs colonnes. Surtout, dans cette pièce d'accueil, les invités attendaient d'être reçus par le maître de maison qui se préparait à les faire pénétrer dans la grande pièce en général carrée, point central de tout l'édifice.

La réception

C'était le lieu où se réunissaient, pour les festivités avec les amis, les nombreux membres de la famille. Le plafond, soutenu d'ordinaire par quatre colonnes, était élevé (gage de fraîcheur pour l'été) et dépassait sur trois côtés les terrasses des pièces voisines; aussi recevait-il la lumière de ses hautes fenêtres à petits barreaux carrés de pierre, qui prémunissaient contre l'entrée des oiseaux de nuit. Le quatrième mur était accoté à la loggia du premier étage, aménagée sur toute la longueur de la galerie d'accueil du rez-de-chaussée. Colonnes et chapiteaux étaient décorés de motifs végétaux aux couleurs éclatantes et auxquels se mêlaient les images de canards sauvages suspendus par les pattes, et parfois, au mur, l'évocation peinte de buissons fleuris et de papyrus des marécages constituait le cadre dans lequel fêtes et réceptions pouvaient se dérouler. Colonnes et portes de communication étaient fréquemment colorées en rouge. Contre un mur, une « dalle de lustration » bordée d'un petit parapet contenait en son centre une belle jarre aux motifs traités en « bleu thébain » (céruléen) dans laquelle on puisait l'eau parfumée pour la répandre sur les mains et aussi sur les pieds des visiteurs, couverts de la poussière du chemin. Mais, avant tout, cette installation servait à l'agrément du maître lorsqu'il revenait chez lui, au soir d'une forte chaleur ou d'un vent de sable prolongé. Ainsi comprend-on l'émoi du fermier du *Conte des deux frères* lorsque, rentrant dans sa demeure, sa femme ne le traita point comme à l'habitude :

« Elle ne versa pas d'eau sur ses mains, comme il y était accoutumé; elle ne fit pas la lumière devant lui; sa maison était dans les ténèbres. »

En face, avait été aménagée l'estrade sur laquelle se tenaient les hôtes lorsqu'ils recevaient leurs invités. Les chaises, les fauteuils, les pliants aux pieds de lion, étaient la plupart du temps agrémentés de coussins recouverts d'étoffe aux dessins multicolores ou de peaux de « panthères du Midi ». Leur aspect évoquait de loin nos mobiliers de style « retour d'Egypte » dont les formes avaient inspiré les dessinateurs de l'expédition de Bonaparte sur les rives du Nil (principalement Vivant Denon). Petits et hauts tabourets, parfois pliants, aux pieds en « col de cygne » meublaient la vaste pièce et attendaient les convives bénéficiant chacun d'un petit guéridon sur lequel les serviteurs déposaient les mets du repas durant les réceptions. Un grand brasero aménagé en partie dans le sol permettait d'améliorer le confort des nuits d'hiver.

De véritables lampadaires constitués de colonnettes surmontées de vastes coupes contenaient l'huile qui alimentait la flamme dont le support était fait d'une mèche de lin, de chanvre ou de moelle de papyrus. Pour éviter la fumée, on versait régulièrement du sel pendant la combustion. Des torches ornementées étaient souvent placées par la maîtresse de maison aux angles de la pièce.

De chaque côté de la salle centrale on pouvait voir, répartis, le bureau du maître et ses dépendances, où ses scribes-secrétaires, intendants du domaine, venaient ranger dans des coffrets de bois peints, aux couvercles à pupitre, les documents qu'ils tenaient à jour. Ils se chargeaient également de la correspondance de la dame et du seigneur. La maîtresse de la maison les utilisait également pour dresser, chaque année, l'inventaire[3] des biens de la demeure. Tout était enregistré, même la vaisselle de terre cuite vernissée fracassée, mais réparée !

La loggia

Ces locaux voisinaient avec les réserves immédiates, pièces de rangement où étaient rassemblés les meubles en surplus, et les coffres à matériel. De l'autre côté du « hall » à colonnes, d'autres petits locaux jouxtaient la cage de l'escalier donnant accès à la loggia aménagée, de préférence au nord, sur le toit-terrasse.

En cet endroit, fréquemment garni de tentures et de banquettes contre le mur, la famille prenait le frais durant les fortes chaleurs et souvent venait dormir, l'été.

La vie privée

Enfin, on abordait, à l'arrière de la maison, les quartiers privés, le lieu de prédilection de la vie familiale. Les étrangers à la famille n'y étaient pas introduits. Un petit salon carré, à une ou plusieurs colonnes, constituait le centre de ce domaine intime où vivaient souvent le maître et la maîtresse des lieux. Les locaux annexes subvenaient aux multiples besoins de cette existence, par exemple à loger les divers habitants de la maisonnée, aux ébats des enfants – qui jouaient dehors – à leurs leçons de musique et pour y ranger des vêtements. Enfin, tout le fond du bâtiment était réservé aux chambres à coucher destinées aux parents et aux enfants, et généralement munies de banquettes pour recevoir les lits.

Les pièces pour la toilette

Parmi les pièces indispensables à ce « complexe » avait été aménagée d'abord la salle de « lustration », où deux petits bancs de maçonnerie permettaient aux domestiques de se tenir de chaque côté de la cuve pour verser l'eau sur la personne à doucher. En effet, l'Egypte ne connut pas la baignoire avant l'époque romaine, et ses habitants accoutumés au mouvement et au sport ressentaient avec délices ces ablutions qui leur procuraient un bien-être salutaire.

Toute proche se trouvait la « salle d'onctions » pour les maîtres de maison. Ils s'étendaient sur des banquettes de maçonnerie recouvertes de nattes sur lesquelles les servantes pouvaient les masser et répandre sur leurs corps les onguents et les huiles odoriférantes, différentes suivant les saisons de l'année; il en était de même pour les fards des yeux. C'était aussi le lieu où l'on élaborait et réparait les magnifiques coiffures – souvent remplacées par des perruques – qui constituaient un des moyens les plus appréciés de la mise en valeur féminine. Lorsque la femme perverse du *Conte des deux frères* relate à son mari la mensongère scène de séduction dont elle aurait été l'objet, elle indique les arguments utilisés par le prétendu provocateur :

« ... *il me trouva toute seule assise,* [*alors*] *il me dit : viens, passons une heure* [*ensemble*], *couchons-nous. Mets ta perruque!* »

Les coffrets de toilette contenaient les plus jolis petits récipients et fioles à parfum qui soient. En bois précieux provenant surtout de Nubie et du Soudan, en ivoire, en verres multicolores translucides, et même parfois transparents. Mais ceux d'albâtre étaient les plus usuels, car ce matériau froid était excellent pour la conservation des crèmes et des parfums, ce que, bien plus tard, Pline devait constater. Ces coffrets épousaient les formes les plus variées, celles de la grenade, de la mandragore récemment importées d'Orient, de grappes de raisin, de lotus et de papyrus naturellement, ou encore s'inspiraient des animaux, canards des marécages et ibex aux pattes liées, petits cercopithèques posés sur le rebord d'une coupelle, ou maintenant dans leurs mains le godet à antimoine. Les miroirs à manche en os – tige et ombelle de papyrus, parfois remplacée par la figuration d'une jeune fille nue, telle la déesse Hathor, patronne des femmes – étaient dominés par un disque de cuivre dont la surface polie était calculée pour ne pas déformer les visages qu'ils devaient refléter. Les plus belles des boîtes à fards ou à onguents étaient faites à l'image d'une charmante nageuse nue poussant devant elle un canard dont le corps, aux ailes articulées, servait de récipient. Les peignes, démêloirs simples ou doubles pouvaient aussi être décorés tout comme les pinces métalliques pour les cheveux, qui servaient à maintenir soulevées les lourdes mèches pendant l'élaboration des coiffures si compliquées, portaient également des décors : un des plus prisés au Nouvel Empire était la représentation d'un cavalier galopant. Des coffres très ouvragés étaient spécialement conçus pour recevoir tout ce petit matériel si luxueux; cloisons intérieures et échancrures sur le couvercle, ou dans les tiroirs, attendaient qu'on remette en place les délicats objets.

La salle de lustration, comme les toilettes munies d'un siège (on s'asseyait, et ce n'était donc pas la rudimentaire dalle « à la turque »), possédait un dispositif de canalisations en terre cuite.

Les annexes

Les annexes d'une maison des champs cossue pouvaient être très importantes, car le domaine était conçu comme une petite « économie privée ». Des cours contenaient d'abord les silos en forme de pain de sucre dans lesquels le grain était conservé pour la farine. Le long des murs de clôture opposés au jardin, avaient été bâtis les hangars et magasins, les écuries (à partir du Nouvel Empire et de l'introduction du cheval en Egypte), les étables et les abattoirs, les cuisines et la boulangerie, la cave à vin et la brasserie « pour la bière qui enivre », la menuiserie, les ateliers de réparation, ceux de filature et de tissage. Tout près étaient logés les domestiques et les servantes dont les textes nous rappellent fréquemment qu'elles étaient « *à l'ar-*

rière de la maison ». Un jardin comportait toujours deux éléments essentiels : la vigne d'abord, aux grosses grappes bleu-noir, ensuite – et souvent implanté à proximité – le pressoir, où les cavistes foulaient de leurs pieds les raisins fraîchement vendangés; le jus était immédiatement recueilli, avant soutirage, dans de grandes jarres, d'où l'évaporation pouvait se faire à travers les bouchons de terre crue.

Ces vins précieux, conservés dans ces jarres d'« appellation contrôlée », étaient sortis des caves les jours de fête. Transvasés dans d'élégantes grandes bouteilles peintes, posées sur des sellettes et entourées par des pampres, dans la salle des fêtes, les vins étaient réservés aux invités, sans limite. Le liquide était passé au filtre avant d'être versé dans les coupes. Parfois même les serviteurs encourageaient ceux qui se déclaraient rassasiés :

« *A ta santé, bois jusqu'à l'ivresse!*
Passe un beau jour de fête!
Ecoute ce que dit ton amie :
Ne fais pas comme si tu voulais t'arrêter! »

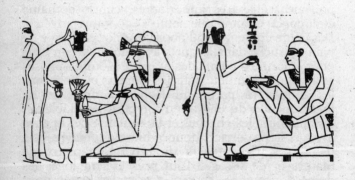

Mais les convives n'avaient pas toujours besoin d'encouragements, et la tante du noble Pahéry retiré à el-Kab, après les guerres de libération, ne cachait pas son penchant pour... la bouteille !

Au banquet de son neveu, elle interpella ainsi le sommelier :

« *Apporte-moi dix-huit coupes de vin !*
Vois, je veux m'enivrer,
L'intérieur de mon corps
Est [sec] comme de la paille ! »

Le vin doux, « cuit » peut-être, était aussi fort apprécié des dames qui ne manquaient pas d'en faire boire à leurs invités, ainsi qu'un breuvage appelé *sérémèt* provenant principalement des « domaines des Reines ». Cette boisson devait souvent être dégustée à la Cour, puisque les ruines de la capitale d'Aménophis III, à Malgatta, face à Thèbes, n'ont pas – à ce jour – fourni une seule mention de cruche à bière, mais en revanche plus de trois cents fragments d'étiquettes de *sérémèt* ! On se demande si les dattes n'entraient pas dans la composition de ce rafraîchissement sans doute très tonique.

Le jardin

Quant au bassin du domaine, qui pouvait parfois prendre les proportions d'un petit lac, il était d'ordinaire agrémenté de lotus et de poissons, et devint le lieu de prédilection du jeune ménage dès que le printemps fut revenu. Que le chant, dont quelques vers sont cités ici, concerne, en des expressions symboliques voilées, une supposée félicité d'outre-tombe ou qu'il s'applique réellement au temps de la vie, on y trouve le reflet de sentiments vieux comme le monde traduit avec un sens poétique certain.

« *Mon dieu! Mon époux*
Il est plaisant de s'en aller vers l'étang
Ton désir de me voir y descendre
Et de m'y baigner devant toi,
Me réjouit!

Je te laisse voir ma beauté
Dans une tunique de lin royal, le plus fin,
Imprégnée d'essences balsamiques,
Et trempée d'huile parfumée.

J'entre dans l'eau, pour être à tes côtés,
Et pour l'amour de toi, je sors, tenant un poisson
rouge.
Il se trouve heureux entre mes doigts,
Je le pose [sur mes seins].

O toi, mon époux, ô bien-aimé,
Viens et regarde[4]*!* »

Proche du bassin, la vigne en tonnelle pouvait être substituée au pavillon du jardin, construit quoi qu'il en soit en matériaux légers. Les jours de forte chaleur, le soleil se glissait entre feuilles et grappes, si le plant était encore très jeune. Aussi, la maîtresse de maison avait-elle fait doubler une partie du plafond de tentures multicolores aux dessins géométriques variés, comme on en rencontre encore aujourd'hui en Egypte, utilisées pour toutes sortes de réunions, et qui apparaissent représentées dans la « tombe aux vignes » de Sennefer à Thèbes.

Ce pavillon était un lieu de rencontres et de délassement fort apprécié.

La maison citadine

La maison de ville, entourée d'un petit jardin, à cette époque demeure thébaine par excellence, était évidemment de dimensions moins grandes et l'habitat à étages se développait naturellement en hauteur. L'édifice était toujours construit sur un rez-de-chaussée surélevé auquel on accédait par plusieurs marches. Dans le demi sous-sol ainsi aménagé, étaient très souvent installés les ateliers de tissage, et la lumière pénétrait dans les salles par des soupiraux.

La répartition des pièces suivant les étages préfigurait déjà celle que l'on retrouve beaucoup plus tard dans certains caravansérails médiévaux du Caire où, après les entrepôts du rez-de-chaussée, le premier niveau était occupé par le chef caravanier, le deuxième, réservé aux femmes, et le ou les étages supérieurs, au service. A Thèbes, la « villa » de Djéhouty-Hotep, dont la coupe est reproduite sur un mur de sa chapelle, présente exactement la même disposition : on voit le maître de la maison, au premier, assis dans une pièce à colonnes – qui correspondait à la salle « carrée » centrale de la maison rurale – et auquel des serviteurs apportent un repas. Par la même cage d'escalier, ceux-ci accèdent au second, pour le service de la dame, installée dans des locaux au plafond plus bas. Enfin, sur la terrasse, on distingue les cuisines, les fours à pain et aussi un appentis à la légère couverture duquel sont suspendus des quartiers de viande que l'on fait sécher. Les monuments nous ont conservé quelques silhouettes dessinées et peintes de ces jolies demeures aux façades colorées en rose, dominées par deux manches d'aération[5] et entourées d'arbres dont les troncs sont protégés des animaux qui passaient dans les rues, par des petits murs. Parfois, la dame apparaît à la porte d'entrée, et le mari arrive vers elle tenant, comme tous les amoureux du monde, un bouquet de fleurs à la main!

L'arrière de la maison pouvait être agrémenté d'une colonnade donnant sur un petit bassin rectangulaire entouré de sycomores; le « modèle » de Mékèt-Rê, conservé au musée du Caire, fournit une charmante évocation de ce complément appréciable de la demeure citadine, remontant à la XIe dynastie.

La possession d'une maison à la ville n'empêchait nullement la jouissance d'un domaine « aux champs », pour ceux qui pouvaient en assumer la charge ou en devenaient bénéficiaires. C'était parfois donner la preuve de la considération dont on avait été jugé digne, ou de l'opulence acquise, que d'en faire mention. C'est ce que fit Sinouhé à son retour en Egypte, après avoir reçu le pardon de son roi et pour bien souligner son retour en grâce. Il reçut de son souverain, déclara-t-il une « *maison de fils royal* » très somptueuse, munie des dispositifs lui assurant le bien-être sanitaire, favorisant la fraîcheur de ses ablutions, confort encore plus

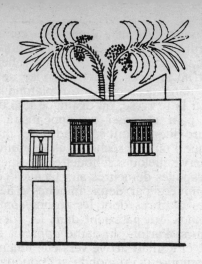

appréciable pour l'ancien fugitif du début du Moyen Empire si longtemps obligé de vivre sur le sable comme les bédouins. Les murs du fastueux logis étaient décorés et il était équipé de meubles et de coffres contenant tout ce qui pouvait agrémenter la vie journalière d'un luxe de bon aloi : des vêtements de lin royal le plus fin, l'huile odoriférante du roi pour la toilette, de l'oliban en vue de parfumer les pièces. De plus, « *tous les serviteurs étaient à leur affaire* ». Ce bâtiment était certainement citadin, car Sinouhé signale qu'il « *reçut également une maison d'un propriétaire terrien (néb-shé) qui avait été en possession d'un Ami [royal]. De nombreux ouvriers la reconstruisirent (elle avait été bâtie comme toutes les autres et comme le palais en briques de terre crue), tandis que tous ses arbres étaient plantés à nouveau*[6]. »

LA VIE JOURNALIÈRE DANS LA MAISON

La maîtresse de maison

Après les grandes festivités du mariage, la jeune femme allait se mettre avec ardeur à exercer son métier d'épouse et de maîtresse de maison. La tâche pouvait lui paraître lourde à considérer le vaste domaine de son mari, mais n'avait-elle pas reçu une bonne instruction des scribes, et n'était-elle pas soutenue par l'amour qu'elle venait de découvrir?

« *Qu'elle est belle cette heure!*
Qu'elle s'allonge jusqu'à devenir éternelle!
Depuis que j'ai dormi à tes côtés,
Tu as exalté mon cœur.
Qu'il se lamente ou soit joyeux,
Ne t'éloigne pas de moi [ô mon cœur]!

321

Il y a en lui des [liserons]
Dont on se sent exalté.
Je suis ta bien-aimée, la meilleure.
Je t'appartiens comme la terre
Que j'ai semée de fleurs
Et de plantes de toutes sortes au doux parfum.

Qu'il est charmant le canal qui s'y trouve,
Et que ta main a creusé
Pour nous y rafraîchir au vent du nord;
Un lieu de promenade si beau!
Ta main est posée sur ma main,
Mon corps est heureux,
Mon cœur est dans la joie,
Car nous marchons ensemble.

Ecouter ta voix, pour moi est du vin doux;
Je vis de l'entendre.
Chaque regard [de toi] qui se pose sur moi,
M'est plus que boire ou manger[7]*!* »

Le titre de *nébèt-pèr*, maîtresse de maison, dévolu depuis le Moyen Empire à la dame mariée, indique bien l'étendue des charges et des responsabilités qui devaient lui incomber et être reconnues par tous. Elle régnait sur l'ensemble de ce qui constituait la « maison » dans le sens le plus large du mot, le déroulement de la vie journalière et sur ce qui en permettait le fonctionnement. A l'apparition du titre, dès la XIe dynastie, son impact devait être de si grande importance que la reine Néférou, femme de Monthouhotep, le portait officiellement (on a trouvé quelques exemples du titre de *neb-pèr* attribué à des hommes durant la même époque).

Aucune charge héréditaire ne semble avoir été attribuée à des femmes de la haute société n'étant ni filles ni femmes de souverain. La seule exception semble être celle de *hatyt-â*, « comtesse » (ou pachate!) apparaissant également au Moyen Empire. En revanche, dans la demeure où elle régnait souvent sur une nombreuse domesticité, elle était la *hénout* (souveraine) des servantes! Lesquelles, en dépit du respect qu'elles devaient lui témoigner, lui opposaient leur franc-parler, glissant parfois jusqu'à l'esprit de rébellion. Il fallait donc une grande sagesse à la jeune épousée pour que la paix régnât dans la demeure et pour veiller à ce que certaines employées ne postulent pas à devenir concubines.

Afin de gagner l'autorité indispensable pour faire énergiquement face à toutes ces responsabilités et d'éviter bien des embûches déjà entr'aperçues, il importait que la jeune femme conçût le plus vite possible des enfants : en premier lieu un fils aîné, pour le contentement du père, serait le bienvenu. C'est ce qui devait advenir à notre maîtresse de maison.

La femme et l'enfant

La jeune femme attendait avec impatience les premiers symptômes lui laissant espérer une maternité. Adolescente, elle avait porté comme les princesses ses amies, mais aussi comme toutes celles qui désiraient un jour être mères, des ceintures dont elles pouvaient parer leurs hanches et dont les éléments étaient faits de motifs d'or en forme de cauris, coquillage symbole de la vulve qui pouvait « enfanter ». Les prières à Hathor n'avaient pas fait défaut et la charmante chatte, image apaisée de la déesse lointaine, s'était installée comme patronne du nouveau foyer, protectrice de son harmonie et de la nombreuse progéniture. Son image décorait même les claustra ornant le sommet de certaines portes des appartements.

La grossesse

Cela aurait été pour la jeune femme une calamité d'être stérile et d'avoir recours à l'intervention de procédés magiques. Mais avant, naturellement, le praticien aurait été consulté pour qu'il fournisse les drogues destinées à pallier cette carence. Les médecins étaient en effet célèbres pour leur science gynécologique, témoin le roi des Hittites, Hattoushilish, écrivant à Ramsès II, à la XIXe dynastie, pour lui demander des remèdes afin de rendre fertile sa propre sœur. Ramsès, prudent – répondant avec peu de courtoisie à son correspondant –, l'assura que sa sœur âgée d'une soixantaine d'années « *ne pouvait plus avoir d'enfants* »! Toutefois, si Hattoushilish insistait, il était prêt à lui « *envoyer un bon magicien et un physicien (médecin) habile : ils pourront préparer pour elle quelques drogues pour l'enfantement* ».

L'Égyptien, semble-t-il, admettait que la stérilité pouvait bien aussi être de son fait. Il lui fallait alors se tourner vers son propre dieu. Tel paraît avoir été, un jour, le cas d'un grand prêtre de Memphis ayant invoqué le divin Imhotep pour qu'il lui accordât un fils.

La belle Hathor, de même que l'ancêtre sollicité au matin de l'hymen, furent favorables, et bientôt la dame rassurée dans ses espoirs en était déjà à se demander si le premier enfant qu'elle attendait serait un fils. Pour en être convaincue, il fallait suivre le procédé dont l'indication a été conservée dans plusieurs papyrus. Le plus célèbre[8] se réfère à l'utilisation empirique de la théorie des hormones.

« *Autre moyen de reconnaître si une femme enfantera ou si elle n'enfantera pas : [tu placeras] de l'orge et du blé [dans deux sacs de toile] que la femme arrosera de son urine chaque jour, parallèlement des dattes et du sable dans deux autres sacs. Si [l'orge et le blé] germent tous deux, elle enfantera. Si c'est l'orge qui germe* (la première), *ce sera un garçon; si c'est le blé qui germe* (le premier), *ce sera une fille. S'ils ne germent ni l'un ni l'autre, elle n'enfantera pas*[9]. »

Protection durant la gestation

Durant la grossesse, toutes espèces de protection devaient être sollicitées. Les « ivoires magiques », sortes de plaquettes d'ivoire d'hippopotame en forme de lame courbe de couteau, apparus dès le Moyen Empire, étaient recouverts d'images de génies, dont : Aha, ancêtre de Bès, protecteur des femmes et des enfants, l'hippopotame femelle, Thouéris, déjà vainqueur du crocodile; à leur extrémité, on trouvait parfois le museau du jeune chien Anubis. Il est fort probable que ces objets aient eu pour but de tisser un réseau prophylactique autour de l'« *œuf de la femme enceinte* », auquel le potier divin Khnoum donne vie, comme il donne vie au poussin[10] pendant les dix mois de grossesse, rapporte la même inscription (il s'agit probablement de mois lunaires). Un mois commencé devait compter comme un mois plein, mais nous laissons ce problème aux médecins! D'autres petits monuments dont le prototype doit remonter au Nouvel Empire, mais qui ont été fort utilisés à la Basse Epoque, étaient les « cippes d'Horus sur les crocodiles ». Petites stèles recouvertes au dos de textes magiques, leur face antérieure est ornée principalement de l'image du jeune Horus, tout nu, tenant en main reptiles et bêtes fauves, et debout sur les crocodiles qu'il maîtrise. Au sommet de la stèle, la tête du dieu Bès. Ces monuments ont souvent été interprétés comme transmettant leurs pouvoirs prophylactiques à tous ceux qui auraient bu l'eau dont on les aurait aspergés, moyen efficace de se protéger contre les morsures de serpents très venimeux ! Cela paraît invraisemblable lorsque l'on connaît la compétence des vétérinaires et ophiologues de l'ancienne Egypte. On a récemment pensé que les cippes étaient aussi salutaires aux mères et aux enfants contre ces animaux, en raison de l'image d'Horus et de certaines phrases des textes :

« *Tu me défends, contre tous les lions du désert, tous les crocodiles du fleuve, tous les serpents et tous les scorpions, tous les insectes qui mordent avec leurs mandibules, et piquent avec leur queue, toutes les espèces de reptiles qui attaquent dans leurs cavernes.* »

Tout cela serait acceptable si les lions et les crocodiles avaient fréquemment pénétré dans les maisons en Egypte, ce qui n'est pas le cas, l'oryx du désert pas davantage. Seuls les scorpions et les serpents pouvaient s'introduire parfois dans les demeures. On est aussi amené à considérer ces images animales comme symboles de nuisance, de même que, dans le « mammisi » (ou maison de naissance) de Philae, par exemple, la période évoquée dans le vestibule de la salle de la naissance d'Horus, peuplée de plantes aquatiques, de sortes de reptiles et de génies « coutiliers » sur des tiges lentement balancées par les eaux est celle pendant laquelle les agressions pouvaient nuire au fœtus dans le sein d'Isis – dans les eaux de la mère, manifestement illustrées par les célèbres marais de

Chemmis où la veuve d'Osiris avait mis à l'abri son rejeton. Elle le cachait d'autant plus qu'il n'était pas encore né : sans vouloir pousser plus avant ce sujet qui mériterait un long commentaire, on peut d'ores et déjà conclure que le séjour dans les fameux marais couvre pour une grande partie la période de gestation. Ces « stèles d'Horus sur les crocodiles », ornées de textes et figurations, étaient aspergées d'eau que la femme enceinte devait boire, et qui transmettait ainsi une prophylaxie apte à protéger le fœtus et à préparer son apparition en gloire.

S'il naissait avant terme, des formules magiques étaient employées pour le maintenir en vie.

L'accouchement de l'enfant et la naissance du nom

Venait le moment de la délivrance. Les plus instruites des épouses savaient qu'il fallait alors se concilier Khnoum, potier divin :

« *Redoutez Khnoum, femmes enceintes qui avez dépassé votre terme, car c'est lui le dieu Shou de la naissance* (Shou est l'air que va alors respirer le fœtus devenu petit d'homme) *qui ouvre les lèvres de l'organe féminin et assure la naissance en sa forme d'Amon!* »

L'Égyptienne accouchait le torse droit, nue semble-t-il, assise quelquefois sur un siège spécial, agenouillée parfois, souvent accroupie sur quatre briques rituelles (*mèskhénèt*), les quatre Nobles Dames présidant à la naissance et qui accompagnaient plus tard les humains dans leur tombe pour les protéger : les quatre briques des quatre niches du caveau. Ce même rituel d'accouchement se retrouvait dans le cérémonial de la fondation des temples, « axé sur la naissance d'un être vivant » qui va sortir d'une matrice liquide et chthonienne sur les briques d'accouchement *mèskhénèt*. D'où le rôle fondamental de la confection, puis de la mise en place des briques d'angle, symboles de l'œuvre du dieu potier Khnoum, « *qui, à la fois façonne au tour le jeune être à venir*[11] *et lui donne un lieu pour s'installer sur terre*[12] ».

Voici comment la sage-femme et ses assistantes qui tenaient la parturiente par les bras procédaient :

« *Alors Isis se plaça devant elle* (la femme du prêtre de Rê), *Nephtys derrière elle et Hékèt* (déesse-grenouille des accouchements) *accéléra la naissance et dit :* (ici un jeu de mots tendant à former le nom du nouveau-né et formulé exceptionnellement par la déesse accoucheuse). *Cet enfant lui glissa alors sur les mains; c'était un enfant d'une coudée et dont les os étaient solides... Elles le lavèrent après qu'eut été coupé le cordon ombilical et qu'il eut été placé sur un cadre en briques*[13]. »

L'enfant recevait son nom à la naissance. Pour un futur pharaon, il avait pu être façonné par les paroles prononcées au moment de l'acte d'amour (théogamie), ou de l'accouchement par les déesses.

En ce qui concerne la mère civile, le nom était donné au moment de l'accouchement. Il semble que le père contribuait à former ce nom en le composant d'après les paroles prononcées par la mère, pendant la mise au monde. C'était en tout cas ce que l'on considérait comme le « *nom de la mère* » qui était censée accoucher à la fois de l'enfant et de son nom.

A côté de ce « vrai nom », originel, l'enfant pouvait ensuite recevoir un second nom, usuel.

Le placenta était considéré avec le plus grand respect et utilisé, comme de nos jours, pour entrer, en médecine, dans la composition de remèdes propres à faciliter la cautérisation des plaies profondes.

Cette délivrance s'était passée dans les meilleures conditions, concernant la mère d'abord pour laquelle on craignait toujours un accident. En effet, l'étude des momies a révélé que de nombreuses femmes étaient mortes en couches (ce qui peut en grande partie expliquer le remariage de veufs!). Les conditions étaient également excellentes pour l'enfant qui se présentait bien. Il arrivait que, par malheur, les nouveau-nés soient atteints de malformations physiques, d'infirmités ou qu'ils se révèlent, dans leurs premières années, simples d'esprit : ils étaient alors acceptés comme touchés de la grâce de Dieu et, quoi qu'il en soit, bien intégrés dans la société. Aussi, le sage Amènèmopè avertissait-il ses jeunes compagnons : « *Ne ris pas d'un aveugle, ne taquine pas un nain.* »

Il fallait, après l'accouchement, que la mère, de préférence hors du lieu de vie commune, passât dans une sorte de pavillon les quatorze jours de la « purification » rituelle, puis il n'était plus question que de bien nourrir l'enfant et de le protéger du mal, ayant toujours à l'esprit, que, parmi les sept fées Hathor présidant à son destin, l'une d'elles pouvait avoir joué le rôle de la fée Carabosse. Avant tout, pouvoir lui donner le sein maternel durant ses trois premières années : médecins et magiciens se relayaient ou se rencontraient pour permettre à la mère d'accomplir cette tâche naturelle et, le cas échéant, traiter les seins malades. Le magicien, en l'occurrence, faisait toujours référence aux incidents qui avaient pu survenir à Isis. La formule commençait alors par : « *Ceci, c'est le sein dont souffrit Isis dans Chemmis [...] Exorciser avec des roseaux, des fibres de plantes, des pistils de jonc et ses étamines [...] à transformer en une corde tordue du côté gauche et à mettre sur le mal* (et dire :) " *Ne fais pas de suppurations, ne cause pas de démangeaisons, ne saigne pas*[14] ". »

Il existait, naturellement, des recettes médicales pour faire monter le lait de la mère, ou encore pour régulariser le débit d'urine d'un nourrisson, de même que pour calmer ses cris excessifs.

Protection du nouveau-né

Des recueils d'incantations, des charmes magiques, avaient été rédigés pour la protection de la mère et de l'enfant, afin que nul mal n'agresse ce dernier et que l'allaitement maternel ne tarisse point, mais ne provoque pas non plus les gastro-entérites, souvent susceptibles d'emporter les nourrissons. Un papyrus[15] nous permet de connaître ces formules de conjurations :

« *Ta protection est la protection du Ciel [...] de la Terre [...] de la nuit [...] du jour [...]*
Ta protection est la protection des Sept Entités divines,
Qui mirent la terre en ordre lorsqu'elle était déserte,
Et placèrent les cœurs à la bonne place.
[...]
Que chaque dieu protège ton nom,
Chaque lieu où tu te trouveras,

Chaque lait que tu boiras,
Chaque sein sur lequel tu seras pris,
Chaque genou sur lequel tu seras assis,
Chaque vêtement qui te sera mis,
Chaque endroit où tu passeras le jour,
Chaque protection qui sera prononcée sur toi,
Chaque objet sur lequel tu seras couché,
Chaque nœud qui sera fait sur toi,
Chaque amulette qui sera mise à ton cou,
Que te protège, par eux,
Que te garde en bonne santé, par eux,
Que te tienne sauf, par eux,
Que t'apaise par eux, chaque dieu et chaque déesse. »

Le charme énoncé ci-après s'adresse, maintenant, à toute « larve » éventuellement capable de nuire au nouveau-né :

« *Qu'elle s'écroule, celle qui vient dans l'ombre,*
Qui s'approche en rampant,
Son nez dirigé en arrière, le visage détourné,
Celle qui [doit] oublier pourquoi elle est venue.

Es-tu venu pour embrasser cet enfant ?
Je ne permets pas que tu l'embrasses !
Es-tu venu pour apaiser cet enfant ?
Je ne permets pas que tu l'apaises !

Es-tu venu pour lui faire du mal ?
Je ne permets pas que tu lui fasses du mal !
Es-tu venu pour le prendre ?
Je ne permets pas que tu le prennes ! »

Assurée par ces incantations d'une réelle protection, la mère ne devait généralement pas être trop minée par l'anxiété, ce qui aurait pu avoir des effets désastreux sur son lait. Pour susciter l'abondance de ce précieux aliment, il semble que les femmes aient parfois utilisé une petite figurine creuse à l'image de la déesse Thouéris, dont une des mamelles, dressée comme pour allaiter, était percée et même munie d'un minuscule bouchon. Sans doute remplie de cette « eau de la vie », le récipient permettait ainsi un goutte-à-goutte enrayant, par magie sympathique, le tarissement du débit de lait [16].

5

Gynécologie, le rôle de la maîtresse de maison, le deuil, la douairière

GYNÉCOLOGIE

Le lait – breuvage divin par excellence –, entrait, entre autres, dans la préparation de potions et de liquides bienfaisants pour calmer la toux d'un enfant, par exemple, en le mélangeant avec du miel et des dattes sucrées. Ce remède très ancien voisinait avec d'autres prescriptions médicales qui recommandaient le « *lait de femme qui vient de mettre un enfant mâle au monde* », pour guérir le coryza... mais aussi les ophtalmies (remède passé en Europe par Hippocrate). De charmants petits récipients en forme de femme accroupie tenant dans ses bras un nouveau-né tout nu devaient servir à transporter le précieux liquide. Un exemple de ce premier pot à pharmacie au monde est exposé au musée du Louvre.

La jeune épouse lettrée pouvait elle-même consulter les papyrus médicaux contenus dans sa bibliothèque privée[1]. Remontant au plus tard au Moyen Empire, mais déjà utilisés au temps des pyramides, ils aidaient beaucoup de dames à soigner les maux qui pouvaient frapper les leurs (médecine du cœur, des yeux, etc., et même l'incontinence urinaire prolongée de leurs nourrissons). Mais un grand chapitre était consacré à la gynécologie et concernait la majorité des désagréments qui pouvaient frapper une femme. Le répertoire du soignant avait été rédigé après de très longues expériences qui avaient transformé sa pratique en une véritable science dans laquelle Hippocrate vint aussi abondamment puiser. Rigoureusement, après l'analyse des symptômes présentés par le malade, il établissait son diagnostic et prescrivait un traitement. C'est ainsi que les médecins égyptiens avaient même pu détecter le cancer de l'utérus comme une « maladie dévorant les tissus ». Les traités spécialisés différenciaient nettement les affections de l'utérus, de la vulve ou du vagin.

Quelque six années après la naissance de ses sept enfants, la jeune maîtresse de maison, qui avait atteint sa vingt et unième année, s'était senti des faiblesses, des *migraines*, que les Egyptiens appelaient *gès-tep*, c'est-à-dire « *moitié de la tête* » (que les Grecs traduisirent par *hemi-crania*, c'est-à-dire mi-crâne) et des désagréments de toutes sortes qui la forcèrent à consulter son « rouleau-dictionnaire de médecine ». Elle avait, en effet, constaté que les toniques et remèdes dispensés par sa mère et son ancienne nourrice étaient inopérants. Pour s'assurer d'un traitement efficace et ne distinguant pas très bien l'identité entre symptômes décrits et ceux qu'elle ressentait, il fallut envisager un examen clinique et demander l'intervention du docteur. Une déviation de l'utérus était à craindre et la mise en place d'une sorte de pessaire s'imposait. Auparavant et parce qu'une métrite chronique s'était déclarée, il était d'abord nécessaire d'opérer des injections vaginales (des cornes de génisse aménagées à cet usage constituaient l'instrument approprié). Puis la dame devait ensuite se soigner par des fumigations. Le produit était versé sur une brique chauffée à blanc et au-dessus de laquelle

elle devait se tenir accroupie, le plus près de la chaleur.

Le docteur lui avait très fermement recommandé de suivre strictement ses instructions si elle ne voulait pas être obligée d'appliquer un moyen de limiter les naissances et d'utiliser un des médicaments anticonceptionnels connus pour rendre stérile une femme pendant deux ou trois années, sinon il serait sans doute amené à la faire avorter, ce qui n'était évidemment envisageable que pour des raisons très sérieuses. Voici le remède préconisé pour rendre inféconde[2] : « *Faire qu'une femme cesse de devenir enceinte pendant un an, deux ans, trois ans : gousses (?) d'acacia, coloquintes, dattes, à broyer dans un demi-litre de miel. Un tampon en sera imprégné. A placer dans le vagin.* »

C'était bien l'ironie du sort. La sœur de cette dame qui s'était mariée après elle, était, semble-t-il, incapable de concevoir un enfant, malgré toutes les recettes qu'elle avait ingurgitées et toutes les fumigations vaginales ! Elle continuait cependant à prendre les remèdes nécessaires à base de bière, de lait, de dattes et d'herbes choisies, assortis de formules et passes magiques. Elle craignait d'être répudiée et avant que la solution d'adopter un enfant n'intervienne, elle voulait encore espérer le miracle.

LE RÔLE DE LA MAÎTRESSE DE MAISON

Pour écarter tous drames possibles dans sa maison, notre jeune épouse malade se soigna avec énergie : elle voulait encore donner des enfants à son mari et naturellement éviter qu'il ne soit trop tenté de prendre une concubine parmi les servantes ou employées de la maison.

Un Egyptien pouvait être appelé à déclarer, en se référant à une demeure amie : « *Je n'ai pas connu charnellement la servante de sa maison, je n'ai pas copulé avec sa domestique* », car il était réprouvé de séduire une femme mariée, ou de prendre concubine dans une demeure amie qu'il visitait. En revanche, rien ne lui interdisait, au vrai, de posséder sa concubine dans sa propre maison !

Aussi notre jeune maîtresse de maison se montrait-elle toujours coquette, suivant toutes les innovations de la mode, et soignant particulièrement sa coiffure qui constituait, comme on l'a vu, un des éléments de la séduction. Elle évitait les sautes d'humeur, se montrant toujours joyeuse, car « *une femme gaie est un don précieux* ». On pouvait admirer les prévenances dont elle entourait habituellement son mari, lui jouant elle-même de la harpe pour le détendre de ses préoccupations, remplissant la maison des parfums auxquels il était sensible. Elle-même surveillait, dans l'atelier de la maison, le tissage du lin le plus fin et le plus blanc, donné par la plante appelée « *couleur du ciel* » (le lin). Il fallait que l'habit du seigneur participe à la dignité de son rang social et soit de la plus grande élégance. Connaissant sa piété envers Osiris, et la partageant, elle avait tenu à l'accompagner au pèlerinage vers Abydos, espérant même obtenir la permission, comme la dame Tany l'avait reçue au Moyen Empire, de participer au grand secret des Mystères du dieu.

Elle restait vigilante en tout et se surpassait dans la préparation des banquets de fête, dans la demeure où tout le monde louait sa beauté, son raffinement et sa bonne éducation, très attentionnée au bien-être de chaque convive. Le seigneur pouvait être fier de sa maîtresse de maison. Si la nuit lui apportait quelque cauchemar, elle n'attendait pas l'aube pour consulter son *Livre de rêves* afin de s'assurer que son conjoint ne commettait pas l'adultère, ni même ne désirait pas choisir la concubine dans la demeure. Tout était consigné dans ce « livre » qui nous est en partie parvenu[3], ainsi, quelques passages :

« *Si quelqu'un voit en rêve qu'un homme pense à sa femme, cela est bon et signifie : le mal qui est en lui va céder.*
Si quelqu'un voit en rêve qu'il traverse le temple d'une déesse, cela est mauvais...
Si quelqu'un voit en rêve que son lit va brûler, cela est mauvais et signifie : la perte de sa femme.
Si quelqu'un voit en rêve qu'il place un banc dans son bateau, cela est mauvais et signifie : séparation d'avec sa femme.
Regardant son visage dans un miroir : mauvais! cela veut dire qu'une autre femme [va venir]. »

La concubine

Le souvenir de ce qui était arrivé à une de ses ancêtres habitant la Moyenne Egypte la tracassait continuellement, car notre dame adorait son conjoint qu'elle ne voulait pas partager avec une concubine, et sa jalousie dépassait toute celle des dames des environs. C'était du temps d'Amenemhat II et de son successeur Sésostris II : entre 1912 et 1893 avant notre ère. La lointaine parente de notre amie s'appelait Khéty et avait été l'importante épouse du noble nomarque de Béni Hassan, Khnoumhotep II, gouvernant toute la riche province. Elle avait aussi donné sept enfants à Khnoumhotep II, mais non loin d'elle vivait la trésorière de son époux qui semblait avoir aussi bien réussi dans la gestion de tous les domaines qu'on lui avait confiés que dans le cœur de son seigneur : elle était devenue sa concubine et s'appelait Tchat, née de Nétérou. Khéty, naturellement, sur les murs du tombeau familial était représentée, entourée de ses sept enfants à elle, la maîtresse de maison. Mais elle avait cependant dû accepter que les trois enfants de Tchat fussent aussi figurés près de leur mère. Cette dernière étant concubine, et l'épouse de Khnoumhotep encore en vie, Tchat, n'était nommée que par son titre de trésorière. Partout sur les parois de la chapelle rupestre où Khéty trônait au côté de son époux, Tchat était montrée assise, derrière et de plus petite taille..., mais elle existait et personne ne pouvait rien dire contre sa présence. Son fils aîné, Néhri, mourut peu après et fut enterré dans un caveau modeste, sans mention du nom de son père, puisque ce dernier n'avait pas pu épouser celle qui l'avait mis au monde.

L'enfant sans père déclaré

Il avait fallu attendre la disparition de Khéty pour que Tchat devienne la seconde épouse de Khnoumhotep II. Alors elle put apparaître aux côtés du nomarque comme sa maîtresse de maison et ses autres enfants reçurent des tombes dignes de leur rang et de celui de leur père. Le plus jeune fit même entreprendre l'aménagement d'un tombeau dans la falaise orientale, proche de celui de l'auteur de ses jours, où il se fit appeler le « comte, noble héréditaire[4] ».

On voit d'après cette relation que les droits de l'épouse légale étaient sauvegardés avant tout et que les enfants des concubines n'étaient bénéficiaires d'aucun statut leur permettant de revendiquer une paternité. Cette situation nous paraît bien injuste, maintenant, mais qu'on se réfère à la manière dont, il y a encore cinquante années, on traitait les « enfants naturels » de nos pays européens dits civilisés! En Egypte ancienne, une telle disposition avait dû à coup sûr paraître le moyen le plus efficace pour éviter ce genre de problème et réduire le nombre des liaisons latérales favorisées par le concubinage. Un fait était acquis : certaines femmes, sans doute plus nombreuses dans la haute société, menaient une vie très indépendante et prenaient même parfois l'initiative de démarches amoureuses. Le *Conte des deux frères* nous expose comment l'épouse d'un propriétaire terrien avait provoqué sans équivoque son jeune beau-frère. On le voit mieux encore dans le conte intitulé *Vérité et Mensonge;* une très noble dame alertée par ses suivantes de la présence d'un homme nommé Vérité, que son frère, appelé Mensonge, venait d'aveugler et de réduire à l'état de portier de sa maison, le fait chercher : « *Quand la dame l'eut vu, elle le désira énormément, ayant remarqué qu'il était beau dans tout son corps. Il coucha avec elle pendant la nuit et il la connut en connaissance d'homme. Et elle se trouva enceinte en cette même nuit d'un petit garçon.* » La suite est concluante pour cette amante et mère indigne qui négligea immédiatement l'objet de son désir bien passager, et ne mesura pas les conséquences qui allaient s'ensuivre pour le petit garçon, pourtant « *beau comme un jeune dieu* » :

« *On le mit à l'école et il apprit à écrire parfaitement et pratiqua tous les exercices virils, si bien qu'il l'emportait sur ses camarades* [plus] *âgés, qui étaient à l'école avec lui.*

« *Un jour ses camarades lui dirent : " De qui*

es-tu le fils? Tu n'as pas de père." Et ils [l']*inju-riaient et* [le] *tourmentaient* [en répétant] *: " En vérité tu n'as pas de père."* Alors le garçon dit à sa mère *: " Quel est le nom de mon père que je l'enseigne* [à] *mes camarades, car, en vérité, ils me disent méchamment : où est-il ton père? Ainsi me dirent-ils et ils me tourmentaient."*

« *Alors la mère lui répondit : " Tu vois cet aveugle qui est assis près de la porte? C'est ton père!",* ainsi lui dit-elle.

Alors il lui répondit :

« *" Cela mériterait qu'on rassemblât les gens de ta famille et qu'on fît appeler le crocodile!"*
« *Et le garçon alla chercher son père, et il le fit asseoir sur une chaise et il plaça un tabouret sous ses pieds et mit du pain devant lui; il le fit manger et boire. Puis le garçon dit à son père : " Qui est celui qui t'a rendu aveugle pour que je te venge*[5] *? "* »

Responsabilités de la maîtresse de maison

Ayant tous ces exemples en tête, notre charmante maîtresse de maison demeurait très vigilante. Sa santé s'améliorant vite, elle avait décidé de s'occuper des propriétés qu'elle et son mari avaient en commun, et de se passer de... trésorière. Elle contrôlait la bonne gestion et parfois ne partageait pas tous les points de vue ou les décisions de son époux, mais au moyen de ruses bien de son sexe savait le convaincre. Ce dernier faisait alors grand cas de ses avis et agissait comme le fit plus tard (vers 1000 avant J.-C.) l'officier et scribe de l'armée Shèdsoukhonsou, au demeurant propriétaire foncier, venant de résilier un bail d'avec son gérant-fermier nubien, et qui fut contraint de lui écrire une lettre contenant ces paroles : « *Je t'informe que je suis revenu à la ville* (Thèbes). *Je t'avais dit dernièrement que je ne te ferais plus exploiter la terre. Mais voici que mon épouse, ma maîtresse de maison, m'a dit : " Ne retire pas la terre à N..., loue-la-lui à nouveau et fais qu'il continue à la cultiver. " Quand ma lettre te parviendra, prends le champ et ne le néglige pas*[6]... »

Elle s'efforçait de suppléer son mari en toute occasion possible et réussissait même bien mieux à se faire obéir que l'épouse du contrôleur du fisc, chargée de faire rentrer les recettes, pendant l'absence de son mari, et que nous avons déjà citée en exemple. Lorsqu'il eut à traverser de graves épreuves, elle les vécut auprès de lui, en s'efforçant d'alléger son fardeau. Aurait-il eu besoin qu'on plaidât sa cause, elle aurait été son meilleur défenseur. Le cas ne se produisit pas de son temps, mais on sait que, plus tard, durant l'avance soudanaise en Egypte, à la XXIIIe dynastie, sous Tefnakht, l'éloquence d'une épouse put sauver la vie de son mari. C'était lorsque la ville d'Hermopolis fut assiégée, aux environs de 730 avant J.-C. Nemrod, à bout de résistance, forcé de se rendre, envoya des messagers à Piankhi pour négocier officiellement la reddition de la cité. Parallèlement, il avait chargé sa femme, Nestent, d'une véritable mission diplomatique pour sauver sa tête, auprès des épouses du Soudanais. L'habileté de Nestent, et les arguments utilisés furent si convaincants qu'elle obtint la grâce de Nemrod.

Les marchands *shoutyou* venaient présenter à la maîtresse de maison les produits qu'ils ramenaient des rencontres caravanières effectuées plusieurs fois l'an. Enfin, ses servantes l'avertissaient de l'arrivée des bateaux amenant à Thèbes les pro-

duits des îles et des « Escaliers du Levant ». L'acquisition pouvait se faire par troc ou était payée en débèn ou kité d'argent et de cuivre. Le kité était un dixième du débèn, et un shénâti, un douzième. En revanche, la mesure de grain était le khar (76,88 litres) jusqu'à sa plus petite division, le kèn (0,48 litre). Et quel spectacle merveilleux pour les enfants que celui des marchands syriens en costumes locaux, teintés de couleurs vives, porteurs de perruques bien différentes de celles de l'Egyptien, débarquant avec leurs bufflonnes (= gamouses) à peau noire et portant une bosse sur l'échine! Il y avait toujours un nouvel instrument de musique pour la fabrication duquel les Asiatiques étaient passés maîtres, ou des onguents rares à acquérir. Et puis la dame avait bien recommandé qu'on lui achetât les siphons grâce auxquels son époux pourrait, à la mode syrienne, puiser et boire la bière directement à la grosse jarre où elle fermentait.

Comme beaucoup de femmes de la société, à Thèbes, elle appartenait à la corporation des chanteuses d'Amon, dans la classe supérieure naturellement, et de ses mains élégantes et fines, aux ongles passés parfois au henné, elle savait jouer des sistres, manipuler le collier ménat au bourrelet si caractéristique. Sa belle voix avait été remarquée par le grand prêtre et c'est elle dont on entendait le

chant qui se dégageait des chœurs, en un solo charmeur et empreint de dévotion.

UN DEUIL DANS LA FAMILLE

Les circonstances

Pendant un déplacement du seigneur, accompagné par ses secrétaires et très affairé à inspecter ses vastes domaines, se produisit le décès subit de son père. Le médecin mandé à son chevet avait constaté un foudroyant arrêt du cœur; ce cas était très fréquent durant les cinq jours néfastes au cours desquels le vieillard avait succombé. Les jours précédant l'arrivée de l'Inondation étaient redoutables, et l'on pouvait tout craindre des « messagers de Sekhmet », à commencer par les troubles de circulation, mais aussi la peste et la malaria, déjà appelée par les praticiens égyptiens : le « mauvais air ». Les Egyptiens désignaient ces cinq journées comme des « supplémentaires » (à l'année de douze mois de trente jours) – les Grecs en firent les « épagomènes » (il est curieux de constater que dans le calendrier révolutionnaire de

Fabre d'Eglantine, les jours étaient, aussi, traités à part et furent nommés les « sans-culottides »).

Toute la maisonnée féminine rassemblée s'était bruyamment lamentée et les cris stridents avaient été entendus à la ronde. Notre noble dame, prévenue aussitôt, était accourue dans la maison de ses beaux-parents, d'autant qu'elle avait épousé l'aîné de la famille. Elle avait mêlé sa voix aux plaintes qui emplissaient toute l'atmosphère, puis le silence était revenu et pesait maintenant. Les fils cadets avaient d'urgence alerté les prêtres embaumeurs, car le corps du défunt devait, comme de nos jours, quitter sa demeure avant le coucher du soleil.

Préparation de la momie

La préparation de la momie allait commencer par le lavage du corps, puis par le prélèvement du cerveau et des viscères afin de les traiter dans des bains aromatisés et de déposer ces derniers, momifiés séparément, dans les quatre vases canopes aux panses féminines et aux couvercles masculins. Cependant, le cœur et les reins seraient remis en place – libérés de tous leurs tissus graisseux –; il le fallait, car « *Dieu sonde le cœur et les reins*[7] ». La qualité du trépassé méritait que sa momie fût particulièrement soignée, aussi les apprêts allaient-ils durer plusieurs semaines : le fils aîné de la famille serait revenu bien avant son achèvement. Son épouse lui avait dépêché un de ses scribes qui était parti vers le nord sur un de leurs meilleurs bateaux, qui gagna d'autant plus rapidement Memphis qu'il était puissamment entraîné par les eaux de l'Inondation arrivant en force. Dans ces conditions, remonter le courant pour gagner Thèbes ne convenait certainement pas, et le seigneur partit immédiatement vers le sud, conduisant lui-même son char léger tiré par deux chevaux nerveux. Dès l'annonce de la nouvelle, il avait, en signe rituel de deuil, laissé pousser sa barbe, et c'est couvert de poussière et le visage assez méconnaissable qu'il arriva au domicile de sa mère puis se rendit dans l'officine des embaumeurs où il retrouva ses frères et l'aîné de ses fils. Il voulait que les lins les plus fins fussent déposés dans les coffres préparés pour le « mobilier funéraire ». Son épouse était une parente royale, aussi Sa Majesté, prévenue également, avait fait envoyer les bandelettes tissées dans son grand harem pour entourer le corps du défunt dès qu'il serait sorti des bains devant le débarrasser de toutes les matières putrescibles.

Pharaon avait également fait établir par ses scribes de la Maison de Vie un magnifique « *Livre de sortir au Jour* », que nous appelons le *Livre des Morts*. Cet exemplaire comprenait un nombre impressionnant de chapitres – la presque totalité des 192 composant le recueil au complet. Les vignettes qui l'illustraient présentaient l'aspect de miniatures aux fraîches couleurs. On allait placer entre les jambes du défunt le précieux rouleau de papyrus, chargé de toutes les formules lui permettant de traverser son « purgatoire » avant de regagner le Grand Tout lumineux.

Bijoux et amulettes seraient posés aux endroits rituels sur le corps au moment des enroulements effectués pour confectionner la momie et surtout un grand scarabée était destiné à être mis à l'emplacement du cœur, ou encore à être suspendu à son cou. Ce scarabée portait au plat la fameuse formule « *afin de ne pas laisser que le cœur d'un homme ne s'oppose à lui dans l'empire des morts* ».

« *O mon cœur de ma mère, ô mon cœur de ma mère,*

*Viscère de mon cœur de mes différents âges,
Ne te lève pas contre moi en témoignage,
Ne t'oppose pas à moi dans le tribunal,
Ne montre pas d'hostilité contre moi
En présence du gardien de la balance!*

*Tu es mon ka qui est dans mon corps,
Le Khnoum (créateur) qui rend prospère mes membres.
Monte vers le lieu qui nous est préparé là-bas.
Ne rends pas puant mon nom
Pour les assesseurs qui mettent les hommes
A leurs (vraies) places!
Ce sera bon pour nous,*

*Ce sera bon pour le juge,
Ce sera agréable à celui qui juge.
N'imagine pas de mensonges contre moi
Devant le grand dieu Maître de l'Occident!
Vois! De ta noblesse dépend l'être proclamé juste*[8]. »

Le plus bel équipement funéraire avait été réuni et les coffrets étaient remplis de *chaouabtis*, petites figurines au nom du défunt et mentionnant la liste des travaux à accomplir dans le monde invisible afin de servir à la collectivité. Les onguents pour la renaissance des chairs avaient été mis dans les pots d'albâtre, et les barques traditionnelles évoquant la nacelle antique de papyrus pour la traversée du Nil allaient être arrimées aux remorqueurs. Mais ce passage s'annonçait peu commun, car la saison de l'Inondation ne serait pas achevée lorsque le cortège se formerait pour quitter la rive où un simulacre de jugement devant le tribunal divin autoriserait la momie à « franchir le fleuve ». L'Inondation, *Hâpi*, était, à Thèbes, une véritable mer et les bateaux abordèrent presque directement au pied de la nécropole de Gourna, la zone cultivée de la rive gauche étant recouverte par les eaux.

L'enterrement

La procession alors se dirigea vers l'entrée de la tombe, la grande cuve funéraire en bois noirci, ornée de figurines et de bandes d'inscription dorées, mais dont la base formant traîneau était tirée par des vaches au pelage moucheté qui participaient également aux lamentations :

« *Vers l'Occident, vers l'Occident!*
O notre maître, vers l'Occident!
Lui qui nous donnait du fourrage comme son cœur le désirait,
Lui qui ne prêtait pas d'attention à nos fautes! »

Les pleureuses engagées par la maîtresse de maison et que l'on avait vues sur certaines barques, accroupies même sur le couvercle-toit du catafalque, étaient restées en action pendant toute la traversée :

« *En paix, en paix vers l'Occident, ô loué!*
[...]
Douleur! Douleur!
Lamentez-vous sans cesse!
Ah, quelle perte!
Le bon berger est parti vers le pays d'éternité.
Toi, dont les gens étaient nombreux,
Tu te trouves au pays qui aime la solitude.
Celui qui aimait à bouger ses pieds pour marcher,
Est bandeletté, lié et enfermé.
Celui qui était riche en étoffes et aimait à se vêtir,
Dort dans un vêtement de la veille[9]. »

Les pleureuses marchaient maintenant devant le convoi. Elles geignaient à nouveau et s'arrêtaient régulièrement pour verser de la poussière sur leurs têtes, puis, comme les hommes, elles se prenaient le poignet droit dans la main gauche en signe de deuil. Les femmes de la famille étaient rassemblées près de leur groupe. Tous les hommes, parents et amis, les collaborateurs du défunt, constituaient un immense défilé dont chacun des membres portait, sur sa tête ou ses épaules, des éléments du mobilier funéraire. C'était comme pour un véritable hymen avec la déesse Hathor. Le lit, garni de l'épais matelas et du chevet, les coffres, les jarres et les coffrets, la magnifique chaise, les boîtes contenant les miroirs, les godets à onguents, les sandales de peau blanche...

Puis, dressée devant l'entrée de la chapelle, dominée par une petite pyramide, la momie, recouverte de sa « planche-cartonnage » aux vives couleurs et au portrait du mort, était une dernière fois enlacée par les bras de la veuve, escortée de ses filles qui se lamentaient en ces termes :

« *Tourne-toi, soulève-toi, réveille-toi,*
Ouvre les yeux et entends ma voix!
[...]
Je voudrais m'étendre ici!
Je voudrais être la civière qui t'a porté.
[...]
Je suis ta femme,
O mon époux, ne m'abandonne pas.
En même temps que ta condition qui était bonne,
Mon père, est-il juste que je sois éloignée de toi?
Pourquoi as-tu abandonné ceci?
Je marche, solitaire derrière toi au lieu d'être à tes
                                                   côtés.
Toi qui aimais à te divertir en compagnie,
Tu restes muet, et tu ne parles pas[10] *!* »

Alors le fils aîné qui s'était rasé à nouveau apparut dans un costume rituel, car il avait revêtu la peau de guépard du prêtre *sétèm*, et allait exécuter les « passes magiques » de l'ouverture de la bouche et des yeux de la momie, pour lui rendre l'usage de ses sens, avec un nombre important de petits instruments et ingrédients placés sur une sellette à ses côtés.

Après que les vases rouges eurent été rituellement brisés, la dépouille de l'ancêtre avait été introduite dans le caveau funéraire, au fond du puits creusé dans le calcaire, à même le sol de la chapelle, on l'avait déposée dans ses sarcophages anthropoïdes emboîtés, ornés et peints à son image, eux-mêmes contenus dans la cuve de bois qui, démontée pour permettre sa descente par le puits, avait ensuite été reconstituée. Tout le mobilier entourait le défunt, complété par ses vases canopes contenant ses viscères. Très près, les amis du défunt avaient tenu à laisser leurs hautes cannes, messages à l'intention du mort pour la protection de sa destinée. Sur l'une d'elles était inscrit ce souhait :

« *Viens, mon bâton!*
Je m'appuie sur toi,
Lorsque mon cœur se rend à la place de vérité,
Où j'ai atteint la vieillesse. »

Le banquet funéraire

On allait alors célébrer le banquet funéraire, dont les murs de la chapelle évoquaient, par leur décor, tout le déroulement. Les vivants devaient partager ces agapes avec la partie intangible du trépassé : musique et danse appropriées accompagnaient cette « communication collective », et devaient inciter le trépassé par la beuverie rituelle du vin qui enivre, à se diriger vers les bras de l'accueillante Hathor, prête à recevoir son étreinte pour le faire naître à sa nouvelle existence.

La veuve, reflet d'Hathor, n'avait pas manqué de glisser dans l'ensemble si précieux d'objets, de meubles et de bijoux entourant son mari, une petite figurine – en terre cuite peinte – assez fruste, mais rituelle, évoquant l'aspect « *domestique* » de la déesse de la mort et de l'amour. A cette époque, elle prenait la forme d'une femme nue à la somptueuse coiffure, allongée sur un lit, l'image d'un nouveau-né figurée à côté d'elle sur la couche, représentant l'apparition du défunt projeté dans son nouveau monde par ses œuvres propres et par la grâce de la déesse. (Aux époques précédentes et dans les sépultures moins riches, on se bornait à déposer une petite statuette de femme nue, souvent les jambes cassées rituellement, ou tout simplement un triangle de terre cuite évoquant le « principe féminin ».)

Aussi, pour que la « transmutation » se produise, à la faveur de ces actes pré-bachiques, la veuve devait ainsi s'adresser au disparu :

« *Prends à boire,*
Pour passer un jour heureux
Dans ta maison d'éternité,
De la main de ton épouse [...]

A ta santé, toi qui es honoré,
[Voici] un vêtement blanc,
Du baume pour tes épaules,
Des guirlandes pour ton cou,
[Remplis ton] nez de santé et de joie,
[Sur ta tête] mets des parfums
Qui viennent [d'Amon-Rê]
Dans ta maison d'Eternité. »

Après le repas funéraire où les hommes et les femmes figuraient séparés, chacun de leur côté, semble-t-il, les vases rouges qui avaient servi à le célébrer étaient cassés rituellement, les colliers de fleurs naturelles portés par les participants rassemblés, et le tout était enterré dans une cache, près de la tombe. La veuve savait qu'elle rejoindrait un jour son époux dans cette « demeure d'Eternité » qu'ils avaient, de leur vivant, fait préparer avec tant de soin.

LA MÈRE DOUAIRIÈRE

A double titre, après le décès de son époux, la belle-mère (en égyptien : *shemet*) de notre noble dame était devenue l'objet de toutes les attentions

Oiseaux « ba » symbolisant l'aspect immatériel d'un couple de défunts.

familiales : elle était mère et, de surcroît, venait de perdre son compagnon. Pourtant parfaitement libre de gérer ses propres biens, il lui était aisé de continuer son existence dans sa vaste et luxueuse demeure où tant de souvenirs l'attachaient, près des foyers de ses autres enfants tous mariés. Son fils aîné avait néanmoins insisté pour qu'elle vienne dans sa propre maison passer quelque temps avec les siens. C'était d'abord lui témoigner son réel attachement, car « *un bon fils est un don de Dieu* », et mettre en pratique l'enseignement que le scribe Ani avait rappelé comme le premier devoir à rendre à celle qui vous a donné le jour :

« *Rends au double le pain que t'a donné ta mère
Et porte-la, comme elle t'a porté.
Tu fus pour elle une fatigante et lourde charge.
Elle ne se lassa pas lorsque tu vins à terme.
Sa nuque te porta.
Ses seins furent dans ta bouche, pendant trois ans.
Elle ne prit pas en dégoût ta malpropreté*

*Et ne se découragea pas en disant : que faut-il
encore faire ?*

*Lorsqu'elle te mena à l'école,
Alors que l'on t'apprenait à écrire,
Chaque jour elle veilla à ta nourriture,
Portant le pain et la bière*[11] *de sa maison*[12].

Cette affectueuse sollicitude cachait en fait une réelle inquiétude pour la santé de la mère qui, bien avant le décès de son époux, souffrait de sortes de crispations qui gagnaient la nuque et la prenaient comme dans un étau. Son état avait empiré et se doublait de troubles visuels. Installée au calme auprès d'une belle-fille attentionnée suffisamment habile pour avoir éloigné sans heurts la vieille servante nubienne qui recommandait les remèdes inopérants de son village, la douairière avait fini par savoir mieux décrire son mal. Elle avait cerné une lassitude généralisée bien antérieure au terrible choc qui venait de la frapper, et cette sorte de voile qui obscurcissait sa vue. Finalement, la dame avait fait mander de Memphis un des plus fameux gynécologues, disciple du grand savant Imhotep (en qui les Grecs reconnurent plus tard leur Asklépios) et qui possédait la médecine des femmes, très pratiquée par les médecins du Moyen Empire. Ce praticien était arrivé dans le domaine escorté de son porteur du « coffre d'Oubastet », contenant son matériel, des instruments chirurgicaux et les plantes médicinales les plus rares. Il avait rapidement procédé à l'analyse du diagnostic assez correctement établi par la patiente grâce à l'aide secourable de sa bru. Ces syndromes correspondaient exactement à ce qui figurait sur son aide-mémoire, dont une copie fut retrouvée au Fayoum[13] : « *Instructions à suivre quand une femme a les yeux malades au point qu'elle n'y voit pas et qui éprouve [aussi] des douleurs dans la nuque : tu diras à ce sujet :*

« *"Ce sont des [sécrétions] de l'utérus dans ses yeux."*
« *Et voici ce que tu feras pour cela : Fais-lui une fumigation avec de la résine de térébinthe, et de l'huile de qualité supérieure et fumige-lui le vagin avec cela. Fumige [en outre] ses yeux avec des "pattes-de-loriot". Puis tu lui feras manger le foie cru d'un âne.* »

Gustave Lefèbvre, dont la magistrale étude sur la médecine égyptienne fait autorité, s'était entouré du concours de certains médecins, les docteurs Deron, Porge et Dollfus, eux-mêmes versés dans l'égyptologie. Il détecta, avec l'aide du dernier, l'identité du malaise que l'on vient de citer, comme étant l'*iritis gonococcique*, affectant plus spécialement les femmes au moment de leurs règles. Le cas s'appliquait bien à la dame en question qui, quoique douairière, avait seulement atteint la quarantaine.

Il restait devant elle un long chemin encore à parcourir et la perspective de voir naître, dans sa famille, plusieurs générations, si ses vertus lui garantissaient la bénédiction de Dieu et lui permettaient d'atteindre les cent dix années de vie promises au sage.

6
Veuvage, marâtre, éducation du fils et filles de joie

Bien que l'enseignement recommandât la réflexion et le silence pour obtenir le meilleur comportement humain, le bavardage des femmes – surtout lorsqu'il était fondé – avait dépassé le cercle de la maison. Les servantes parlaient à qui voulait les entendre du miracle opéré grâce à la visite du grand *sinou* – le médecin – venu de Basse-Egypte. Ces *sinous* égyptiens avaient une réputation mondiale, et l'on avait vu des familles entières de Syriens se déplacer pour les consulter en Egypte. Pharaon lui-même était souvent sollicité par les souverains étrangers afin que ses spécialistes viennent soigner des membres des familles princières. En revanche, lorsque les médecins se trouvaient impuissants devant les maux de Pharaon, il lui arrivait de demander en dernier recours à un royal voisin, qu'il lui adresse la statue guérisseuse de la déesse Ishtar, comme on le fit pour Aménophis III.

LA VEUVE

La protection des veuves

Notre noble dame avait elle-même fait confidence à ses amies du magistral traitement prescrit à sa belle-mère, et qui avait abouti à sa guérison. Le praticien étant demeuré quelques jours dans le domaine du nomarque, des demandes de consultations affluèrent émanant de toutes les veuves, objets de la plus grande sollicitude des Egyptiens. Certaines étaient très démunies, cependant, même si elles avaient commis un petit larcin dans les champs pour subvenir à leur nourriture, il était bien recommandé de ne pas les poursuivre. Tous les textes de sagesse et de morale les confient à leurs concitoyens[1] :

« *Fais la justice aussi longtemps que tu seras sur terre, console l'affligé, n'opprime pas la veuve.* »

Dans les classes moyennes, il semble que les veuves aient été parfois obligées de mener une vie très retirée, mais on apprend[2] qu'à l'occasion des fêtes de l'intronisation du roi, les veuves étaient citées comme « *ouvrant leurs maisons aux voyageurs* ».

La majorité des stèles funéraires sur lesquelles les défunts ont fait inscrire leur « passeport pour l'éternité » signale les bonnes actions essentielles à leur survie :

« *J'ai donné à boire à celui qui avait soif,
J'ai nourri celui qui avait faim,
J'ai protégé la veuve,
J'ai vêtu l'orphelin,*

*J'ai fait passer le Nil à
Celui qui n'avait pas de bateau. »*

En d'autres termes, lorsque le paysan du conte s'adresse au grand intendant qui, pour mieux entendre ses plaintes, le retient quelque temps prisonnier, il ne manque pas d'utiliser – pour le faire fléchir – les meilleurs arguments :

« *Tu es [pourtant] le père de l'orphelin, le mari de la veuve, le frère de la femme répudiée, le vêtement de celui qui n'a plus de mère.* »

A la même époque, un nomarque de Béni Hassan, Amenemhat, se vantait dans les inscriptions de sa tombe... de « n'avoir abusé d'aucune fille de bourgeois, *ni soumis aucune veuve* »... et « lorsque des années de disette arrivèrent, il *donna à la veuve comme à celle qui avait un époux.* »

En effet, si le défunt se confondait avec Osiris, sa veuve devenait une sorte d'Isis terrestre qui méritait l'assistance de tous. (De même Horus l'enfant était appelé : le « *fils de la Veuve* ».) Aussi le médecin avant de quitter Thèbes s'était-il fait un devoir d'examiner bénévolement les plus démunies de celles qui avaient perdu le chef de famille et qui souffraient d'inconvénients physiques. Pour les consultations, la maîtresse de maison mit à sa disposition les locaux spéciaux, appelés *khéréryt*, dans lesquels se retiraient les femmes de la famille pendant la période de leurs règles. Il s'avérait en fait, et ainsi que le *sinou* le constata, que la plupart des désagréments dont les patientes se plaignaient étaient dus à leurs nombreuses maternités et à l'absence de soins après les accouchements dans les milieux ruraux. Il prescrivit donc à chaque fois le traitement adéquat aux villageoises qui se plaignaient de douleurs dont, à sa demande, elles précisaient la localisation : « *Instructions à suivre lorsqu'une femme se plaint de douleurs à l'anus, au bas-ventre et au sommet des cuisses :*

« *Tu diras à ce sujet :* '' *Ce sont des sécrétions de l'utérus* ''. *Voici ce que tu feras en ce cas : caroube séchée 1/64, fruit shasha 1/64, lait de vache un hénou* (un demi-litre); *à faire cuire, à réduire complètement mélangé et à boire quatre matins de suite*[3].

D'autres, aussi, lui signalaient la gêne qu'elles ressentaient dans leurs jambes lorsqu'elles se déplaçaient – et même piétinaient –, alors qu'auparavant rien ne les arrêtait pour se rendre au marché où tant de produits pouvaient être troqués contre les pains, la bière qu'elles fabriquaient, ou encore les récipients et ustensiles façonnés par leur fils, potier ou menuisier. Le traitement avait été facile à déterminer : « *Instructions à suivre quand une femme éprouve des douleurs aux pieds et aux jambes après la marche :*

« *Ce sont des sécrétions de l'utérus. Et voici ce que tu feras pour cela : ses pieds et ses jambes seront enduits de boue jusqu'à ce qu'elle soit guérie*[4]. »

Les droits de la veuve

Toutes ces veuves naturellement n'étaient pas indigentes et beaucoup disposaient de moyens leur permettant de faire face à leurs besoins. Les plus jeunes souhaitaient se remarier grâce à l'aide de la compatissante Hathor qui pouvait aussi bien « *donner un foyer à la vierge, qu'accorder un nouvel époux à la veuve* ». Maîtresses femmes, la plupart du temps, elles savaient faire respecter elles-mêmes leurs droits à l'héritage immédiat prélevé sur les biens de leur époux et même citer devant la Grande Cour de justice de lointains membres de leur famille, contestant la légitimité d'une succession comportant une propriété rurale... donnée par un ancêtre (ainsi le célèbre procès de Mès qui dura, de chicane en chicane, plus de deux cents ans!).

L'adoption d'héritiers

Il arrivait qu'une veuve, dame de qualité, à l'âge déjà avancé, se retrouvait sans héritiers directs. Rien ne lui interdisait alors d'adopter des enfants. On cite une dame qui au cours de sa vieillesse affranchit trois de ses « serfs » qu'elle adopta et auxquels elle fit don de biens importants. A l'évidence, elle disposait au trépas de son mari d'une personnalité juridique, sans aucune tutelle. Ainsi, l'Egyptienne en question accomplit ces trois actes : affranchissement, adoption et institution d'héritiers sans aucune action juridique, en présence de ses seuls témoins (une telle capacité n'était reconnue aux femmes ni en Mésopotamie, ni en Grèce, ni à Rome).

Nous avons précédemment rappelé l'habilitation de la veuve à tester. Dans son sillage même, « par un acte public[5], la femme pouvait comparaître devant un tribunal local et exprimer *verbalement* ses dernières volontés. Elle introduisait dans son testament les droits de certains enfants, pouvait en exclure d'autres : « On y voit sa volonté d'établir elle-même les modalités de succession. Sa personnalité était entièrement reconnue », nouvelle preuve d'un individualisme très accentué.

L'appel au mari défunt

Parfois, face à un conflit familial, la veuve n'avait pas de meilleure solution, parallèlement aux procès qu'elle pouvait intenter pour défendre les droits de ses héritiers, que d'en référer à son défunt mari, par l'intermédiaire d'une supplique adressée par écrit à celui-ci, sur une coupe de terre cuite contenant une offrande et déposée près de sa chapelle funéraire. De tels documents, d'une extrême importance pour l'étude des mœurs de l'ancienne Egypte[6], sont désignés sous l'appellation de « *Lettres aux Morts* » (les premières remontent à l'Ancien Empire). L'une de celles qui ont été publiées concerne les démêlés d'une veuve d'un opulent milieu, s'adressant à son défunt mari pour lui demander de sauvegarder l'héritage de son fils convoité par des collatéraux démunis de toute conscience. Elle en arrive à lui écrire : « *Verras-tu cela froidement* (arriver)? », dans ce cas, elle préférait voir son fils mort. Cependant, puisque le verdict n'a pas encore été prononcé, la femme luttera jusqu'au bout et supplie son conjoint, passé dans le monde d'Osiris, de terrasser ses adversaires :

« *Lève-toi contre eux avec tes pères, tes frères et tes amis défunts* [...] *et rappelle-toi que tu as exhorté ton fils à conserver la maison paternelle en disant :*

« *"La maison du fils, [c'est] la maison du fils..." Que ton fils [puisse] maintenir en état [ou perpétuer] ta maison, comme tu maintins [perpétuas] en état la maison de ton père.* »

Cette veuve voulait signifier par là qu'il fallait assurer à son fils son héritage de façon qu'il bénéficie des moyens de jouir des possessions de son père et que soit maintenue l'hérédité des biens familiaux (le rejeton semble avoir été un membre de la haute bourgeoisie).

LE VEUF

En revanche, il semble que le veuf ait bénéficié de beaucoup moins de prévenance et que – sans l'assistance de la société – il ait eu à se défendre seul pour ce qui concernait les situations résultant de son veuvage. Ne parlons pas ici de celui qui se remarie, car nous l'évoquerons lorsqu'il épousera en secondes noces une femme qui deviendra la « marâtre » des enfants de son premier lit. Bornons-nous seulement à considérer l'Egyptien, dans la majorité des cas, brave homme s'il en fut, fidèle à la mémoire d'une épouse, sans doute non démunie de charmes physiques, mais qui avait su manifestement user, voire abuser de ses droits. Il convient encore de se pencher sur ces fameuses et trop peu nombreuses « *Lettres aux Morts* » grâce auxquelles on se trouve brusquement reporté devant un problème humain éternel, évoqué d'une manière si actuelle qu'il démontre à quel point la nature demeure constante et égale à elle-même, quelles que soient les époques ou les continents.

Le veuf persécuté

L'histoire est celle d'un officier supérieur, veuf depuis déjà trois années, et qui semble littéralement poursuivi par l'esprit de sa défunte épouse : il éprouve de tels désagréments, il se sent à ce point tourmenté par l'esprit de son insatiable et défunte moitié, qu'il en arrive à lui adresser un long réquisitoire sous forme de lettre *post mortem*[7] :

« *A l'esprit bienheureux Ankhérê.*

« *Qu'ai-je fait de mal pour que je me trouve dans la triste situation où je suis? Qu'ai-je fait contre toi? Ta main pèse sur moi, alors que je ne t'ai rien fait de mal, depuis que je suis devenu ton époux, jusqu'à ce jour! Qu'ai-je fait contre toi dont je doive me cacher? Que t'ai-je fait? Je vais me plaindre! Qu'ai-je fait [contre toi]? Je porterai mon accusation en parole de ma bouche, devant l'Ennéade de l'Occident et on nous jugera toi et moi, sur les termes de cet écrit.*

« *Qu'ai-je fait contre toi? Je t'ai prise pour femme lorsque j'étais un homme jeune* (à l'âge de la conscription). *Tu étais avec moi lorsque j'ai rempli toutes mes fonctions. Tu restais avec moi et je ne t'ai pas répudiée et je n'ai [jamais] rien fait qui puisse chagriner ton cœur. Voilà ce que j'ai fait lorsque j'étais un jeune époux. Lorsque je remplis toutes sortes de fonctions élevées auprès de Pharaon (qu'il vive, soit prospère et en force!) et sans [jamais] te délaisser, [me] disant : ''Elle doit toujours être auprès de moi.''*

« *Tous ceux qui venaient à moi, devant toi, je ne les recevais pas si tu t'y opposais, en disant : '' Qu'il soit fait selon ton désir! ''*

« *Et maintenant, vois, tu ne laisses pas mon cœur en paix, [aussi], je veux te faire un procès, que l'on distingue ainsi le bien du mal.*

« *Vois, lorsque j'étais l'instructeur des sous-officiers de l'infanterie de Pharaon (qu'il vive, soit prospère et en force!) et de sa charrerie, je les faisais venir et se jeter à terre devant toi. Ils t'apportaient toutes sortes de bonnes choses qu'ils déposaient devant toi.*

« *Je ne t'ai jamais rien caché dans ton temps de*

vie, je ne t'ai jamais, à la manière d'un maître, laissé manquer de rien, ni fait souffrir d'aucune sorte. Tu ne m'as jamais trouvé t'offensant, à la manière d'un paysan, en entrant dans une autre maison (pour te tromper).

« *Je ne me suis pas exposé aux reproches en te privant de ce que je te devais... Et lorsqu'on me plaça au poste où je suis, et qu'il m'était impossible de m'éloigner, selon mon habitude, alors j'ai agi comme un homme de ma condition lorsqu'il est* [retenu] *à son poste : mon parfum et mon huile, mes provisions et mes étoffes, tout était porté chez toi. Je ne les ai pas fait porter à un autre endroit là où se trouvait une autre femme. Je ne t'ai pas trompée!*

« *Mais tu ne reconnais pas le bien que je t'ai fait. Aussi je t'adresse cet écrit pour que tu saches comment tu agis. Pourtant, lorsque tu fus malade de cette maladie que tu subis, c'est un chef médecin* [que je t'envoyai], *il te soigna et fit tout ce que tu lui demandais de faire.*

« *Puis, lorsque je suis parti à la suite de Pharaon* (qu'il vive, soit prospère et en force!), *vers le Sud, et que tu te trouvas dans l'état qui est le tien maintenant* (c'est-à-dire qu'elle mourut), *je demeurai huit mois et un jour sans boire ni manger* (c'est-à-dire jeûner), *comme tout le monde* [le fait]. *Lorsque je rentrai à Memphis, je demandai une permission à Pharaon* (Vie! Santé! Force!) *pour qu'il me laisse me rendre auprès de toi. Je pleurai beaucoup avec les gens de mon quartier.*

« *Je remis de la toile de lin de Haute-Egypte pour tes bandelettes* (pour ta momification), *je fis tisser beaucoup d'étoffe, je ne négligeai rien de ce qui était bon pour toi.*

« *Maintenant, depuis trois années, je suis seul, ne suis entré dans aucune maison* (i.e. te suis resté fidèle) *bien qu'il ne soit pas heureux d'agir ainsi, pour un homme de ma condition.*

« *J'ai [pourtant] fait cela par amour pour toi, mais tu es incapable de distinguer le bien du mal!*

« *Alors on jugera entre toi et moi, je n'ai pourtant épousé aucune femme de la maison!* »

On voit que dans cette organisation libérale que constituait la société égyptienne, l'ascension sociale était à la portée de tous ceux qui la méritaient par leurs qualités. Tel devait être le cas de ce militaire, veuf éploré qui montra en l'occurrence durant toute la vie de son épouse – et même au-delà de sa mort – une tolérance et une patience envers une femme dont l'origine était de petite condition et qui fut incapable d'accorder son comportement au niveau des promotions de son époux. En parvenue, elle abusa des égards dont elle bénéficiait grâce à la seule position de son mari et en arriva souvent à le placer dans des situations gênantes. Le pauvre veuf fut tellement conditionné qu'il n'osa même pas se remarier et attribua à la néfaste emprise que la dame Ankhérê dut exercer sur lui, sa vie durant, tous les tourments ou désagréments l'ayant assailli sur terre pendant les trois dernières années.

L'épouse abusive

C'est très probablement en faisant allusion à un tel genre de femmes, qu'il fallait traiter avec fermeté si on ne voulait pas connaître les mésaventures de notre veuf, qu'a été rédigée une sentence du sage Ptahhotep.

Cette maxime n° 21 est la seule qui constitue une note discordante dans le concert de qualités reconnues à l'Egyptienne, et qui ne parle pas de la femme avec considération. L'auteur formule de graves restrictions sur ces épouses susceptibles d'utiliser un pouvoir abusif :

« *Si tu es un homme de bien qui veux préserver son foyer, chéris ta femme dans ta maison, comme il convient.*
« *Emplis son ventre, habille son dos. L'huile [parfumée] est aussi une panacée pour son corps.*
« *Rends-la heureuse, ainsi, tant que tu vivras.*
« *C'est un champ fertile pour son seigneur. Ne la juge pas, [mais] ne l'élève pas à une position de commandement... Son œil est un vent de tempête quand elle voit...*
« *Adoucis son cœur, au moyen de ce qui t'est advenu [d'heureux]. Vous pourrez, ainsi, continuer à vivre en commun. Si tu la repousses, alors ce seront des larmes.*
« *Un vagin est ce qu'elle donne pour sa condition* (être entretenue). *Ce qu'elle réclame, c'est qu'on fasse pour elle un canal* (= être bien vêtue et bien nourrie). »

Ankhérê était vraiment le type de femme qui méritait un tel traitement. Prenons-la comme « l'exception qui confirme la règle » !

LA MARÂTRE

Beaucoup d'Egyptiens cependant, à la mort prématurée de leur conjointe, se remariaient; c'est la raison pour laquelle les stèles funéraires sont souvent dédiées, par l'homme, aux épouses avec lesquelles il avait vécu successivement. Dans la majorité des cas, semble-t-il, la paix régnait au foyer qui, après un décès, avait retrouvé une maîtresse de maison. Assez fréquemment le maître épousait une femme qui avait travaillé dans la demeure et parfois même été sa « concubine » (cf. l'exemple de Tchat, concubine du nomarque de Béni Hassan). Les enfants issus de cette liaison devenaient alors ses rejetons légaux qui, officiellement, pouvaient enfin revendiquer le nom de leur père.

Marâtre et mésentente

Pourtant, il arrivait aussi que la marâtre ne soit pas bien accueillie par les enfants du premier lit. Les contes populaires qui reflètent généralement l'esprit d'une société mettent dans la bouche du « Prince prédestiné » des paroles faisant allusion à cette mésentente :

« *Je suis le fils d'un officier du pays d'Egypte. Ma mère étant morte, mon père prit une autre femme, une marâtre. Mais elle se mit à me haïr et je m'en allai, fuyant devant elle.* »

C'était, au vrai, une excuse inventée de toutes pièces pour expliquer l'éloignement du prince, fuyant sa « destinée », mais il avait choisi, pour être facilement crédible, un thème à coup sûr bien connu.

Les différends devaient, la plupart du temps, survenir lorsque des intérêts étaient en jeu : ainsi des enfants pouvaient s'élever contre des engagements pris par leur père en faveur de sa seconde femme. On a vu que, sous le règne de Sébèkhotep III de la XIIIe dynastie, un homme remarié avait légué par testament à sa seconde femme, Sénèbtisi, et à ses enfants, ses terres et ses gens. Téhénout, la fille du premier lit, protesta d'autant que son père avait été jusqu'à remettre à sa seconde épouse des biens qui appartenaient à son gendre, du premier lit! Selon toute vraisemblance il devait, d'ailleurs, s'agir de la dot de la fille au moment de son mariage.

On possède, remontant à une période légèrement antérieure et qui date du règne du grand Mouthouhotep (début de la XIe dynastie), deux lettres émanant de Hékanakht, prêtre funéraire du vizir Ipi et extrêmement édifiantes à ce sujet.

La marâtre mal reçue

Cet opulent personnage, pendant une des époques où l'Egypte connut des « mauvais Nils » et, partant, des récoltes réduites, avait dû séjourner dans des domaines du sud de Thèbes, pendant une durée approximative d'une année, exactement entre fin mai 2002 avant notre ère – temps de la moisson – jusqu'à l'approche de l'Inondation de l'année suivante (c'est-à-dire entre avril et juillet 2001 avant notre ère). Durant cet éloignement il semble qu'il ait confié à Mérisou, son fils, la bonne gestion de ses propriétés thébaines et de la demeure familiale. Les nouvelles reçues de sa maisonnée laissaient amplement à désirer; aussi adressa-t-il plusieurs lettres pour donner de sévères instructions dont les deux plus intéressantes, en ce qui concerne notre propos, sont d'abord celle qu'il envoya à son fils aîné, Mérisou, puis la seconde, destinée à sa mère Ipi. On découvre alors que les inquiétudes de Hékanakht ne portent pas seulement sur la mauvaise façon dont les cultures sont surveillées et les grains récoltés, gérés avec négligence, mais sur l'harmonie qui devrait régner au sein de la famille.

Les cinq fils, Mérisou, Sahathor, Sanèbnout, Anoup et Sénéférou, de même que les trois filles,

Sainout (?), Nofrèt et Satourèt, tous semble-t-il, d'un premier lit, menaient la vie dure à la seconde compagne de Hékanakht, la *hébésout* Ioutèmhèb, épousée après son veuvage. Le terme de *hébésout*, parfois compris comme concubine, parce qu'il signifie « la vêtue », paraît bien davantage devoir être traduit par le mot de marâtre, épousée après un veuvage[8]. Pis encore : la servante de Ioutèmhèb, nommée Sémèn, ayant pris le parti des enfants, s'était fort mal conduite vis-à-vis de sa nouvelle maîtresse. Cette dernière avait très probablement averti Hékanakht, lequel menaça alors tous les siens. Sa *hébésout*, qui méritait qu'on la traite comme sa femme qu'elle était, une *hémèt*, avait droit à tous les égards, alors que les membres de la famille semblaient la traiter en usurpatrice. Elle avait droit à « *ce qui doit être fait pour la hébésout d'un homme* », écrivit-il[9]. Ayant fait reproche à son fils aîné, il lui avait annoncé : « *C'est toi qui as laissé* (la domestique Sémèn) *faire du mal à ma hébésout. Vois! Que vais-je faire de désagréable pour toi, que vous avait-elle fait à vous, les cinq fils*[10]*?* » et il ordonne alors : « *Maintenant chasse la servante Sémèn de ma maison, prends bien soin de cela dès que Saha-thor* (qui portait le message) *t'atteindra! Vois! Si elle passe* (encore) *un seul jour dans ma maison... c'est toi qui la laisses faire du mal à ma hébésout!* »

Que pouvait faire la pauvre et sans doute jeune Ioutèmhèb contre toute cette famille tentaculaire, à laquelle se joignait encore la tante, Hétépèt, également en litige avec deux de ses « suivantes », une domestique et une coiffeuse! Il est probable que la fameuse Sémèn avait dû être une sorte de femme de confiance de la précédente maîtresse de maison et que la jalousie devait être mêlée de surcroît à tout ce conflit.

Hékanakht devint plus ferme encore : « *Celui qui commettra un acte, quel qu'il soit, envers ma hébésout, je le considérerai comme m'étant hostile, et je serai contre lui. Vois! C'est ma hébésout. Il est bien connu ce qui doit être fait pour la hébésout d'un homme!... En vérité, aucun de vous accepterait-il que sa femme soit insultée devant lui? Pourrais-je être encore patient? Comment pourrais-je encore vivre avec vous dans la même demeure, si vous ne respectez pas ma hébésout par égard pour moi?* »

En fait, c'est à sa mère Ipi qu'il écrivit sa seconde lettre, faisant ainsi appel à l'autorité suprême dans la famille, puisque sa première missive, adressée directement à son fils aîné, semblait n'avoir produit aucun résultat. La solution d'attente qu'il proposa fut la plus simple : « *Si tu ne veux pas d'elle*, écrit-il à sa mère, *alors envoie-moi Ioutèmhèb ici!* »

Voici donc ce qui pouvait se passer dans un grand domaine thébain au début du Moyen Empire, dans la localité de Nébésyt, pendant une période où la famine achevait de faire des ravages. Certes les temps étaient incomparablement plus durs que dans l'époque dorée du Nouvel Empire. Il n'en demeure pas moins vrai que l'introduction d'une marâtre dans une famille – surtout lorsque fils et filles étaient devenus adultes – ne constituait pas toujours un facteur de paix.

A l'inverse, la mère, très écoutée, pouvait aider à apaiser les oppositions et « dédramatiser » les situations.

L'ÉDUCATION DU FILS ET LES FILLES DE JOIE

Les enfants avaient grandi dans la maison de notre noble dame et la surveillance avait été relâchée au moment du deuil survenu, puis de la maladie de la douairière. Le jour arriva où les parents se rendirent compte que le fils aîné avait pris de grandes libertés avec ses études et se rendait dans certaines rues « chaudes » de la capitale, ou encore dans les estaminets de la rive gauche, là où l'on buvait le vin et la bière, et où les marchands syriens savaient trouver une clientèle toute prête à l'acquisition de leurs belles esclaves du pays d'Amor.

Aussi la mère avait-elle demandé au maître scribe de diriger les exercices littéraires de son fils sur les thèmes les plus dissuasifs :

« *On me dit que tu négliges la pratique de l'écriture,*
Et que tu t'adonnes aux plaisirs.

Tu traînes de taverne en taverne,
La bière t'enlève tout respect humain,
Elle égare ton esprit.
Tu es comme un gouvernail brisé,
Qui ne sert à rien.
Tu es comme une chapelle privée du dieu,
Semblable à une demeure sans pain.
On t'a rencontré occupé à sauter un mur.
Les gens fuient devant tes coups dangereux.
Ah! Si tu voulais comprendre que le vin
Est une abomination.
Tu maudirais le vin doux,
Tu ne penserais pas à la bière
Et oublierais le vin de l'Etranger.

*Etalage de boissons alcoolisées
que l'on puisait au siphon
et concert auquel participait une prostituée.*

On t'apprend à chanter au son de la flûte,
A dire des poèmes au son du double hautbois,
A chanter « pointu » au son des harpes,
A réciter au son de la cithare !

Te voici assis dans la taverne,
Entouré par les filles de joie.
Tu désires t'épancher
Et suivre ton plaisir...

Te voici face à une fille,
Inondé de parfum,

371

Une guirlande de fleurs autour du cou,
Tambourinant sur ton ventre.
Tu vacilles et bascules à terre,
Et tout couvert d'immondices. »

A peine le texte était-il achevé que le jeune homme avait été appelé à méditer sur les sages paroles du scribe Ani :

« *Ne te laisse pas aller à boire de la bière*
Car lorsque tu parles, alors
Le contraire de ce que tu penses sort de ta bouche.
Tu ignores même qui vient de parler.
Tu tombes, puisque tes jambes se dérobent sous toi !

Personne alors ne prend ta main
Et ceux qui buvaient avec toi
Se lèvent et disent :
" Qu'on éloigne cet ivrogne ! "

Si l'on vient te chercher
Pour demander un conseil,
Et si l'on te trouve couché à terre,
Tu es comme un misérable enfant[11]. »

Un tel tableau pouvait à la rigueur être de quelque effet sur ceux des jeunes étudiants qui « venaient de jeter leur gourme ». En revanche, ce genre de descriptions, de même que les autres textes à vocation semblablement dissuasive, ne contribuait en aucune manière à faire fermer les « maisons de la bière », remplies de filles belles et faciles, et dont un papyrus[12] nous confirme qu'elles étaient souvent habitées par la « *femme babylonienne* ». La prostitution existait en tout cas au Nouvel Empire. Le terme *khénémèt* est employé pour désigner une fille de joie, souvent chanteuse et danseuse, parfois tatouée au bassin et aux cuisses, et le papyrus érotique du musée de Turin évoque crûment les activités qui pouvaient se dérouler dans certaines maisons accueillantes auxquelles il est fait parfois allusion dans les textes.

Dans le conte de Khaemouas, à la Basse Epoque, on parle de la « *femme de la rue* » (une personne vile!)

« *S'il est que tu désires avoir ton plaisir avec moi* (dit la fille du Prophète de Bastet à Khaemouas), *tu viendras à Bubastis, dans ma maison. Tout y sera prêt et tu feras ton plaisir de moi, sans que personne au monde ne devine, et sans que je fasse action d'une "fille de la rue".* »

Ces « maisons de la bière » étaient communes à tout le Proche-Orient, et l'on trouve stipulé dans le code d'Hammourabi[13] que « *entrer dans la maison de la bière implique une conduite immorale de la part d'une femme* ». Ne soyons pas étonnés de retrouver dans le conte des mésaventures d'Ounamon, remontant à la XXIe dynastie, l'existence de pareille institution à Byblos. C'est probablement une femme d'un de ces établissements que le prince de Byblos proposa à Ounamon pour lui faire passer le temps en attendant qu'il puisse sans entraves repartir vers l'Egypte. On constate alors qu'en symétrie de ce qui existait en Egypte, à Byblos la femme « facile » pouvait venir des rives du Nil[14]! « *Il m'envoya son secrétaire qui m'apporta deux mesures de vin et un mouton. Il me fit aussi amener Tentmau, une chanteuse égyptienne qui était près de lui, avec cette mission : "Chante pour lui, empêche-le d'avoir des idées noires." Et il m'envoya dire : "Mange, bois, que tu n'aies pas d'idées noires[15]."* »

L'activité de ces « estaminets » battait son plein sous le règne de Ramsès III, à la XXe dynastie. On se rappelle qu'au moment où le procès fut instruit contre les auteurs du complot de harem, deux des juges chargés de l'affaire furent incriminés à leur tour, car ils avaient festoyé avec des femmes accusées et « *quelques autres criminelles* » dans la maison de l'un d'eux, aussi accueillante qu'une « maison de la bière ».

Il ne suffisait pas que le maître s'efforce de guider son disciple hors du chemin de la débauche, il fallait encore que le jeune homme soit mis et maintenu sur la voie de la vertu :

« *Garde-toi de la femme étrangère que personne ne connaît dans sa ville*, répétait le scribe Ani[16], *ne regarde pas lorsqu'elle suit son compagnon, ne la connais pas charnellement : c'est une eau profonde, on n'en connaît pas le contour.* » Ou encore : « *Une femme éloignée de son mari : ''Moi je suis jolie'', te dit-elle, toujours lorsqu'elle est sans témoin. Elle s'arrête, elle prend au filet. Crime passible de mort lorsqu'elle n'a pas su garder le secret (= avaler d'une bouche rapide !)* ».

Sitôt le fils rentré à la maison, son père prenait la relève du maître et rappelait à l'étudiant le célèbre précepte de Ptahhotep[17] :

« *Si tu désires préserver l'amitié,*
Dans une demeure où tu pénètres,
En maître, en frère ou en ami,
Où que tu entres,
Garde-toi d'approcher les femmes,
Car rien de bon ne provient d'une place où cela se ferait.
On n'y prête jamais assez d'attention.
Des milliers d'hommes
Sont ainsi détournés de ce qui leur est profitable,

On est grisé par la chair, qu'il vous consume déjà.
Un court moment, le semblant d'un rêve;
On peut pourtant être conduit à la mort pour cela. »

ÉPILOGUE

De pareilles exhortations, de tels exemples, d'aussi convaincants modèles avaient fini par conduire le fils aîné de la maison à envisager la seule conclusion possible à son problème personnel et à écouter la voix résonnant dans tout cœur de jeune Egyptien et qui lui disait : « *Marie-toi jeune...* » Pourquoi attendre? La fille du plus proche collaborateur de son père ne hantait-elle pas ses rêves depuis que, toute enfant, elle venait partager les jeux de ses sœurs? Le jour où il lui avait offert une mandragore à l'issue du repas du récent jour de l'an, elle l'avait acceptée comme un précieux trésor et depuis, on la voyait souvent qui venait saluer sa mère; elle avait même proposé d'aider à récolter les figues du vieux sycomore, au fond du jardin. Notre garçon allait, avec l'assentiment de ses parents, parler au père de la jeune fille, déjà consentante.

Ce qui s'était passé pour les fiançailles de ses parents se reproduisit alors, et la fête des épousailles se déroula pour la joie de tous. Notre belle maîtresse de maison fort émue par le mariage de son premier enfant, au lendemain de ce jour mémorable revivait par la pensée tous les instants passés depuis dix-huit ans auprès de son époux qui, en toute circonstance, lui avait témoigné déjà tant d'amour. Aussi, tous deux allèrent-ils voir le sculpteur du temple pour lui faire graver la stèle dont la dame avait déjà rédigé elle-même le texte, en témoignage de la belle destinée que Dieu leur avait accordée et dont ils souhaitaient qu'elle se continuât, garant d'une vie heureuse, aussi harmonieusement avant d'aborder, bien plus tard, « sur l'autre rive » :

« *Nous désirons reposer ensemble,*
Dieu ne peut nous séparer.
Aussi vrai que tu vis, je ne t'abandonnerai pas
Avant que de moi tu ne sois lassé.
Nous ne voulons être qu'assis, chaque jour, en paix,
Sans qu'aucun mal ne survienne.
Ensemble nous irons au pays d'Eternité,
Pour que nos noms ne soient pas oubliés.
Qu'il sera beau le moment,
Où l'on verra la lumière du Soleil,
Eternellement, en Seigneurs de la Nécropole[18]. »

Conclusion

Au cours de l'enchaînement millénaire des générations d'Egyptiens, et dans toutes les classes de la société, la femme, comme on a pu le constater, fut investie de prérogatives égales, sinon identiques – chaque spécificité étant bien entendu prise en compte – à celle de l'homme.

Il ne s'agissait pas de droits au sens strictement juridique; en effet, un véritable et formel code de lois semble ne jamais avoir existé sur les rives du Nil. D'ailleurs, était-il indispensable?

A considérer l'optique dans laquelle se plaçaient les Egyptiens – il suffisait de « suivre le chemin de Dieu » pour mériter l'éternité –, le rappel de la loi divine était le meilleur guide pour gagner la béatitude. Les livres de morale ou de sagesse dictaient la conduite à suivre, aussi bien en famille que dans l'exercice de sa profession. Les contes et romans populaires – amplifiant à loisir les actions louables méritant récompense, ou les défaillances passibles de punition – avaient pour but de tonifier les bonnes volontés, ou en revanche de dissuader celui – ou celle – qui aurait été enclin à trébucher ou à succomber. De surcroît, et dès le Nouvel Empire, la « Confession négative » du *Livre des Morts*[1] énumérait la liste impressionnante des « péchés » à ne pas commettre.

Tout était, en réalité, dans la main de Dieu, le Suprême Créateur. Comment, alors, contester ses créatures ? L'homme et la femme avaient été, sur son ordre, façonnés de la main même du divin potier : les sexes furent également différenciés par la volonté du Tout-Puissant, comme il l'avait voulu pour les membres de la « société » divine. Chacun devait accepter son sort; il lui revenait de l'améliorer sans enfreindre la *Maât*, donc en s'efforçant de demeurer dans le courant de l'équilibre cosmique, symbolisé par cette fille chérie de Rê, la force du Soleil.

De fait, la contrainte ne pèse pas plus sur l'homme que sur la femme, mais cette totale égalité ne va pas sans le respect de la diversité ayant présidé à la Création. A chacun son rôle, sa place, en toute équité. Aussi idéal que semble le concept de cette société, il n'a pourtant pas été, en fait, transgressé pendant plus de trois mille ans.

Certes, des périodes de désastres, d'invasions, de vigoureux redressements ont pu ébranler temporairement cette civilisation profondément attachée à « ce qui avait été établi depuis le temps du dieu ». Mais sitôt des jours meilleurs revenus, on la retrouve fidèle à la ligne tracée. A l'évidence une profonde évolution interne ne fut pas sans se manifester, parallèlement, des influences étrangères pénétrèrent, mais, toujours, les principes fondamentaux subsistèrent.

Un des traits les plus frappants de l'Ancien Empire, dont l'harmonie des formes et la rigueur des proportions de ses pyramides éblouissent encore nos temps modernes, est la place occupée par la femme, dès cette époque si reculée. Si nous avions connaissance de biographies féminines remontant à ces périodes, sans doute apprendrions-nous maints détails édifiants sur les contemporains de la première femme médecin connue de l'humanité, dès la IVe dynastie, la dame Pésèshèt.

Peut-on parler d'une certaine régression dans les prérogatives féminines au Moyen Empire, comme on a cru le déceler? Nos sources ne sont ni assez abondantes ni assez variées pour l'affirmer. Mais lorsque l'on aborde le Nouvel Empire, des informations beaucoup mieux conservées et tellement plus nombreuses nous font découvrir une femme bénéficiant d'une liberté profondément enracinée, et non pas éprouvant le besoin de vivre « libérée ».

Qu'on ne s'y méprenne pas! L'égalité incontestée des deux sexes en Egypte n'était pas le résultat d'une lutte menée par la fille du Nil pour obtenir une « promotion » convoitée. Dieu l'avait faite femme, il n'était pas question de renier cet état. Etre épouse, mère, maîtresse de maison aux côtés d'un être cher qui savait répondre à l'effort consenti : tel était l'idéal. Mais l'instruction et l'éducation demeuraient essentielles à la formation de celle qui – suivant la destinée – serait appelée à faire face à des responsabilités. Aucun barrage ne semble, de fait, avoir été opposé à une ascension quelle qu'elle soit. Dans la mesure où les exemples nous sont parvenus, des plus basses couches au niveau le plus élevé de la société, ce phénomène a été constaté.

Par l'étude de ce que nous connaissons de la femme égyptienne, on en arrive donc à cerner, d'une façon plus aiguë et beaucoup plus réelle, la mentalité et l'art de vivre des riverains du Nil.

Ce n'était pas mener une existence oisive que de faire face avec conscience et courage aux devoirs et aux charges d'une maîtresse de maison; pas davantage une sinécure que d'exercer le « métier » de Divine Adoratrice dans le voisinage d'un ambitieux et puissant pontife d'Amon. La Grande Epouse Royale était investie de tant d'obligations auliques et religieuses qu'il ne lui venait pas à l'esprit de rechercher plus amples prérogatives. Une Mère royale, devenue régente en temps de crise, et une reine couronnée Pharaon – le trône étant alors privé d'un sceptre masculin « adulte » – ont, sans aucun doute, assumé leurs fonctions avec une compétence et une efficacité au moins égales à celles mises en œuvre, à d'autres périodes, par leurs homologues masculins.

Par ailleurs, la serve avait toujours son mot à dire et bien souvent une simple formalité lui permettait de fonder un foyer avec un parent... de ses anciens maîtres!

Enfin, dans cette société individualiste où l'engagement moral tient lieu d'agrément légal, le système par lequel les époux contractaient leur union, sans se croire tenus de solliciter la sanction d'un verdict humain ou divin – administratif ou sacerdotal –, démontre tout le poids reconnu à la parole et à la confiance accordée aux individus des deux sexes, guidés par Dieu et vivant en lui. Les « contrats » apparus assez tardivement – ils ne portent que sur les biens des époux et leur héritage – entérinaient certainement les conventions verbales ayant confirmé aux époques antérieures les moyens utilisés pour protéger, si nécessaire, celle sans laquelle la vie n'aurait pu se perpétuer et qui, dans la généralité des cas, inspirait le plus grand respect.

La place de la femme, dans la société égyptienne d'alors, constitue donc une des plus belles démonstrations de la modernité de cette civilisation qui a su faire de la mère, de l'épouse ou de la fille, l'objet de la très parfaite égalité dans la plus logique des différences, état que l'Européenne du début du XXe siècle était, à bien des points de vue, loin d'avoir atteint.

En bref, au temps des pharaons, l'Egyptienne fut

une vraie femme, ni objet ni virago et certainement heureuse et satisfaite de s'identifier au sujet admiré de la

« *Grande Joie du Cœur*[2] »

« *L'unique, la bien-aimée, la sans pareille,*
La plus belle du monde,
Regarde-la, telle l'étoile étincelante de l'an nou-
                                                veau
Au seuil d'une bonne année.
Celle dont brille la grâce, dont la peau luit d'un
                                    tendre reflet.

Elle possède des yeux au regard limpide
Et des lèvres au doux parler.
Jamais parole superflue ne sort de sa bouche.
Elle, dont le cou est long, la poitrine lumineuse,
Est dotée d'une chevelure couleur de lapis-lazuli
                                            poli.

Ses bras surpassent l'éclat de l'or,
Ses doigts sont semblables aux calices de lotus,
Celle dont les reins sont alanguis et les hanches
                                        minces,
Celle dont les jambes défendent la beauté,
Celle à la démarche empreinte de noblesse
Lorsque à terre elle pose les pieds.

De son baiser me prend le cœur!

Elle fait que le cou de tous les hommes
Se tourne pour la regarder,
Et chacun [de ceux] qu'elle salue est heureux :
Il se sent, alors, le premier des jeunes gens.

Lorsque de sa demeure elle sort,
On croit, alors, voir Celle-qui-est-l'Unique! »

Notes

I

La femme dans le monde divin

1. Cf. textes des Pyramides, § 1466 b.
2. Cf. légende de la « Destruction des Hommes ».
3. L'Ogdoade est la réunion en un seul corps de huit éléments.
4. Une variante substitue au lotus l'œuf cosmique, d'où sortit le grand « jargonneur » solaire qui rompit le silence.
5. En dépit du veto du démiurge et avec l'aide de Thot.
6. Nous abordons là une question sur laquelle dès maintenant on peut s'interroger, en réponse au jugement de Diodore de Sicile (I, 27, 1-2). Ce dernier estimait, en effet, que c'était en souvenir d'Isis, dont l'activité avait été décisive et pleine d'initiatives après la mort d'Osiris, que la femme égyptienne avait connu la liberté qui la caractérisait. Donnons plutôt raison à Théodoridès qui se demande si, dans la réalité des choses, il n'y a pas eu en fait influence des institutions humaines sur le monde des dieux. Tel qu'il est décrit, ce dernier rappelle avant tout les institutions royales. On en a la preuve si l'on se penche sur la situation de la femme. En effet, si l'Egyptienne de toutes les époques a été dotée d'une capacité juridique identique à celle des

hommes – qui se traduit dans le monde du divin par l'aisance totale avec laquelle les déesses agissent en toute occasion –, la loi de l'inceste entre frère et sœur, ou entre le père et certaines de ses filles, qui s'affirme comme une réalité essentielle dans le monde des dieux, ne joue sur terre que pour Pharaon. C'était en tout cas un précédent judicieusement élaboré sur lequel les maîtres de l'Egypte fondaient leur comportement, afin d'attester encore davantage des affinités de la couronne avec la société divine.

7. Extrait du texte figurant dans la tombe de Séthi Ier.

8. Rê, le Soleil, forme révélée d'Atoum.

9. Textes des Pyramides, § 785.

10. De même l'image de Nout-voûte du ciel occupe le plafond de temples tardifs, ou encore l'intérieur de certains sarcophages, surtout à partir du Nouvel Empire.

11. On reviendra sur les différents aspects de la déesse Hathor, lorsque l'on traitera de la femme civile.

12. En égyptien : *In-Heret*.

13. Cette reconstitution est principalement rendue possible grâce aux allusions décelables dans un papyrus démotique et dans le texte des temples ptolémaïques et romains d'Egypte.

14. Le temple de Dakka, en Nubie, nous montre même la déesse figurée en mère-lionne aux mamelles pendantes.

15. Nous présenterons Horus le Jeune dans la geste d'Isis. Cette renaissance était assimilée à la *Confirmation* du règne de Pharaon, au début de chaque nouvelle année, le 17 juillet julien.

16. *Sistres et ménat* étaient des objets symboliques dont le rôle primordial aux mains de ses joueuses sera commenté plus loin, à l'occasion d'un développement consacré à l'action de l'Egyptienne dans le culte funéraire.

17. On a voulu reconnaître dans ce concept du *ba* improprement la notion occidentale de l'âme.

18. Ces chapiteaux commencent à apparaître dans l'architecture à partir du Moyen Empire et sont bifaces.

19. Certainement depuis l'époque saïte.
20. Lorsqu'elle en revient, elle ramène avec elle le petit génie difforme Bès.
21. C'est ainsi qu'Hathor-Sekhmet évoque la mort, à laquelle succédera la survie.
22. Le principal sanctuaire de Bastet est situé en Moyenne-Egypte.
23. Dans le Delta, Ouadjet sera assimilée à la mère du nouveau dieu.
24. La meilleure et la plus récente édition de ces hymnes a été donnée par Fr. Daumas.
25. Ce sont ceux qui ont été relevés dans les caveaux des pyramides et qui apparaissent seulement à la fin de la Ve dynastie.
26. Ces témoignages sont constitués principalement par les hymnes du Moyen et du Nouvel Empire, un papyrus de Berlin et surtout la consultation des écrits d'Hérodote, de Diodore et de Plutarque.
27. Une enquête à Philae révélera ce que les reliefs du temple de Séthi Ier en Abydos nous avaient fait pressentir sur la veillée funèbre du dieu par ses sœurs. Enfin, grâce à un conte populaire de l'époque ramesside, nous revivons dans le domaine divin tous les éléments empruntés au monde imparfait des humains durant la période où la déesse lutte pour la transmission à son fils de l'héritage de son époux assassiné. Dans l'iconographie, elle apparaît soit parfois assise parmi les dieux, soit encore debout.
28. Cette attitude est retrouvée soit sur les bas-reliefs, soit sous forme de statuettes de bronze. Mais, pour la reconstituer, nous disposons déjà de nombreuses allusions dans les textes des Pyramides, que nous utiliserons, ainsi que nous l'avons dit, en les mêlant aux autres sources, complétées par le récit des auteurs classiques et principalement de Plutarque.
29. Cette expression est extraite des textes des Sarcophages, vol. II, 9.
30. Une version plus ancienne en fait un valeureux guerrier.
31. Plutarque, 14, 38, 59.
32. Ce texte est extrait du papyrus de Berlin n° 3008.

33. Texte d'après S. Schott, papyrus du Metropolitan Museum de New York.
34. Cette citation provient du texte relatant la « Destruction des Hommes ».
35. N'oublions pas que cette version du récit date de l'époque ramesside : il s'agit des « Tribulations d'Horus et de Seth ».
36. Ces passages sont extraits du grand hymne à Isis, sur un papyrus d'Oxyrhinchos, n° 1380, 1.214-216, IIe siècle avant J.-C.

II

La femme dans la royauté

1

1. Ces tombes sont groupées en Abydos.
2. Ce sont, entre autres, les sépultures de Neïthhotep et de Merneïth.
3. La femme de ce dernier avait peut-être, mais rien n'est sûr, été une princesse rattachée de loin à la famille royale.
4. Ces pauvres vestiges ont été retrouvés dans la cachette royale de Deir el-Bahari.
5. Les « scarabées historiques » peuvent être comparés à nos médailles commémoratives.
6. On a même pu faire allusion à des rapports analogues attribués à Snéfrou.
7. La tombe de cette dernière fut retrouvée au Fayoum en 1956.
8. Il s'agit de Méryt-Aton-la-Petite, et qui ensuite pourrait avoir épousé un prince contesté, Smenkhkarê.
9. Connue sous le nom d'Ankhsepa-Iten-la-Petite.
10. Au moment de son mariage, elle prit le nom d'Ankhsenamon.
11. Ces Grandes Epouses Royales mirent respectivement au monde les princesses Bentanta et Méryt-Amon.

12. On a longtemps considéré Henout-mi-Rê comme sa propre sœur.

13. Nous donnons ici l'excellente traduction de G. Lefèbvre.

14. Nous reviendrons sur ce sujet lorsque les locaux du harem seront étudiés.

15. Le Mitanni ou Naharina.

16. Bien que certains l'aient avancé, aucune preuve ne nous autorise à en déduire que cette princesse mitannienne devint la reine Moutemouia, mère d'Aménophis III.

17. Plusieurs auteurs contestent ce fait dont, d'autre part, on ne peut être assuré par les textes.

18. Une inscription au Sinaï, datée de l'an 4 du règne de Pépi Ier, mentionne en effet son nom à côté de celui de sa mère.

19. Un spécialiste de l'époque, Claude Vandersleyen, doute de cette action.

20. D'après Claude Vandersleyen.

21. Cette vaillante reine mère Ahhotep ne doit plus être confondue avec une autre reine Ahhotep, épouse probable de Kamosé et dont Mariette Pacha découvrit, au pied de la falaise thébaine, les étranges joyaux funéraires enfouis auprès des vestiges de sa momie : ils étaient presque tous masculins. En effet, le sarcophage de la grande Ahhotep, épouse de Sékénènrê II, fut, de son côté, retrouvé dans la cachette royale de Deir el-Bahari. Il se pourrait cependant qu'au moment du réenterrement de la femme de Kamosé, on ait joint aux quelques bijoux au nom de son défunt époux, qui accompagnaient sa momie, ceux que l'on avait pu sauver du pillage exercé sur le « mobilier funéraire » de la grande Ahhotep, mère d'Ahmosis. Ces objets sont, au reste, presque tous au nom du Libérateur.

22. Ahmosis ou Ahmès.

23. Cette tradition était bien éloignée de la notion d'un quelconque prétendu matriarcat égyptien.

24. Contre cette opinion : Winlock.

25. Il ne s'agit pas encore ici de souligner l'action de Tiyi en tant que Grande Epouse Royale aux côtés d'Aménophis III. Nous y ferons allusion plus tard.

26. S'il n'y eut pas un rôle actif joué par la reine Tiyi

dans la réforme religieuse de son fils, il y eut certainement au moins complicité de sa part.

27. Cette place qui lui fut réservée sur la plupart des monuments conservés à ce jour dédiés par son fils.

28. Dans cette scène de théogamie – qui était figurée sur les murs du temple consacré par Ramsès à sa mère, au Ramesseum –, le dieu suivant le mythe se substitua au roi durant la consommation de l'union royale.

2

1. Ce groupe est conservé au musée de Boston.
2. La reine Ahmès-Néfertari est évoquée, sculptée aux côtés du roi, sur une stèle d'Abydos, conservée au musée du Caire.
3. Il s'agit des études de Gitton.
4. W. Hayes, qui fouilla sur ce site, fait remarquer qu'on retrouve dans les ruines remontant à la fin du règne (sans doute jusqu'à l'an 39), un nombre très important de citations de Sat-Amon, en comparaison d'une seule mention de sa mère pour la même époque et le même lieu.
5. Cette scène extrêmement importante est sculptée aux murs de la tombe de Kherouef.
6. Sur la même muraille, le corégent se tient sur le balcon, traité avec un naturalisme presque excessif, accompagné pour la première fois de sa reine, Néfertiti.
7. Ce buste, ainsi que certaines autres œuvres du sculpteur Thoutmès, est conservé au musée de Berlin-Ouest.
8. On constate ce fait, très visiblement, sur le groupe colossal conservé au musée du Caire.
9. Toutankhamon appartenait certainement à la famille royale, qu'il ait été – et c'est le plus vraisemblable – un des derniers enfants de Tiyi, proche de Baketaton, sa jeune sœur, ou, ce qui est bien moins sûr, fils de Kya, une des Epouses Royales d'Akhénaton.
10. Peu après la mort de Nofrétari, la grande favorite, on voit de nouveau réapparaître cette Première Epouse, Isis-Nofret, sur les stèles au Nil du Gébel Silsileh par

exemple, auprès d'un de ses fils, le grand prêtre de Ptah, Khaemouaset.

11. La statuette de la dame Iimérèt-Nébès est conservée au musée de Leyde.

12. Lorsque le rôle de la « déesse » Iousaâs a été éclairé.

13. Cette reine mère Ahhotep ne reçoit le titre d'Epouse du dieu que dans les inscriptions postérieures à son temps, donc à titre posthume.

14. Ces hautes plumes, à la surface très régulièrement et légèrement striée, étaient parfaitement différentes des plumes à sept « réserves » dominant la coiffure d'Amon.

15. Pour apporter un peu de clarté dans la succession de charges d'Epouse du dieu, on pourrait indiquer d'abord qu'en théorie la transmission est matrilinéaire et qu'ensuite le titre semble provisoirement échapper au trône s'il n'a pas d'héritière; ainsi après Touy, mère de Ramsès II, investie de la charge, aucune des Grandes Epouses de celui-ci ne reçut l'appellation d'Epouse du dieu (on pourrait alors en déduire qu'aucune de ces épouses n'est fille de Touy). Cependant, en pratique, les Epouses du dieu, sont inévitablement et très étroitement liées à la famille royale.

16. Akhet-Aton signifie : « L'horizon du Globe ».

17. Il est certain que sans accepter toutes les suppositions, on est enclin à ne pas complètement rejeter cette suggestion.

18. La ville de Bouhen, dans l'Antiquité.

19. Du temps de Ramsès, ces deux mamelons constituaient les lieux-dits de Meha et d'Ibchèk.

20. Nous retrouvons à nouveau les deux formes féminines qui flanquaient Aménophis III à l'issue de sa fête jubilaire et, un peu plus tard, aux côtés de Ramsès Ier dans son temple d'Abydos.

3

1. Texte cité d'après la traduction de G. Lefèbvre.
2. Naharina, ou Mitanni.

3. Le Fayoum : *Mi-our*, ou *Mer-our*, a donné son nom au lac Moeris, de nos jours appelé lac Karoun.

4. Connu de nos jours, en égyptien moderne, sous le nom de Bahr Youssef.

5. Cette tête de la reine Tiyi, la plus proche certainement de la réelle physionomie de la souveraine, est conservée au musée de Berlin-Ouest.

6. En égyptien : les *khékérout-nésout*.

7. Ces petites gazelles de Syrie, ou *gazella dorcas*, possèdent des cornes très droites, recourbées seulement à l'extrême pointe.

8. En égyptien : *Henout-per-Rhénère*.

9. Ce terme correspond à l'égyptien : *Set aât Medjet*.

10. Ce titre se prononce en égyptien : *Khéred-en-Kèp*.

11. Aniba était située face à l'imposante citadelle de Kasr Ibrim, de nos jours disparue complètement sous le lac Nasser (seul le sommet du rocher de Kasr Ibrim domine encore l'étendue des eaux environnantes).

12. L'électrum est un alliage obtenu par fusion d'un minerai comportant 75 % d'or, 22 % d'argent et 3 % de cuivre.

13. Les cercopithèques sont de petits singes, à la longue queue, originaires d'Afrique.

14. L'inscription sur pierre a été transportée au musée du Caire.

15. Sinouhé, le héros de ce conte, a inspiré de nos jours le roman – de pure imagination – de Mika Waltari.

16. Texte cité d'après l'édition de G. Lefèbvre.

17. Nous sommes informés par le papyrus Lee-Rollin, dont une partie est à Londres, l'autre à Paris, de la majorité des détails concernant ce procès historique.

18. Pour suivre la reconstitution de De Buck et de Cerny.

19. C'est ce que De Buck et Cerny suggèrent après une minutieuse étude de toutes les preuves subsistantes.

20. Harem du palais, ou : « *maison des Rhénérèt* ».

21. Chambellans ou plutôt échansons, comme le fut Joseph, à la cour de Pharaon.

22. On ne sait quelle peine ils durent subir : décollation ? bûcher ?
23. Nom arabe qui signifie : la « colline des Juifs ».

4

1. Depuis les premiers rois Sésostris jusqu'au dernier Amenemhat, à Ittaouy (Amenemhat Ier et Sésostris Ier), à Dahchour (Amenemhat II et Amenemhat III), à Illahoun (Sésostris II et Sésostris III), à Hawara (Sésostris II et seconde pyramide d'Amenemhat III).
2. Ces bijoux furent trouvés principalement dans les sépultures d'Ita et Khnoumit à Dahchour, de Sénébtisi à Illahoun, de Néférouptah à Hawara.
3. Cette couronne est exposée au musée du Caire.
4. Cet ensemble dut, sans doute, réunir à la fois le temple et la tombe de la reine.
5. Les gazelles *dorcas*, syriennes.
6. Ce qui est connu du trésor de ces princesses syriennes est, en grande partie, conservé au Metropolitan Museum de New York.
7. Coïncidence – ou choix délibéré ? –, l'ensemble voisine avec celui, non moins beau, de la sœur aînée et du beau-frère du futur Ramsès II, tous deux surnommés Thya, et celui de Maya, son ministre des Finances – qui commença sa carrière sous Toutankhamon – et de son épouse Méryt.
8. La majorité de ces très nobles Dames appartenait à la famille directe des premiers rois de la XIXe dynastie. A la XXe dynastie certaines reines de Ramsès III y furent enterrées près des sépultures de ceux des fils du roi morts assez jeunes.
9. Certains textes nous inciteraient à faire réellement remonter ce rituel au règne d'Aménophis Ier.
10. La saison *Shemou* (d'où vient *hamam* : chaleur) correspond aux mois de l'été : mi-avril, mi-juillet.
11. Ces annales nous sont parvenues, en grande partie, grâce au très précieux papyrus royal de Turin, conservé au musée de cette ville.
12. Un décret de Mérenrê, son frère (?), se rapporte à des constructions qu'il y aurait fait faire. Newberry avait

même proposé d'y voir la reine Neith, épouse de Mérenrê.

13. Cette souveraine, quasiment « fantôme », fut longtemps appelée dans les manuels d'histoire Sobek-Néférou-Rê.

14. De son côté R. Krauss (*Meritaten as Ruling Queen of Egypt and Successor of her Father Nipkhururia – Akhenaton* : 1er Congrès international d'Egyptologie, Le Caire, 2-10 octobre 1976, p. 403-406) propose de reconnaître, dans cette éphémère pharaonne, Méryt-Aton, la fille aînée d'Akhénaton et de Néfertiti.

15. D'après Sir A. Gardiner, il n'y a pas eu deux rois portant le nom de Siptah, comme certains ont pu le penser, mais un seul.

16. Conservé au musée du Caire.

17. Ce qualificatif est ici compris comme un nom propre. Il correspond à l'égyptien : *Sat-Rê*, et avait été porté comme nom de naissance par la première reine de la dynastie, épouse de Ramsès Ier.

18. Manéthon cite dans l'ordre des pharaons, à la place qu'elle avait pu occuper, un roi Thuoris qui aurait régné sept années.

19. Ce qui subsiste de ces bijoux est conservé au musée du Caire.

5

1. L'aspect agressif de celui professé en Amarna, en moins.

2. Karnak, lieu-dit limitant au nord, avec son ensemble considérable de monuments religieux, l'antique capitale de Thèbes, dont Louxor constitue le quartier le plus méridional.

3. Cette princesse, Epouse d'Amon, ne doit pas être confondue avec la reine du même nom.

4. Le nom de Piankhi, comme on le prononçait il y a quelques années, devrait plutôt, en réalité, être vocalisé *Péyé*.

5. Cette stèle monumentale est exposée au musée du Caire.

6. Ce relief, où l'on peut voir les génies nord et sud de

l'Inondation au nom de Shapènipet, est exposé au musée du Louvre.

6

1. Cette statuette d'un type tout à fait original est conservée au National History Museum de Chicago.

7

1. Cette statue si connue de la reine en majesté est exposée au Metropolitan Museum de New York. Elle est, depuis peu, libérée des restaurations modernes qui la défiguraient.
2. Ces Crétois du temps d'Hatshepsout vivaient à l'époque du minoen tardif.
3. Ou encore : Hasfoun, la « *Corne de l'Afrique* ».
4. Toutes ces scènes figurent dans la deuxième terrasse, colonnade sud.
5. Le frère de Sénènmout, appelé Senmen, porte le nom même de l'île de Biggeh, face à Philae.
6. La tombe d'Amenhotep, à Thèbes-Ouest, porte le numéro 73.
7. Le nom harem en égyptien se prononce *ipet*, d'où le nom de la fête du Harem (d'Amon) : *ipet*.
8. W. Hayes en citait sept, mais ce nombre est sujet à caution.
9. Ce cylindre est conservé au département des Antiquités orientales du musée du Louvre.
10. Ce « dieu des Sages » a été très brillamment mis en relief par Etienne Drioton.

III
La femme d'Egypte

1

1. G. Lefèbvre, *Contes*, p. 45, n. 15.
2. Un nomarque est un gouverneur de nome ou province.
3. Rien n'a été découvert qui nous permette, jusqu'à présent, de fixer exactement l'âge de la majorité pour les femmes dans l'Egypte ancienne.
4. Cette histoire fait partie des contes rassemblés dans le papyrus Westcar, conservé au musée de Berlin.
5. En ce qui concerne le sort de l'époux adultère, se reporter aux chapitres : Adultère et divorce.
6. Cette indication a été mise en relief par Sir Alan Gardiner.
7. Parmi ces historiens, il faut citer Jacques Pirenne.
8. Ce texte est extrait du papyrus du musée de Brooklyn, n° 35146.
9. Il s'agit de la stèle n° 42208.
10. Cet ouvrier vivait dans le village des artisans royaux, à Deir el-Médineh, durant l'époque ramesside.
11. La constitution des « biens inaliénables » est à comparer avec celle des Ouakfs de l'Egypte musulmane.
12. Il s'agit du papyrus conservé au musée de Brooklyn sous le n° 35146 et remontant à la fin du Moyen Empire.
13. Ces captives pouvaient être utilisées comme tisserandes du harem de Miour.
14. D'après le papyrus du Caire n° 65739.
15. Le papyrus du Louvre porte le numéro 3228 A.
16. Papyrus du British Museum enregistré sous le n° 10052, X.
17. Il s'agit de la première maxime du recueil.
18. A propos des Enfants du *Kep*, se référer au chapitre : Ecole du harem.

19. Ces renseignements ont été puisés dans le papyrus Wilbour.

2

1. On doit à H. Fischer le recensement de ces intitulés, surtout pour l'Ancien Empire.
2. Ces détails assez inattendus nous sont livrés par le papyrus de Bologne, n° 1084.
3. Ces strophes poétiques sont extraites du papyrus Chester Beatty I.
4. Textes extraits de l'ensemble poétique réuni par S. Schott.
5. Citation extraite du papyrus Ebers, n° 468.
6. Cette recette est indiquée dans le papyrus Ebers, 474 et 476 d'après G. Lefèbvre.
7. Ce texte a été détecté et publié par E. Drioton.
8. L'objet, le texte d'envoûtement gravé sur une feuille d'argent plombifère et le vase de terre cuite qui contenait l'ensemble sont conservés au musée du Louvre.

3

1. Ces textes sont tracés en hiératique anormal, et, à partir du VIIe siècle avant notre ère, écrits en démotique.
2. Ces exigences apparaissent clairement formulées dans le conte de Khaemouas.
3. Cet *ostracon* (éclat de calcaire ou fragment de poterie sur lequel on avait l'habitude d'écrire des messages ou des textes qui ne devaient pas figurer dans les bibliothèques) est conservé au musée de Prague.
4. Il appartient aux collections du musée de Berlin.
5. Plusieurs *ostraca* nous ont conservé des textes citant cette clause, notamment un *ostracon* du musée du Louvre.
6. Un très respectable historien du droit égyptien, comme J. Pirenne, l'a suggéré, faisant siennes les opinions de M. Murray.

7. Sh. Allam croit trouver seulement deux exemples de polygamie dans toute l'histoire de l'Ancienne Egypte, et K. Simpson, en analysant les témoignages repérés surtout au Moyen Empire, en cite treize exemples.

8. Stèle n° C1.

9. Stèle n° 2.

10. Maxime de Ptahhotep n° 19.

11. L'expression utilisée pour décrire cette cohabitation est « vivre avec ».

12. Le mot employé pour signifier « divorcer » est *khaâ*, c'est-à-dire : une expulsion.

13. Le mot utilisé pour exprimer la répudiation, en vieil égyptien, était le verbe *shem*, qui signifiait : « inviter au départ ».

14. Les Maximes de Ptahhotep. L'original du texte, dont on a retrouvé plusieurs copies, pourrait remonter au règne du roi Isesi de la Ve dynastie : Ptahhotep était son vizir. Le manuscrit le plus ancien connu à ce jour date du Moyen Empire et est conservé à la Bibliothèque nationale de Paris. C'est le papyrus Prisse, du nom de son premier propriétaire moderne.

15. La Sagesse d'Ani. Le texte semble remonter au début du Nouvel Empire. Ani était un scribe au service de la reine Ahmès-Néfertari, épouse du roi Ahmosis. Plusieurs copies de ce texte très difficile à traduire sont connues, la plus complète est celle de la tablette n° 8934 du musée de Berlin.

16. Sagesse d'Ani, 8, 1-3.

17. Ce texte est extrait du papyrus Insiger, d'époque tardive.

18. Sagesse d'Ani, 3, 15-19.

19. Pour exprimer cet acte d'adultère, l'Egyptien emploie le verbe *nek* signifiant « copuler ».

20. Diodore de Sicile, I, 78.

21. C'est ce qu'à juste titre indique C.J. Eyre qui a, le plus récemment, étudié la question.

22. Cet écrit est connu sous le nom de papyrus Harris.

23. Selon Lane qui a étudié les mœurs des paysans égyptiens, surtout, durant le XIXe siècle.

24. Cette supposition avait été proposée par P. Montet.

25. Cette appellation de « vêtue » a été parfois affectée au statut de la concubine; ce qui n'est pas absolument concluant.

26. Cette précaution visait-elle à s'assurer de la fécondité de la compagne choisie, ou l'homme était-il trop démuni pour remettre en une seule fois la somme d'argent nécessaire?

27. Il s'agit du conte de Khaemouas.

28. Il faut certainement suivre Edgerton lorsqu'il soupçonnait que ces allusions à une fête de mariage constituaient une référence à l'évocation d'une coutume beaucoup plus ancienne.

29. A cet égard, il y a lieu de se référer à la scène de la « théogamie » où, pour évoquer la rencontre charnelle entre Amon et son élue terrestre, on a figuré seulement les membres du couple assis face à face, leurs genoux se rencontrant à peine.

30. Les crotales sont des petites castagnettes rondes en cuivre.

31. Pestman, qui se pose la question, est celui qui a le plus récemment étudié les contrats de mariage dans leur ensemble.

4

1. Sagesse d'Ani, 6, 1 à 6, 10.

2. Le rôle de ce portier correspond exactement à celui du *boab* de l'Egypte moderne.

3. La correspondance exacte du mot inventaire est le *imet-pèr*, c'est-à-dire : « ce qui est dans la maison ».

4. Ce texte est cité d'après S. Schott.

5. On retrouve le même détail dans les maisons modernes de la campagne égyptienne : ce sont les *moulqafs*.

6. Citation d'après G. Lefèbvre, *Romans et Contes égyptiens*.

7. Ce texte est cité d'après le recueil de S. Schott : *Chants d'amour...*

8. Ce texte a été détecté, puis étudié par Iversen, suivi par G. Lefèbvre.

9. Ce texte est extrait du papyrus de Berlin n° 199,

verso, 2, 2-5. Dans la recette, le sable devait très probablement servir de support aux grains d'orge et de blé, et les dattes pouvaient constituer l'engrais.

10. Ce texte est extrait des inscriptions du temple d'Esna.

11. Voir, plus haut, la naissance du pharaon Hatshepsout.

12. Les termes cités sont pris dans l'étude de Goyon et d'El Adly.

13. Ce passage du papyrus Westcar est cité d'après la publication de G. Lefèbvre.

14. Cette recette est extraite du papyrus médical Ebers.

15. Ce papyrus concernant la protection magique du nouveau-né a été publié, jadis, par A. Erman.

16. Le musée du Louvre possède deux exemplaires de cette figurine qui devait être d'un usage assez courant.

5

1. Ces papyrus médicaux de l'Ancienne Egypte sont connus de nos jours sous le nom de papyrus médicaux de « Kahoun », ou papyrus Ebers, du nom de son acheteur moderne, ou encore papyrus de Berlin, etc.

2. Extrait du papyrus Ebers, d'après G. Lefèbvre : Essais sur la médecine...

3. Ce *Livre de rêves* est l'objet d'un des papyrus Chester Beatty, du nom du collectionneur anglais qui les avait achetés.

4. Cette aventure a été reconstituée par W.A. Ward et paraît bien correspondre à la réalité des faits. Et l'histoire n'était pas unique !

5. Ce texte est extrait du conte *Vérité et Mensonge*, d'après la publication de G. Lefèbvre.

6. La traduction de ce texte a été donnée par Spiegelberg.

7. Cette phrase est extraite d'une stèle conservée au musée de la Fondation Gulbenkian à Lisbonne.

8. Extrait du chapitre 30 B du *Livre des Morts*, concernant le texte du « Scarabée du cœur ». Traduction de P. Barguet.

9. Ces textes ont été traduits par Gardiner et rassemblés par Schott.
10. Ce texte et les deux citations suivantes sont donnés d'après Schott.
11. Il s'agit sans doute, ici, du salaire quotidien fourni au maître. (Se référer au chapitre de l'Education de l'enfant.)
12. Ce texte provient de la Sagesse d'Ani, 7, 15-8, 1.
13. Il s'agit du papyrus de « Kahoun », n° 1.

6

1. Sagesse d'Amènèmopè, § 26, 10.
2. Ce renseignement est fourni par l'*ostracon* de Turin, n° 57 001.
3. Cette recette est donnée par le papyrus de « Kahoun », n° 3.
4. Les auteurs du papyrus n° 7 de « Kahoun » ne savaient pas que ce remède serait suivi jusqu'au XXe siècle.
5. Cette citation est empruntée à Sh. Allam.
6. Ces lettres, écrites la plupart du temps sur des bols, ont été tracées plus rarement, sur papyrus. Elles furent détectées par deux célèbres égyptologues, Gardiner et Sethe.
7. Le texte le plus important de cette série figure sur le papyrus de Leiden I, 371.
8. Cette hypothèse très plausible a été avancée par Cerny, Peet et Théodoridès.
9. Lettre II, 1-42.
10. Lettre I, 14-15.
11. Sagesse d'Ani, 14, 6-11.
12. Il s'agit du papyrus Lansing 8, 4-7.
13. Il s'agit du § 110 du code d'Hammourabi.
14. Conte d'Ounamon, 2, 68-72.
15. La traduction est donnée d'après Lefèbvre, *Romans et Contes*.
16. Sagesse d'Ani 8, 15.
17. Maxime de Ptahhotep, 18.
18. Texte gravé sur la statue du Caire n° 42 206.

Conclusion

1. Chapitre CXXV.
2. Extrait des poèmes d'amour contenus dans le papyrus Chester Beatty I, édité par Sir Alan Gardiner.

Sources

Traiter, dans le cadre d'une telle collection, l'histoire et le rôle de la femme au temps de l'Egypte pharaonique, c'est-à-dire tout au long d'une période de quelque trente siècles – depuis l'aube de l'Ancien Empire jusqu'à la fin des dynasties indigènes –, s'avère une entreprise malaisée. En effet, la nature et la diversité toujours fragmentaires des éléments subsistant dans ce domaine interdisent de conférer à cet ouvrage un caractère parfaitement exhaustif, donc de lui donner un aspect tout à fait définitif.

Force est d'abord de constater que malgré l'apparition de l'écriture au début du troisième millénaire avant notre ère, dès les premiers rois de la Haute et de la Basse-Egypte, nous ne disposons pas, à ce jour, de textes suffisamment complets et cohérents, indispensables à la connaissance intégrale de la société des époques les plus anciennes : nombre de recherches, études, travaux, enquêtes spécialisées et fouilles archéologiques soit en cours, soit à venir, ne manqueront pas de compléter progressivement notre savoir en ce domaine comme en bien d'autres.

Une exposition organisée par notre collègue le Dr. D. Wildung, de Munich, a donné, dans ses très grandes lignes, à travers plusieurs capitales d'Europe (Munich, Berlin, Bruxelles, Barcelone, Madrid et Genève), une juste vision de la place occupée par la femme sur les bords du Nil pharaonique, tous millénaires confondus.

A partir du moment où, dans un registre plus complet, le propos vise à délivrer une étude, nécessairement construite sur de plus amples informations, convenait-il alors de présenter cet essai de reconstitution époque par époque, comme procéda par exemple J. Vercoutter, après J. Pirenne – ou, au contraire, de l'ordonner au regard des différentes manifestations et des divers concepts de la féminité, comme nous l'avons fait ?

Une rapide analyse des sources qui nous sont accessibles justifiera la direction prise par notre démarche.

Les temples

Certes, aucun autre pays de la Haute Antiquité ne nous a légué plus de témoignages d'une prodigieuse civilisation. Cependant, d'une part, les temples les plus anciens ont presque entièrement disparu et la majorité de ceux qui subsistent correspond à la période du Nouvel Empire et à l'époque gréco-romaine, ce qui restreint d'autant, *a priori*, le champ d'investigations. D'autre part, et surtout, ces acquis sont pratiquement tous à vocation religieuse et funéraire.

En l'état, ce legs des Hautes Epoques nous permet naturellement d'évoquer la signification sacrée de l'institution pharaonique, la gloire qui lui est accordée et le rôle tout-puissant du clergé. Par chance, la découverte de quelques rares écrits et papyrus échappés au naufrage des siècles – et livrant quelques allusions au déroulement du culte, ou à la célébration de fêtes –, nous apporte un précieux éclairage sur ces représentations.

En revanche, sur les murs des sanctuaires « tapissés de dieux », rien n'est vraiment précisé sur la vie des sujets du roi. On est, la plupart du temps, confronté au face à face du souverain et d'une image de la divinité, figuration d'un échange rituel d'offrandes et de libéralités. Dès lors, que pouvons-nous tirer de ces monuments pour reconstituer l'histoire de la femme dans l'Egypte ancienne ? L'enquête doit alors être menée par déduction et en s'appuyant d'abord sur ce que l'on voit. Une remarque liminaire doit être faite : les formes féminines de la divinité apparaissent, dès les premiers âges, comme entités protectrices et titulaires de la royauté. Le vautour femelle et le cobra femelle, Nèkhabit et Ouadjet, person-

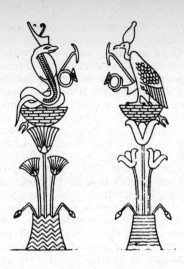

nifient les régions où le roi pourra étendre son pouvoir et en même temps veillent sur ces dernières. Par le jeu du langage symbolique dominant, elles seront assimilées à la mitre blanche de Haute-Egypte (la *hedjet*) et au mortier rouge de Basse-Egypte (la *déshéret*). Ces deux couronnes réunies formèrent le « Puissant » (*Pa-Sekhenm*) de Pharaon, que les Grecs appelèrent le *Pschent*.

Partout, sur les fragments de murs remontant à l'Ancien et au Moyen Empire, on retrouve la présence des déesses attestant que l'expression féminine du divin n'est pas exclue, – comme l'évoquent naturellement les textes religieux fort anciens, mentionnés pour la première fois dans les caveaux des pyramides, dès Ounas, dernier roi de la Ve dynastie. Plus tard, les textes des Sarcophages, au moment où se forme le Moyen Empire, en fourniront une version nouvelle et assortie de « gloses ». (Ces textes seront alors remplacés, dans le domaine funéraire, dès le Nouvel Empire, par le *Livre de Sortir au Jour* que les égyptologues ont appelé *Livre des Morts*.)

Que dire des représentations visibles dans les sanctuaires du glorieux Nouvel Empire ? Comme aux premiers âges, les déesses sont figurées seules, parfois recevant l'hommage royal, ou encore escortant le dieu : c'est l'image de la femme libre et celle du couple. Survient aussi la triade, évocation parfaite de la famille résumée par l'homme et la femme se perpétuant par l'héritier. Ces groupements se répètent ainsi à travers les âges, jusque sur les murs de l'époque ptolémaïque et romaine, lesquels ont obéi à la tradition pharaonique.

La reine, entourée du plus grand respect, est aussi présente sur les parois des temples accompagnant son époux, mais, à coup sûr, beaucoup plus fréquemment dès le moment où, sous Aménophis III, l'expression de la religiosité et du concept divin subit une mutation profonde jusqu'à « éclater » à l'époque du fameux Aménophis IV, connu sous le nom d'Akhénaton l'Hérétique. Dès lors, le rôle de la souveraine, dans la religion et dans l'histoire, apparaît sous un jour nouveau... ou tout au moins sous un éclairage différent. Cependant, d'autres témoignages fournis par des statues, des stèles soulignent par ailleurs la place éminente tenue par les premières souveraines du début de la dynastie. Si des monuments de la même importance, pour les époques précédentes, nous étaient conservés, peut-être pourrions-nous alors entrevoir le fond essentiel au travers d'une évolution de la forme. Ces chaînons nous faisant pour l'instant défaut, une étude purement chronologique s'avère donc très malaisée.

Au Nouvel Empire, les temples sont non seulement accessibles en partie, mais sur leurs murs subsistants apparaît un phénomène de narration historique commentée par l'image : expéditions hors des frontières, guerres soutenues pour défendre le pays, déploiement de grandes fêtes. Le but demeure à intention religieuse, mais le sujet évoque une réalité terrestre. C'est ainsi que nous pouvons encore suivre, sur les parois retrouvées de Deir el-Bahari, le souvenir partiel des événements que la reine Hatshepsout avait voulu éterniser.

Bien sûr, les institutions évolueront à travers les siècles, de nouvelles fonctions seront créées suivant les nécessités de l'époque : sans les chapelles érigées par les Divines Adoratrices, nous ne saurions que bien peu de chose sur ces reines-prêtresse dont le sacerdoce consacre l'aboutissement de prérogatives devenues institution pour protéger une monarchie déjà chancelante à partir de l'an mille avant notre ère.

Lorsque l'on aborde les temples de l'époque ptolémaïque, toute anecdote s'écartant de la pure mythologie est à nouveau bannie des reliefs où la plupart des scènes se réduisent aux tableaux classiques reproduisant le vis-à-vis des images divines et du souverain, infiniment répétés. En revanche, les textes en hiéroglyphes aux formes enrichies et déroutantes abondent et, comme pour confirmer le caractère immuable des vérités exprimées jadis dans un style volontairement obscur, les scribes nous permettent de les déceler alors abondamment commentées à la fin de cette longue aventure pharaonique.

La statuaire

Dès l'époque des pyramides, la statuaire royale nous révèle très tôt par les groupes de Mykérinos et de son épouse, ou par les triades formées de l'image du roi sculptée aux mêmes proportions que celles des déesses l'encadrant, un souci de parité non contesté – ni même discuté – entre les deux sexes des zones divines, ou du monde royal.

La statuaire civile nous permet, dans ce domaine, de constater des traits analogues : réelle égalité entre les deux membres du couple, souvent figurés dans les œuvres en ronde bosse. C'est vraiment l'apologie du ménage ; la taille et la position des acteurs ne peuvent vraiment révéler une infériorité ou une supériorité quelconque. L'homme est debout, et la femme assise, ou inversement. Les tailles peuvent être égales ou encore la femme moins grande que son époux, mais la plupart du temps, elle enlace son mari par le torse ou lui pose la main sur l'épaule. Parfois ils sont représentés debout, se tenant par la main : c'est l'égalité et l'accord parfaits, complétés, autour d'eux, par l'image des enfants qu'ils ont procréés.

Les tombeaux

Dès que la tombe et la chapelle funéraire royales portent sur leurs murs un message gravé et peint, on est en présence de figurations et de textes très spécialement réservés aux transformations du souverain; ce sujet sort du cadre de notre propos. En revanche, une exégèse des inscriptions plus ou moins serrée, suivant les époques auxquelles elles remontent, fait apparaître des textes mythologiques très originaux où le monde des dieux nous révèle à nouveau la place et l'action dévolues aux différents aspects du « panthéon » féminin, et ses symboles majeurs.

Quant aux chapelles civiles où était célébré le culte des morts, elles constituaient le trait d'union entre les défunts et ceux « qui étaient restés sur terre »; leurs murs furent de tout temps, et en dépit des siècles qui se succédèrent, pour la plupart ornés de scènes de la vie journalière, artisanale et agricole des périodes concernées. Certes, dans ce domaine également, les formes évoluèrent, les modes s'imposèrent, coiffures et vêtures subirent des transformations, mais on demeure encore frappé devant la fidélité aux thèmes choisis et traités. Force est alors d'admettre la notion d'un rituel pour le choix des évocations dont le caractère civil devait masquer un symbole magico-religieux, l'unique but étant de protéger et d'aider le désincarné à gagner son éternité en échappant aux dangers rencontrés au cours de son cheminement.

Mais ces figurations n'en étaient pas moins des images de la vie réelle – même si elles ne reproduisaient pas le tableau précis de l'existence vécue ici-bas par le possesseur de la tombe. Elles recréaient l'atmosphère générale de la vie d'un agent de l'Etat, ou d'un propriétaire terrien, avec toutefois quelques rares touches bien déterminées relatives à la position de la personnalité en question.

Cependant, qu'une sépulture soit dédiée à un haut fonctionnaire ou à un simple bourgeois, la femme accompagnant son époux bénéficie, comme lui, de l'offrande essentielle et de ses nombreux préparatifs; le pain présenté est d'ailleurs bien suggéré comme le résultat des semailles, de la moisson, de la primitive « batteuse » qui précède l'écrasement du grain dont la farine, pétrie, sera préparée par les soins des femmes sous toutes les formes données à la pâte, pour la cuisson.

Le maître de la maison récompense aussi parfois les ouvrières qui savaient si bien tisser les lins les plus fins. Les danseuses et musiciennes égayant les banquets funéraires partagés par les hommes et les femmes sont là pour nous rappeler une des occupations de prédilection de la gent féminine. Mais rien de particulier sur tous ces reliefs et ces peintures ne nous renseigne sur la vie privée et les événements de telle ou telle existence féminine, et encore moins sur les aspirations particulières de tel groupement de dames ou de bourgeoises. Sur ces monuments, on différencie la servante de la maîtresse; il est loisible de distinguer la paysanne de l'épouse du seigneur, certes, mais on n'a pas encore exhumé une seule biographie de dame, si embryonnaire soit-elle (en revanche, et comme il apparaîtra plus loin, par des textes juridiques retrouvés, nous commençons à être assez bien instruits du statut de la femme).

Enquêtes menées grâce aux fouilles archéologiques

Les informations proviennent donc des enquêtes qui ne cessent d'être menées en interrogeant non seulement ces monuments religieux et funéraires et auxquels nous sommes seulement redevables d'une vision générale, mais surtout par les fouilles exécutées dans le sol de ces mêmes ensembles monumentaux et dans les ruines des rares agglomérations urbaines où les recherches ont pu être entreprises : objets de la vie journalière et documents écrits dont les lambeaux ont été miraculeusement préservés : archives de palais, correspondances diplomatiques, pièces administratives, contes populaires rédigés pour l'enseignement de la littérature classique dans les écoles, livres de sagesse et de maximes, de médecine et de pharmacopée, de poèmes, de rêves, vestiges de comptes rendus de procès, contrats juridiques, missives entre vivants et même... lettres adressées aux morts, etc.

Ces éléments nous sont rarement parvenus complets, mais les fragments confrontés aux témoignages archéologiques nous permettent d'ordonner le puzzle propre à un essai de reconstitution des usages régissant la vie des femmes dans l'ancienne Egypte et, aussi, de tenter de souligner certains traits de leur caractère, à plus de trois à quatre mille années de distance.

Chronologie

Ces dates ne sont qu'approximatives car, à ce jour, la chronologie n'a pu encore être établie d'une façon absolue. Des thèses s'opposent, qui présentent des variantes sensibles jusqu'à la fin du Nouvel Empire. Nous donnons ici un tableau tenant compte des principales études généralement admises.

Vers 6000	Néolithique.
Vers 5000	Badarien.
Vers 4000	Amratien.
Vers 3500	Guerzéen.
Vers 3100	Début de l'histoire; unification de l'Egypte; apparition de l'écriture.
Vers 3100-2700	*Epoque thinite* : Ire et IIe dynasties.
Vers 2700-2200	*Ancien Empire* : IIIe-VIe dynastie, de Snéfrou à Pépi II (le plus long règne de l'histoire).
	IVe dynastie : époque des grandes pyramides (Khéops, Khéphren et Mykérinos).
	Vers 2150? reine Nitocris.
Vers 2200-2060	*Première période intermédiaire* : VIIe-X^e dynastie.
	Période troublée, royautés multiples, puissance des nomarques. Héracléopolis contre Thèbes en définitive victorieuse.
Vers 2060-1785	*Moyen Empire* : XIe-XIIe dynastie.

	Règnes des Monthouhotep, des Amenemhat (I-IV) et des Sésostris (I-III). *Vers 1789-1785? reine Néférou Sobek.*
Vers 1785-1554	*Deuxième période intermédiaire* : XIIIe-XVIIe dynastie. Désordres. Infiltration puis règne des Hyksos. Les princes thébains Sékénènrê Taô, Kamosis puis Ahmosis le Libérateur chassent les Hyksos.
Vers 1554-1080	*Nouvel Empire* : • Vers 1554 à 1305 : XVIIIe dynastie : règnes des Aménophis (I-IV) et des Thoutmosis (I-IV). *Vers 1504-1483 : Hatshepsout, régence et autorité royale.* « Réforme » d'Aménophis IV-Akhénaton, (Néfertiti?, Smenkhkarê), Toutankhamon, Aÿ, Horembeb. • Vers 1305-1196 : XIXe dynastie : Ramsès Ier, Séthi Ier, Ramsès II (1290-1224), Minéptah, Amenmès, Séthi II, Siptah et reine *Taousert (1204-1196)*. • Vers 1196-1080 : XXe dynastie : Sethnakht, Ramsès III, Ramsès IV à Ramsès XI.
1080-332	*Basse Epoque* : XXIe-XXXe dynastie. • 1080-946 : règnes jumelés des rois de Tanis (Smendès, Psousennès, Siamon, etc.) et des Grands Prêtres d'Amon (Hérihor, Piankhi, Pinédjem, etc.) à Thèbes, avec les Divines Adoratrices. • 946-664 : invasions étrangères, libyennes, « éthiopiennes » (= soudanaises). • 664-525 : XXVIe dynastie : renaissance saïte (Psammétique, Néchao, Amasis, etc.) • 525-332 : XXVIIe-XXXe dynastie. Cambyse conquiert l'Egypte. Deux périodes de domination perse de Darius Ier à Darius III Codoman

	(Aryandès, satrape d'Egypte). Derniers pharaons : Néphéritès et Hakôris (XXIXe dynastie), Nectanébo I et II (XXXe dynastie).
333-332	Bataille d'Issus : conquête de l'Egypte par Alexandre le Grand.
332-305	Rois macédoniens (Alexandre le Grand, Philippe Arrhidée, Alexandre IV).
305-30	Les pharaons ptolémaïques : Ptolémée I à XII, Cléopâtre I à VII (seule *Cléopâtre VII* a régné).
30 avant J.-C.-640 après J.-C.	Egypte romaine.

Bibliographie

ABRÉVIATIONS

Ä.A. : Ägyptologische Abhandlungen, Wiesbaden.
A.D.A.I.K. : Abhandlungen des Deutschen Archäologischen Instituts Kairo, Ägyptologische Reihe, Glückstadt.
A.S.A.E. : Annales du Service des antiquités de l'Egypte, Le Caire.
B.S.F.E. : Bulletin de la Société française d'égyptologie, Paris.
B.d.E. : Bibliothèque d'étude de l'I.F.A.O., Le Caire.
B.I.F.A.O. : Bulletin de l'I.F.A.O., Le Caire.
Bi. or. : Bibliotheca orientalis, Leiden.
C.A.H. : Cambridge Ancient History.
C.E.D.A.E. : Centre de documentation et d'études sur l'Ancienne Egypte, Le Caire.
C.d.E. : Chronique d'Egypte, Bruxelles.
C.G.C. : Catalogue général du musée du Caire, Le Caire.
C.N.R.S. : Centre national de la recherche scientifique, Paris.
E.E.S. : Egypt Exploration Society, London.
G.M. : Göttingen Mizellen, Göttingen.
I.F.A.O. : Institut français d'archéologie orientale du Caire, Le Caire.
J.A.R.C.E. : Journal of the American Research Center in Egypt, Princeton.

J.E.A. : Journal of Egyptian Archeology, London.
J.N.E.S. : Journal of Near-Eastern Studies.
L.Ä. : Lexikon der Aegyptologie, Wiesbaden (à partir de 1975).
M.D.A.I.K. : Mitteilungen des Deutschen Archäologischen Instituts, Abteilung Kairo, Wiesbaden.
M.Ä.S. : München Ägyptologischen Studien.
M.I.F.A.O. : Mémoires de l'I.F.A.O., Le Caire.
M.P. : Fondation Eugène Piot. Monuments et Mémoires publiés par l'Académie des inscriptions et belles-lettres. P.U.F., Paris.
R.d.E. : Revue d'égyptologie, Paris-Louvain.
S.A.K. : Studien zur Altägyptischen Kultur, Hamburg.
S.A. : Service des antiquités, Le Caire.
Z.Ä.S. : Zeitschrift für Ägyptische Sprache und Altertumskunde, Berlin-Leipzig.

BIBLIOGRAPHIE GÉNÉRALE SOMMAIRE

Drioton E. et Vandier J., *Les Peuples de l'Orient méditerranéen*, vol. II, *L'Egypte*, P.U.F., Paris, 1938 (réédition à partir de 1946).

Steindorff G. and Seele K., *When Egypt ruled the East*, Chicago, 2ᵉ édition, 1957.

Hayes W.C., *The Scepter of Egypt*.
 I – *From the Earliest Times to the End of the Middle Kingdom*, Harvard University Press, Cambridge, Mass., 1960.
 II – *The Hyksos Period and the New Kingdom (1875-1080 B.C.)*, Cambridge, Mass., 1959.

Pirenne J., *Histoire de la civilisation égyptienne* (à La Baconnière, Neuchâtel; La Renaissance du Livre, Bruxelles). Premier cycle, 1961. Deuxième cycle, 1962. Troisième cycle, 1963.

Gardiner A.H. *Egypt of the Pharaohs*, Oxford, 1962.
  The Cambridge Ancient History :
  Smith W.S., *The Old Kingdom in Egypt*, 1962.
  Hayes W.C., *The Middle Kingdom in Egypt*, 1964.

JAMES T.H.G., *From the Expulsion of the Hyksos to Amenophis I*, 1965.
FAULKNER R.O., *Egypt, Internal Affairs from Thoutmosis I to the Death of Amenophis III*, 1966.
ČERNÝ J., *Egypt from the Death of Ramesses III to the End of the Twenty-First Dynasty*, 1965.
HELCK W. (Ed.), *Lexikon der Aegyptologie*, Harrassowitz, Wiesbaden, depuis 1975.
BLACKMAN A.M., *On the Position of Women in the Ancient Egyptian Hierarchy*, J.E.A. VII, 1921, pp. 8 sqq.
HOHENWART-GERLACHSTEIN A., *The Legal Position of Women in Ancien Egypt*, Wiener Völkerkundeliche Mitteilungen, 3. Jahrgang, n° 1, Vienne, 1955, pp. 51 sqq.
VERCOUTTER J., « *La Femme dans l'Egypte ancienne* », in Histoire Mondiale de la Femme, Nouvelle Librairie de France, 1965, livre deuxième.
WENIG S., *Die Frau in Aegypten*, Leipzig, 1967.
LESKO B., *The Remarkable Women of Ancient Egypt*, Berkeley, California, 1978.
WILDUNG D.-SCHOSKE S., *Nofret, die Schöne*. Catalogue de l'exposition organisée à Munich sur : La Femme (1984-1985), Berlin (1985), Hildesheim (1985), Bruxelles (1985-1986), etc.

RECUEILS GÉNÉRAUX DE TEXTES

BREASTED J.H., *Ancient Records, Historical Documents*.
Vol. I : *The First to the Seventeenth Dynasties*, Chicago, 1906.
Vol. II : *The Eighteenth Dynasty*, Chicago, 1906-1923.
Vol. III : *The Nineteenth Dynasty*, Chicago, 1906-1923.
Vol. IV : *The Twentieth to the Twenty-Sixth Dynasties*, Chicago, 1906-1923.
Vol. V : Indices. Chicago, 1907.

LICHTHEIM M., *Ancient Egyptian Literature.*
   Vol. I : *The Old and Middle Kingdoms,* London, 1975.
   Vol. II : *The New Kingdom,* London, 1976.
   Vol. III : *The Late Period,* London, 1980.

SIMPSON W.K. (Ed.), *The Literature of Ancient Egypt,* New Haven, 1972.

GOYON J.-Cl., *Rituels funéraires de l'Ancienne Egypte,* Editions du Cerf, Paris, 1972.

LALOUETTE Cl., *Textes sacrés et textes profanes de l'Ancienne Egypte,* Gallimard (collection U.N.E.S.C.O.), Paris, 1984.

ROCCATI A., *La Littérature historique sous l'Ancien Empire égyptien,* Editions du Cerf, Paris, 1982.

Poésie amoureuse

GILBERT P., *La Poésie égyptienne,* Bruxelles, 2ᵉ édition, 1949.

SCHOTT S., *Les Chants d'amour dans l'Egypte ancienne* (traduit de l'allemand par P. Krieger), Maisonneuve, Paris, 1956.

BIBLIOGRAPHIE DÉTAILLÉE SOMMAIRE

I – La femme dans le monde divin

KESS H., *Der Götterglaube im alten Aegypten,* Leipzig, 1941.

VANDIER J., *La Religion égyptienne,* P.U.F., Paris, 1949.

DESROCHES NOBLECOURT Ch., *La Religion égyptienne,* in Histoire générale des religions, Quillet, 2ᵉ édition, 1960.

MORENZ S., *Aegyptische Religion,* Stuttgart, 1960.

– pour la mythologie comme thème de représentation théâtrale :

DRIOTON E., *Le Théâtre égyptien*, Ed. Revue du Caire, Le Caire, 1942.

– pour la légende de la Déesse lointaine :

JUNKER H., *Auszug der Hathor-Tefnut aus Nubien*, Abh. Berl. Akad., 1911.

VANDIER J., *Iousaâs et (Hathor)-Nebet. Hetepet*, in R.d.E. Klincksiek, 1964-1965-1966.

DESROCHES NOBLECOURT Ch. et KUENTZ Ch., *Le Petit Temple d'Abou Simbel*, Mémoires du C.E.D.A.E. I et II, Le Caire, 1968.

– pour la déesse Hathor :

ALLAM Sh., *Beiträge zum Hathorkult*, M.Ä.S., Berlin, 1963.

DAUMAS Fr., *Les Mammisis des temples égyptiens*, Annales de l'université de Lyon, Paris, 1965.

– pour la déesse Isis :

MÜNSTER M., *Untersuchungen zur Göttin Isis*, M.Ä.S., Berlin, 1968. Consulter également les compléments donnés par Ph. Derchain in : Bi. or. XXVII, 1/2 (1970), pp. 21-23.

BERGMAN J., *Ich bin Isis*, Acto Universitatis Upsaliensis, Uppsala, 1968.

– pour les premiers hymnes à Isis :

ZABKAR L.V., *Six Hymns to Isis in the Sanctuary of her Temple at Philae*, J.E.A. 69, 1983, pp. 115-137.

II – La femme dans la royauté

Chapitre 1

BUTTLES T.R., *The Queens of Egypt*, 1908. (Ouvrage cité pour mémoire.)

– incestes :

HAYES W.C., *Inscriptions from the Palace of Amenophis III*, in J.N.E.S.X, janv. 1951, n°s 95 et 97.

GRIFFITHS G., *The Origins of Osiris and his Cult*, M.Ä.S. 9, Leiden, 1980, pp. 136 sqq.

VAN DE WALLE B., *La Princesse Isis, fille et épouse d'Aménophis III*, in C.d.E. XLIII, 85, 1968, pp. 36-54.

DESROCHES NOBLECOURT Ch., in B.S.F.E. 23, 1957, pp. 19-22.
DONADONI S., *Testi geroglifici di Medinet Madi*, Orientalia, vol. XVI, fasc. 4 (1947), p. 508.
WENTE E., in J.N.E.S. XLII, n° 4, oct. 1983, p. 316.

– le nom égyptien de la reine hittite de Ramsès :

DESROCHES NOBLECOURT Ch., « Hommage d'un poète à la princesse lointaine », in revue : *Kémi*, XII (1952) pp. 34-45.

– théogamie :

BRUNNER H., *Die Geburt des Gottkönigs*, ÄA. Band 10, Wiesbaden, 1964.

– la mère royale :

VAN DER SLEYEN Cl., *Les Guerres d'Ahmosis, fondateur de la XVIIIe dynastie*, Fondation Reine-Elisabeth, Bruxelles, 1971.
HABACHI L., *La Reine Touï, femme de Séthi Ier, et ses parents inconnus*, in : R. d'E. 21, p. 27-47. A compléter par :
DESROCHES NOBLECOURT Ch., *Courrier du C.N.R.S.* n° 9, hors série, 1975.

Chapitre 2

– la Grande Epouse Royale :
WILSON J.-A., Akh-en-Aton and Nefert-iti, in J.N.E.S. XXXII, n°s 1-2, 1973, pp. 235 sqq.
SEIPEL W., *Untersuchungen zu den Ägyptischen Königinnen der Frühzeit und des Alten Reiches*, Hamburg, 1980.

– reines amarniennes, Néfertiti, etc. :

HARRIS J.R., *Nefertiti and Kia*, in C.d.E. XLIX, n° 97, 1974, pp. 75 sqq.
HARRIS J.R., *Néfernéfruaten Regnans* in Acta Orientalia, 36, 1974, pp. 11 à 21.
SAMSON J., *Nefertiti and Cleopatra*, Londres, 1985.
DESROCHES NOBLECOURT Ch., *L'Extraordinaire Aventure amarnienne*, Ed. des Deux Mondes, Paris, 1960.
KRAUSS R., *Meritaten as Ruling Queen of Egypt and Successor of ther Father Nipkhururia-Akhenaten*,

actes du Ier Congrès international d'égyptologie (Le Caire, 2-10 oct. 1976), Berlin, 1979, pp. 403-406.

– reines ramessides :
Rôle de Nofretari in :
DESROCHES NOBLECOURT Ch., in *Ramsès le Grand*, catalogue de l'exposition, Paris, 1976, pp. XVII-XXXIV.

– Touy, mère de Ramsès II, etc., in :
DESROCHES NOBLECOURT Ch., in *L'Egyptologie en 1979*, C.N.R.S., 1982, pp. 227-243.
VAN DE WALLE B., in Bi. or. XXX, 1-2 janv.-mars 1973, p. 40.

– épouses royales secondaires :
WINLOCK H., *The Treasure of three Princesses*, New York, 1948.
SCHULMAN A.R., *Diplomatic Marriage in the Egyptian New Kingdom*, in J.N.E.S. XXXVIII, n° 3, juil. 1979, pp. 177-193.

– rôle religieux de la reine :
GITTON M., *L'Epouse du dieu Ahmès-Néfertari*, Les Belles Lettres, Paris, 1975. (Pour son étude critique : GRAEFE E., in Bi. Or. XXXII, 5/6 1976, pp. 316-320.)
– *Les Divines Epouses de la XVIIIe dynastie*, Annales littéraires de l'université de Besançon, Centre de recherches d'histoire ancienne, vol. LXI, 1984.
DESROCHES NOBLECOURT Ch. et KUENTZ Ch., *Le Petit Temple d'Abou Simbel*, Mémoires du C.E.D.A.E. I et II, Le Caire, 1968.

– rôle funéraire de la reine :
DESROCHES NOBLECOURT Ch., *Toutankhamon, vie et mort d'un pharaon*, Hachette, Paris, 1963, chap. VIII, pp. 245 sqq.
WESTENDORF W., *Bemerkungen zur « Kämmer der Wiedergeburt » in Tutanchamungrab*, in Z.Ä.S. 94, Berlin, 1967.
DESROCHES NOBLECOURT Ch., *Isis, Sothis*, etc., in M.I.F.A.O., CIV, Le Caire, 1980, pp. 15-24.

Chapitre 3

– harem :
GARDINER A.H., *The Harem at Miwer*, in J.N.E.S. XII, n° 3, 1953, pp. 145-149.
REISER E., *Der Königliche Harim im Alten Ägypten und seine Verwaltung*. Vienne, 1972.
DESROCHES NOBLECOURT Ch., *Les Enfants du Kep*, actes du XXIe Congrès des orientalistes, Paris, 1847, pp. 68-70.

– harem d'accompagnement :
GARDINER A.H., *Egypt of the Pharaohs*, p. 200.

– favorites :
DESROCHES NOBLECOURT Ch., *Interprétation et datation d'une scène gravée du palais d'Ugarit*, in Ugaritica III, principalement pp. 197-205, Geuthner, Paris, 1956.
GARIS DAVIES (N. de), and GARDINER A.H., *The Tomb of Huy*, E.E.S. 1926, p. 24 et pl.XXVIII.

– complots de harem :
ROCCATI A., *La Littérature historique...*, p. 192, § 180.
FOSTER J., *The Conclusion of the Testament of Amenemes*, in J.E.A. 67, 1981, p. 46.
PARANT R., *L'Affaire Sinuhe*, Aurillac, 1982.
DEVERIA Th., *Les Papyrus judiciaires de Turin et les papyrus Lee et Rollin*, 1868.
LOYRETTE A.-M., *Complot dans un harem*, in Histoire (informations et documents) 3, mars 1970, Paris.

Chapitre 4

– nécropoles de reines :
SMITH W., *The Old Kingdom*, C.A.H., pp. 9, 10, 16, 22, 23, 26...
DESROCHES NOBLECOURT Ch., *La Vallée des Reines retrouvera-t-elle sa splendeur passée?* in *Archeologia* n° 209, janvier 1986, pp. 22-37.

GARDINER A.H., *The Tomb of Queen Twosrê*, in J.E.A. 40, 1954, pp. 40-44.
CERNÝ J., *Egypt of the Death of Ramesses III...*, C.A.H., 1965, p. 51.
– reine divinisée :
GITTON M., *L'Epouse du Dieu, Ahmès-Néfertari. Documents sur sa vie et son culte posthume*, université de Besançon, Paris, 1981.
– pharaonnes :
NEWBERRY P., *Queen Nitocris of the Sixth Dynasty*, in J.E.A. 29, déc. 1943, pp. 51-54.
COCHE ZIVIE Ch., *Nitocris, Rhodopis et la troisième pyramide de Giza*, in B.I.F.A.O. 72, Le Caire, 1972, pp. 115-138.
NEWBERRY P., *Co-regencies of Ammenemes III, IV and Sebeknofrw*, in J.E.A. 29, déc. 1943, pp. 74-75.
VALLOGIA M., *Amenemhat IV et sa corégence avec Amenemhat III*, in R.d.E. 21, 1969, pp. 112, 122, 131.
FAULKNER R.O., *Egypt from the Inception of the Nineteenth Dynasty...* C.A.H., 1966, pp. 23-24.
GARDINER A.H., *Egypt of the Pharaohs*, Taouseret, pp. 277-279.
LEFÈBVRE G., *A propos de la reine Taousert*, in Museon, LIX, 1-4, Louvain, 1946, pp. 215-221.

Chapitre 5

GARDINER A.H., *Egypt of the Pharaohs*, pp. 343 sqq.
YOYOTTE J., *Harem virginal de la Divine Adoratrice...*, compte rendu de l'Académie des inscriptions et belles-lettres, 1961-1962, pp. 43-52.
SANDER HANSEN C.E., *Das Gottesweib des Amun*, Copenhague, 1940.
CERNÝ J., *Egypt from the Death of Ramsesses III...*, C.A.H., 1965, pp. 32 sqq.
LECLANT J., *Recherches sur les monuments thébains de la XXVe dynastie...*, Le Caire, 1965, 353-386.
CAMINOS R., *The Nitocris Adoption Stela*, in J.E.A. 50, 1964, pp. 51-101.

GITTON M. ET LECLANT J., *Gottesgemahlin*, in L.Ä, II, Wiesbaden, 1977, col. 792-812.
GRAEFE E., *Untersuchungen zur Verwaltung und Geschichte der Institution der Gottesgemahlin des Amun von Beginn des Neuen Reiches bis zur Spätzeit*. Wiesbaden, 1981.

Chapitre 6

– la seule biographie valable à ce jour a été écrite par S. Ratié :
RATIÉ S., *La Reine-Pharaon*, Paris, 1972.
– complété par un ensemble très important de références :
RATIÉ S., *La Reine Hatshepsout, sources et problèmes*, Orientalia Monpeliensia I, Lugdunum Batavorum, Brill, 1979.
– quelques inexactitudes ou des omissions et compléments méritent d'être indiqués pour ce chapitre et le chapitre 7 :
MURNAME W.J., in Bi. or., XXXIX, 1-2, 1982, p. 56 : *ainsi Mérytrê-Hatshepsout qui épouse Thoutmosis III, sur le tard, n'était pas la fille d'Hatshepsout. Jamais le titre de Grande Epouse Royale ne fut attribué à Néférourê, fille unique d'Hatshepsout.*

Chapitre 7

NIMS Ch., *La Thèbes des pharaons*, Albin Michel, Paris, 1965, p. 205.
SCHULMAN A.R., in J.A.R.C.E. VIII, pp. 29-48.
– Sénènmout aurait pu survivre à la reine et bénéficier des faveurs de Thoutmosis III :
MEYER Ch., *Senenmut, eine Prosopographische Untersuchung*, Hamburg, 1982.
– à propos de l'expédition du Pount :
HERZOG R., *Punt*, A.D.A.I.K., Band 6, Glückstadt, 1968.
DESROCHES NOBLECOURT Ch., *Aspects de la marine au*

temps des Pharaons, La Revue maritime n° 84, Paris, avril 1953, pp. 437-460.

POSENER G., *Le Canal du Nil à la mer Rouge avant les Ptolémées*, in C.d.E. XXVI, juillet 1938, pp. 259-273.

MORGAN J. de (et alii), *Catalogue des inscriptions de l'Egypte antique I, de la frontière de la Nubie à Kom Ombos*, Vienne, 1894, pp. 126-127 : rocher de Tingar.

– pour l'écriture pré-sinaïtique :

GARDINER A.H., *The Egyptian Origin of the Semitic Alphabet*, in J.E.A. 3, 1916, pp. 1-16.

– pour les avantages attribués à des fonctionnaires de la reine, et dont la mémoire fut poursuivie par les détracteurs d'Hatshepsout :

CAMINOS R. et JAMES T.G.H., *Gebel-el-Silsileh I. The Shrines*, E.E.S., London, 1963.

– pour les insignes d'Osiris et de Rê tenus en main par Hatshepsout :

DESROCHES NOBLECOURT Ch., *La Statue colossale fragmentaire d'Aménophis IV offerte par l'Egypte à la France*, M.P. 59, 1973-1974, pp. 6-8, note 3.

– vestiges du triple sanctuaire des barques, construit par Hatshepsout à Louxor :

MURNAME W.J., in Bi. or. XXXIX, 1-2, 1982, p. 54.

– célébration de la fête Sed et jubilé d'Hatshepsout :

BERLANDINI J., *Sénènmout, stoliste royal sur une statue-cube avec Néférourê*, in B.I.F.A.O. 76, Le Caire, 1976, principalement p. 131, note 3.

HORNUNG E. ET STAEHLIN E., *Studien zum Sedfest*, in Aegyptiaca Helvetica I, 1974, pp. 31, 54, 86.

BELL L., *Luxor Temple and the Cult of the Royal Ka*, in J.N.E.S. XLIV, oct. 1985, n° 4, pp. 251-294.

– pour les sept stations de la barque (et non six) :

HAYES W., *Internal Affairs...*, C.A.H., p. 34-35, *contra* Ch. Nims in J.N.E.S. XIV, 1958, p. 114.

– pour les obélisques d'électrum :

DESROCHES NOBLECOURT Ch., *Deux Grands Obélisques précieux d'un sanctuaire à Karnak : les Egyptiens ont-ils érigé des obélisques d'électrum?* in R.d.E. 8, 1951, pp. 47-61.

– à propos de Ma(ï)herpra :

DARESSY G., *Fouilles de la Vallée des Rois*, C.G.C., Le Caire, 1902, n° 25099, au sujet de la sépulture de l'« Enfant du Kep » Ma(ï)herpra, découvert par V. Loret.

POMORSKA J., *Les Flabellifères dans l'Egypte ancienne*, in l'Egyptologie en 1979, C.N.R.S., t. II, Paris, 1982, pp. 155-158.

– les auteurs des persécutions :

HARI R., *La Persécution des hérétiques*, in l'Egyptologie en 1979, C.N.R.S., Paris 1982, pp. 260-269.

– à propos de la satire politique et sexuelle contre la reine :

WENTE E., *Some Graffiti from the Reign of Hatshepsut*, in J.N.E.S. XLIII, janv. 1964, n° 9, pp. 47-54.

III – La femme dans le domaine civil

Chapitre 1

PATURET G., *La Condition juridique de la femme dans l'Egypte ancienne*, Leroux, Paris, 1886.

PIRENNE J., *Le Statut de la femme dans l'ancienne Egypte*, Rec. de la Société J. Bodin XI, *La Femme*, Bruxelles, 1959, pp. 63-67.

ALLAM Sh., *Die Stellung der Frau im Alten Aegypten (in der Zeit des Neueu Reiches)*, Bi. or. XXVI, 1969, pp. 15 sqq.

THEODORIDES A., *Frau*, in L.Ä. II, 1977, col. 280-295.

– exemple d'un procès interminable intenté par une femme (le procès de Mès) :

GARDINER A.H., *Egypt of the Pharaohs*, pp. 268 sqq.

THEODORIDES A., *The Legacy of Egypt*, Oxford, 1971, pp. 310 sqq.

– le testament d'une femme :

CERNÝ J., *The Will of Naunakhte and the Related Documents*, in J.E.A. 31, 1945, pp. 29 sqq.

– protection et sécurité pour les femmes :
WILSON J., in Z.ÄS. 65, 1930, p. 60.

– pour l' « esclavage » :
BAKIR A.M., *Slavery in Pharaonic Egypt*, supplément des A.S.A.E., cahier n° 18, Le Caire, 1952.

– « esclaves », propriété d'une ville :
THEODORIDES A., *Legacy of Egypt*, Oxford, 1971, p. 314.

– différents degrés de servitude :
FISCHER H.G., *Administrative Titles of Women*, in Varia I, Egyptian Studies I, New York, 1976, pp. 76 sqq.

– la Grande Prison :
HAYES W.C., *A Papyrus of the Late Middle Kingdom in the Brooklyn Museum*, New York, 1955.

– « serves » (royales) employées pour les ouvriers royaux :
CERNÝ J., *Workmen at Thebes in the Ramesside Period*, B.d.E. de l'I.F.A.O.L, Le Caire, 1973. Chapitre : The Women « slaves », pp. 175-181.

– la prisonnière syrienne :
GRDSELOFF G., *Un emprunt au sémitique pour désigner la femme captive de guerre*, in A.S.A.E., LI, 1951, pp. 163-166.

– affranchissement et mariage d'un prisonnier :
LINAGE J. de, *L'Acte d'établissement et le contrat de mariage d'un « esclave » de Thoutmosis III*, in B.I.F.A.O. XXXVII, pp. 217-234.

– adoption :
GARDINER A.H., *Adoption Extraordinary*, in J.E.A. 26, 1940, pp. 23-29.

Chapitre 2

DESROCHES NOBLECOURT Ch., *La Vie de l'écolier égyptien*, Le Jardin des arts, n° 2, Paris, 1954, Ed. Tallandier, p. 73-80.
BRUNNER H., *L'Education en Ancienne Egypte*, in His-

toire mondiale de l'éducation, P.U.F., Paris, 1981, pp. 65-86.

TOUNY A., et SWENIG S., *Der Sport im Alten Ägypten*, Leipzig, 1969.

MACRAMALLAH B., *Le Mastaba d'Idout*, S.A., Le Caire, 1935, pl. VII.

– excision ?

in L.Ä. I, 1975, col. 728-729.

– influence des nourrices royales à la Cour :

DESROCHES NOBLECOURT Ch., *Une exceptionnelle décoration pour la nourrice qui devint reine*, in *Revue du Louvre* n° 1, XXVIIIe année, Paris, 1978, pp. 20-27.

HELCK H., *Der Einfluss der Militärführer in der 18. Ägyptischen Dynastie*, Leipzig, 1939, pp. 66-70.

– métiers de femmes :

BLACKMAN A., *Position of Women...*, in J.E.A. 7, 1921, pp. 8-30.

FISCHER H.F., in Varia I, Egyptian Studies I, New York, 1976, pp. 69-76.

LUTZ H.F., *Textile and Costume among the People of Ancient Near East*, Leipzig, 1923.

– la dame Nebet, vizir ?

KANAWATY N., *Deux conspiratrices contre Pépi 1er*, in C.d.E. LVI, 1981, pp. 211-212.

DESROCHES NOBLECOURT Ch., *La Cueillette du raisin dans la tombe d'une musicienne de Neïth à Saïs*, in *Revue des arts asiatiques* I, Paris, 1954, pp. 40-60.

BRUNNER-TRAUT E., *Der Tanz im alten Ägypten*, Glückstadt, 1938.

WILD H., *Les Danses sacrées de l'Egypte ancienne*, Sources orientales 6, Paris, 1963.

RIEFSTAHL E., *Two Hairdressers of The Eleventh Dynasty*, in J.N.E.S. XV, n° 1, 1956, pp. 10-17.

– une femme d'affaires, Nenufar :

in L.Ä. II, col. 290.

– femmes dans les tribunaux de village :

CERNÝ J., C.A.H. II, 2, chapitre 35, 1975, p. 624.

GITTON A., *Le Clergé féminin au Nouvel Empire*, actes du Ier Congrès international d'égyptologie, oct. 1976, Le Caire, Berlin, 1979, pp. 225 sqq.

Le Rôle de la femme dans le clergé d'Amon, in B.S.F.E. 75, pp. 131-146.

– érotisme et relations sexuelles :

DERCHAIN Ph., *La Perruque et le cristal*, in S.A.K. 2, 1975, pp. 55-74.

MANNICHE L., *Some Aspects of Ancient Egyptian Sexual Life*, Acta Orientalia 38, Copenhague, 1977, pp. 11-24.

– cœur et annulaire :

SAUNERON S., *Une conception anatomique tardive*, in B.I.F.A.O. LI, Le Caire, 1952, pp. 61-62.

AUFRÈRE S., *Le Cœur, l'annulaire gauche, Sekhmet et les maladies cardiaques*, in R.d.E. n° 36, 1985, pp. 21-34.

– charmes d'amour et envoûtement :

SMITHER P., *A Ramesside Love Charm*, in J.E.A. 27, 1941, pp. 131...

BOURGUET (P. du), *Ensemble magique de la période romaine d'Egypte*, in M.I.F.A.O. (Livre du Centenaire) CIV, Le Caire, 1981, pp. 225-238.

Chapitre 3

EDGERTON W., *Notes on Egyptian Marriage chiefly in the Ptolemaic Period*, in Studies in Ancient Oriental Civilization, Part I, Chicago, 1931, pp. 5-20.

CERNÝ J., *Consanguineous Marriage in Pharaonic Egypt*, in J.E.A. 40, 1954, pp. 23-29.

La Constitution d'un avoir conjugal en Egypte, in B.I.F.A.O. XXXVII, 1937, pp. 41-48.

PESTMAN P., *Marriage and Matrimonial Property in Ancient Egypt*, Papyrologica Lugduno Batava, Brill, 1961.

ALLAM Sh., *Quelques aspects du mariage dans l'Egypte ancienne*, in J.E.A. 67, 1981, pp. 116-135.

EYRE C.J., *Crime and Adultery in Ancient Egypt*, in J.E.A. 70, 1984, principalement pp. 92-105.

ALLAM Sh., *Un droit pénal... en Egypte pharaonique*, in J.E.A. 64, 1978, p. 67.

- héritage des coutumes pharaoniques dans l'Egypte musulmane :

ABD-AR-RAZIG Ah., *La Femme au temps des Mamelouks en Egypte*, I.F.A.O., Textes arabes et Etudes islamiques V, 1973, p. 140 (le trousseau).

DESROCHES NOBLECOURT Ch., *Concubines du mort et mères de famille*, in B.I.F.A.O. 53, 1953, pp. 7-47.

- polygamie? polyandrie?

KANAWATY N., in S.A.K. 4, 1976, p. 149 sqq; in S.A.K. 5, 1977, p. 123 sqq; in C.d.E. n° 102, 1976, pp. 235 sqq; in J.E.A. 63, 1977, pp. 59 sqq.

SIMPSON W.K., *Polygamy in Egypt in the Middle Kingdom*, in J.E.A. 60, 1974, pp. 100 sqq.

GABALLA G., *Three Funerary Stelae from the New Kingdom*, in M.D.A.I.K. 35, 1979, pp. 75-85.

DEMAREE R.J. and JANSSEN Jac. J., *Gleamings from Deir el Medineh*, Leiden, 1982, pp. 114-115.

Chapitre 4

- la demeure égyptienne :

DESROCHES NOBLECOURT Ch., *L'Art égyptien*, P.U.F. (Les Neuf Muses), Paris, 1962, pp. 82-84 et 110-114.

GARDINER A.H., *Hieratic papyri in the British Museum*, Text, vol. I, London, MCMXXXV. Formules pour protéger la maison, pp. 71-72.

- la naissance d'un enfant :

PILLET M., *Les Scènes de naissance et de circoncision...*, in A.S.A.E., LII, 1952, pp. 77-104.

POSENER G., *Sur l'attribution d'un nom à un enfant*, in R.d.E., 22, 1970, pp. 204-205.

ERMAN A., *Zaubersprüche für Mutter und Kind*, Berlin, 1901.

BRUNNER H., *Die Geburt des Göttkönigs*, Hamburg, 1962.

GOYON J.-Cl., in Bi. or. XL, 3-4, mai-juin 1964, p. 154.

- les sept fées Hathor :

DESROCHES NOBLECOURT Ch., « Un lac de turquoise... » in M.P. 47, 1953, pp. 23-50.

Chapitre 5

– pour la gynécologie :
LEFÈBVRE G., *Essai sur la médecine égyptienne à l'époque pharaonique*, P.U.F., Paris, 1956, pp. 88-115.
DESROCHES NOBLECOURT Ch., *Pots anthropomorphes et recettes magico-médicales dans l'Egypte ancienne*, in R.d.E. 9, Paris, 1952, pp. 49-67.

– mobilier et objets de la maison :
DESROCHES NOBLECOURT Ch., in *Univers des formes*, N.R.F., *Les Arts de métamorphose*. T. I. : Ancien et Moyen Empire, 1978, pp. 227-271. T. II : Nouvel Empire, 1979, chap. IV, pp. 206-269. T. III : Basse-Epoque, 1980, chap. III, pp. 169-223.
FISCHER H.G., *Les Meubles égyptiens*, in « L'Ecriture et l'art de l'Egypte ancienne » : Essais et conférences, Collège de France, P.U.F., Paris, 1986, pp. 169-240.

– pour les concubines :
WARD W., *The Case of Mrs. Tchat and her Sons at Beni Hassan*, G.M. 71, 1984, pp. 51-59.
CERNÝ J., *Papyrus Salt 124*, in J.E.A. 15, 1923, pp. 243-258.
SAUNERON S., *Les Prêtres de l'Ancienne Egypte*, Seuil, Paris, 1963 (1967).

– livre de rêves :
GARDINER A.H., *Hieratic Papyri in the British Museum*, Text, vol. I, London, MCMXXXV, pp. 9-23.

– pour les enfants d'un père inconnu :
LEFÈBVRE G., *Un conte égyptien : Vérité et Mensonge*, in R.d.E. 4, 1940, pp. 17-18.
EYRE E.J., *Crime and Adultery in Ancient Egypt*, in J.E.A. 70, 1984, p. 96, note 40.

– embaumement, funérailles et banquet funéraire :
DESROCHES NOBLECOURT Ch., *Toutankhamon, vie et mort d'un pharaon*, Hachette, Paris, 1963, pp. 59-101.
NELSON M. et HASSANEIN F., *La Tombe aux vignes*, Fondation Kodak-Pathé, Paris, 1985, pp. 27-77.
DESROCHES NOBLECOURT Ch., *Une coutume égyptienne méconnue*, in B.I.F.A.O. 45, 1947, pp. 185-232.

WERBROUK M. et BAUD M., *Les Pleureuses dans l'Egypte ancienne*, Bruxelles, 1938.

Chapitre 6

– à propos du local sanitaire réservé aux femmes :
GLANVILLE S., *Notes on a Demotic Papyrus from Thebes*, in Essays and Studies presented to S.A. Cook, Cambridge, 1950, p. 5.

– au sujet d'une épouse abusive :
GARDINER A.H. and SEELE K., *Letters to the Dead mainly from the Old and the Middle Kingdom*, London, 1928.

– à propos de la *hébésout*, la « marâtre » :
JAMES T.G. H., *The Hekanakhte Papers and other Early Middle Kingdom Documents*, M.M. of A. Eg. Exp. Publ. vol. XIX, New York, 1962.
DEMAREE J.R. and JANSSEN Jac. J., *Gleamings from Deir el Medineh*, Leiden, 1982, p. 127 principalement.
THEODORIDES A., Compte rendu in C.d.E. XLI,82, 1966, p. 298, principalement.

– la fille de joie :
OMLIN Jos. A., *Der Papyrus 5501 und seine satirischerotischen Zeichnungen und Inschriften*, Torino, 1973. (Le partenaire représenté est visiblement syrien.)
KEIMER L., *Remarques sur les tatouages de l'ancienne Egypte*, Mémoires de l'Institut d'Egypte n° 53, Le Caire, 1948.
EYRE C.J., *Crime and Adultery in Ancient Egypte*, in J.E.A. 70, 1948, p. 96.

Index

Le monde divin, p. 431. — *Rois, reines, princes et princesses*, p. 434. — *Les particuliers*, p. 439. — *Index géographique*, p. 444. — *Notabilia*, p. 449.

Le monde divin

A

AMENHOTEP, fils de Hapou : 139.
AMON : 54, 68, 70, 83 à 86, 135, 149 à 161, 167 à 169, 175 à 178, 180, 185-186, 192, 194, 196, 198-199, 206 à 210, 213, 215 à 218, 264-265, 286, 327, 389, 397, 410.
AMON-MIN : 137, 207;
AMON-RÊ : 151-152, 351;
CLERGÉ D'AMON : 79, 83-84, 135, 150 à 158, 160-161, 164, 180, 265, 342, 379, 392-393.
AMON et AMONET : 19.
ANAT (Anta) : 43.
ANUBIS : 36, 39, 137, 186, 189, 325.
APHRODITE : 28.
APOPHIS : 27.
ASTARTÉ (Ishtar) : 43, 355.

ATON : 65, 188.
ATOUM : 19-20, 35, 41, 56, 86, 264, 384.

B

BASTET : 28, 31, 249, 373, 385.
BÈS (Aha) : 325-326, 385.

C

CHAOS PRIMORDIAL : 17-18.
COSMOGONIE : 18 à 20.
CRÉATEUR : 8, 19, 21, 56, 89, 150, 228, 346, 378.
CRÉATION : 18 à 21, 24, 30, 56, 174, 228, 264, 378.

D

DÉMIURGE : 17 à 20, 22, 27, 29, 34-35, 56-57, 83, 156, 159, 263-264, 383.

E

ENNÉADE : 20, 31, 362.

G

GEB : 20-21, 24, 35, 52, 146.

H

HÂPI : 346.
HATHOR : 22-23, 25 à 29, 35, 43 à 46, 56, 75, 86-87, 91-92, 96, 137, 169, 186, 189, 202, 212, 263, 273, 290, 300, 312, 323-324, 348, 350, 358, 384-385. LA DORÉE : 30, 267; LES SEPT HATHOR : 272, 329.
HÈH(OU) et HÈHET : 19.
HÉKÈT : 57, 328.
HORAKHTY : 42-43.
HORUS : 25, 28, 60, 71, 118, 139-140, 162, 168-169, 171; HORUS LE GRAND (l'Ancien) : 20, 36, 42-43; HORUS LE JEUNE (l'enfant) : 28, 35, 41 à 46, 325 à 327, 357, 384, 386.

I

IHY : 29.
IMHOTEP (Asklépios) : 139, 324, 353.
IOUSAÀS : 56, 389.
ISIS : 15, 20, 23, 25, 28, 31, 33 à 47, 52, 56-57, 92, 95, 228, 290, 326 à 328, 330, 357, 383-384, 386.

K

KAMOUTEF : 207.
KÉK(OU) et KÉKET : 19.
KHÉPRI : 43.
KHNOUM : 57, 169, 325, 327-328, 346.
KHONSOU : 206, 264.

L

LOINTAINE (LA) : 25- 26, 28 à 31, 56, 86, 90, 92, 323.

M

MAÂT : 23, 33, 56, 75, 86-87, 92, 158, 178, 256, 290-291, 378.
MESKHÉNET : 57.
MIN (voir Amon-Min) : 79, 264.
MONTHOU : 178, 183.
MOUT : 23, 56, 68, 85, 206.

N

NÈBET-HÉTEPET : 56.
NEÏTH : 18, 23, 43, 263.
NÉKHABIT : 402.
NEPHTYS : 20, 23, 35-36, 39-40, 57, 293, 328.
NIAOU et NIAOUT : 19.
NOUN : 18, 21.
NOUN et NAUNET : 19.
NOUT : 20-21, 24-25, 35-36, 52, 384.

O

Œil divin : 21-22, 25 à 27, 31, 56, 86.
Ogdoade : 19, 52, 383.
Onouris (In-Heret) : 26, 212.
Osiris : 20, 24-25, 28, 33 à 43, 45-46, 52, 129, 159, 169, 181, 188-189, 194, 217, 228, 293, 327, 336, 357, 360, 383.
Ouadjet : 31, 86, 385, 402.
Ounen-Nèfer : 39.

P

Pakhet : 182, 191.
Ptah : 18, 264, 389.
Ptah-Tenen : 43, 60.

R

Rê : 21-22, 24 à 27, 31, 33 à 35, 43-44, 56 à 58, 60, 76, 87, 92, 121, 174, 188-189, 218, 249, 328, 378, 384 ; Ornements de Rê (couronne du sacre) : 176, 185.
Rê-Harakhti : 272.

S

Séchat : 23, 33, 176, 242, 254.
Sekhmet : 23, 31, 122, 124, 343, 385.
Selkis : 23.
Seth : 20, 36, 38, 41 à 45, 60, 140, 150, 171, 293, 386.
Shou : 20-21, 24, 26-27, 31, 35-36, 52, 327.
Sobèk : 264.
Sothis : 46, 75, 88, 91 à 94, 96, 160, 203, 206.

T

Tefnout : 20-21, 26-27, 35, 52, 56, 86.
Thot : 22, 27, 29, 31, 36, 43 à 45, 167, 169, 256, 264-265, 383.
Thouéris : 325, 332.
Typhon (Seth) : 41.

U

Uraeus : 26, 202.

V

Vache divine (Vache céleste) : 24-25, 28, 31, 44, 85, 189.

Z

Zeus (assimilé à Amon par les Grecs) : 157.

Rois, reines, princes et princesses

A

AHHOTEP (épouse de Sékénènrê, mère d'Ahmosis le Libérateur) : 52, 62 à 64, 68, 71, 83, 387, 389.

AHHOTEP (épouse de Kamosé) : 387.

AHMÈS-NÉFERTARI (reine d'Égypte) : 52, 63-64, 71, 83 à 85, 130, 166, 171, 388, 396; (souveraine divinisée) : 135 à 139.

AHMOSÉ [-NEBET-TA] (épouse de Thoutmosis Ier, mère d'Hatshepsout) : 57, 84, 166 à 168, 179.

AHMOSIS (le Libérateur) : 52- 53, 62-63, 71, 83, 138, 387, 396, 410.

ALEXANDRE LE GRAND : 144, 222, 411.

AMASIS : 157, 410.

AMENEMHAT Ier : 116 à 120, 391, 410.

AMENEMHAT II : 337, 391, 410.

AMENEMHAT III : 55, 143, 234, 391, 410.

AMENEMHAT IV : 143, 410.

AMÈNÈMOPÈ : 33, 150.

AMÉNIRDIS Ire : 155, 159.

AMÉNIRDIS II : 155.

AMENMÈS 145-146.

AMENMÈS (fils de Thoutmosis Ier) : 166.

AMÉNOPHIS Ier (souverain régnant) : 59, 64, 84, 130, 135, 136, 166, 172, 176, 391, 410; (souverain divinisé) : 138.

AMÉNOPHIS II : 84, 212, 244, 410.

AMÉNOPHIS III : 54-55, 57 à 59, 64-65, 72, 74, 76-77, 80, 87, 90 à 92, 100 à 102, 132, 139, 166-167, 207, 225, 315, 355, 387, 389, 404, 410.

AMÉNOPHIS IV-Akhénaton : 53, 55-56, 58-59, 64-65, 70, 74, 76 à 78, 88-89, 102, 132, 144, 162, 215, 217-218, 225, 237, 247, 307, 388, 392, 404, 410.

ANKHNÈSNÉFÉRIBRÊ : 157.

ANKHSENAMON (Ankhsenpa-Iten, fille-épouse d'Akhénaton, puis épouse de Toutankhamon) : 55, 78-79, 94, 133, 386.

ANKHSENPA-ITEN-la-Petite (fille et petite-fille d'Akhénaton) : 386.

APOPHIS : 59.

ARTATAMA (roi du Mitanni) : 59.

ASSOURBANIPAL (roi d'Assyrie) : 216.

AŸ : 76, 133, 410.

434

B

BAKETATON (fille d'Aménophis III) : 77, 388.
BENTANTA (fille-épouse de Ramsès II) : 56, 79 à 81, 134, 386.
BOURNABOURIASH II (roi de Babylone) : 59.

C

CLÉOPÂTRE : 53, 144, 411.

D

DIDOUFRI : 52, 70.
DJÉSER : 127, 139.

G

GILOUKIPA (princesse du Naharina, épouse d'Aménophis III) : 59, 101.

H

HAMMOURABI (roi de Babylone) (code d'Hammourabi) : 373, 399.
HATSHEPSOUT (Grande Épouse Royale) : 53, 57, 84, 131, 162 à 184; (Pharaon) : 71, 140-141, 143, 185 à 218, 307, 393, 398, 404, 410.
HATSHEPSOUT-MÉRYTRÊ (épouse de Thoutmosis III) : 84, 100, 172.
HATTOUSHILISH (roi des Hittites) : 60, 68, 324.
HÉKA NÉFER : (prince de Miâm) : 108 à 110.
HENOUT-MI-RÊ (fille-épouse de Ramsès II) : 56, 81, 387.
HENOUTTAOUY (fille de Smendès) : 152.
HENOUTTAOUY (épouse de Psousennès Ier) : 154.
HÉRIHOR : 152, 410.
HÉRIT (épouse du roi Apophis) : 59.
HÉTEPHÉRÈS (épouse de Snéfrou, mère de Khéops) : 53, 61, 69, 128.
HÉTEPHÉRÈS II (épouse de Didoufri) : 52, 70.
HOREMHEB : 53-54, 133, 166, 209, 236, 245, 410.

I

IARSOU : 145, 147.
IDOUT : 257, 259.
IPOUT (mère de Pépi Ier) : 128-129.
ISESI : 396.
ISIEMKHEB (épouse de Pinédjem Ier) : 152.
ISIS (épouse secondaire de Thoutmosis II, mère de Thoutmosis III : 172.
ISIS (fille-épouse d'Aménophis III) : 55.
ISIS (épouse de Ramsès III) : 121.
ISIS-NOFRET épouse de Ramsès II) : 55, 79-80, 388.
ITA : 391.

435

ITY (reine du pays de Pount) : 197.

K

KA-APER (prince libyen) : 125.
KAMÉRÈRNÈBTI II (épouse de Mykérinos) : 70.
KAMOSÉ : 62, 135, 387.
KAROMAMA : 154.
KASHTA (roi kushite) : 155.
KHAEMOUASET (fils de Ramsès II) : 389.
KHÂMAÂT (fille de Mykérinos) : 108.
KHENTYKAOUS (fille de Mykérinos, épouse d'Ouserkaf) : 128-129.
KHÉOPS : 33, 61, 70, 127-128, 232, 291, 301, 409.
KHÉPHREN : 70, 128, 409.
KHNOUMIT : 130, 391.
KYA (épouse secondaire [?] d'Akhénaton) : 388.

M

MAÂT-HOR-NÉFÉROU-RÊ (épouse hittite de Ramsès II) : 60, 102.
MÂKARÊ (fille de Psousennès Ier) : 153.
MAKET-ATON (fille-épouse d'Akhénaton) : 55.
MALCANDRE : 37-38.
MECHECHER (fils de Kaaper) : 125.
MÉRENRÊ Ier : 115.
MÉRENRÊ II : 141, 391-392.

MÉRÈSANKH III (épouse de Khéphren) : 70.
MERNEÏTH : 69, 386.
MÉRYRÊ-ANKHÉNÈS (épouses de Pépi Ier) : 53, 61, 115.
MÉRYT-AMON (épouse d'Aménophis Ier) : 84.
MÉRYT-ATON (fille-épouse de Ramsès II) : 81, 386.
MÉRYT-ATON (fille-épouse d'Akhénaton) : 55, 79, 132, 392.
MÉRYT-ATON-LA-PETITE (épouse de Smenkhkarê [?] : 386.
MINÉPTAH : 80, 145, 410.
MONTHOUHOTEP : 116, 129, 183, 213, 322, 367, 410.
MOUTEMOUIA (mère d'Aménophis III) : 57, 387.
MOUTNÉDJÈMET (Grande Epouse Royale d'Horemheb, sœur de Néfertiti) : 53, 76.
MOUTNÉDJÈMET (épouse d'Hérihor) : 152.
MOUTNÉDJÈMET (épouse de Psousennès) : 126, 152.
MOUT-NÉFRÈT (épouse de Thoutmosis Ier) : 171.
MYKÉRINOS : 55, 70, 108, 142, 405, 409.

N

NÉBÈT (épouse d'Ounas) : 128.
NÉBET-TAOUY (fille de Ramsès II) : 81.

NÉFÉROU (épouse de Sésostris Ier) : 119.
NÉFÉROU (épouse de Monthouhotep) : 322.
NÉFÉROUBITY : (Akhbitnéférou, fille de Thoutmosis Ier) : 166.
NÉFÉROUPTAH (fille-épouse d'Amenemhat III) : 55, 391.
NÉFÉROURÊ (fille d'Hatshepsout : 84, 131, 170-171, 176, 181, 201 à 203, 214.
NÉFÉROU SOBEK : 140-141, 143, 392, 410.
NÉFERTITI : 53, 55, 65, 76, 78-79, 88 à 90, 106, 132-133, 144, 388, 392, 410.
NEITH (fille de Pépi Ier) : 128, 392.
NEÏTHHOTEP : 69, 386.
NÉSYKHONSOU (épouse de Pinédjem) : 150-151.
NITOCRIS (reine d'Egypte) : 140 à 142, 409.
NITOCRIS (Divine Adoratrice) : 155 à 157.
NITOCRIS II (Divine Adoratrice) : 157.
NOFRÊT (épouse de Rahotep) : 299.
NOFRÉTARI : 56, 79 à 82, 90 à 93, 134, 388.

O

OSORKON Ier : 154.
OSORKON III : 154-155.
OUADJMÈS (fils de Thoutmosis Ier) : 166.
OUDJEBTEN : 128.
OUNAS : 128-129, 403.
OUSERKAF : 128.

P

PA-RÉHOU (prince du pays de Pount) : 197.
PENTAOUR (fils de Ramsès III) : 121, 124.
PÉPI Ier : 53, 61, 114-115, 128-129, 258, 387.
PÉPI II : 115, 409.
PIANKHI (Péyé) : 155, 341, 392.
PIANKHI (fils de Smendès) : 152, 410.
PINÉDJEM Ier : 152.
PINÉDJEM II : 151, 410.
POUDOUKHÉPA (reine hittite) : 68.
PSAMMÉTIQUE Ier : 155.
PSAMMÉTIQUE II : 157.
PSOUSENNÈS : 33, 126, 150, 152, 154, 410.
PTOLÉMÉE II PHILADELPHE : 163.
PTOLÉMÉE IV PHILOPATOR : 230.
PTOLÉMÉES (LES) : 53, 144, 248, 411.

R

RAHOTEP : 299.
RAMSÈS Ier : 54, 84, 133, 389, 392, 410.
RAMSÈS II : 55, 57-58, 60, 67-68, 72, 79 à 81, 84, 90 à 93, 101-102, 106, 133-134, 139, 144-145, 147, 160, 166-167, 178,

186, 215, 217-218, 236, 245, 298, 324, 388-389, 410.
Ramsès III : 55, 58, 107, 119 à 121, 125, 286, 295, 373, 391, 410.
Ramsès IV : 120-121, 410.

S

Sahourê : 58, 242.
Salomon : 61.
Sat-Amon (fille-épouse d'Aménophis III) : 55, 73, 75, 84, 104, 107, 132, 388.
Satkamosé : 84.
Sat-Rê (épouse de Ramsès Ier) : 54, 84, 90, 392.
Sébèkhotep III : 243, 366.
Sékénènrê Taô II : 52, 62, 135, 387, 410.
Sénébtisi : 391.
Sénisénèb (mère de Thoutmosis Ier) : 166.
Sésostris Ier : 116-117, 119, 391, 410.
Sésostris II : 337, 391, 410.
Sésostris III : 391, 410.
Sétèptaou (prince thoutmoside) : 211.
Séthi Ier : 54, 84, 133, 166, 217-218, 238, 245, 384-385, 410.
Séthi II : 145 à 148, 410.
Sethnakht : 145, 147, 284, 410.
Shabaka : 155.
Shabataka : 155.
Shapènipet Ier : 155.
Shapènipet II : 83, 155-156, 393.
Shuppiluliuma (roi hittite) : 79.
Shuttarna II (prince du Naharina) : 59, 101.
Siamon : 61, 150, 410.
Siptah : 61, 145-146, 392, 410.
Smendès : 149 à 152, 410.
Smenkhkarê : 144, 386, 410.
Snéfrou : 53, 61, 69, 98, 128, 386, 409.
Soutailja (princesse asiatique, mère de Siptah) : 61.

T

Tadoukhepa (princesse du Naharina, épouse secondaire d'Aménophis IV) : 59.
Taharqa : 155.
Tahendjehouty (épouse de Smendès) : 151.
Takhout (épouse de Psammétique II) : 157.
Tanutamen : 155.
Taousert : 140-141, 144 à 148, 410.
Tarkhundaradou (fille du prince d'Arzawa) : 59.
Tefnakht : 341.
Tentamon (mère de Piânkhi, épouse de Smendès) : 152.
Tétishéri : 53, 63, 71.
Thoutmosis Ier : 130, 135

à 137, 141, 166-167, 171, 173, 175-176, 190 à 192, 205, 209, 215, 307, 410.
THOUTMOSIS II : 131, 171 à 173, 178-179, 201, 203, 215, 410.
THOUTMOSIS III : 59, 70, 84, 100, 131, 164, 166, 173 à 178, 180 à 182, 186-187, 191, 195, 201, 207-208, 211 à 216, 249, 297, 410.
THOUTMOSIS IV : 59, 84, 137, 410.
THUORIS : 392.
THYA (sœur de Ramsès II) : 391.
TI (épouse d'Aÿ) : 76.
TIÂA (épouse d'Aménophis II, mère de Thoutmosis IV) : 84.
TIYI (épouse d'Aménophis III, mère d'Akhénaton) : 54-55, 59, 64 à 67, 72 à 77, 87, 91, 102, 104, 132, 387-388, 390.
TIYI (épouse de Ramsès III) : 121-122, 124-125.
TOURI (prince thoutmoside) : 180.
TOUSHRATTA (roi du Mitanni) : 74-75.
TOUTANKHAMON (Toutankhaton) : 55, 76 à 78, 94, 96, 100, 102, 108-109, 132, 208, 301, 388, 391, 410.
TOUY (Mout-Touy, épouse de Séthi Ier, mère de Ramsès II) : 54, 57, 64, 67-68, 84, 90, 133, 389.

Z

ZANANZA (prince hittite) : 79.

Les particuliers

A

AHHOTEP (épouse de Sénènmout) : 179.
AHMÈS (scribe) : 249.
AHMOSIS (vizir d'Hatshepsout) : 180.
AHMOSIS PENNEKHEBET (précepteur de Néférourê) : 171.
AHOURI (épouse de Nénofèrkaptah) : 302.
AMENEMHAT (frère de Sénènmout) : 179.
AMENEMHAT (nomarque de Béni Hassan) : 357.
AMENEMHAT (fonctionnaire d'Hatshepsout) : 187.
AMÈNÈMHÈB (gardien) : 249.

439

AMÈNÈMOPÈ (Sagesse d') : 329, 399.
AMENHOTEP (directeur des travaux d'Hatshepsout) : 180, 206, 211, 393.
AMENMÈS (scribe royal) : 249.
AMÈNNAKHT (scribe) : 286.
AMÈNYOIOU (« esclave » affranchi) : 249.
ANI (Sagesse d') : 288, 305, 352, 372, 374, 396-397, 399.
ANKHÉRÉ : 362, 364-365.
ANKHSHÉSHONQ (Sagesse d') : 294-295.
ANOUP (fils d'Hékanakht) : 367.
ANTEF (gouverneur des Oasis) : 180.

B

BAKI (scribe) : 249.
BAKI (ouvrier) : 287.
BAŸ (chancelier de Taousert) : 145-146.
BINEMOUASET (conjuré dans le complot de harem sous Ramsès III) : 122.

D

DIODORE DE SICILE : 157, 292, 294, 383, 385, 396.
DJADJAEMANKH (prêtre-magicien) : 98.
DJAOU (vizir de Pépi II) : 115.
DJED-HOR : 274.
DJÉHOUTY-HOTEP : 318.
DJÉHOUTY-RÈNPOUT (fonctionnaire d'Hatshepsout) : 181.
DOUAYÈRNÉHÉH (fonctionnaire d'Hatshepsout) : 187.

E

ERATOSTHÈNE : 141-142.
ESOPE : 142.
EURIPIDE : 230.
EUSÈBE : 142.

G

GÉMÉNI-HÉRIMÈNTET (« esclave » syrienne) : 246.

H

HA-ANKHEF (intendant) : 243.
HAPOUSÉNÈB (grand prêtre d'Amon sous Hatshepsout) : 164, 180, 187, 190, 209, 218.
HATNÉFER (dite Tia-Tia, mère de Sénènmout) : 179.
HÉKANAKHT (propriétaire terrien) : 367 à 369.
HÉRODOTE : 136, 142, 157, 385.
HÉSY-SOUNÉBÈF (« serf » affranchi) : 284.
HÉTÉPÈT (sœur d'Hékanakht) : 368.
HIPPOCRATE : 333-334.
HOR (époux de Mènkèt) : 282.

HORI (juge) : 124.
HOUNOUR (épouse d'Hésy-Sounébèf) : 284.
HOUY (intendant du palais de Tiyi) : 65.
HOUY (vice-roi de Nubie) : 100, 109.
HOUY (prêtresse d'Amon, mère d'Hatshepsout-Méryrê) : 84.

I

IIMÉRÈT-NÉBÈS (Epouse Divine) : 83, 264, 389.
IMÉNI (chambellan de Ramsès III) : 121.
IMYOTEF (fils de Méry) : 234.
INÈBSENI (vice-roi de Nubie) : 181.
INÉNI (maire de Thèbes) : 171, 173, 307.
IOUTÈMHÈB (épouse d'Hékanakht) : 368-369.
IPI (vizir) : 367.
IPI (mère d'Hékanakht) : 367, 369.
IRINÉFERT : 246.

J

JOSEPH : 102, 232, 244, 390.

K

KENNA (ouvrier) : 284.
KHAÈMNOUN : 286.
KHAEMOUAS (conte de Khaemouas) : 302, 373, 395, 397.

KHEROUEF (fonctionnaire d'Aménophis III) : 87, 388.
KHÉTY (épouse de Khnoumhotep II) : 337-338.
KHNOUMHOTEP II (nomarque de Béni Hassan) : 260, 337-338.
KHONSOU (chef des ouvriers) : 286.
KHOUY (père de Méryrê-Ankhénès) : 53.

M

MAÏHERPÉRA (fils ? d'Hatshepsout) : 205.
MAÏHET (fils d'Ahouri) : 303.
MANÉTHON : 52, 115, 141-142, 163, 392.
MAYA (ministre de Toutankhamon puis d'Horemheb) : 391.
MÉKÈT-RÊ : 319.
MÈNKÈT : 282.
MENNA : 293.
MÉRIKARÊ (Instruction de) : 228.
MÉRISOU (fils d'Hékanakth) : 367.
MÉRY : 234.
MÉRY-AÂ : 281.
MÉRY-SÉKHMÈT (fils de Menna) : 293.
MÉRYT (épouse de Maya) : 391.
MÈS (procès de Mès) : 236-237, 359.
MÉSÈDSOURÊ (conjuré du complot de harem sous Ramsès III) : 121, 124.

441

MÉTHEN (fonctionnaire de la IIIe dynastie) : 233.
MINHOTEP (frère de Sénènmout) : 179.
MINMOSÉ (fonctionnaire d'Hatshepsout) : 180, 187, 211.
MOÏSE : 108.
MONTHOUEMHAT (préfet de Thèbes) : 155-156.

N

NAKHTMIN (intendant des greniers d'Hatshepsout) : 180.
NAUNAKHTÉ : 235.
NÉBAMON (fonctionnaire d'Hatshepsout) : 187.
NÉBÈT (dame vizir de Pépi Ier) : 115, 258.
NÉBÈTTA (sœur de Sabastet) : 249.
NÉBOUNAÏ (grand prêtre d'Abydos) : 180.
NEBOUNENNEF (grand prêtre d'Amon sous Ramsès II) : 79.
NÈBSAHÉNOU (barbier) : 249.
NÈBSÉNIT (mère de Méthen) : 233.
NÉFÈRHÈR : 286.
NÉHÉSY (commandant de l'expédition de Pount) : 180, 187, 194, 197, 201.
NÉHRI (fils de Tchat) : 338.
NÈKHT-ÈM-NIOUT (chef des ouvriers) : 284.
NEMROD : 341.

NÉNOFÈR (propriétaire terrienne) : 261.
NÉNOFÈRKAPTAH (conte de Khaemouas) : 302-303.
NÉSOU : 249.
NÉSOU-MONTHOU : 282.
NESTENT : 341.
NÉTÉROU : 338.
NOFRÈT (fille d'Hékanakht) : 368.

O

OUADJRÈNPOUT (fonctionnaire d'Hatshepsout) : 181, 187.
OUBAÔNÉ (prêtre-magicien) : 232.
OUBÉKHÈT : 284.
OUNAMON (« Mésaventures d'Ounamon », conte) : 373, 399.
OUNI : 113 à 115.
OURNÉROU : 237.
OUSER (Ouser Amon, vizir d'Hatshepsout) : 180.

P

PADIOU : 248.
PAHÉKAMEN (dit Benya) : 187.
PAHÉRY (prince d'el-Kab) : 217, 315.
PAÏBAKKAMEN : 121-122, 124.
PAIIS : 122, 124.
PAÏNEK (l'esclave) : 246.
PANÈB : 284.
PASER (vizir) : 80.
PÈFTHAOUNEÏTH (père de Rènpètnéfrèt) : 256.

Pèn-Douaou : 284.
Penhorouben : 122.
Péniaty (fonctionnaire d'Hatshepsout) : 187.
Péséshèt (première dame médecin) : 259, 379.
Pétosiris (grand pêtre de Thot) : 256.
Pline : 312.
Pluka (le Lycien) : 121.
Plutarque : 42, 385.
Pouyèmrê (fonctionnaire d'Hatshepsout) : 180, 187, 209-210, 216.
Ptahhotep (Sagesse de) : 247, 257, 282, 288, 364, 374, 396, 399.
Ptahshepsès (époux de Khâmaât) : 108.
Putiphar (femme de) : 232.

R

Râia (marchand) : 246.
Ramosé (père de Sénènmout) : 179.
Ramosé (vizir d'Aménophis III et d'Akhénaton) : 73, 76.
Ra-our (vizir) : 115.
Raouser (prêtre de Rê) : 57.
Rêddjedet (épouse de Raouser) : 57.
Rèkhmirê (vizir de Thoutmosis III) : 180, 195.
Rènpètnéfrèt (épouse de Pétosiris) : 256.
Rhodopis : 142.

S

Sabastet (barbier royal) : 249.
Sahathor (fils d'Hékanakht) : 367-368.
Sainout (?) (fille d'Hékanakht) : 368.
Samout : 246.
Sanèbnout (fille d'Hékanakht) : 367.
Satnébet-Nénisou : 234.
Satourèt (fille d'Hékanakht) : 368.
Satourèt (mère de Rènpètnéfrèt) : 256.
Sat-Rê (dite Inèt) : 169.
Séchséchèt (préceptrice d'Idout) : 257, 259.
Sémèn (servante d'Hékanakht) : 368.
Sénèbtisi (marâtre de Tehenout) : 235, 366.
Sénèbtisi (épouse de Ha-Ankhef) : 243.
Sénéférou (fils d'Hékanakht) : 367.
Sénènmout : 164-165, 171, 177 à 179, 181 à 183, 185 à 188, 193, 195, 201 à 203, 205-206, 209, 211, 213 à 217, 393.
Senmen (frère de Sénènmout) : 171, 393.
Sennefer (tombe aux Vignes) : 316.
Sennefer : 180.
Shèdsoukhonsou : 340.
Sianhour : 243.
Sinouhé : 117-118, 319-320, 390.

SOPHOCLE : 230.
STRABON : 157.

T

TA-KAMÉNÈT (fille de Nébetta) : 249.
TANY : 336.
TCHAT (concubine, puis épouse de Khnoumhotep II) : 260, 281, 338, 366.
TÉNÉNOUT (belle-fille de Sénèbtisi) : 235, 366.
TÉNÈRMOUTHOU : 286.
TENTMAU (« chanteuse » égyptienne à Byblos) : 373.
TÉTI (fille de Sianhour) : 243.
TÉTIEMRÊ (officier d'Hatshepsout) : 211.
THOUTMÈS (sculpteur) : 76, 388.
THOUTŸ (orfèvre) : 180, 187.
THOUYA (mère de Tiyi) : 54, 72.
THYA (beau-frère de Ramsès II) : 391.
TIY (officier d'Hatshepsout) : 191.
TOUY : 284.

Y

YOUYA (père de Tiyi) : 54, 72.

Index géographique

A

Abaton : 46.
Abou Roash : 127 (c. 2).
Abou Simbel : 60, 67, 80 à 82, 91-92, 109, 217 (c. 1).
Abousir : 129 (c. 2).
Abydos : 52-53, 71, 79, 115-116, 126, 129, 180, 238, 258, 261, 336, 385-386, 388-389 (c. 2).
Afrique : 7, 92, 111, 200, 271, 390, 393.
Akhmim : 54 (c. 2).
Alexandrie : 46 (c. 2).
Amada : 144 (c. 1).
Amor : 370 (c. 1).
Anatolie : 68.
Aniba : 109, 238, 390 (c. 1).
Arzawa : 59.
Asiatiques : 61, 108, 112, 123, 191, 244, 342.
Asie : 130, 164, 171, 192, 214.
Assouan : 129, 177, 186, 199-200, 210 (c. 2).
Assyriens : 216.
Atbara : 7, 196 (c. 1).
Avaris : 191 (c. 2).

B

Babyloniens : 59-60, 372.
Bactriane : 112.
Bahr Youssef : 390 (c. 2).
Batn el-Baggara : 201.
Behbet el Haggar : 33-34 (c. 2).
Béni Hassan : 227, 260, 337, 357, 366 (c. 2).
Biggeh (Senmen) : 31, 46, 393.
Birket Habou : 72 (c. 3).
Bougen (Nubie) : 32 (c. 1).
Bubastis : 249, 373 (c. 2).
Busiris : 272 (c. 2).
Byblos : 37, 58, 373 (c. 1).

C

Chemmis : 38, 41, 327, 330.
Chypre : 192 (c. 1).
Crète : 192 (c. 1).
Crétois : 192, 393.

D

Dahchour : 127, 391 (c. 2).
Dakka : 384.
Dar el-Melek : 132.
Deir el-Bahari : 57, 129, 137, 162-163, 166, 174-175, 177, 179, 181, 183, 186 à 190, 197-198, 201-202, 207, 209, 212 à 216, 404; « Cachette » de Deir el-Bahari : 130, 151, 154, 386-387 (c. 3).
Deir el-Médineh : 137-138, 247, 282 à 284, 293, 297, 394 (c. 3).
Dendara : 28, 30, 34 (c. 2).
Dra Abou'l Naga : 137 (c. 3).

E

Edfou : 29, 181 (c. 2).
Éléphantine (Assouan) : 22, 247 (c. 2).
El-Kab : 217, 315 (c. 2).
Érythrée : 195 (c. 1).
Escaliers du Levant : 37, 192, 342 (c. 1).
Esna : 171, 398 (c. 2).
Éthiopie : 7 (c. 1).
Éthiopiens : 149, 154-155, 160, 410.
Europe : 46, 156, 333.

F

Fayoum : 68, 101, 129, 182, 353, 386, 390 (c. 2).

G

Gaulois : 46.
Gaza : 61, 101 (c. 1).
Gébel Silsileh : 181, 388 (c. 2).
Gourna : 139, 217, 347 (c. 3).
Gourob : 101, 104, 120, 127.
Grèce : 359.
Grecs : 28, 36, 45, 142, 149, 187, 193, 240, 334, 344, 353, 403.

445

Guizé : 33, 127-128, 142, 259 (c. 2).

H

Hadramaout : 195 (c. 1).
Hasfoun : 393 (c. 1).
Hatmadet : 234.
Hawara : 391 (c. 2).
Héliopolis : 18-19, 35, 43, 52 (c. 2).
Héracléopolis : 139, 409 (c. 2).
Hermonthis (Héliopolis du Sud) : 175, 178 (c. 2).
Hermopolis : 18-19, 52, 256, 341 (c. 2).
Hiéraconpolis : 114 (c. 2).
Hittites : 59-60, 69, 79, 82, 112, 324 (c. 1).
Hyksos : 58, 62-63, 130, 182, 225, 410.

I

Ittaouy : 391 (c. 2).

K

Kahoun (Illahoun) : 306, 391; *Papyrus de Kahoun :* 233-234, 391, 398-399 (c. 2).
Karnak : 62, 84 à 86, 137, 139, 150, 152, 159, 161, 171, 174 à 177, 180, 183, 184, 189, 206 à 210, 212-213, 216, 392 (c. 3).
Karoun (lac) : 101, 390 (c. 2).
Karoy : 72 (c. 1).
Kasr Ibrim : 213, 390 (c. 1).
Koptos : 129 (c. 2).
Koseir : 196 (c. 2).
Koumeh : 171.

L

Lacs Albert et Victoria : 7 (c. 1).
Lacs Amers : 196 (c. 2).
Léontopolis (Tell el-Yahoudiyeh) : 125 (c. 2).
Libye : 192.
Libyens : 117, 125, 242, 410.
Louxor (temple, Opèt) : 57, 86, 150, 175, 183, 206, 208, 392 (c. 3).
Lutèce : 47.

M

Malgatta (« La Ville de Neb-Maât-Rê est la Splendeur d'Aton ») : 65, 72, 75, 102, 104, 132, 315 (c. 3).
Mazghuna : 143.
Médinet Habou : 72, 107, 120, 160, 171, 209 (c. 3).
Méditerranée (Bassin méditerranéen) : 33, 193 (c. 1, 2).
Meïdoum : 127 (c. 2).
Memphis : 18, 101, 120, 127, 196, 324, 344, 353, 363 (c. 2).
Men Set : 137.
Mer Rouge : 196, 199 (c. 1, 2).

Mésopotamie : 236, 359.
Miâm : 108-109 (c. 1).
Miour (Mœris; le grand harem de) : 101, 244, 390, 394 (c. 2).
Mirgissa : 196 (c. 1).
Mitanni : 59, 74, 387, 389 (c. 1).
Moyen-Orient : 68, 73.

N

Naharina : 59, 72, 101, 112, 387, 389 (c. 1).
Napata : 72, 155 (c. 1).
Nébésyt : 369.
Nedit : 37.
Nubie : 31, 54, 87, 91, 100, 109, 112, 122, 147, 171, 191, 199, 205, 213, 238, 292, 299, 312, 384; *Vice-roi de Nubie* : 100, 109, 181 (c. 1).
Nubiens : 110 à 112, 149, 194, 203, 205, 249, 341.

O

Occident (domaine des morts) : 25, 290, 346-347, 362.
Ophir : 195.
Oponé : 195 (c. 1).
Oronte : 80, 101 (c. 1).
Ouadi el-Houdi : 129.
Ouadi Gabbanat el-Gouroud : 131, 202 (c. 3).
Ouadi Halfa (Bouhen) : 91, 389 (c. 1).
Ouadi Hammamat : 196 (c. 2).
Ouadi Maghara : 193, 212 (c. 2).
Ouaouat : 100, 109, 122 (c. 1).
Oxyrhynchos (papyrus d'Oxyrhynchos) : 386 (c. 2).

P

Palestine : 243 (c. 1).
Pannoniens : 46.
Perses : 157, 410.
Peuples de la mer : 125.
Phéniciens : 193.
Philae : 28, 30-31, 34, 46, 326, 385, 393 (c. 2).
Pi-Ramsès (Per-Ramsès) : 106, 125, 147, 149 (c. 2).
Pompeï : 46.
Pount (pays de) : 168, 188, 192, 207, 210, 216, 244, 269; *Expédition d'Hatshepsout au pays de Pount* : 163, 180, 188, 194 à 201, 208 (c. 1).
Proche-Orient : 72, 74.

Q

Qadesh : 80, 101 (c. 1).

R

Ramesseum : 57, 147, 160, 388 (c. 3).
Romains : 45-46, 230, 240.
Rome : 359.

S

Sabéens : 195.
Saï : 191 (c. 1).
Saïs : 18, 43, 263 (c. 2).
Sakhébou : 57.
Saqqara : 127, 129, 133, 257 (c. 1).
Sèdeïnga : 87, 91.
Séhel : 191.
Sémites : 108, 243.
Sérabit el-Khadim : 193, 202 (c. 2).
Sikkat Taget Zeit : 131, 172 (c. 3).
Sinaï : 147, 193, 202, 212-213, 387 (c. 1, 2).
Soleb : 87, 91 (c. 1).
Soudan : 72, 106, 155, 195, 312 (c. 1).
Soudanais : 149, 191, 341, 410.
Spéos Artémidos : 174-175, 182, 190-191 (c. 2).
Syrie : 243, 390.
Syriens : 59-60, 104, 132, 145, 147, 177, 241, 245-246, 261, 270, 342, 355, 370, 391.

T

Tanis : 126, 149 à 153, 410 (c. 2).
Tell el-Amarna (Akhet-Aton, la cité du Globe) : 53, 65, 78, 88, 101, 104, 106, 307, 389 (c. 2).

Thèbes : 65, 71-72, 83, 86, 101-102, 109-110, 116, 120, 122, 125, 130, 132, 136, 138, 149 à 155, 157-158, 172-173, 178, 181-182, 196-197, 199-200, 202, 216, 270, 283, 315-316, 318, 341-342, 344, 346, 357, 367, 392-393, 409, 410 (c. 2, 3).
This : 211, 243 (c. 2).
Timhiou (pays des) : 117.
Timsah (lac) : 196 (c. 2).
Toské : 238.

V

Vallée de l'Ouest : 132-133 (c. 3).
Vallée des Reines : 59, 68, 79, 131, 133, 137, 202 (c. 3).
Vallée des Rois : 125, 130 à 133, 136-137, 145 à 147, 171, 190, 205, 214 (c. 3).

Y

Yémen : 195 (c. 1).

Z

Zagazig : 147 (c. 2).

Notabilia

A

ACACIA : 44, 335.
ACCOUCHEMENT : 57-58, 107-108, 169, 259, 281, 327 à 329, 357.
ADOPTION : 231, 248 à 250, 284-285, 335, 359; ADOPTION DES DIVINES ADORATRICES : 155 à 157; STÈLE DE L'ADOPTION : 155-156.
ADULTÈRE : 9, 231 à 233, 270, 276, 282 à 284, 287, 291 à 295, 337, 363, 394, 396.
AFFRANCHISSEMENT : 231, 248 à 250, 297, 359.
ALLAITEMENT : 35, 329-330.
AMOUR : 25, 28-29, 31-32, 34, 40, 76, 85, 87, 89, 94, 96, 122, 153, 160, 168, 221, 231, 252, 256, 265 à 272, 284, 289-290, 299, 316, 321-322, 328, 350, 364, 375.
AVORTEMENT : 335.

B

BA (Baï) : 29, 32, 384.
BANQUET : 37, 65 à 67, 225, 315, 346; BANQUET FUNÉRAIRE : 226, 261, 350-351, 407.
BIBLIOTHÈQUE : 33, 74, 120, 122, 333, 395.
BIÈRE : 22, 156, 255, 263, 270, 280, 313, 335, 342, 353, 358, 370, 372; MAISON DE LA BIÈRE : 246, 372 à 374.
BIJOUX : 61-62, 96, 106, 109-110, 112, 129-130, 132, 146-147, 197, 201, 213, 224-225, 245, 275, 298, 300, 345, 350, 387, 391-392.

C

CALENDRIER : 7, 343.
CANARD (animal) : 66, 105, 252, 263; (motif décoratif) : 96, 111, 147, 308, 312-313.
CAURIS : 323.
CHANT : 30, 32, 98, 105, 299, 343, 371.
CHANTEUSE : 245, 259, 261, 264-265, 372-373; CHANTEUSES D'AMON : 86, 265, 342.
CHANTS D'AMOUR : 40, 74, 107, 266 à 271, 274, 315-316, 321-322, 400.
COIFFURE : 37, 94, 104, 109-110, 160, 192, 222 à 226, 241, 299, 302, 312-313, 336, 389, 406.
CONCUBINE : 40, 152, 172,

261, 281, 293, 323, 335 à 339, 366, 368, 397.
CONTRACEPTION : 335.
CORÉGENCE : 74, 78, 90, 117-118, 144, 157, 213-214, 388.
CORVÉE : 240, 242-243, 262.
COSMÉTIQUE (fard, huiles, onguents, etc.) : 83, 102-103, 225 à 227, 262, 267-268, 290, 298, 311 à 313, 342, 346.
COSTUME : 35, 78, 85, 109-110, 143, 160, 192, 222 à 227, 342, 349, 406.
COURONNE : 29, 32, 110, 174, 176, 185, 188, 391; DIADÈME : 58, 83, 85, 94, 104, 107, 129; PSCHENT : 212, 403; KHÉPÉRESH : 156, 176, 211-212; COURONNE DE SOTHIS : 88, 92, 94, 96; COURONNE DE LA REINE : 78, 82 (cf. Ornements de Rê).
COURONNEMENT : 79, 92, 138-139, 156-157, 173 à 175, 181, 188, 206-207, 209.
CROCODILE : 232, 264, 282, 291, 325 à 327, 340.
CULTE (divin) : 33, 54, 70, 78, 81 à 86, 136, 139, 158, 217, 263-264, 402; (funéraire) : 33, 127, 179, 234, 265, 384, 406; (royal) : 80, 187.

D

DANSE : 25, 32, 98, 102, 105, 208, 261, 265, 273, 299, 350.
DANSEUSES : 57, 221, 245, 261, 372, 407.
DEUIL : 35, 333, 343 à 351, 370.
DIVINES ADORATRICES : 83 à 86, 152 à 161, 264, 379, 404.
DIVORCE (répudiation) : 265, 276-277, 279 à 287, 292-293, 295, 355, 362, 394, 396.
DOT : 60-61, 111, 248, 277-279, 286-287, 302, 367.

E

ECOLE : 108, 205, 254 à 257, 339, 353, 394, 407.
EDUCATION : 98, 102, 107-108, 171, 252, 254, 256-257, 336, 355, 370 à 375, 379, 399.
ENSEIGNEMENT : 108, 232, 246, 254, 259, 290, 352, 355, 407.
ENVOÛTEMENT : 272, 395.
EPAGOMÈNES (jours) : 36, 122, 343.
EPOUSE DIVINE : 83 à 86, 88 à 90, 135, 149, 152 à 161, 172-173, 176-177, 185, 201, 264-265, 389, 392.
EROTISME : 215, 266, 271, 373.

ESCLAVES (serfs) : 193, 230-231, 238, 240-241, 245 à 250, 270, 284, 359, 370.
ETERNEL RETOUR (mythe de l') : 8, 26.
EUNUQUE : 100.
EXCISION : 271.

F

FAVORITE : 40, 103-104, 107, 113-114, 119, 132.
FÉES (les Sept Hathor) : 272, 329.
FÊTES RELIGIEUSES (d'Aménophis Ier) : 138; (d'Ahmès-Néfertari) : 138; (Belle Fête de la Vallée) : 120, 137, 189, 213; (de la Bonne Réunion) : 28; (du Nouvel An, voir : Nouvel An); (de Min) : 79; (d'Opèt) : 112, 175, 206 à 209; Fête Sed (voir : Jubilé).
FUNÉRAILLES : 95, 347 à 351.

G

GAZELLE : 104, 107, 132, 253; GAZELLE DORCAS : 390-391.
GRANDE EPOUSE ROYALE : 51, 54 à 56, 58 à 60, 63, 69 à 97, 100, 103-104, 107, 113 à 115, 119, 121, 126, 131 à 134, 140, 144, 146-147, 153, 156, 162, 166 à 168, 170 à 172, 177, 180, 203, 379, 386 à 389.
GROTTE : 91-92, 182.

H

HAREM : 59-60, 68, 98 à 126, 152, 157, 178, 206, 208, 244, 259, 261, 265, 345, 387, 390, 393-394; HAREM D'ACCOMPAGNEMENT : 101, 120; COMPLOTS DE HAREM : 113 à 125, 258, 374.
HÉRITAGE : 41-42, 45, 52, 90, 183, 234 à 237, 277, 359 à 361, 380, 385.
HIPPOPOTAME : 44, 202, 272, 325.

I

INCESTE : 52 à 56, 274, 384.
INONDATION : 7-8, 28-29, 90, 92, 158, 175, 195, 203, 206, 210, 240, 343-344, 346, 367, 393.
INSTRUCTION : 254, 257, 259, 262, 321, 379.
IVRESSE : 22, 28, 31-32, 148, 268, 270, 314-315, 350, 370, 372.

J

JARDIN : 106, 178, 201, 216, 232, 267, 305, 307, 313 à 317, 375.
JEUX ET SPORTS : 252-253, 311, 339, 375.
JUBILÉ : 58; JUBILÉ AN-

NUEL : 188, 217; FÊTE SED : 75, 87, 158, 180, 206, 208, 389.

K

KA : 32, 160, 169, 175, 208-209, 234, 264-265, 346.
KEP : 108-109; ENFANTS DU KEP : 108-109, 205, 249, 390, 394.

L

LAIT : 46, 188, 252, 330 à 333, 335, 358.
LETTRES AUX MORTS : 360-361, 407.
LIN : 92, 109-110, 224 à 226, 246, 260, 262, 270, 303, 310, 316, 320, 336, 345, 363, 407.
LIVRE DES MORTS : 292, 345, 377, 398, 403.
LOTUS : 19, 94, 105, 130, 147, 225, 271, 312, 315, 381, 383.

M

MAGIE : 37, 41, 94, 96, 107, 122, 179, 271 à 273, 299, 305, 324 à 327, 330 à 332, 335, 349, 398, 406.
MAGICIEN/MAGICIENNE : 34, 37, 41-42, 193, 221, 228, 232, 271, 324, 329-330.
MAIN DU DIEU : 56, 58, 83-84, 160, 171, 264.
MAISON DE VIE : 122, 124, 163, 256, 303, 345.
MAÎTRESSE DE MAISON : 39-40, 231, 240, 242, 248, 260, 266, 274, 280-281, 284, 297, 310, 316, 321 à 323, 333 à 336, 338, 340-341, 347, 357, 365-366, 368, 375, 379, 407.
MAMMISI : 30, 326.
MANDRAGORE : 312, 375.
MARÂTRE : 355, 361, 365 à 369.
MARIAGE (de particuliers) : 9, 104, 151, 229 à 231, 248-249, 252, 273 à 275, 276 à 303, 321, 366-367, 375; (royal) : 52 à 56, 58 à 61, 101, 119; (contrat) : 274, 276 à 280, 286, 296-297, 300, 380, 397; (fête de mariage) : 60, 262, 296 à 302, 375, 397.
MÉDECINE : 181, 193, 259, 271-272, 324-325, 328 à 330, 333 à 335, 343, 353 à 358, 363, 379, 398, 407.
MÉNAT (collier) : 29, 32, 86, 96, 342, 384.
MOBILIER : 106-107, 111-112, 277, 300-301, 309 à 311, 320; MOBILIER FUNÉRAIRE : 61, 94, 128, 132, 300-301, 345-346, 348-349, 387.
MUSICIENNE : 57, 259, 261, 407.
MUSIQUE : 25, 30, 32, 36, 102, 105, 112, 261, 299,

311, 336, 342, 350, 371.

Mystères (divins) : 30, 34, 45-46, 88, 91, 217, 265, 336.

N

Nom (en tant qu'élément de la personnalité) : 20, 25, 35, 63, 114-115, 120, 122-123, 133, 145 à 147, 150, 158, 168, 179, 187, 202-203, 215, 230, 234, 284, 303, 327 à 330, 338, 346, 376; Nom de couronnement : 65, 92, 146, 176, 215.

Nourrice : 37, 76, 107, 133, 169, 252, 259, 334.

Nouvel An : 29, 78, 92, 112, 174, 181, 206, 375, 381.

Nudité : 24, 43, 222, 252, 272, 312-313, 325, 327, 333, 350.

O

Oracle : 70, 138, 150-151, 173, 175, 185, 194, 207, 294.

P

Pain : 43, 156, 247, 255, 280, 319, 340, 353, 358, 370, 406.

Palmier : 188; Palmier doum : 112, 198.

Parfum : 159, 168, 200, 225 à 227, 268, 270, 290, 312, 316, 320, 322, 336, 351, 363, 371.

Pèlerinage : 170, 206, 301, 336.

Perruque : 73, 83, 85, 92, 110, 132, 142, 160, 203, 205, 224 à 226, 259, 264, 312, 342.

Persea : 188.

Pleureuse : 35, 38, 40, 221, 224, 260, 264, 300, 347-348.

Polyandrie/Polygamie : 276, 280 à 282, 287, 396.

Prêtresses : 10, 54, 70, 83 à 85, 87, 90, 96, 152, 157, 208, 263 à 265, 404.

Procès : 42-43, 114, 119 à 121, 124, 236-237, 359-360, 362, 373, 390, 407.

Prostitution : 157, 246, 270, 355, 370 à 374.

R

Recluses : 121, 157; Supérieures des Recluses d'Amon : 84; Supérieure des Recluses du roi : 90.

Régence (de reines) : 61 à 64, 70, 146, 162, 172 à 174, 177, 201, 380.

S

Scarabées (commémoratifs) : 54, 59, 72, 101, 213, 286.

453

SCARABÉES (de cœur) : 345.
SCORPIONS : 252, 326.
SERMENT : 43, 283, 286, 294.
SERPENTS : 27, 34, 117, 193, 252, 304, 326.
SERVANTES : 10, 37, 102, 110, 224, 230-231, 238, 242, 245, 247-248, 263-264, 272, 311, 313, 323, 335-336, 341, 353, 355, 368, 407.
SERVES : 237, 240-241, 245, 247-248, 250, 297, 380.
SERVITUDE : 194, 221, 238 à 244, 247-248, 250, 297.
SINGES : 27, 32, 112, 154, 199, 200, 253, 312, 390.
SISTRE : 29, 32, 86, 96, 154, 208, 264, 342, 384.
STÉRILITÉ : 285, 291, 324, 335.
SYCOMORE : 25, 74, 178, 253, 268, 319, 375.

T

TAMARIS : 188.
TATOUAGE : 372.
TESTAMENT : 116, 233 à 236, 359, 366.

THÉOGAMIE : 57-58, 68, 167 à 170, 302, 328, 388, 397.
TISSAGE : 102, 259, 262, 313, 317, 336, 363.
TOILETTE : 262, 311, 320; OBJETS DE TOILETTE : 62, 102-103, 300, 312-313.
TRIBUNAL (divin) : 41 à 45, 273, 292, 346; (royal) : 114, 123-124, 236, 263; (civil) : 237-238, 246, 292 à 294, 359.

V

VASES ROUGES (bris de) : 349-350.
VEUVAGE : 281, 329, 355 à 364, 368.
VEUVE : 25, 61-62, 79, 94, 96, 172, 327, 349 à 353, 355 à 360.
VIERGE : 25, 32, 149, 153-154, 157, 231, 265, 277, 303, 358.
VIGNE : 314, 316.
VIN : 27, 36, 146, 148, 156, 203, 262-263, 268-269, 313 à 315, 322, 350, 370, 373.
VIOL : 292-293, 295.
VIRGINITÉ : 270, 274.

Crédits dessins

Page 17 : D'après Mariette. Monuments divers recueillis en Egypte et en Nubie, Paris, 1889, planche XLVI.

Page 19 : L'Ogdoade hermopolitaine, Piankoff, Le Naos D 29 du Musée du Louvre, R.d.E., tome I, Paris, 1933, p. 167.

Page 23 : Principales Déesses, *ibid.*, pp. 104, 106, 107, 108, 110 et 111.

Page 24 : D'après un sarcophage du Rijksmuseum, Leyde, in Piankoff et Rambova, *Mythological Papyrus*, Bollingen Series XL 3, New York 1959, texts p. 48.

Page 26 : Œil oudjat, d'après une stèle du British Museum.

Page 46 : D'après Daumas, *Les Mammisis de Dandera*, I.F.A.O, Le Caire, 1959, frontispice.

Page 64 : Dessin DH du collier d'Ahhotep, Musée du Caire.

Page 66 : D'après Norman de G. Davies, *The Rock Tombs of El Amarna*, tome I, Londres, 1905, planche IV.

Page 67 : *Ibid.*, planche VI.

Page 75 : D'après Fakhry, *A.S.A.E.*, XLII, Le Caire, 1943, planche XL.

Page 77 : D'après Norman de G. Davies, *op. cit.*, planche XXXII A.

Page 81 : Dessin C.E.D.A.E., tombe n° 71 de Bentanta, Vallée des Reines.

Page 93 : Dessin C.E.D.A.E., Le petit temple de la reine en Abou Simbel.

Page 95 : Dessin C.E.D.A.E., Le Naos d'or de Toutankhamon, Musée du Caire.

Page 103 : D'après un papyrus du British Museum.

Page 105 : D'après Norman de G. Davies, *op. cit.*, tome VI, planche XXVIII, Londres, 1908.

Page 111 : D'après Davies et Gardiner, *The Tomb of Huy*, Londres, 1926, planche XXVII.

Page 138 : D'après Foucart, *Le Tombeau d'Amonmos*, M.I.F.A.O. LVII, Le Caire, 1932, planche IV.

Page 145 : Dessin C.E.D.A.E., Le temple d'Amada.

Page 161 : Dessin GL : Shapènipet et Amon, dans la chapelle d'Osiris – Onnophris-au-cœur-du-Persea, à Karnak.

Page 167 : D'après Gayet, *Le Temple de Louxor*, M.I.F.A.O., tome XV, Paris, 1894, planche LXIII.

Page 170 : D'après Hellmut Brunner, *Die Geburt des Gottkönigs*, Äg. Abhandlungen Band 10, Wiesbaden 1964, planche IX.

Page 184 : Dessin NP d'un relief d'Hatshepsout à Karnak.

Page 185 : D'après Lacau, *Sur un des blocs de la reine Maâkarê provenant du 3ᵉ pylône de Karnak*, A.S.A.E. XXVI, Le Caire, 1926.

Page 189 : Dessin DH : Hatshepsout, en pilier osiriaque, Metropolitan Museum.

Page 198 : Dessin DH : le roi et la reine de Pount, Musée du Caire.

Page 200 : D'après Landström, *Ships of the Pharaohs*, New York, 1970, p. 122.

Page 204 : Dessin DH, Sénènmout dans sa tombe, Deir el-Bahari.

Page 223 : D'après Wilkinson, Bracelet de Hétephérès et diadème de Nofrèt d'après Jéquier, *Les Frises d'objets des sarcophages du Moyen Empire*, M.I.F.A.O. XLVII, Le Caire, 1921, p. 46, figure 110. *Ancient Egyptian Jewellery*, Londres, 1971, p. 29.

Page 239 : D'après Junker, *Giza VI*, Vienne 1943, p. 110, Abb. 32.

Page 251 : D'après Jéquier, *Les Frises d'objets des sar-*

cophages du Moyen Empire, M.I.F.A.O. XLVII, Le Caire, 1921, p. 67, figure 176.

Page 254 : D'après Wenig, *Der Sport im Alten Ägypten*, Leipzig, 1969, p. 51.

Page 258 : D'après Macramallah, *Le Mastaba d'Idout*, Le Caire, 1935, planche VII.

Page 300 : D'après Norman de G. Davies, *The Tomb of Two Sculptors at Thebes*, New York, 1925, planche XXIV.

Page 306 : D'après Frankfort et Pendlebury, *The City of Akhenaten*, tome II, Londres, 1933, planche XII.

Page 314 : D'après Norman de G. Davies, *The Tomb of Rekh-mi-rê*, tome II, New York, 1943, planche LXIV.

Page 317 : D'après Nina de G. Davies, *The Town House in Ancient Egypt*, Metropolitan Series, MaI 1929, figure 7.

Page 318 : D'après Nina de G. Davies, *op. cit.*, figure 1A.

Page 320 : D'après Nina de G. Davies, *op. cit.*, figure 10, p. 246.

Page 321 : D'après Norman de G. Davies, *The Tomb of Nefer-Hotep*, volume I, New York, 1933, planche XLI.

Page 342 : D'après Norman de G. Davies, *Two Ramesside Tombs*, New York, 1927, planche XXX.

Page 343 : D'après Norman de G. Davies, *The Tomb of the Vizier Ramose*, Londres, 1941, planche XVIII.

Page 348 : D'après Norman de G. Davies, *The Tomb of Two Sculptors at Thebes*, planche XIX.

Page 352 : D'après Norman de G. Davies, *Two Ramesside Tombs*, planche IX.

Page 371 : D'après Norman de G. Davies, *Seven Private Tombs at Kurnah*, Londres, 1948, planche XXVIII.

Page 382 : Dessin C.E.D.A.E., Stèle de Sathor-Khenom, Musée de Louxor.

Page 403 : Ouadjet (à gauche); Nekhbet (à droite) : *Ägypten* (Emma Brunner Traut et Vera Helle), Stuttgart, 1966, p. 113.

Table

La Terre de Pharaon   7

I
LA FEMME DANS LE MONDE DIVIN

La féminité divine   17

Le démiurge et ses différents aspects, 17; Les couples créateurs d'Hermopolis, 19; La synthèse héliopolitaine, 19; La « destruction des hommes », 21; Le mythe de la déesse lointaine, 25; *L'œil de Rê : la « Lointaine »*, 26; *Les différents aspects d'Hathor*, 28; D'autres principes féminins, 32; Isis et sa gloire, 33; *Ses sanctuaires*, 33; *La magicienne*, 34; *Isis dans le cycle osirien*, 35; La quête d'Isis, 37; *Les rites funéraires*, 38; La naissance d'Horus, 41; Les tribulations d'Horus et de Seth, 42; La mère protectrice, 43; Le royaume d'Isis, 45.

II
LA FEMME DANS LA ROYAUTÉ

1. La reine et son contexte   51

Le rôle éminent de la reine, 51; L'inceste royal, 52; *Entre frères et sœurs,* 52; *Entre pères et filles,* 54; Le mariage de Pharaon, 58; La mère royale, 61; *Régente dès l'Ancien Empire,* 61; *Les mères des libérateurs,* 62; *Tiyi, mère d'Aménophis IV,* 64; *Touy, mère de Ramsès II,* 67.

2. La Grande Epouse Royale   69

Le rôle monarchique de la Grande Epouse Royale, 69; *Les Dames Royales patriotes,* 71; *Les reines de l'hérésie,* 72; *Les reines égyptiennes de Ramsès II,* 79; Le rôle religieux de la Grande Epouse Royale, 82; *Vis-à-vis du dieu,* 82; *Vis-à-vis du roi vivant,* 86; *Vis-à-vis du roi défunt,* 94.

3. Les harems de la Couronne   98

Idée du harem, 98; L'organisation du harem, 99; Les différents harems, 101; Les Dames du harem, 103; Les appartements privés, 104; Les enfants royaux et leur éducation, 107; Un enfant du *Kep* reconnaissant, 109; Les complots de harem, 113; *A l'Ancien Empire,* 113; *Au Moyen Empire,* 116; *Au Nouvel Empire,* 119.

4. Nécropoles, Reine divinisée, Pharaonnes . 126

Nécropoles de reines, 126; *Les premiers temps, l'Ancien Empire*, 126; *Le Moyen Empire*, 129; *La XVIIIe dynastie*, 130; *La XIXe dynastie et la Vallée des Reines*, 133; Une reine divinisée, 135; Des souveraines pharaons, 139; *Nitocris*, 141; *Néférou Sobek*, 143; *Hatshepsout*, 143; *Néfertiti (?)*, 144; *Taousert*, 144.

5. Amon et la destinée des Epouses du dieu . 149

Les vierges souveraines de Thèbes, 149; Amon souverain, 149; Nésykhonsou, l'épouse d'un grand prêtre d'Amon, 150; Les nouvelles Epouses du dieu, 153; Sous les rois « éthiopiens », 154; Sous les rois saïtes, 155; A la Basse Epoque, 157; La fonction des Epouses du dieu, 158.

6. Hatshepsout, Grande Epouse Royale et régente 162

La légende de la reine, 162; Les premières années de la princesse, 166; Hatshepsout, Grande Epouse Royale, mère de Néférourê, 170; Hatshepsout, veuve et régente, 172; L'oracle du couronnement, 173; Les deux premiers obélisques du règne, 177; Sénènmout, 178; Les grands fonctionnaires du royaume, 180; Les fondations de la reine, 182.

7. Hatshepsout-Maâkarê, pharaon 185

Le règne à partir de l'an 7, 185; Le temple de Deir el-Bahari, 186; Le tombeau de la Vallée des Rois, 190; Autres activités dans le pays, 190; Politique étrangère, 191; L'expédition au pays de Pount, 194; *Les préparatifs*, 194; *L'arrivée à*

Pount, 196; *Le retour en Egypte*, 199; Néférourê, 201; Les prérogatives de Sénènmout, 202; Un enfant de l'amour?, 205; La grande fête d'Opèt, 206; Les deux obélisques plaqués d'électrum, 209; La fin du règne et la montée de Thoutmosis III, 212; Le « persécuteur » de la pharaonne, 214; Hatshepsout, grande souveraine et novatrice, 216.

III
LA FEMME D'ÉGYPTE

1. La femme libre et la femme en servitude . 221

L'Egyptienne, 221; *Sa place dans la société*, 221; *Type physique, coquetterie et modes*, 223; Le statut général de la femme, 228; *Egalité entre l'homme et la femme*, 228; *La liberté de la femme*, 230; La capacité juridique de la femme libre, 230; *Les vertus de la femme*, 230; Libre propriété, legs et testaments, 233; *Indépendance constante ou à éclipses?*, 233; *Les successions*, 235; *Actes juridiques*, 236; *Délits*, 237; La femme dans la servitude, 239; *La servante*, 239; *La « serve »*, 240; *L'achat d'une « serve »*, 241; *Corvées et « Grande Prison »*, 242; *Etrangères et prisonnières de guerre*, 244; *Les marchands et le prix des « serves »*, 245; *Location de « serves »*, 247; *Affranchissement et adoption de « serves »*, 248.

2. Enfance, éducation, amour, fiançailles . . 252

L'enfance, 252; Instruction et éducation, 254; *Apprentissage d'un métier*, 257; *Professions libérales, scribes, fonctionnaires*, 259; *Les petits métiers*, 262; *Le clergé féminin*, 263; L'amour, 265; Les fiançailles, 273.

3. Mariage, polygamie, polyandrie, divorce, adultère 276

Le contrat de mariage, 276; Polygamie, polyandrie, 280; Le divorce et la protection de la femme, 282; *Causes de divorce*, 282; *Relâchement des mœurs chez les ouvriers de la nécropole royale*, 283; *Autres causes de divorce*, 284; *Les droits de la divorcée*, 285; *Le divorcé*, 287; Les avertissements aux futurs conjoints, 288; Condamnation de l'adultère, 291; *La condamnation théorique*, 292; *La pratique*, 292; Le mariage, 295; *L'agrément*, 296; *Les conditions*, 297; *Essai de reconstitution d'un mariage*, 297; *Le mariage dans le conte de Khaemouas*, 302; *L'identité de la femme mariée*, 303.

4. La maison et la vie dans la maison 304

La maison, 304; *Ce que représente la maison*, 304; Le domaine rural, 305; *L'accueil*, 307; *La réception*, 308; *La loggia*, 310; *La vie privée*, 311; *Les pièces pour la toilette*, 311; *Les annexes*, 313; *Le jardin*, 315; La maison citadine, 317; La vie journalière dans la maison, 321; *La maîtresse de maison*, 321; *La femme et l'enfant*, 323; *La grossesse*, 324; *Protection durant la gestation*, 325; *L'accouchement de l'enfant et la naissance du nom*, 327; *Protection du nouveau-né*, 330.

5. Gynécologie, le rôle de la maîtresse de maison, le deuil, la douairière 333

Gynécologie, 333; Le rôle de la maîtresse de maison, 335; *La concubine*, 337; *L'enfant sans père déclaré*, 338; *Responsabilités de la maî-*

tresse de maison, 340; Un deuil dans la famille, 343; *Les circonstances*, 343; *Préparation de la momie*, 344; *L'enterrement*, 347; *Le banquet funéraire*, 350; La mère douairière, 351.

6. Veuvage, marâtre, éducation du fils et filles de joie 355

La veuve, 356; *La protection des veuves*, 356; *Les droits de la veuve*, 358; *L'adoption d'héritiers*, 359; *L'appel au mari défunt*, 360; Le veuf, 361; *Le veuf persécuté*, 361; *L'épouse abusive*, 364; La marâtre, 365; *Marâtre et mésentente*, 366; *La marâtre mal reçue*, 367; L'éducation du fils et les filles de joie, 370; Epilogue, 375.

Conclusion 377

Notes 383
Sources 401
Chronologie 409
Bibliographie 413
Index 431
Crédits dessins 455

DU MÊME AUTEUR

Cette bibliographie concerne uniquement les ouvrages se rapportant à des sujets d'ensemble et s'inscrit indépendamment des nombreux articles de recherches scientifiques et rapports de fouilles parus dans les diverses revues et collections spécialisées en égyptologie.

Principaux écrits :

L'Art égyptien au musée du Louvre, Éditions Floury, Paris, 1941.
Le Style égyptien, Larousse, 1946.
(Plusieurs rééditions; ouvrage couronné en 1947
par l'Académie des inscriptions et belles-lettres.)
La Religion égyptienne (histoire générale des religions),
Aristide Quillet, Paris, 1947. (Réédité en 1960; ouvrage couronné
par le prix de l'association France-Égypte.)
Les Sculpteurs célèbres (les Égyptiens du Moyen
et du Nouvel Empire), Éditions Mazenod, Paris, 1955.
Les Femmes célèbres, tome I
(reines et impératrices; grandes dames et femmes politiques),
Éditions Mazenod, Paris, 1960.
L'Extraordinaire Aventure amarnienne,
Éditions des Deux-Mondes, Paris, 1960.
Égypte : Art égyptien, Grand Larousse, 1961.
Temples de Nubie : des trésors menacés, Art et Style, Paris, 1961.
L'Art égyptien (« Les neuf muses »), P.U.F., Paris, 1962.
(Traduit en plusieurs langues, réédition prévue.)
Peintures des tombeaux et des temples, Unesco, Paris, 1962.
(Édité en plusieurs langues.)
Toutankhamon, vie et mort d'un pharaon, Rainbird, Hachette, 1963.
(Prix Broquette-Gonin d'histoire de l'Académie française;
édité en quinze langues.)
Toutankhamon et son temps (catalogue de l'exposition
au Petit Palais), Association d'action artistique
des Affaires étrangères, Paris, 1967. (Plusieurs éditions.)
Le Petit Temple d'Abou Simbel (en collaboration
avec Ch. Kuentz), C.E.D.A.E., Le Caire, 1968, 2 volumes.
Le Speos d'el Lessiya, en Nubie, tomes I et II,
C.E.D.A.E., Le Caire, 1968.
Le Monde sauve Abou Simbel (étude archéologique des deux temples),
Éditions Koska, Vienne, Berlin, 1968. (Édité en trois langues.)
Ramsès le Grand (catalogue de l'exposition au Grand Palais);
ministère des Affaires étrangères et des Affaires culturelles,
1976. (Plusieurs éditions.)

Le Département des Antiquités égyptiennes. La Crypte de l'Osiris.
Miniguides du Musée du Louvre.
Éditions de la Réunion des musées nationaux, Paris.
L'Univers des formes, N.R.F., Paris. (Traduit en plusieurs langues.)
Le Temps des pyramides (Les arts de transformation), volume I, 1978.
L'Empire des conquérants (Les arts de transformation), volume II, 1979.
L'Égypte du crépuscule (Les arts de transformation), volume III, 1980.
Un siècle de fouilles françaises en Égypte
(exposition au Palais de Tokyo), I.F.A.O. et Réunion
des musées nationaux, Imprimerie nationale, 1981.
La Grammaire des formes et des styles (Antiquités : Égypte).
Bibliothèque des Arts, Paris; Office du Livre, Fribourg, 1981.
La Momie de Ramsès II (contributions égyptologiques;
histoire du roi; bilan des découvertes), Éditions Recherches
sur les civilisations, Paris, 1985.

Livres en préparation :

Le Message symbolique du bestiaire égyptien.
Ramesseum : La salle astronomique.
Vallée des Reines
La Tombe de Touy, mère de Ramsès.
La Tombe de Bentanta, fille-épouse de Ramsès.
La Tombe d'une fille-épouse de Ramsès, princesse inconnue.
La « Grande Nubiade », *ou comment Pharaon ne fut pas noyé.*

DANS LA MÊME COLLECTION
AUX ÉDITIONS STOCK / LAURENCE PERNOUD

Régine Pernoud, *La Femme au temps des cathédrales.*
Dominique Desanti, *La Femme au temps des années folles.*
Élisabeth Ravoux-Rallo, *La Femme à Venise
au temps de Casanova.*
Yvonne Knibiehler et Régine Goutalier, *La Femme
au temps des colonies.*
Françoise Thébaud, *La Femme au temps de la guerre de 14.*
Marie-Claire Hoock-Demarle, *La Femme au temps de Goethe.*

IMPRIMÉ EN FRANCE PAR BRODARD ET TAUPIN
Usine de La Flèche (Sarthe).
LIBRAIRIE GÉNÉRALE FRANÇAISE - 6, rue Pierre-Sarrazin - 75006 Paris.
ISBN : 2 - 253 - 04641 - 8

Biblio

Sherwood ANDERSON
Pauvre Blanc
« *Je m'en vais, je m'en vais pour être un homme parmi les hommes.* »

Miguel Angel ASTURIAS
Le Pape vert
« *Le costume des hommes libres, voilà le seul que je puisse porter.* »

Adolfo BIOY CASARES
Journal de la guerre au cochon
« *"Ce n'est pas pour rien que les Esquimaux ou les Lapons emmènent leurs vieux en pleine neige pour qu'ils y meurent de froid", dit Arévalo.* »

Karen BLIXEN
Sept contes gothiques *(nouvelles)*
« *Car en vérité, rêver c'est le suicide que se permettent les gens bien élevés.* »

Mikhaïl BOULGAKOV
La Garde Blanche
« *Oh! Seul celui qui a déjà été vaincu sait ce que signifie ce mot.* »

Le Maître et Marguerite
« *Et quelle est votre spécialité ? s'enquit Berlioz.*
— La magie noire. »

André BRETON
Anthologie de l'humour noir
Allais, Crevel, Dali, Jarry, Kafka, Poe, Sade, Swift et beaucoup d'autres.

Erskine CALDWELL
Les Braves Gens du Tennessee
« *Espèce de trousseur de négresses! Espèce d'obsédé imbécile!... Un baiseur de négresses! C'est répugnant, c'est...* »

Italo CALVINO
Le Vicomte pourfendu
« *... mon oncle ouvrait son unique œil, sa demi-bouche, dilatait sa narine... Il était vivant et pourfendu.* »

Elias CANETTI
Histoire d'une jeunesse - *La langue sauvée*
« *Il est vrai qu'à l'instar du premier homme, je ne naquis qu'après avoir été chassé du paradis.* »

Histoire d'une vie - *Le flambeau dans l'oreille*
« *Je m'incline devant le souvenir... et je ne cache pas les craintes que m'inspirent ceux qui osent le soumettre à des opérations chirurgicales...* »

Les Voix de Marrakech
« *Trois fois je me suis trouvé en contact avec des chameaux et, chaque fois, cela s'est terminé de façon tragique.* »

Blaise CENDRARS
Rhum
« Je dédie cette vie aventureuse de Jean Galmot aux jeunes gens d'aujourd'hui fatigués de la littérature. »

Jacques CHARDONNE
Les Destinées sentimentales
« Il y a en France une grande variété de bourgeois ; j'ai choisi les meilleurs ; justement je suis né chez eux. »

L'Amour c'est beaucoup plus que l'amour
« J'ai choisi, dans mes livres, des phrases qui ont l'air d'une pensée... »

Joseph CONRAD et Ford MADOX FORD
L'Aventure
« Partir à la recherche du Roman... c'est un peu comme essayer d'attraper l'horizon. »

René CREVEL
La Mort difficile
« Pierre s'en fout. Pierre est libre. Sa liberté, à lui, sa liberté s'appelle la mort. »

Iouri DOMBROVSKI
La Faculté de l'inutile
« Que savez-vous de notre vérité ? »

Lawrence DURRELL
Cefalù
« ... la signification profonde de toute sa vie allait peut-être se dégager de cette épouvantable aventure. Mais laquelle ? »

Friedrich DÜRRENMATT
La Panne
« *Curieux et intrigué, Traps s'enquit du crime dont il aurait à répondre. "Aucune importance !... Un crime on en a toujours un !"* »

Jean GIONO
Mort d'un personnage
« *Elle est si près de la mort maintenant qu'elle doit déjà entendre les bruits de l'autre côté.* »

Le Serpent d'étoiles
« *On aura trouvé, dans les pages précédentes, l'obsession de l'eau et de la mer : cela vient de ce qu'un troupeau est une chose liquide et marine.* »

Henry JAMES
Roderick Hudson
« *On nous dit que le vrai bonheur consiste à sortir de soi-même ; mais il ne suffit pas d'en sortir ; il faut rester dehors.* »

La Coupe d'Or
« *"Ma Coupe d'Or", prononça-t-il... Il laissa cette pièce remarquable, car certainement elle était* remarquable, *produire son sûr effet.* »

Le Tour d'écrou
« *... et puis ce fut sa face pâle de damné qui s'offrit à ma vue, collée à la vitre et dardant sur l'intérieur de la chambre ses prunelles hagardes.* »

Ernst JÜNGER
Jardins et routes
« *... dans la littérature, le journal est le meilleur médium. Dans l'état totalitaire, il reste le seul mode de discussion possible.* »

Premier journal parisien
« Tandis que le crime se répandait sur la terre comme une peste, je ne cessais de m'abîmer dans le mystère des fleurs ! Ah ! plus que jamais, gloire à leurs corolles... »

Second journal parisien
« 1944 — Pendant la nuit, raids aériens et violentes canonnades... Terminé Passé-temps *de Léautaud. »*

Ismaïl KADARÉ
Avril brisé
« "Oui, maintenant... nous sommes bien entrés dans le royaume de la mort", dit Bessian. »

Franz KAFKA
Journal
« Il faut qu'une ligne au moins soit braquée chaque jour sur moi comme on braque aujourd'hui un télescope sur les comètes. »

Yasunari KAWABATA
Les Belles Endormies
« Sans doute pouvait-on appeler cela un club secret... »

Pays de neige
« ... ce blanc qui habitait les profondeurs du miroir, c'était la neige, au cœur de laquelle se piquait le carmin brillant des joues de la jeune femme. »

La Danseuse d'Izu *(nouvelles)*
« Peut-être un jour l'homme fera-t-il marche arrière sur le chemin qu'il a parcouru. »

Le Lac
« *Plus repoussante était la femme et mieux elle lui permettait d'évoquer le doux visage de Machié.* »

Kyoto
« *Et puis, cette jeune montagnarde disait qu'elles étaient jumelles... Sur son front, perla une sueur froide.* »

Le Grondement de la montagne
« *J'ai des ennuis avec mes oreilles ces temps-ci. Voici peu, j'étais allé prendre le frais la nuit sur le seuil de la porte, et j'ai entendu un bruit, comme si la montagne grondait.* »

Andrzej KUSNIEWICZ
L'État d'apesanteur
« *Cela commença le 31 janvier vers six heures et demie du matin... par une brusque explosion... Je restais en suspens... dans une sorte d'apesanteur psychique, proche par moments de l'euphorie.* »

Pär LAGERKVIST
Barabbas
« *Que faisait-il sur le Golgotha, lui qui avait été libéré ?* »

D.H. LAWRENCE
L'Amazone fugitive *(nouvelles)*
« *La vie n'est supportable que si l'esprit et le corps sont en harmonie... et que chacun des deux a pour l'autre un respect naturel.* »

Le Serpent à plumes
« *Les dieux meurent en même temps que les hommes qui les ont créés, mais la divinité gronde toujours, ainsi que la mer...* »

Sinclair LEWIS
Babbitt
« ... il avait, en ce mois d'avril 1920, quarante-six ans et ne faisait rien de spécial, ni du beurre, ni des chaussures, ni des vers... »

Carson McCULLERS
Le Cœur est un chasseur solitaire
« Il se sentait le cœur malade d'un amour irrité, inquiet. »

Reflets dans un œil d'or
« Il y a un fort, dans le Sud, où il y a quelques années un meurtre fut commis. »

La Ballade du café triste (nouvelles)
« La ville même est désolée... C'est ici pourtant, dans cette ville, qu'on trouvait autrefois un café. »

L'Horloge sans aiguilles
« Lui, qui n'avait jamais fait un mauvais placement, avait investi dans l'éternité. »

Thomas MANN
Le Docteur Faustus
« Je n'ai aimé aucun de mes personnages autant que celui-ci. »

Henry MILLER
Un Diable au paradis
« ... un incurable dandy menant la vie d'un clochard. »

Le Colosse de Maroussi
« Debout dans le tombeau d'Agamemnon, j'ai vraiment passé par une seconde naissance. »

Max et les phagocytes
« Il y a des gens qu'on appelle tout de suite par leur petit nom. Max est de cette espèce. »

Vladimir NABOKOV
Ada ou l'ardeur
« ... chronique familiale, quatre-vingt-dix-sept pour cent de vérité, trois pour cent de vraisemblance. »

Anaïs NIN
Journal 1 - *1931-1934*
« Le journal est mon kif, mon haschich, ma pipe d'opium, ma drogue et mon vice. »

Joyce Carol OATES
Le Pays des merveilles
« ... et il reprenait une vie normale. Il reprenait son déguisement de jeune homme normal. »

Liam O'FLAHERTY
Famine
« "... Je ne suis pas encore affamée au point d'aller mendier de la soupe aux protestants !" s'exclama Sally. »

Luigi PIRANDELLO
Feu Mathias Pascal
« Car pour le moment... je suis mort, oui, déjà deux fois, mais la première par erreur, et la seconde... vous allez voir. »

Augusto ROA BASTOS
Moi, le Suprême
« Moi, Dictateur Suprême de la République, j'ordonne... »

Joseph ROTH
Le Poids de la grâce
« Le cœur de l'homme est insatiable... A peine un miracle vient-il de s'accomplir qu'il lui en faudrait déjà un nouveau. »

Raymond ROUSSEL
Impressions d'Afrique
« Vers quatre heures, ce 25 juin, tout semblait prêt pour le sacre de Talou VII, empereur du Ponukélé, roi du Drelchkaff. »

Arthur SCHNITZLER
Vienne au crépuscule
« J'admire en général tous les gens qui sont capables de risquer autant pour une cause qui, au fond, ne les concerne pas. »

Isaac Bashevis SINGER
Shosha
« Je ne crois pas en Dieu. Mais je reconnais qu'il existe là-haut une main qui guide notre monde... une main vicieuse, une main sanglante... »

Le Blasphémateur
« "Et qui a créé le monde ? demandai-je.
— Et qui a créé Dieu ?" répliqua Chakele. »

Le Manoir
« Oui ce monde du dehors était vaste, libre et moderne, tandis que lui-même restait enterré en Pologne. "Je dois sortir d'ici avant qu'il ne soit trop tard", pensa Zipkin. »

Le Domaine
« L'homme a-t-il réellement un devoir à remplir ? N'est-il pas simplement une vache qui a besoin de paître jusqu'à ce qu'elle meure ou qu'elle soit tuée ? »

Robert Penn WARREN
Les Fous du roi
« ... Je l'écraserai. Des tibias jusqu'aux clavicules, coups aux reins et sur la nuque et au plexus solaire, et uppercuts. Et peu importe avec quoi je frappe. Ou comment ! »

Virginia WOOLF
Orlando
« Hier matin j'étais au désespoir... Finalement, j'ai trempé ma plume dans l'encre et écrit presque machinalement : "Orlando, une biographie". »

Les Vagues
« J'espère avoir retenu ainsi le chant de la mer et des oiseaux... la vie elle-même qui s'écoule. »

Mrs. Dalloway
« Alors vint le moment le plus délicieux de sa vie : Sally s'arrêta, cueillit une fleur et l'embrassa sur les lèvres. »

La Promenade au phare
« ... la grande assiettée d'eau bleue était posée devant elle ; le Phare austère et blanc de vieillesse se dressait au milieu, très loin... »

La Chambre de Jacob
« Je progresse dans Jacob — le roman le plus amusant que j'aie jamais fait, je crois — amusant à écrire s'entend. »

Années
« "C'est inutile, coupa-t-elle... Il faut que l'instant présent s'écoule. Il faut qu'il passe. Et après ?" »

Entre les actes
« *"Cette année... l'année dernière... l'année prochaine... jamais", murmura Isa.* »

Flush
« *Voici l'histoire du bichon de Mrs. Browning. Mais attention !... Prenez garde que sous le poil de cette bestiole pourrait se loger quelque secret.* » Louis Gillet.

30/6481/3